제 3 권
수레바퀴 자국 속의 물고기

전란의 시기 — 임진왜란

제 **3** 권
수레바퀴 자국 속의 물고기
전란의 시기 I (임진왜란)

초판 1쇄 발행 2021년 1월 18일

편저 임갑혁
펴낸이 장길수
펴낸곳 지식과감성#
출판등록 제2012-000081호

감수 문종호, 임민형
디자인 윤혜성
편집 윤혜성
교정 김혜련, 양수진
마케팅 고은빛, 정연우

주소 서울시 금천구 벚꽃로298 대륭포스트타워6차 1212호
전화 070-4651-3730~4
팩스 070-4325-7006
이메일 ksbookup@naver.com
홈페이지 www.knsbookup.com

ISBN 979-11-6552-647-4(04910)
ISBN 979-11-6552-644-3(세트)
값 **15,000원**

ⓒ 임갑혁 2021 Printed in Korea

잘못된 책은 구입하신 곳에서 바꾸어 드립니다.
이 책의 전부 또는 일부 내용을 재사용하려면 사전에 저작권자와 펴낸곳의 동의를 받아야 합니다.

홈페이지 바로가기

이순신의 탄생부터 선조의 죽음까지

제 3 권

수레바퀴 자국 속의 물고기

전란의 시기 — 임진왜란

임갑혁 편저

지식감성

차례

01 **임진왜란이 일어나다** : 선조 25년 (1592 임진년)   7

　　폭풍전야 7 ｜ 임진왜란이 시작되다 15 ｜
　　왜적의 파죽지세에 토붕와해되고 있었다 24 ｜
　　믿었던 장수들은 우물 안 개구리였다 36 ｜
　　파천, 대책 없는 도망 길이었다 55 ｜
　　남해안에 영웅이 탄생하다 69 ｜
　　무능한 조정, 그러나 요원의 불길은 거세게 일었다 85 ｜
　　수군은 빛나는 승리를 거두고, 삼도 근왕군은 양떼 몰이 당하다 97 ｜
　　왕은 결국 나라 끝 의주까지 도망하였다 126

02 **반격의 기틀이 마련되다** : 선조 25년 (7~10월)   151

　　빛나는 승리와 값진 죽음이 있었다 151 ｜
　　의병들의 활약으로 왜적들 여러 보급로를 잃다 171 ｜
　　거센 저항, 연이은 승전으로 왜적들, 퇴로를 걱정하게 되다 185 ｜
　　구원의 손길은 준비되고 있었다 217 ｜
　　의로운 장수 진주성을 죽음으로 지켜 내다 231 ｜
　　선조 고질인 선위를 거론하기 시작하다 246

03 **반격이 시작되다** : 선조 25~26년 (임진년 11월~계사년 4월)   258

　　명나라 구원군이 나오다 261 ｜
　　명군 평양을 수복하다 281 ｜
　　명군 벽제에서 왜적에게 혼쭐나다 301 ｜
　　조선군 행주대첩으로 빛나다 322 ｜
　　경성이 수복되다 341

　　참고문헌   402
　　60간지   406
　　관직 직위표   408

01
임진왜란이 일어나다 :
선조 25년 (1592 임진년)

새날이 밝았다. 왜적은 조선 침략 준비에 여념이 없었다. 그런데 조선은 깨어나지 못하고 있었다.

‖ 폭풍전야 ‖

1월 5일 일본 오사카. 풍신수길은 새해 벽두에 조선 공격군 편성을 발표하였다. 조선 공격군 전투부대는,

제1군 소서행장(고니시 유키나가)의 군사 1만 8천7백
제2군 가등청정(가토 기요마사)의 군사 2만 8백
제3군 흑전장정(구로다 나가마사)의 군사 1만 2천
제4군 도진의홍(시마즈 요시히로)의 군사 1만 5천
제5군 복도정측(후쿠시마 마사노리)의 군사 2만 4천7백
제6군 소조천융경(고바야카와 다카카게)의 군사 1만 5천7백
제7군 모리휘원(모리 데루모토)의 군사 3만
제8군 우희다수가(우키다 히데이에)의 군사 1만
제9군 우자수승(하시바 히데가쓰)의 군사 1만 1천5백

제1군에서 9군까지 대략 16만이고, 후방경비대와 수군까지 합하면 18만이 되었다. 본토에서 대기하는 풍신수길의 직할부대 3만, 덕천가강

(도쿠가와 이에야스) 등의 예비군 9만을 합하면 거의 30만의 군사를 동원하는 어마어마한 규모였다. 그 외 사공, 식량 무기 운반원, 공병대까지 합하면 동원 인력이 족히 2백만이 되었다. 상상을 초월하는 규모였다. 조선 조정에서 이 사실을 알았다면 선조 이하 모두 까무러쳤을 것이다.

이런 상황에 조정에서는 아까운 장수감 한 사람을 잃고 있었다. 전 의주목사 김여물을 잡아 가둔 것이다.

김여물은 정철의 무리로 지목되어 파직되어 집에 있었다. 그런데 진주사 한응인이 요동의 탕주참을 지나는데 어떤 중국인이 '의주에서 성을 보수하고 진치는 연습을 하는 모습이 의심스럽다'고 말하므로 한응인이 조정에 보고하였다. 이에 대간이 이것은 바로 김여물이 의주목사로 있을 적의 일이라고 하면서 명나라에 물의를 일으켰다는 것으로 거론하여 죄를 다스리도록 하였다. 변방의 관문을 지키는 수령, 장수라면 당연히 해야 할 일을 한 것인데 그것을 문제 삼는 것은 한심한 일이었다. 김여물의 후임으로 의주목사에 부임했던 권율도 이때 같은 혐의로 파직되었.

조헌이 형조판서 이증에게 편지를 보내어 이르기를 '대마도에 주둔하고 있는 군사가 서쪽으로 침입하지 않는다고 말할 수 없는데 용맹스런 장사로서 지킬 만한 자를 헤아려 보건대 서너 명도 없는 형편이다. 의주목사 김여물은 활 쏘고 말 타는 재주가 뛰어났다고 세상에서 일컬어지고 본래 성품이 충성스럽고 의로운 자이다. 그런데 지금 직무를 수행하던 중에 조금 생각하지 못하고 저지른 잘못이 있다고 하여 장차 법에 의하여 제거하려고 한다면, 강적이 주위에서 엿보는데 어찌할 것인가' 하였다. 그리고 임금께 아뢰어 그로 하여금 영해의 군영에서 오랑캐를 방어하게 한다면 한 대의 화살로 적의 괴수를 쏘아 죽여 1만 군대를 휩쓸어 버릴 수 있을 것이다 하였다. 그러나 이증이 따르지 않았다. 그래서 김여물은 그대로 감옥에 수감되었다.

이달에 대부분의 영, 호남 축성 공사가 끝났다. 동복현감으로 내려온 황진이 서울의 여러 고관들에게 편지를 보내 '성만 번듯하다고 국방이 되는 것은 아닙니다. 이를 지킬 군사를 시급히 모집하여 단련해야 합니다' 하였으나 별 소용이 없었다. 새로 쌓은 성조차도 번듯한 것도 아니었다. 높지도 않고 견고하지도 못하니 대부분 무용지물이 될 것이었다. 그동안 백성들은 죽도록 헛고생만 하였다.

전라좌수영의 이순신은 바쁜 나날 중에 새해를 맞았다. 동생 여필(우신의 자)과 조카 봉 및 큰아들 회가 찾아와 같이 설날을 보냈다.

1월 10일 예하의 방답첨사가 새로 부임하여 인사차 들렸다. 그런데 그는 이순신(李舜臣)과 똑같은 한글 이름인 이순신(李純信)이었다. 희귀한 인연이었다. 먼 왕족 종친이기도 하였다.

포구를 방어할 쇠사슬 설치를 위한 돌을 뜨고 구멍을 내는 것도 큰일이었다. 군관 이봉수가 그 일을 잘하고 있었다. 이순신은 신상필벌을 확실하게 시행하였다. 방답의 전선을 수리하지 않은 군관과 아전들을 용서 없이 곤장을 때렸으며 돌 뜨는 곳에서 민가의 개를 잡아먹은 석수도 곤장을 80대나 때렸다.

관할 구역 수령들이나 장수들은 수시로 들렸다. 오면 틈나는 대로 활쏘기 하는 것이 일이었다. 이번에는 순천부사 권준과 광양현감 어영담이 들렸다. 자부심 강한 권준은 사실 이전에는 이순신보다 훨씬 잘나가는 사람이었는데 이순신이 상관으로 왔으니 자존심이 상해 틀어질 수도 있었다. 그러나 다행히 두 사람은 뜻이 맞았다. 권준이 이순신의 능력을 알아보고 같이 일할 마음이 생겼던 것 같다.

2월 조선 최고 명장들인 신립과 이일을 여러 도에 보내 군비를 순시

점검하도록 하였다. 신립은 경기와 황해도로 갔다. 그러나 순시하며 점검한 것은 활과 화살, 창과 칼 등의 수량 확인에 불과하였으며 군읍에서도 모두 형식적으로 법을 피하기만 하였다. 신립은 매우 엄하다고 소문이 나 수령들은 두려워서 주민들을 동원하여 길을 닦았고, 대접하는 비용도 대신의 행차와 같이 하였다. 당시 사람들은 모두 신립의 용력과 무예를 믿을 만하다고 생각하였고 신립 자신도 왜적을 가볍게 여겨 근심할 것이 못 된다고 생각했는데, 조정에서는 그것을 믿었다. 이일은 충청도와 전라도로 갔는데 신립이 한 것이나 대동소이하였을 것이다. 수군 지역은 수사들이 자체적으로 하도록 하였다.

전라좌수영의 이순신은 계속 포구 방어용 쇠사슬 설치 일을 서두르고 있었다. 2일에는 크고 작은 돌 80개를 실어 왔다. 함께 필요한 통나무도 준비하고 있었다. 봉수대도 수리해야 할 곳은 손을 봤다.

2월 8일 거북선의 돛베 29필을 받았다. 전라감사 이광이 확실하게 밀어주고 있었다. 이제 이순신은 조정의 명에 따라 때를 맞춰 관할 지역 순시 길에 나선다.

2월 19일 좌수영을 떠나 백야곶에 도착하니 순천부사 권준이 그 아우와 함께 기다렸다. 기생도 데리고 왔다. 순시를 잘하라는 전별연이었다. 마침 남쪽이라 매화꽃과 산수유가 만발하였다. 늦게 배를 타고 여도에 이르니 흥양현감 배흥립과 여도권관 황옥천이 마중 나왔다. 다음 날 점검을 하는데 각종 방비와 전선은 새로 만들어 만족스러웠고 군기도 그런대로 만족이었다. 다음으로 영주(흥양: 고흥) 땅에 이르니 경치가 아름다워 기분이 좋았다.

다음 날 흥양현. 공무를 마치고 활쏘기를 하는데 정걸 장군이 찾아왔다. 30여 년 전 을묘왜변에 이준경의 군관으로 종군한 이래 수사, 병사를 수없이 거치고 판옥선을 우리 수군의 주력으로 만들었던 대단한 장군이 아닌가. 80이 가까운 나이였지만 아직도 정정하여 일을 돕고자 하므로 조방장의 칭호를 주고 있었다. 이순신으로서는 큰 복이요 행운이었다. 능성현감 황숙도 오고 그 외 사람들도 많아서 이날은 아주 즐겁게 지냈다.

2월 22일 녹도로 갔다. 녹도만호는 정운이었다. 정운은 이순신보다 두 살이 더 많다. 함경도 시절 이순신과 마찬가지로 정언신이 그 능력을 인정한 사람이다. 그러나 그도 성격이 너무 곧아 제대로 승진을 하지 못해 아직까지 만호에 그치고 있었다. 그러나 그는 개의치 않았다. 준비도 잘 되어 있었지만 훈련도 열심히 잘하고 있었다. 너무 기분이 좋았다. 흥양현감, 능성현감, 녹도만호, 좌수사 넷이서 대포 소리를 안주 삼아 즐겁게 취하도록 마셨다.

2월 23일 발포에 도착했다. 비 때문에 고생을 많이 했다. 다음 날 비를 무릅쓰고 늦게 사도에 도착하여 잤다.

2월 25일 점검을 했는데 여러 장비에 결함이 많았다. 군관과 아전들은 벌을 주고 사도첨사 김완을 잡아들였다. 그런데 김완은 수완이 좋은 사람이었다. 이순신이 보기에는 방비가 다섯 포구 중에서 최하위였는데 감사 이광이 최고로 잘했다고 표창하는 장계를 올렸다는 것이다. 존경하는 감사 이광을 거스르기가 어려워 처벌은 하지 않았다. 그 대신 엄한 질책을 했을 것이며 김완도 혼이 나서 마음을 고쳐먹었을 것이다.

2월 26일 개이도를 거쳐 방답에 이르렀다. 점검 결과 전선은 그런대로 완전했으나 긴 화살은 하나도 쓸 만한 것이 없었다. 방답첨사 이순신은 부임한 지 얼마 되지도 않았으니 처벌할 수는 없었다. 그나마 첨사가 열성을 기울여 최선을 다하고 있는 모습을 보게 되어 위안이 되었다. 다음 날 동생과 군관들이 술을 가지고 마중 나와 여유 있게 좌수영으로 돌아왔다. 군기도 점검하고 사람들도 만나 즐거운 시간도 가졌다. 이제 이런 시간은 갖고자 해도 주어지질 않을 것이다.

2월 29일 순찰사 이광의 공문이 왔는데 순천부사 권준을 자신의 중위장으로 정했다고 하였다. 몇 안 되는 수령 중에서 가장 유능한 사람을 빼앗아 가는 격이니, 이순신은 한심하다고 표현하였지만 난감하였을 것이다. 유능한 참모는 이광도 절실히 필요할 것이고 직위가 더 높은 감사에게 우선권이 있으니 어쩔 수 없었다.

조정에서 신립이 장계를 올렸다. 왜적은 수전에 강하고 육전에 약하니 육전에서 격파해야 한다는 내용이었다. 조정에서는 그 말이 옳다 여겨 수군을 파하고 육전에만 전력하고자 하였다.

이제 곧 쳐들어올 왜적은 단순한 왜구가 아니라 오랫동안 수많은 내전에 의해 단련되고 강해진 무적의 군사들인 것을 신립뿐만 아니라 어느 누구도 알지 못했다. 그렇지만 이순신은 바로 장계하여 '바다로 오는 적을 막는 데는 수군만 한 것이 없으니 수군, 육군의 어느 한 가지도 없앨 수는 없습니다' 하였다. 조정에서 옳게 여겨 없었던 일로 하였다.

일본에서는 규슈의 나고야성이 완성되었고 병력들이 대대적으로 집결하고 있었다. 풍신수길의 명은 지상명령이었으므로 모두들 철저하게 기일을 지켰다.

3월 전라좌수사 이순신은 승군을 동원하여 성을 보수하고 있었다. 본영의 군기를 검열했는데 파손된 것과 미비된 것이 많았다. 담당자들은 모두 혼쭐이 났다. 조금이라도 태만하면 절대로 그냥 넘어가지 않았다.

3월 5일 좌의정 유성룡이 편지와 함께 《증손전수방략》이란 병서를 보내왔다. 수전, 육전, 화공전 등이 상세하게 기술된 아주 귀중한 책이었다. 이순신은 '진실로 만고에 신기한 저술이다' 하며 기뻐하였다.

3월 14일 순천으로 가서 감사 이광을 만났다. 그동안의 회포도 풀고 군사에 관한 논의도 하고 활쏘기도 하면서 사흘을 같이 지내고 돌아왔다.
 관내를 순찰 수색하는 일도 철저하게 하고 있었다. 쇠사슬 설치하는 것도 잘 진행되고 있었으며 27일에는 거북선에서 대포 쏘는 시험을 했다.

김성일을 경상우병사로 하였다. 당시 병사 조대곤이 늙고 병들었다 하여 체직시키고 특명으로 김성일을 임명하였다. 김성일은 '왜노는 침략해 오지 않을 것이며 온다 해도 걱정할 것이 못 된다'고 하였으며, 또 차자를 올려 영남에서 성을 쌓고 변란에 대비하는 것의 폐단을 말하며 중지하기를 청했다. 그런데 경상감사 김수는 장계하기를 '성을 쌓는 역사에 대해 도내의 사대부들이 번거로운 폐단을 싫어한 나머지 이의를 제기하는 바람에 저지되고 있다' 하였다. 선조가 이 때문에 화가 나서 이런 임명이 있게 된 것이다. 그러나 사실은 보복성 인사였다. 김성일이 차자를 올려 당시의 폐단을 말하면서 궁궐과 왕자들에 대한 말이 있었는데 내용이 매우 강력하고 곧았다. 선조가 겉으로는 너그럽게 받아들인 것처럼 하였으나 속으로는 좋지 않게 여기고 있다가 이때에 '과감한 공격에 합당하다' 하며 억지로 제수한 것이었다.

비변사가 '성일은 유신이라서 이러한 때에 변방 장수의 직임에는 적합하지 않다'고 반대했으나 듣지 않았다.

대마도주 평의지가 부산포에 와서, "일본이 명나라에 조공을 바치려 하는데 통할 길이 없으니 만약 조선이 대신 명나라에 알려 준다면 무사하겠지만, 그렇지 않으면 당연히 변고가 있을 것이오. 나는 귀국의 번신이기 때문에 알리지 않을 수가 없습니다" 하고 답을 기다렸다. 그러나 답이 없었다. 10일을 기다리다 그냥 돌아갔다.

4월 1일 신립 등이 군비를 순시하고 돌아와 복명을 마치고, 대신들을 만나 일을 의논하고자 하였다. 신립이 유성룡의 집을 방문하였다. 유성룡이 말하기를, "조만간 변란이 있게 되면 공이 마땅히 큰일을 맡게 될 것인데, 공의 생각에는 오늘날의 적세가 어떠하오?" 하니, 신립은 왜적을 가볍게 여기며 걱정할 것이 못 된다고 하였다.

유성룡이 말하기를, "그렇지 아니하오. 전일에는 왜가 단병만을 믿었는데 지금은 조총의 장기까지 겸했으니 경시해서는 안 되오" 하니,

신립이 말하기를, "비록 조총이 있다고 하나 어찌 다 맞추리오" 하였다.

유성룡이 말하기를, "국가가 평화를 누린 지 이미 오래되었으며, 사졸이 겁내고 약하니 만약 급한 일이 있다면 감당하기 어려울 것이오. 나의 생각으로는 수년 뒤에 사람들이 싸움에 익숙하여지면 수습할 수 있을지 모르나, 알 수 없으니 나는 매우 걱정되오" 하였다. 그러나 신립은 귀담아듣지 않고 하직하고 돌아갔다.

이때 도성 안 선비들이 떼를 지어 미치광이나 괴물처럼 〈등등곡〉이라는 노래를 부르고 춤추며 웃다가 울고, 부끄러움을 모르고 도깨비나 무

당의 흉내를 내고 다니니 흉하고 놀랍기 말할 수 없었다. 명가의 자제들 30여 명도 그러고 다녔는데 영의정 이산해의 아들 이경전과 허난설헌의 남편 김성립이 끼어 있었다. 사람들이 이것을 난리가 나고 나라가 망할 징조라고 하였다.

4월 3일 왜적 침략군 제1군 소서행장의 부대는 조선을 침략하기 위해 이날 규슈의 나고야성을 출발하였다. 8일에 대마도에 도착하여 침략할 시기를 보고 있었다.

4월 11일 전라좌수영. 이날 거북선의 돛을 만들어 달았고 다음 날 12일에는 이순신이 직접 거북선에 승선하여 지자포, 현자포 등의 포 쏘기를 하였다. 때맞춰 거북선이 완성된 것이다.

이순신은 이렇게 준비가 되어 있었다. 그러나 자신은 준비가 되었다고 생각해 본 적이 없었다. 기분이 좋은 이순신은 오후에 활쏘기를 10순이나 하였다. 그리고 편안한 밤을 맞아 잠이 들었다.

조선 팔도 전역이 잠이 들었다. 다음 날 미증유의 재앙이 닥칠 줄은 꿈에도 몰랐다.

왜적들은 나고야에 구름처럼 몰려들어 집결을 마치고, 이미 진격을 시작한 제1군 소서행장 부대는 대마도에서 바다를 건너 공격할 준비를 마쳤다.

‖ 임진왜란이 시작되다 ‖

4월 13일 드디어 왜적이 쳐들어왔다. 임진왜란이 시작된 것이다. 상상을 초월하는 20만의 대군으로 침입하였다. 대마도의 왜적이 누차 경고를 하였지만 어느 누구도 이렇게 어마어마한 대병력으로 침입할 줄은 꿈에도 생각지 못했다. 그리고 이 전쟁은 유사 이래 한반도에서 일어난 가장 참혹한 재앙이 되었다.

부산진 부산진 첨사 정발은 판옥 3척, 소선 6척을 거느리고 통상적인 해상 훈련을 하고 오후에는 절영도에서 사냥을 하고 있었다. 이때 새벽에 출발한 왜적의 선봉이 수평선에 나타나기 시작하였다. 처음에는 대마도의 세견선으로 생각하였으나 점점 나타나는 숫자가 많아져 이상한 생각이 들었다. 급히 배에 올라 부산진으로 귀환하였다. 이 무렵에는 왜적도 이미 가까이 와 세견선이 아니라 침략군이라는 것이 확실해졌다. 적선은 350척이 넘어 보였다. 정발은 판옥선 3척으로는 도저히 대항할 수 없다는 것을 알고 배들을 모두 가라앉히고 급히 성으로 들어가 군사와 백성들을 모아 방어 태세에 들어가는 한편 직속상관인 경상좌수사 박홍 및 동래를 비롯한 인근 고을과 포구에 급보를 전했다.

가덕첨사 전응린도 망보던 군사의 보고를 받고 급히 좌수사 박홍과 경상우수사 원균에게 알렸다.

급보를 접한 박홍은 사태를 파악하고 종합하여 즉시 조정에 장계를 올리고 경상감사 김수, 경상좌병사 이각, 경상우병사 조대곤 및 경상우수사 원균과 전라좌수사 이순신에게도 전령을 보내 사태를 알렸다.

동래부사 송상현은 급히 군사와 백성들을 모으고, 좌병사 이각과 인근 고을에 알려 군사들을 모아 오도록 조치를 취하는 등 방어 준비에 들어갔다.

왜적 이날 침입한 왜적은 전체 침략군의 제1군으로 사령관은 소서행장(고니시 유키나가)이고 대마도주 종의지(소 요시토시)가 부장이었다. 휘하 병력은 1만 8천여 명이나 되었다. 주력은 절영도에 정박하고 종의지만 자기 부대를 이끌고 상륙하였다. 종의지가 사자를 보내 항복을 권하였으나 부산진 첨사 정발은 듣지 않았다. 이날은 성을 공격하지는 않았다.

4월 14일 새벽부터 적들이 상륙하여 부산성을 포위하고 공격을 시작하였다. 정발은 굳은 각오로 성을 지켰다. 정발은 나름대로 준비를 했었다. 해자에는 물이 채워져 있었고 곳곳에 마름쇠가 깔려 있었다. 그러나 왜적은 전투력과 숫자에서 압도적이었다. 싸움이 될 수가 없었다. 처음에 멋모르고 활을 쏘려고 성 위에 섰던 사람들은 요란한 총소리와 함께 쓰러졌다. 조총의 위력을 전혀 몰랐던 것이다. 적은 마름쇠가 있는 곳과 해자에 판자를 깔고 사다리를 설치하고 올라왔다. 활도 쏘고 승자총통도 쏘고 기왓장도 던지며 세 시간 동안 열심히 싸웠으나 중과부적이었다. 적이 북쪽의 허술한 곳을 넘어 물밀듯이 들어오자 그대로 함락되었다. 정발은 탄환을 맞고 전사하였고 성안의 군사들은 그 부하답게 용감히 싸우다가 다 죽었다. 백성들도 거의 몰살당하고 일부만 포로가 되었다.

왜적 부산성을 함락시킨 왜적은 병력을 나누어 일대는 동래성을 칠 준비를 하고 다른 일대는 인근 포구인 서평포, 다대포를 공격하였다.

좌수사 박홍은 아침에 좌수영 뒷산에 올라 부산성 전투를 지켜보다가 이내 성이 함락되자 겁에 질려 내려와 급히 조정에 부산성이 함락되었다는 장계를 올리고, 무기와 식량 창고를 불태우고, 수영에 있는 전선들도 모두 태우거나 수장시키고 울산 쪽으로 도망쳤다. 그 지역 수군 최고사령관인 수사가 적이 오기도 전에 도망을 칠 정도이니 인근 예하 진영은 말할 것도 없었다. 대부분 도망가고 그래서 아주 쉽게 점령되었다. 그중에 다대포 첨사 윤흥신만은 용감히 맞서 싸우다가 전사하였다.

동래성 동래성에는 급보를 받은 인근 고을 수령들이 군사들을 이끌고 오고 있었다. 제일 먼저 양산군수 조영규가 오고 뒤이어 밀양부사 박진이 왔다. 아침에 병영을 출발한 좌병사 이각은 점심이 지난 뒤에 울산군수 이언함과 함께 입성하였다. 그러나 그들이 거느린 군사들은 아주 미약했다. 조영규가 50여 명, 박진이 100여 명, 이언함은 30여 명, 이각은 300여 명이었다. 그래도 동래부사 송상현에게는 지역 육군 사령관인 좌병사 이각이 왔다는 것이 큰 위안이었다.

이각은 늠름하고 믿음직해 보이고 힘이 장사였다. 대포도 잘 쏘았다. 대포로 수마석을 쏘아 목표물을 백발백중 명중시켰다 하여 병사로 발탁된 사람이다. 그러나 허울만 좋을 뿐 겁쟁이였다. 부산성이 너무 쉽게 함락되어 버린 것을 알게 된 이각은 생각이 바뀌었다. 나가서 소산역을 지키다 왜적이 성을 공격하면 뒤에서 협공하겠다고 말은 그럴듯하게 했다. 송상현이 같이 성을 지키자고 간청하였으나 듣지 않고 박진까지 데리고 나가버렸다. 송상현은 죽을 각오가 되어 있었으나 이각은 전혀 죽을 생각이 없었던 것이다. 송상현은 크게 낙담하였으나 그렇다고 성을 버릴 수는 없었다.

42세의 송상현은 문과에 급제한 후, 강직한 성품으로 사헌부 관원을 거쳤고, 문관이지만 장수의 재목으로 인정되어 북변에서도 봉직했다. 지난해 4월 고경명의 후임으로 동래부사에 부임하였다. 이날 밤 송상현은 부채에 죽음을 각오한 비장한 시를 써서 고향 청주에 계신 부친께 보냈다.

외로운 성에 달무리 지는데 (孤城月暈)
큰 진영 구할 길 없사옵고 (大鎭不求)

군신의 의리는 무거우나　　(君臣義重)
부자의 은혜는 가볍습니다　(父子恩輕)

왜적 해변의 여러 포구를 점령하여 후속부대의 상륙거점까지 확보한 왜적은 동래성으로 향하여 성 전방 5리 지점에서 야영에 들어갔다.

경상우수영 부임한 지 겨우 두 달이 된 경상우수사 원균은 오전에 가덕첨사 전응린의 보고와 뒤이은 박홍의 급보로 왜적의 침입을 알았다. 즉시 관할 진포에 알려 대비하도록 하고 전라좌수사 이순신에게도 공문을 보냈다.

4월 15일 동래성 새벽에 왜적은 진군을 시작하여 동래성을 포위하였다.
선두의 왜적이 팻말을 들었는데, '싸울 테면 싸우고, 싸우지 않으려면 길을 빌려라(戰則戰 不戰則假我道)'라고 적혀 있었다.
송상현은 즉시 '죽기는 쉬우나 길을 빌리기는 어렵다(死易 假道難)'라고 써서 팻말을 들게 하였다.
왜적이 공격을 시작했다. 부산성 소식을 들은 후이므로 우리 군은 성 위에서 고개를 함부로 내밀지 않고 신중하게 전투에 임했다. 열심히 싸웠다. 화살이 떨어진 사람은 돌을 던지고 기왓장도 던졌다. 송상현은 부지런히 성을 돌면서 군사들을 독려했으나 적이 북쪽의 높은 곳을 점령하여 성안을 내려다보며 총을 쏘자 사상자가 무수히 발생하고 막을 수가 없었다. 이내 동문이 깨지고 적이 물밀듯이 들어왔다. 싸움은 네 시간 정도 걸렸다. 불과 천여 명의 훈련 안 된 군사와 백성으로는 중과부적일 수밖에 없었다.
대세가 기울자 송상현은 조복을 입고 북쪽을 향하여 사배하고 의자에 앉아 움직이지 않았다. 전에 사신을 따라와 안면이 있는 적장이 숨도록 권하였으나 듣지 않고 적들이 생포하려 하자 호령하며 항거하다 죽음을 맞았다. 적장은 송상현의 충절을 가상히 여겨 목을 베지 않고 묻어 주고 표시를 해 주었다. 송상현의 첩도 항거하다 죽어 송상현 곁에 묻혔다.

양산군수 조영규도 전사하였다. 울산군수 이언함은 포로가 되었다. 군사들은 거의 다 죽고 많은 백성들이 포로가 되었다.

부산성과 동래성 싸움에서 왜적은 100여 명이 죽고 4백여 명이 부상을 당했다고 한다. 우리 군사와 백성들의 피해는 말할 수 없이 컸다.

이각은 동래성을 나온 후 소산역 산기슭에 진을 치고 있었고 박진은 그 옆의 잔교를 지키고 있었다. 동래성을 함락한 왜적의 선봉이 진격을 해 오자 이각은 싸워 볼 생각도 하지 않고 바로 울산 병영으로 도망쳐 돌아가 버렸다. 박진은 싸우려고 버텼으나 포위될 형세에 이르자 후퇴하지 않을 수 없었다. 멀리 후퇴하여 삼랑진 전방 낙동강 가의 요충지인 작원에 진을 쳤다.

경상감사 김수는 진주에서 변고를 들었다. 즉시 여러 고을에 알리고 전라감사 이광과 전라좌수사 이순신에게도 통보하였다. 그리고 일단 동래성으로 출발하였다.

여수 전라좌수영 이날 이순신은 나라의 제삿날이라 공무는 보지 않고 감사 이광에게 편지와 문서들을 정리해 보내고 있었다. 해 질 무렵 원균의 급보가 이르렀는데, 왜선 90여 척이 절영도에 정박하였다고 했고, 뒤이어 박홍의 급보가 이르러, 왜선 350여 척이 이미 부산포 앞바다에 이르렀다고 했다. 즉시 조정에 장계를 올리고 감사, 병사, 우수사에게도 알렸다. 관할 지역에도 모두 통보하여 대비하게 하였다.

왜적 적장 소서행장은 35세에 불과했지만 백전노장같이 노련한 사람이었고 강온 전략을 구사하는 유연성이 있었다. 소서행장은 사로잡은 울산군수 이언함에게 두 통의 편지를 주어 서울로 보냈다. 풍신수길의 편지와 이덕형을 예조판서로 알고 보내는 소서행장의 편지였다. 주된 내용은, 명나라를 치려고 하니 길을 내주는 것에 대한 강화협상을 상주에서 하자는 것이었다. 그러나 이언함은 중간에서 편지들을 없애 버리고 조정에는 몰래 탈주했다고 거짓말을 하고 사실을 전하지 않았다. 아마 사실을 말하고 편지를 전했다면 살아남기 힘들었을 것이다.

4월 16일 왜적 왜적들은 수사가 도망쳐 빈 경상좌수영을 접수하고 기장을 점령하는 등 후면을 단속하고 전열을 가다듬고 있었다.

소산에서 병영으로 가던 좌병사 이각과 수영을 도망친 좌수사 박홍은 언양에서 만나 대책을 협의했으나 별다른 방안이 있을 리가 없었다. 이각은 울산 병영으로 가고 박홍은 경주 쪽으로 도망쳤다.

동래로 향하던 김수는 중도에서 동래성이 함락되었다는 소식을 듣고 망연자실하였다. 그동안 감사로 부임한 후, 왜적의 침입에 대한 나름의 준비를 열심히 한다고 해왔다. 비난과 원성을 무릅쓰며 백성들을 동원하여 성을 쌓는 일에 주력하였는데, 불과 이틀 사이에 부산성과 동래성이 함락되었고, 이제 군사를 동원할 시간도 없었다. 적이 가까운 고을들은 대부분 수령들이 도망쳐 버리고 백성들은 피난하기에 바빴다. 할 수 없이 밀양으로 가면서 겨우 인근 고을의 백성들에게 왜적을 피해 산속으로 숨으라는 격문이나 보냈다. 밀양에서 제정신을 차린 김수는 제승방략에 의해 정해진 조치를 취하도록 수령들에게 명령을 내렸다. 대구 이북, 문경 이하 고을의 수령들에게 군사를 이끌고 대구에 집결하여 서울에서 내려오는 장수를 기다리도록 조치하는 한편 그것을 조정에 보고하였다. 그리고 그는 왜적이 오고 있다는 소식을 듣자 또 뒤로 물러났다. 사실 감사는 병사도 겸하므로 그는 경상도 최고사령관이다. 그러므로 자신이 직접 대구로 가서 집결하는 군사들을 단속하고 서울에서 임명된 장수가 올 때까지는 직접 지휘 통솔하고 있어야 했다. 그러나 그렇게 하지 않고 겨우 문서로만 조치하고 자신은 도망한 거나 다름이 없었다. 그 후 김수는 초계, 합천, 지례, 거창 등지를 전전하며 군사를 독려하고 전라도에 구원을 청하는 등 나름대로 활동을 하나, 군사를 통솔하거나 전투를 지휘하는 일은 없었고, 군사도 없이 근왕한다는 핑계로 두 번이나 임지를 떠나서 비난을 면치 못했다.

경상우병사로 부임차 내려오던 김성일은 이날 상주에서 왜적의 침입 소식을 듣고 경악했다. 김성일의 상식으로는 전쟁은 도저히 일어날 수 없는 일이었다. 그러기에 통신사로 다녀왔을 때도 걱정은 없다 하였고, 영남에 성을 수축하는 일로 원성이 높자 적극적으로 반대하였던 것이다. 그런데 그 일어날 수 없는 일이 실제로 일어났다. 하늘이 무너지는 기분이었을 것이다. 그래도 김성일은 침착하고 강한 사람이었다. 이제는 싸워서 죽음으로 속죄하자는 각오를 단단히 하고, 일행을 이끌고 병영이 있는 창원으로 박차를 가했다.

여수 전라좌수영 이순신은 이날 아침 일찍 경상감사 김수의 급보를 받았다. 내용은 '이달 13일 왜선 4백여 척이 부산포 건너편에 와서 정박하였는데, 적의 형세가 이미 이 지경에 이르고 보니 극히 우려됩니다. 또 계속 전하겠으니 사변에 대비하시기 바랍니다' 하였다. 4백여 척이면 보통의 적이 아니다. 즉시 감사, 병사, 우수사에게 다시 공문을 보내고, 소속 고을과 포구에도 방비하는 일을 각별히 할 것과 모든 전투 장비들을 잘 갖추어 사변에 대비하도록 특명으로 조치하였다. 그리고 그 내용을 장계로 조정에 올렸다. 저녁 늦게 또 원균의 통보가 왔는데 부산성이 함락되었다는 것이었다. 비통한 마음으로 이것에 대한 장계를 또 올렸다.

4월 17일 경성 경상도 남쪽 부산 일대가 아수라장이 되었어도 이때까지 수도인 경성에서는 까맣게 모르고 있었다. 봉수대는 어떻게 된 것이며 파발은 이렇게 느린 것인가.

이날 아침에야 비로소 박홍의 장계가 도착하였다. 선조 임금은 아직 일어나지도 않았다. 왜적은 전선 400여 척에 병력은 1만 명 미만이라 하였다. 박홍이 최종 확인한 것으로 제1군 소서행장의 부대였다. 이때까지는 다른 부대는 오지 않았으므로 그런대로 사실에 근접한 보고였다. 이후 여러 곳에서 도착한 장계들도 같은 내용이었는데 모두 박홍이 통보해 준 것을 그대로 보고했기 때문이었다. 그리고 조정에서는 이것이 전부인 줄 알았다. 이 정도의 적도 어마어마한 것인데 만약 적이 20만 대군인 줄 알았다면 선조는 아마도 기절했을 것이다.

임금을 놀라게 할 수 없어, 우선 대신들과 비변사가 빈청에 모여 대책을 의논하였다. 이일을 순변사, 성응길을 좌방어사, 조경을 우방어사로 하고, 유극량과 변기를 조방장으로 하여 각각 죽령과 조령을 지키도록 하고, 박종남과 변응성을 좌우 방어사의 조방장으로 또 곽영을 전라방어사, 이옥을 충청방어사로 결정을 하였다. 이것을 서면으로 올려 늦게 일어난 선조의 승인을 받았다.

이어 부산성이 함락되었다는 박홍의 보고가 또 들어오고, 변보가 잇따르자 선조와 신하들의 얼굴에 공포의 분위기가 짙어졌고 도성 안이 술렁거렸다. 도성뿐만 아니라 이때에는 이미 한강 이남 나라 전체가 발칵 뒤집혔다.

그래도 조정에서는 순변사 이일에 기대하였다. 조선의 명장 이일이 내려가면 왜적쯤은 쉽게 물리칠 것이다. 막연한 기대였다. 이일 이하 장수들에게 당일로 출전하라 하였으나 맨몸으로 장수들만 갈 수는 없었다. 이일이 날랜 군사 300명을 데리고 가고자 하였다. 그러나 데려갈 군사가 없었다. 그래서 떠나지도 못했다. 한심한 일이 아닐 수 없었다.

왜적 소서행장은 다시 진군을 시작하여 양산을 점령하였다. 가등청정(가토 기요마사)의 제2군 2만 2천의 병력이 부산진에 도착하여 상륙을 하고 있었다.

울산 경상좌병영 울산 좌병영에는 소속된 인근 고을의 군사들이 모여들고 있었다. 그러나 병사 이각은 싸울 생각이 전혀 없었고 도망할 생각뿐이었다. 그의 첩에게 창고의 면포 천여 필을 주어 고향으로 먼저 가게 하였다. 담당 진무가 말리자 성을 내고 베어 버렸다. 죽여야 할 왜적은 죽이지 못하고 성실한 부하나 죽인 것이다.

여수 전라좌수영 이순신은 이날도 경상우병사가 보낸 적정에 대한 통보를 받았고, 교대한 수군들을 불러 모으는 등 군사를 소집하는 일을 재촉하는 한편 사태의 추이를 지켜보며 활쏘기 연습으로 긴장을 풀었다.

‖ 왜적의 파죽지세에 토붕와해되고 있었다 ‖

4월 18일 경성 동래가 함락되었다는 보고가 들어왔고, 여기저기서 비슷한 장계가 줄을 이었다. 비변사는 8도에 사람을 급파하여 변란을 알리고 군사를 징집하도록 하였다. 도성 안의 군사를 징집하기 위해 병조의 선병안을 검토하니 대부분 군사 경험이 없는 사람들이었는데 그 절반은 아전과 유생들이었다. 하여튼 모두를 징집하기 위해 사령들이 들고 뛰었다.

신하들이 모여 대책을 논의하였지만 별다른 대책은 없고 중구난방으로 엉뚱한 말이나 하며 시간만 허비하고 있었다.

유성룡은 회한이 밀려왔을 것이다. 율곡 이이가 떠올랐을 것이다. 벌써 10년 전, 그가 그토록 피를 토하는 심정으로 강조하던 국방력 강화를 자신은 태평성대에 군사를 기르는 것은 안 된다고 반박하여 막지 않았던가. 율곡 이이는 예언자였다. 그는 줄기차게 '지금의 나라는 너무도 쇠약하여 만약 강한 적이 침범하면 전국이 토붕와해되는 것처럼 무너질 것이며 적은 무인지경을 오듯 할 것이다' '군적은 반드시 늙거나 약한 자를 도태하고 정예한 자를 뽑아 10만을 양성하여 급한 때 써야 한다' 했었다. 지금 딱 들어맞는 말이었다. 선조도 마찬가지로 회한에 젖었을 것이다. 그렇게 준비했다 하더라도 이 왜적을 막는 것이 쉽지는 않았겠지만 양상은 크게 달랐을 것이다.

이일 일행은 이날도 떠나지 못했다.

왜적 어제 양산을 점령했던 소서행장 부대는 다시 진격을 시작했다. 작원에 진을 친 박진의 300인 결사대는 숨을 죽이고 기다렸다. 길은 산과 낙동강 사이의 절벽 외길이므로 적이 길로만 오면 충분히 막을 수 있는 천혜의 요지였다. 그러나 왜적은 전쟁에는 이골이 난 강병이다. 적의 척후는 이미 박진의 매복을 확인하였고 일대가 우회하여 더 높은 곳으로 올라가 내려오면서 총을 쏘니 우리의 화살은 미치지 못하고 쓰러지는 자가 속출하였다. 그래도 용감히 싸웠으나 거의 포위되고 부하 군관 이대우와 김효우마저 죽으니 박진은 혈로를 뚫고 밀양으로 퇴각하였다.

어제 상륙한 제2군 가등청정의 부대도 진군을 시작하여 양산을 거쳐 언양을 함락하고 울산으로 향했다.

흑전장정(구로다 나가마사)이 이끄는 제3군 1만 2천이 낙동강을 거슬러 올라와 김해 인근 죽도에 상륙하였다. 그리고 바로 김해성을 압박하였다.

김해성 김해부사는 서예원이었다. 초계군수 이유검이 김수의 명에 따라 용감하게 입성해 있었다. 그런데 오자마자 후회가 앞섰다. 지킬 병력도 많지 않고 적은 어마어마한 대군이었다. 서예원은 남문을 지키고, 이유검은 서문을 지켰는데 밤중에 이유검은 야경한다고 핑계하고 달아나 버렸다. 이것을 알게 된 서예원도 이유검을 찾으러 간다고 하면서 성을 버렸다.

여수 전라좌수영 이순신은 파직되어 공석인 발포 권관에 나대용을 임시 장수로 정하여 보내 준비를 서두르게 하였다. 오후에 또 원균의 공문이 왔다. 동래성이 함락된 것을 알리는 것이었다. 저녁에는 군사를 거느리고 오는 것을 머뭇거린 순천의 병방을 처벌하였다.

4월 19일 경성 비변사 앞마당에 사람들이 가득히 모였다. 징집 대상자들이었다. 그러나 대부분 유생들과 아전들로 군사로 뽑히기를 싫어하였고 변명이 많았다. 대부분 보내고자 하여도 보낼 수 없는 사람들이었다. 변방의 급보는 이어지고 일은 급하니, 할 수 없이 이일을 먼저 떠나게 하였다. 바로 300명을 채워 별장 유옥이 뒤따라 갈 것이라 하였다. 이일 이하 장수들은 군관 및 사수 60여 명의 인원으로 출발할 수밖에 없었다. 한 가지 이일에게 위안이 된 것은 김수의 장계가 도착하여 대구에 내려가면 소집된 수령과 군사들이 있을 것을 알게 된 것이다. 사실 이때 대구에는 인근 수령들과 판관들이 군사들을 이끌고 모여들고 있었다. 한 시각이 아까운 때였다.

이일이 군사도 없이 내려간 사실을 보고받은 선조는 허탈했다. 나라 꼴이 왜 이 모양인가! 그래도 할 수 있는 일은 해야 했다. 사대부로 죄를 입어 파직되거나 직을 떠난 사람들을 다시 쓰고, 무신으로 상중에 있는 사람들을 모두 기복시키라는 명을 내렸다. 옥중에 있는 전 의주목사 김여물도 풀어 주어 공을 세우게 하라 하였다.

권율을 광주목사로 임명하였다. 기막힌 적시의 인사였다. 권율은 지체하지 않고 당일로 임지를 향해 출발하였다. 그때 그의 사위 이항복이 승정원에 당직하고 있었는데 권율이 가서 작별하니 항복이 말하기를, "왜 그렇게 급히 가십니까?" 하자 권율이, "국가의 일이 급하니 이때야말로 신하로서 죽음을 바쳐야 할 때이다. 어찌 감히 잠시 동안인들 지체하여 아녀자의 슬피 우는 꼴을 흉내 낼 것인가?" 하였다.

신하들의 반대를 물리치고 유배 중인 윤두수도 불렀다. 전시에는 강인한 사람이 필요하다는 생각이었다.

생각할수록 화가 치민 선조는 김성일을 잡아 오라 하였다. 왜적이 오지 않을 것이라고 큰소리하여 준비를 소홀하게 만들어 이런 변을 당하게 하였으니 잡아다 국문하겠다는 것이었다. 김성일은 경상우병사로 부임하기 위해 내려갔기에 다행이었다. 만약 며칠 더 미뤄 도성에 있었다면 아마 목이 달아났을 것이다. 의금부도사가 김성일을 잡아 오기 위해 즉시 출발하였다.

왜적 새벽부터 진군을 시작한 왜적 소서행장의 제1군이 밀양강을 건너기 시작하자 박진은 창고를 열어 양곡을 백성들에게 나누어 주어 피난하라 하고, 나머지는 불태우고 소수의 병력을 이끌고 산속으로 피했다. 왜적은 빈 성을 무혈점령하였다. 그러나 박진은 결코 도망친 것은 아니었다. 이후 상관인 감사 김수와 연락을 취하며, 소수의 병사를 이끌고 적을 만나면 유격전을 벌이기도 하고, 주로 정탐하는 일을 하였다. 조정에서는 적이 점령한 지역의 일을 알 수가 없었는데 박진이 계속 적의 후방 경상좌도의 상황을 알렸으므로 그 사정을 알 수 있었다. 그래서 박진은 임금 선조의 신임을 크게 얻게 된다.

울산성 왜적 가등청정의 제2군도 진격하여 울산을 압박하고 있었다. 울산성에는 인근 13고을의 군사들이 모여들었다. 대략 3천 명쯤 되었다. 이 정도면 성을 지킬 만도 했다. 그러나 여기서도 이각이 말썽이었다. 동래에서와 마찬가지로 뒤쪽 서산에 나가 진을 치고 적이 오면 협공하겠다고 하였다. 안동판관 윤안성이 눈을 부릅뜨고 막아서며 주장이 성을 지켜야 한다고 하였지만 후려치고 나가 버렸다. 최고사령관이 도망치듯 성을 빠져나가자 성내가 술렁이기 시작하였고, 한두 사람이 도망치자 마침내 봇물 터지듯이 모두 성문으로 몰려 나가 버렸다. 왜적은 울산성도 무혈점령하였다. 다음 목표는 경주였다.

김해성 왜적 제3군도 새벽부터 김해성을 포위하기 시작하였다. 이미 주장인 서예원이 도망쳐 버린 김해성은 빈 성이나 다름없었다. 그래도 소수의 의기 있는 사람들이 지키고 있었지만 싸움이 될 수가 없었다. 손쉽게 함락되고 남아 있던 사람들은 몰살당했다. 성은 잿더미가 되었다. 이 왜적들은 다시 창원 쪽을 향하여 진격하였다.

이날 왜적의 제4군 도진의홍(시마즈 요시히로)이 이끄는 1만5천도 부산에 상륙하였다.

여수 전라좌수영 이순신은 소집된 군사 7백 명을 동원하고 군관을 정하여 해자를 파는 등 자체 방어선 구축에도 열심이었다. 직접 순시하며 작업을 독려하였다.

경상우수영 경상우수사 원균은 이순신과 마찬가지로 급보를 받은 즉시 조정에 알리는 것을 소홀히 하지는 않았다. 이때쯤 수군을 모아 적을 치라는 김수의 명령을 받은 원균은 수군을 거느리고 적을 섬멸할 것처럼 장계를 올리는 것도 잊지 않았다.

4월 20일 경성 급보는 계속 이어졌다. 적이 오기도 전에 달아난 수령들은 면책용으로 장계를 올렸다. 대부분 적을 보지도 않고 과장하거나 허위로 올렸다. 그중에 '적이 밀양, 대구를 지나 조령으로 다가오고 있습니다'라는 적의 진로를 예상해 주는 보고도 있었다. 이날 왜적의 선두 소서행장은 아침에 밀양을 떠나 청도에 당도하고 있었다. 조정에서는 종잡기가 힘들고 불안감은 커져 갔다.

대간이 체찰사를 임명하여 내려보내자는 의견을 냈다. 체찰사란 전시에 전장에서 임금을 대신하여 군무를 총괄하는 사람으로 대신들 중 한 사람이 맡는다. 약아빠진 영의정 이산해가 자신은 가겠다고 하지 않고 유성룡을 추천했다. 경상도 출신으로 그쪽 사정을 잘 아니 적임이라는 것이었다. 유성룡은 응낙할 수밖에 없었고 체찰부사로 김응남을 요청하여 선조의 승인을 받았다. 김응남은 이산해와 동서지간으로 그의 심복이나 다름없었다. 유성룡과도 친한 사이였다. 지금까지는 그랬다.

유성룡과 김응남은 체찰부를 구성하고 관련 관서에 공문도 보내고 수행 무관을 모집하는 방도 붙였다. 체찰사는 직접 전투하는 사람도 아니고 후방에 있으면서 권한도 막강하니 금방 모이는 사람이 많았다. 유성룡이 김여물을 불러 이야기를 해 보니 무용과 지략이 출중하므로 선조에게 청하여 막하에 두게 하였다. 사실 유성룡과 김응남은 갑갑하고 답답하기 그지없었다. 병서는 많이 읽었다 하더라도 조그마한 전투 경험도 없는 서생일 뿐이고, 더구나 대규모 전쟁은 생각해 본 적도 없었다. 참고할 만한 기록도 조언을 구할 만한 사람도 없었다.

그래도 조선 제일의 명장인 신립과 상의해 보는 것이 좋을 것 같았다. 그러자 그 답답한 심정을 들은 신립이 말했다. "이일이 외로이 군사를 거느리고 전방에 나가 있는데 뒤따를 군사가 없습니다. 체찰사께서 비록 달려가신다 하더라도 싸우는 장수는 아닙니다. 어째서 용맹스러운 장수로 하여금 급히 달려 내려가게 하여 이일을 응원하게 하지 않으십니까?" 하였다. 더 뜻을 살펴보니 자신이 내려가겠다는 것이었다. 신립은 과연 용감한 대장감이었다. 유성룡은 구세주를 만난 기분이었다. 즉시 입궐하여 선조에게 아뢰었다. 선조가 신립을 불러 그 뜻을 확인하고 바로 도순변사에 임명하였다.

경상우병영 이 무렵 부리나케 임지로 달려가던 신임 경상우병사 김성일은 의령에서 강을 건너 창원으로 향하다 중도에서 퇴각해 쉬고 있는 조대곤을 만났다. 조대곤은 병사에서 해임되어 짐을 싸 놓고 신임 병사 김성일을 기다리는 중에 변란을 맞았다. 휘하 병력은 천 명 가까이 되었다. 교대할 때까지는 경상우병사로서 최선을 다해야 했지만 늙은 조대곤은 심약하고 무능하여 조치하는 일도 없이 기다리다가 왜적이 김해성을 점령했다는 소식을 듣고 퇴각하고 있는 중이었다. 김성일을 만난 조대곤은 놀라는 한편 반가웠다. 즉시 직인과 부절을 넘겨주고 가려고 하니 김성일이 붙잡고 책망하며 진중에 있게 하였다.

얼마 후 척후병이 왜적의 선봉이 벌써 왔다고 알리자 조대곤은 후퇴하자고 하였으나 김성일은 꿈적도 하지 않고 앉아서 군사들을 매복하게 하고 기다렸다. 선두의 왜적이 우리 군을 발견하고 깜짝 놀랐다. 조선군은 모두 도망하고 없는 줄 알았는데 갑자기 나타났으니 놀라지 않을 수 없었다. 이 왜적은 김해성을 함락시키고 창원 쪽으로 진군한 왜적의 척후 중 일대로 다행히 소수의 병력이었다. 김성일이 지명한 용감한 군관과 20명의 사수가 정면에서 화살을 쏘아 선두의 금가면을 쓴 적장을 쏘아 맞히고 좌우에서 돌진하니 적은 대장이 죽고 또 우리의 숫자가 많은 것을 알고 그대로 도주하였다. 사살한 왜적의 목을 베었다. 이것은 조선군이 최초로 얻은 왜적의 수급이었다. 김성일은 이 수급과 함께 장계를 올렸다. 그 장계에는 이런 구절이 있었다. '죽음으로 나라에 보답하겠습니다.'

밤늦게 김성일은 함안으로 물러났다. 그리고 다음 날 여러 군현에 격문을 보내고 흩어진 군사를 모으는 등 군무에 열심인 중에 의금부도사가 도착하여 서울로 압송되고, 집으로 가려던 조대곤은 다시 병사에 유임되었다.

이 와중에 이런 일도 있었다. 용궁현감 우복룡이 군사를 거느리고 병영으로 달려가다가 영천 부근에서 하양의 군사들을 만났는데 하양의 군사들은 병영으로 갔다가 방어사 소속 군이라 하여 방어사가 있는 곳으로 다시 돌아가고 있는 중이었다. 공문까지 보여 주며 확인하게 했는데도 우복룡은 반군으로 의심하여 사살 명령을 내렸고, 일대 살육전을 벌여 모조리 죽여 버렸다 한다. 그리고 감사 김수에게 토적을 멸했다고 보고하고 김수는 조정에 그대로 보고하였다. 후에 우복룡은 도망가지 않고 현을 지키고 싸웠다는 공로까지 인정되어 안동부사가 되었다. 하양의 군사들이 너무 억울한 변을 당했으므로 뒤에 그 가족들이 억울함을 호소하였지만 조정에서는 들어주지 않았다. 혼란한 중에 일어난 일이지만 너무 어처구니없고 억울하기도 한 사건이었다.

왜적 소서행장의 1군은 아침에 밀양을 출발하여 저녁에는 청도에 이르렀다. 그야말로 무인지경에 파죽지세였다. 소서행장 자신이 놀라고 의아해할 정도로 방어가 하나도 없었다. 이런 상태면 도성의 점령도 식은 죽 먹기다. 야심만만한 소서행장은 생각했다. 도성을 제일 먼저 점령하여 조선의 항복을 받아 수공을 세워야 한다. 공을 가등청정에게 빼앗길 수는 없다. 거칠 것도 없으니 군사 진군이 행군이 아니라 거의 뛰다시피 하였다.

가등청정의 제2군의 본진은 경주로 향했다. 일대는 벌써 경주를 접수하고 있었다. 경주는 판관 박의장과 장기현감 이수일이 수비를 하고 있었는데 적의 대군이 접근하자 바로 후퇴하였고 왜적은 빈 성에 입성하게 되었다.

흑전장전이 이끄는 제3군은 영산을 지나 현풍 쪽으로 북상하는데 무인지경을 가는 것은 마찬가지였다.

여수 전라좌수영 이날 이순신은 경상감사 김수의 공문을 받았다 그 내용은 '적의 세력이 크게 성하여 부산, 동래, 양산을 벌써 함락하고 패를 나누어 내지로 향하고 있으므로, 본도 우수사(원균)에게 적선을 막기 위하여 전 수군을 거느리고 바다로 나가라고 이미 명령하였습니다. 때문에 경상도의 여러 진에는 전선이 전혀 없으니, 경상우도에 변고가 생기면 즉시 와서 구원해야 한다는 사실을 조정에 장계하였으며 지금 조정의 명령을 기다리고 있습니다. 이런 뜻을 감사와 병사에게 통보하고 의논하여 시행하시기 바랍니다' 하였다. 구원 요청을 한 것이었다. 이순신은 즉시 소속 수군과 각 고을 및 포구에 '전선을 정비하여 주장의 명령을 기다리라'고 지시하고, 감사와 병사에게도 공문을 보냈다.

4월 21일 경성 도순변사 신립이 군관들을 모집하니 응하는 자가 없었다. 체찰사 유성룡의 막하에는 80명이나 모였다. 싸우지 않을 사람에게는 모이고 싸워야 할 장수에게는 모이지 않는 현실이었다. 이것을 알고 신립이 유성룡을 찾아가 따지듯이 불만을 토로했다. 유성룡이 군관들을 넘겨주었다. 신립은 김여물도 종사관으로 하여 데리고 가겠다고 하였다. 김여물은 내키지 않았으나 따르지 않을 수 없었다. 김여물은 차라리 유성룡의 막하에 머물렀다면 뒤에 상당한 역할을 했을 터인데 안타까웠다.

경기, 강원, 충청, 전라도에 군사를 이끌고 충주에 집결하라는 명을 내렸다. 선전관이 명을 전달하기 위해 각 도로 전속력으로 달렸다.

도성에서는 군사를 징발하는 데 혈안이었다. 선병안에 있는 사람은 물론이고, 현역이고 면제된 자들도 사지가 멀쩡한 장정들은 가리지 않았다. 그래서 대부분 전투 경험도 없는 오합지졸이었지만 상당히 많이 모았다. 신립은 기마전의 용장이다. 기마병도 필요했다. 조정의 관원들에게는 모두 전마 1필씩을 제공하게 하였다. 군기시의 병장기도 내어주었다.

왜적 이날 소서행장의 부대는 경산을 지나 대구에 육박하고 있었다.

경상도 문경 순변사 이일은 힘들게 조령을 넘었다. 경상도에 들어선 것이다. 문경에 도착하니, 현감은 군사를 이끌고 대구로 갔고 고을은 비어 있어, 직접 창고에 있던 곡식을 풀어서 거느리고 온 사람들을 먹였다. 밤늦게 이일은 조정에 장계를 올렸다. '오늘의 적은 신병과 같아 감히 당할 사람이 없으니 신은 죽음을 각오할 따름입니다' 하였다. 괜히 불안을 가중시키는 장계였다.

대구 이 무렵 대구에서는 어처구니없는 일이 벌어지고 있었다. 인근의 수령들이 군사들을 이끌고 와서 냇가 들판에 군데군데 노숙을 하면서 도성에서 오는 순변사를 기다렸다. 일찍 도착한 고을은 사흘이나 되었다. 여러 고을에서 오니 전체 숫자는 만여 명이 넘었다. 그런데 중구난방으로 통솔하는 사람이 없었다. 수령들은 거의 모두 문관으로 전투라고는 몰랐으며, 군사들도 농민으로 군적에 의해 군역은 있으나 전투를 해본 적도 없고 훈련도 제대로 받아 본 적이 없는 오합지졸이었다. 기다리는 장수는 오지 않고 설상가상으로 비까지 내려 잠도 제대로 못 자고 배도 고팠다. 중구난방으로 모였으니 말도 많고 과장된 말에 불안감도 커졌다. 이래저래 도망하는 자들이 있었는데, 몰려오는 피난민들마다 모두 엄청난 왜적이 다가온다고 전하니 불안감은 공포의 수준이 되었다. 밤이 되자 슬금슬금 빠져나가던 것이 어느 순간에 봇물 터지듯이 모두 도망하기에 바쁘고 수령들은 말릴 수도 없었다. 이일이 기대하는 경상도 병사는 순식간에 허무하게 사라져 버렸다. 김수가 주장하여 진관법으로 바꾸지 않았던 전략, 제승방략은 이렇게 허무한 전략이 되었다.

여수 전라좌수영 이순신은 방어망 구상에 열중이었다. 순천부사 권준이 다녀갔다. 감사 이광은 권준을 자기 휘하 육군의 중위장으로 하였는데, 권준은 수군의 장수로 있고 싶어 하였고 이순신에게도 꼭 필요한 사람이었으므로 감사 이광을 설득하기로 약속하고 돌아갔다.

4월 22일 경성 도순변사 신립이 떠나기 전에 선조가 인견하고 묻기를, "적세가 이와 같으니 경의 생각에는 이 적을 당해낼 수 있겠는가?" 하니, 신립이 답하기를, "적이 군사 쓸 줄을 알지 못합니다. 어찌 고립될 수 있는 군사로 깊이 들어와서 패하지 않는 자가 있겠습니까?" 하였다. 시원스런 대답이었다. 선조가 보검을 내려 주며, "이일 이하 장수들로서 명령을 듣지 않는 자에게는 이 칼을 쓰도록 하여라" 하였다. 감격스러웠다.

신립은 기병을 앞세우고 당당하게 서울을 떠났다. 수많은 백성들이 지켜보고 문무백관이 전송하였다. 임금, 신하들, 백성들 모두 이 순간만은 신립이 승리할 것을 의심하지 않았다.

이일과 신립을 보내는 등 급한 조치를 취하는 데 있어서 병조판서 홍여순은 어찌할 줄을 몰랐다. 너무 무능했다. 그래서 유성룡이 적임자가 아니라고 고하여, 김응남을 병조판서로 하고 참판은 심충겸으로 하였다.

경상도의 중간 부분은 초토화되었다. 선두의 왜적 소서행장은 벌써 대구를 지나고 있었다. 가등청정의 부대는 영천을 향하고 있었다. 흑전장정의 부대는 영산 창녕을 지나 현풍으로 북상하고 있었다. 연도의 수령들은 모두들 적이 이르기도 전에 도망하여 막는 자가 없었다. 왜적들은 서울을 향하여 달리기 시합하는 것 같았다.

경상도 함창 이일은 아침에 문경을 출발하여 함창에 머물렀다. 대구의 사정은 아직까지 까맣게 모르고 있었다.

경상감사 김수는 원균에게 군선을 모두 이끌고 나가 적을 쳐부수라고 재촉도 하고, 전라감사 이광에게는 계속 구원군을 보내 달라는 공문을 보내고 있었다.

여수 전라좌수영 이순신은 각처로 사람들을 파견하여 정세를 살피게 하는 한편 방어선 구축에도 박차를 가하고 있었다.

　밤이 되어 선조는 낮일을 생각했다. 신립이 믿음직하고 시원스런 점은 좋았지만 적을 너무 쉽게 보는 것 같아 걱정이 되었다. 밤이면 불안감이 더 커질 수밖에 없다. 적이 밀려오고 있다. 생각할수록 불안감은 가중되었다. 잠을 이루기가 힘들었다. 걱정되고 불안하여 잠 못 이루는 것은 선조만이 아니라 온 나라가 그러하였다.

‖ 믿었던 장수들은 우물 안 개구리였다 ‖

　4월 23일 경성 이일과 신립이 떠나자 이제는 도성의 방위망을 구성하는 것이 급했다. 우의정 이양원을 경성 도검찰사, 박충간을 경성검찰사, 윤탁연을 부검찰사로 하여 도성의 방어를 책임지게 하였다. 그래서 번을 서게 되어 있는 군사들을 소집하고, 서리, 천민을 불문하고 뽑았다. 또 성 밑에 사는 백성들에게는 그 지역의 성가퀴를 지키도록 하였다. 도성의 민가에는 방어용 방패목을 내라는 영을 내렸다.
　김명원을 도원수로 임명하여 한강을 지키도록 하였다. 김명원은 문신이지만 오래전부터 장재가 있다 하여 무관의 요직도 여러 번 거친 사람이었다. 그래서 상중이었지만 기복시켜 군 최고사령관에 임명한 것이다. 그러나 도원수 김명원은 거느릴 군사가 없었다. 팔도에 영을 내려 빨리 군사들을 보내라 재촉하고 경기 감사에게는 군사를 거느리고 한강의 여울을 깊게 파라는 명을 내렸다.

　경상도 상주 아침에 함창을 출발한 이일은 상주에 도착하였다. 이때 비로소 대구의 사태를 알게 되었다. 믿고 내려온 군사가 모두 사라져 버렸다고 하니 기가 막힐 일이었다. 관아에는, 목사 김해는 순변사를 영접한다고 핑계하고 산속으로 도망쳐 버리고 없고, 판관 권길이 대구에서 홀로 돌아와 있었다. 화가 치솟은 이일이 고을에 군사가 없다고 책망하며 끌어내 죽이려 하니 권길이 스스로 나가서 군사를 불러 모아 오겠다고 애원하여 허락하였다. 권길은 밤새도록 군사를 모집하는 데 분주하였다.

왜적 선두 소서행장의 부대는 이날 인동을 점령하고 선산 가까이까지 진격하였다. 가등청정의 주력은 영천과 신녕을 연이어 점령하고 안동 쪽으로 향하였다. 흑전장정의 제3군은 현풍을 지나 성주를 점령하였다. 제4군은 창원을 지나 칠원을 점령하였다.

어느 곳에서나 수령들은 적이 도달하기 전에 미리 도망하여 전투가 벌어지는 곳은 없었다. 왜적들은 빈 성을 접수하고 마음 놓고 불태우고 노략질을 하였다.

비변사에서 이일이 내려올 때 수군으로 하여금 적선을 공격하게 하여 적들이 뒤를 돌아보게 하라는 지령을 내렸었다. 이일이 김수에게 이 지령을 하달하였을 것이고, 그렇지 않아도 원균에게 전선을 거느리고 적을 치라고 명하였던 김수는 원균을 더욱 재촉하였을 것이다. 원균은 조정에 수군을 거느리고 적을 치겠다고 장계는 올렸지만, 그것은 그야말로 면책용 말일 뿐이었고 실제로는 거느릴 군선도, 군사도 거의 없었다. 전라도는 감사 이광, 좌수사 이순신, 우수사 이억기가 뜻이 맞아 서로 도우며 그런대로 준비가 착실하였다. 그러나 경상도는 김수가 조정의 뜻을 이어 육전만 생각하고 수군은 단속하지 않아 준비가 거의 없었다. 평시에도 병영, 수영에는 명목만 군사가 있고 대부분 대립시키거나 방군수포를 받고 번을 서야 할 자들을 빼돌려 실제의 군사 수는 태부족이었다. 그러니 전선을 정비하는 것 또한 소홀하였을 것이고 전선을 추가로 건조하는 것은 기대하기도 어려웠다. 그러다 직격탄을 맞았으니 있던 군사는 도망을 하고 불러들여야 할 군사들은 모두 피난을 가 버려 손을 쓸 수가 없게 되었다. 더욱 한심한 것은 가덕첨사 전응린 등 부산에서 가까운 지역의 수령들과 장수들은 백성들보다 먼저 도망을 쳐버린 것이었다.

원균은 실로 난감하였다. 그런데 김수의 공문에 조정에 전라도의 원군을 요청하였다고 하였다. 당연한 요청이지만 원균에게는 좋은 구실이 될 수 있었다. 이때부터 원균은 이순신에게 구원하러 오라는 요청을 하기 시작하였다.

여수 전라좌수영 이순신은 이미 예하 고을과 포구에 출전 준비를 하라는 명을 내렸지만 관할 구역 출전도 아닌 타 지역이고, 왜적은 숫자도 많고, 시일이 얼마나 걸릴지 알 수도 없다. 그만큼 더 많이 준비해야 하고 시간이 더 걸릴 수밖에 없었다. 또한 가장 중요한 것은 타 지역 출전에는 조정의 명이 있어야 하는 것이었다. 김수의 공문에 조정에 요청했다고 했으니 기다려야 하고 그동안에는 준비에 박차를 가하는 것이었다. 그리고 원균에게는 조정의 명령을 기다려야 한다고 답을 보냈다.

4월 24일 경성 도성 안은 소란스러웠다. 군사를 모집한다, 성을 지켜라, 방패목을 내라, 지키는 자들이 통행하는 백성들에게 행패도 심했다. 관원들은 일에 두서가 없었고 백성들은 시달렸다. 그러니 불만이 높아지고 아우성이 커질 수밖에 없었다. 이것이 선조의 귀에 들어가 크게 화를 내기도 하였다.

경상도 상주 판관 권길은 밤을 새우다시피 돌아다니며 사람들을 불러 모았다. 이날 이일은 상주에 머물면서 창고의 곡식을 풀어 백성들에게 나누어 주며 산으로 피난한 사람들을 불러 모았다. 하루 종일 모아 서울에서 내려온 병사까지 모두 합해 8백여 명이 되었다. 대부분 싸움을 모르는 농민이었다.

저녁때 개령 사람이 피난 오면서 적이 가까이 왔다고 알렸다. 이일이 사람들을 현혹시킨다고 목을 베려고 하니 말하기를, "내 말을 믿지 못하겠거든 잠시 동안만 나를 가두어 두소서. 내일 아침에 적이 오지 않거든 죽이시오. 그래도 늦지 않을 것입니다" 하였다. 이일은 오랜 군 경험으로 나름의 계산이 있었다. 적이 아무리 빨라도 대구에서 상주까지는 2~3일은 걸릴 것이다. 아직은 시간이 있다. 그러나 설혹 그렇다 하더라도 이일은 치명적인 실수를 하고 있었다. 척후병을 내보내 적을 정탐해야 하는 극히 기본적인 일을 하지 않은 것이다. 이때 적은 이미 상주성 전방 20리까지 와 있었다.

왜적 이날 소서행장은 선산을 지나 상주 전방 20리 장천리 냇가에 진을 쳤다. 가등청정은 의흥까지 진군하였다. 의흥에 있던 좌방어사 성응길과 조방장 박종남은 안동 쪽으로 물러났.

경상좌도 이때 김수가 박진에게 선산의 정세를 파악하라고 하였다. 박진이 군관 배설과 함께 선산으로 향하다가 수상한 난민을 붙잡았는데, 그들은 박진 일행을 왜인으로 오인하여 살려 달라 하면서 왜의 글을 바쳤다. 그 글은 왜적이 백성들을 회유하는 것이었다.

'군현의 백성들은 속히 옛집으로 돌아가 남자는 모를 심고 보리를 거두며, 여자는 누에를 치고 실을 뽑아 각자 자기 집 일에 힘쓰라. 만약 우리 군사가 법을 범하면 반드시 처벌한다. 천정 20년 월 일 습유시중 평

의지.'

　왜적은 이렇게 백성들에게 선무공작을 하고 있었다. 이미 점령 지역 치안 확보를 위하여 수길의 서명이 있는 증명서도 많이 만들어 왔다. 또한 점령 지역에는 벌써부터 적의 앞잡이 노릇을 하는 자들이 생기고 있었다.

　경상우도 이날 의령에서 요원의 불길이 솟았다. 곽재우가 의병을 일으킨 것이다. 조선 최초의 의병이었다. 곽재우는 황해감사를 지낸 곽월의 아들이며 남명 조식의 외손녀 사위이다. 선조 18년 정시 문과에 뽑혔으나 글의 내용이 왕의 뜻에 거슬려 취소되었다. 그 뒤로는 과거를 포기하고 의령 강가에 은거하고 있었다. 곽재우는 왜란이 일어났다는 소식을 듣자 바로 의병을 일으킬 생각을 하였다. 먼저 주위의 가까운 10여 명을 규합하고 가산을 털어 군사를 모집하기 시작하였는데 상당수가 모였다. 이날 결의를 하고 죽기로 맹세하였다. 먼저 용사 50명을 동원하여 수령들이 도망쳐 빈 관아가 된 의령과 초계의 창고에서 곡식을 풀어 오고, 기강에 있는 조세미를 가져와 군량으로 확보토록 하였다.

　4월 25일 경상도 상주 아침에 이일은 적이 오지 않았다고 개령 사람을 옥에서 끌어내 처단하고 조리돌렸다. 그리고 군사 8백 명을 데리고 성 밖 북천으로 나가 습진 훈련을 하였다. 이런 오합지졸을 데리고 출전할 수는 없었다. 하루 이틀이라도 훈련을 시켜야 했다.

[상주전투]

　상주전투는 조선군과 왜적이 야전에서 정면으로 싸운 첫 전투이다.
　이일이 군사들과 훈련에 열중하고 있을 때, 숲속에서 이 모습을 지켜보는 수상한 사람들이 있었다. 잠시 후에 이들은 사라졌는데 이들을 본 우리 군사들은 적의 척후로 의심을 했으나 개령 사람의 일로 두려워하여 감히 보고하지 못했다. 얼마 후에 총소리와 함께 성안에서 연기가 솟아올랐다. 그때야 비로소 이일이 적을 의심하여 그중에 용감하다는 군관을 시켜 탐지하게 하였다. 군관이 말을 타고 졸병 2명이 따랐는데 얼마 가지 못하여 매복한 왜적이 총을 쏘아 군관을 죽이고 목을 베어 버렸다. 졸병은 죽자고 도망쳐 돌아왔다. 그것을 지켜본 군사들은 맥이 빠졌다.

바로 이어 왜적들이 전면에 진격해 왔다. 이미 좌우의 산기슭으로는 적들이 모르게 들어와 북쪽만 빼놓고 거의 포위된 상태였다. 우리 사수들도 전면에서 화살을 겨누었다. 일시에 총소리가 울리자 선두의 사수들이 모두 쓰러졌다. 이일이 활을 쏘라고 큰소리로 외치니 쏘았는데 근처에 가지도 못했다. 그리고 연이은 총소리에 늘어선 사수들이 맥없이 쓰러졌다. 군사들은 어리둥절하고 어찌해야 할 줄을 몰랐다. 이어 좌우의 적들이 고함을 지르며 우르르 내려오며 공격하니 누가 뭐라 할 것도 없이 장수 이하 모두가 도망하기에 바빴다. 도망하는 광경이 장관일 정도로 도망하였다. 말을 탄 사람이나 발 빠른 자들은 도망하였지만 많은 사람이 죽었다.

이일은 뒤도 돌아보지 못하고 문경까지 달아났다. 문경에서 한숨을 돌린 이일은 패전 상황을 조정에 장계하였다. 이일은 공포에 질렸다. 이 왜적은 도저히 대적할 수 없는 적이다. 이일의 상식으로는 꿈에도 상상할 수 없는 강한 군대였다. 조선 제일의 명장 중 한 사람인 이일은 처량한 도망자 신세가 되었고, 뒤이어 피해 돌아온 소수의 군사를 이끌고 무거운 걸음으로 거꾸로 조령을 넘었다. 사실 이일이 정상적인 신중한 전략을 생각했다면 군사를 이끌고 후퇴하여 조령을 지켜야 했다. 이 막강한 적 앞에서 오합지졸 8백으로 어떻게 해보겠다고 허둥댔으니 실로 한

심한 일이었다. 조령 수비를 명 받았던 조방장 변기도 함께 있었는데 다행히 살아남았다. 허무한 전투였다.

왜학통사 경응순은 이일의 군중에 있다가 왜어를 하는 통에 죽지 않고 포로가 되었다. 소서행장이 경응순에게 풍신수길의 편지와 예조에 보내는 편지 두 통을 주면서, "동래에서 사로잡은 울산군수에게 편지를 전하게 하였으나 지금까지 회답을 받지 못했다. 조선이 만약 강화하려는 뜻이 있으면 이덕형으로 하여금 오는 28일에 충주에서 우리를 만나게 하라" 하였다. 경응순은 즉시 서울을 향해 달렸다.

경성 상주의 패배를 조정에서 알 수는 없었다. 와중에 김성일의 장계가 도착하였다. 왜적의 수급까지 딸려 왔다. 이것은 첫 승전 보고나 다름없었다. 왜적은 이길 수도 있다는 생각이 들었다. 선조의 노여움이 조금 풀렸다. 때를 놓치지 않고 유성룡과 여러 신하들이 김성일은 충직한 사람이니 죄를 용서하여 큰 공을 세우게 하자고 아뢨다. 그래서 김성일을 경상우도 초유사로 하여 군사들을 모집하고 백성들을 안정시키는 데 힘쓰도록 하였다. 뒤에 김성일은 직산에서 이 소식을 듣고 바로 전라도를 경유하여 경상우도를 향하여 내려갔다. 경상도는 허리가 끊어져 좌도와 우도가 서로 통하지 않으므로 김륵을 경상좌도 안집사로 하여 김성일과 같은 역할을 하도록 하였다.

충청도 충주 충주에는 충청도 인근 고을의 군사들이 모여들고 있었다. 이날 도순변사 신립이 충주성에 입성하여 군사들을 점검하니 서울에서 데려온 군사와 합하여 모두 8천여 명이나 되었다. 신립은 군사들을 단월역에 주둔시키고 일부 군사를 거느리고 조령으로 향하였다. 싸울 장소를 고르기 위해서였다. 조령 가까이에서 산세가 험하고 길이 좁아 기병으로 싸우기가 어렵다며 되돌아섰다. 김여물이 '적은 대군이어서 맞대고 싸우기 어려우니 지형이 험한 조령을 지켜야 한다'고 하였으나 신립은 '적은 보병이고 우리는 기병이니 넓은 들판에서 맞아 기병으로 짓밟아야 한다' 하며 듣지 않았다.

전라도 전주에서 전라감사 이광은 군사들 모집과 병기, 식량 등 준비에 박차를 가하고 있었다. 충주에도 병력을 보내야 하고 경상도에도 지원군을 보내야 했다. 수군도 경상도를 지원해야 한다. 우수사 이억기에게는 이미 이순신과 함께 경상도로 출격할 준비를 하라고 명했다.

김성일의 장계로 화색이 돌았던 것도 잠시 밤이 되자 선조는 다시 얼굴은 어두워지고 두려움이 밀려왔다. 실상황보다 한참 늦은 것이었지만 대구, 영천 등 여러 곳이 함락되었다는 보고는 계속 이어지고 떠날 때까지는 믿음직스러웠던 이일과 신립도 중간에서 보내온 장계를 보면 그들도 겁을 먹고 있는 것 같다. 선조는 자질은 우수하고 총명하며, 학문으로 말하면 따라갈 사람이 없을 정도고, 시서화에 능하고 판단력도 좋은 임금이지만, 사실 한 인간으로서는 서생이고, 문약한 겁쟁이였다. 불안은 꼬리에 꼬리를 물고 증폭된다. 궁중 여인들의 불안감도 선조의 불안감을 가중시키는 데 일조를 했다. 만약 이일과 신립이 패한다면, …… 도성은 방어할 수 있을까? 그것은 더더욱 가능성이 없다. 어떻게 해야 하나, 그렇다면 도성을 떠나야 하나? 만약의 경우에 대비하지 않을 수 없다. 파천! 이것이 조선의 임금 선조가 밤새며 생각해 낸 결론으로 바로 도망가는 것이었다.

4월 26일 경성 선조의 지시로 궁중에서는 은밀하게 떠날 준비를 시작하였다. 도망갈 준비인 것이다. 총애하는 인빈 김씨의 오라버니인 내수사 별좌 김공량을 시켜 시중에서 미투리를 사들이게 하였다. 신하들은 모르고 있었고, 오직 임금의 비위를 잘 맞추는 영의정 이산해에게 만은 사실을 알게 하였다.

임금만이 피난 준비를 하는 것은 아니었다. 겁 많은 신하들은 진작부터 짐을 싸고 식구들을 피난시켰다. 하급 관리들도 마찬가지였고, 군사들도, 성을 지켜야 할 백성들도 알아서 준비하고 기회를 엿보고 있었다.

충주 신립 진영 신립은 몇백 명의 기병을 이끌고 용감하게 돌진하여 여진족을 격파한 공으로 조선 제일의 명장이라는 명성을 얻었지만 사실 대병을 지휘해 본 적이 없었다. 또한 전쟁에는 전략이 필요한 것인데 생각조차 해 보지 못했다. 오로지 기병으로 돌격하여 적을 무찌르겠다는 생각뿐이었다. 그러나 생각대로 될지는 스스로도 자신이 없었다. 신립은 아침에 이일이 패했다는 보고를 듣고 크게 낙담하였다. 어떻게 해야 할 줄을 몰랐다. 충주성으로 들어갔다 나왔다 하고, 진도 여기저기 옮기는 등 두서가 없었다. 괜히 호령만 요란하고 소란스러워 주위 사람도 갈피를 잡기 힘들었다. 더구나 남의 말은 듣지도 않았다.

오후 늦게 이일과 변기가 도착하였다. 신립이 적의 형세를 물으니 이일이, "이번 왜적은 경오, 을묘년과는 비교가 안 되며 또 북쪽 오랑캐같이 쉽게 제압할 수 있을 것 같지 않소. 이미 험한 조령을 지키지 못하고 넓은 들판에서 싸움을 하게 되어 당해낼 도리가 만무하니 차라리 물러나 서울을 지킵시다" 하였다. 신립은 화를 내며 듣지 않았다.

왜적 소서행장 부대는 오후 늦게 문경에 도착하였다. 척후부대 선두는 이미 조령을 탐색하고 있었다.

가등청정의 부대는 군위를 불태우고 이어서 비안을 점령하였다.

경상도 문경현감 신길원은 홀로 항거하다 죽었다. 안동판관 윤안성은 울산에서 모두들 도망가는 통에 할 수 없이 안동으로 돌아왔는데 부사는 도망치고 없었다. 다시 풍기로 갔는데 풍기군수도 역시 도망가고 없었다. 풍기는 이후로도 왜적이 전혀 들어가지 않은 곳으로 안전한 지역이었는데 모두 도망갔으니 한심한 일이었다.
초계군수 이유검은 김해성에서 도망한 후 돌아다니다가 감사 김수가 있는 거창으로 갔다. 그런데 잘못 간 것이었다. 김수가 즉시 잡아서 목을 베어 버렸다. 일벌백계의 모범을 보인 것인데 잘한 일이지만, 과연 감사로서 피해만 다닌 그가 그럴 자격이 있는 것인지는 의문이었다.

여수 전라좌수영 이순신은 이날 물길을 따라 적선을 습격하라는 조정의 유서를 받았다. '조정이 멀리서 지휘할 수는 없고 다만 그 도의 주장의 지휘에 맡길 뿐이다. 본도에서는 이미 서로 의논을 나누었다고 하니, 경상도에 통문을 보내어 서로 의논한 뒤에 기회를 보아서 처리하도록 하라'는 내용이었다. 이순신은 즉시 감사 이광, 방어사 곽영, 병사 최원에게 이 사실을 알리고 순변사 이일, 경상감사 김수, 경상우수사 원균에게 그 도의 물길 사정, 모일 장소, 적선의 수와 그들이 현재 정박해 있는 곳, 그 밖에 여러 가지 전략에 관한 일들을 전부 급히 회답해 달라는 공문을 보냈다. 그리고 예하의 각 고을과 포구에도 전투 기구를 잘 손질해 놓고 명령을 기다리라고 재차 촉구하였다.

4월 27일 경성 이른 아침에 이일이 패했다는 장계가 들어왔다. 도성 안이 술렁거렸다. 백성들은 피난 보따리 꾸리기에 바빴다. 임금이 먼저 도망치려고 하니 백성들을 탓할 수도 없는 일이다.

이일이 패배했으니 신립도 기대하기 어려웠다. 선조는 사복시 관원 김응수를 불러 준비 상태를 확인하고 말들을 영강문 안에 대기시키도록 하였다. 대신 이하 신하들이 대책 없는 회의를 하는데, 김응수가 와서 이산해에게 귓속말을 하기를 여러 차례 하고 가니 신하들이 의심을 품었다. 귀가 밝은 이항복이 알아차리고 손바닥에 '영강문 안에 말을 세워 두라'는 글을 써서 유성룡에게 보였고 이로 인하여 신하들이 알게 되었다.

이산해가 파천할 것을 거론했는데 울면서 옛날에도 파천한 예가 있다고 하였다. 이에 대간이 이산해가 나라를 그르쳤다며 파면하라고 탄핵하였으나 허락하지 않았다.

종친들이 합문 밖에 모여 통곡하면서 도성을 버리지 말 것을 호소하였다. 영중추부사 김귀영이 3정승과 함께 선조를 알현하고 경성을 지켜야 한다 하였다. 기성부원군 유홍이 상소하여 경성을 고수하여 사직과 같이 죽을 것을 청하고, "미투리는 궁중에서 사용할 물품이 아니고 백금은 적을 방어할 물건이 아닌데도 지금 전쟁이 급한 중에 문득 백금을 사들이라 명하시니 전하께서 어찌하여 망국할 일을 하십니까?" 하였다. 마지못해 선조가, "종묘사직이 여기에 있으니 내가 장차 어디로 가리오" 하여 신하들은 물러 나왔다.

양사가 요청하기를 '성문을 굳게 닫고 서민들을 나가지 못하게 하고 미투리 같은 물건은 내보내고 죽기를 각오하고 도성을 사수하겠다'는 의지를 보이라고 하였다.

도성의 방비가 급해졌다. 그런데 도성은 너무 넓어 지켜야 할 성가퀴는 7천2백여 곳이었다. 상번 군사, 천민, 서리 등 가리지 않고 며칠간 뽑았지만 지킬 사람은 4천5백 정도로 태부족이었다. 평시에도 상번할 군사들을 뇌물을 받고 빼 주어 군사가 실수요보다 훨씬 적었는데, 이런 비상시국에도 하리들은 상번한 군사들에게조차 뇌물을 받고 빼돌리고 있었다. 한심한 일이었다. 사대문을 닫고 출입을 통제하고 단속하였지만 이것도 별 소용이 없었다. 밤이면 밧줄을 타고 성을 빠져나갔다. 궁궐을 호위하는 위사들도 빠져나가는 사람이 많았다. 선조는 김공량을 불러 내수사 종들 중 활 잘 쏘는 자 2백 명을 골라 거느리고 대궐을 호위하게 하였다. 임금을 호위할 군사가 없어 내수사 종들로 호위하게 할 정도니 나라도 임금도 꼴이 말이 아니었다.

저녁 무렵 경응순이 소서행장의 편지를 가지고 나타났다. 선조가 여러 신하들을 모아 놓고 의논하나 별수가 없었다. 그중에 이덕형이 '일이 급박합니다. 만약 이로 인하여 혹 군사를 늦출 수 있으면 다행이겠습니다' 하며 선뜻 자신이 가겠다고 자청하고 나섰다. 젊고 유망한 이덕형은 용기도 있었다.

충주 신립 진영 신립은 하나 마나 한 습진과 군사 훈련으로 이날을 보냈다. 그보다 적에 대한 정확한 정탐이 있었어야 했다. 저녁 무렵 전방을 살펴본 한 군관이 급히 돌아와 적이 이미 조령을 넘었다고 은밀하게 보고하였다. 중요한 정보였다. 그렇다면 재삼 정밀한 탐색을 하고 대책을 강구해야 할 터인데 신립은 어쩔 줄을 몰랐다. 혼자 밖에 나가 한참을 배회한 후에 돌아와 군중을 놀라게 했다며 그 군관을 참하였다. 적은 이미 조령을 넘어 접근하고 있었다. 이렇게 조선의 명장들은 똑같은 실수를 하고 있었다. 적은 이미 접근하고 있는데 척후도 제대로 하지 않아 알지도 못하고, 사실을 알려 준 사람은 함부로 죽인다. 이일이나 신립이나 모두 제정신이 아니었다.

왜적 이날 소서행장은 조심스럽게 조령을 넘어 충주 가까이 단월역

부근까지 진격하였다. 먼저 정탐한 선두가 지키는 자가 없다고 하였어도, 지세가 아주 험하여 다시 확인하고 또 조심조심 넘은 것이다. 사실 소서행장은 이렇게 쉽게 조령을 넘을 줄은 생각지도 못했다. 상당한 희생을 각오했는데, 전혀 손실이 없이 천혜의 요충지를 그저 넘으니 기쁨을 감출 수가 없었다.

가등청정은 비안을 출발하여 의성의 다인현을 점령하였다.

전라도 전라도에서는 왜적의 숫자는 50만이라고 했다가 더 부풀려져 백만 대군이라고 소문이 돌았다. 왜적이 오지는 않았어도 소란스럽고 어수선하기는 마찬가지였다. 군사를 징발한다, 군량을 조달한다, 병기를 준비한다 등으로 힘이 드니 독촉하는 감사에 대한 비난도 쏟아졌다. 어떻든 전라감사 이광은 군사 모집, 군량, 병기 등 준비에 열심이었고, 조정의 명에 따라 조방장 이유의에게 2천 병력을 주어 충주로 가게 하였다. 전라방어사 곽영과 조방장 이지시도 병력을 이끌고 경상도 구원에 나섰다.

여수 전라좌수영 이순신은 어제에 이어 오늘은 원균과 합세하여 적을 치라는 유서를 받았다. 어제 유서보다 더 확실하게 경상도로 출전을 명하는 글이었다. 즉시 관할 고을과 포구에 29일까지 좌수영에 집결하라는 영을 내렸다. 보성과 녹도는 오는 데 시일이 더 걸리므로 여유를 주었다. 그리고 그에 의해 경상도로 구원 나가겠다는 장계를 올렸다. 감사에게도 알리고 경상도 쪽에도 알렸다.

4월 28일 경성 도성은 아수라장이었다. 관원도 도망가고 군사도 도망가고 백성들도 도망가고, 밤중에 가다가 가족들을 잃어버리기도 하고, 도적이 출몰하여 재물을 약탈하고 부녀자를 납치하는 등 곡성이 길에 가득하였다. 심지어 임금을 호위할 군사들도 도망하였다. 총체적 난국이었다. 적이 이르기도 전에 도성은 무너지고 있었다.

[충주전투]

충주전투는 조선군 주력과 왜적이 맞붙은 전투이다.

아침에 신립은 비로소 적이 가까이 왔다는 것을 알았다. 8천 군사로 탄금대 앞에 진을 쳤다. 탄금대는 남한강과 달천이 만나는 곳이다. 그중에 싸우기 좋다고 고른 지역이지만 논이 많고 물과 풀이 섞여서 말달리기도 그렇게 좋지는 않았다. 그러나 비장한 각오로 배수진을 친 것이다. 김여물이 높은 곳을 선점하여 유리한 지형을 이용하자고 하였으나 듣지 않았다. 신립은 기병전 외에는 생각할 수가 없었다. 그러나 왜적에게는 신립의 기병은 상대가 될 수 없었다.

이미 17년 전에 일본에서는 나가시노 전투가 있었다. 오다 노부나가가 3천의 조총부대를 3열 횡대로 배치하여, 돌진해 오는 상대 기마부대를 교대 사격으로 전멸시켰다. 일본 통일의 발판을 마련한 전설적인 전투였다. 이후 왜적들은 이 전투 방식을 익혀 최상의 강군이 되었다.

신립이 이런 사실을 알 턱이 없었다. 기병을 전면에 배치하고 적이 가까이 오기를 기다렸다. 적은 1대는 충주성으로 향하고 주력은 단월역에서부터 두 길로 나누어 한쪽은 산기슭을 따라오고 한쪽은 강을 따라왔다. 병기가 햇빛에 번쩍거리며 다가오는 기세가 아주 대단했다.

적이 전면에 대치하고 나팔을 불자 선두의 조총부대가 자세를 취했다. 신립이 돌격을 명령하고 기병이 돌진을 했다. 그 순간 요란한 총소리와 함께 선두의 기병들은 얼마 나가지도 못하고 그대로 쓰러졌다. 다음 번 돌격도 마찬가지였다. 어떻게 해볼 도리가 없었다. 무시무시한 함성과 함께 왜적이 돌격을 시작하고 이후는 거의 살육전이었다. 어쩔 수 없이 용감히 싸우는 자도 많았다. 그러나 왜적의 칼날을 이길 수는 없었다. 좌우로 도망가 살아남은 자들도 있었지만 남한강과 달천에 빠져 죽은 자가 무수히 많았다.

김여물은 용감히 싸우다 죽었다. 광흥주부 이운룡은 자원 출정하였는데, 신립이 배수진을 치는 것을 말리다가 곤장까지 맞았지만 적진에 뛰어들어 싸우다 죽었다. 이렇게 용감하게 싸운 자들도 적지 않았다.

신립은 잡힐 수도 없어 말머리를 돌려 그대로 남한강에 투신하였다. 조선의 주력부대라 할 수 있는 신립의 부대는 하루도 못 되어 사라져 버렸다.

이일이나 신립이나 조령을 지켰어야 했다. 천혜의 요충지를 버리고 적이 무인지경으로 춤추며 오게 하였으니 장수로서 자격이 없었다고 할 수밖에 없다. 두 장수는 모두 당대 제일의 용장이라고 추대를 받았지만 이들은 우물 안의 개구리에 불과했다. 중요한 경계를 소홀히 한 것은 물론, 적전에서 적에 대해 알려는 노력도 없었으며, 적에 대한 조심성도 없었다. 10년 전 북방에서 소규모 몇백 명, 천여 명을 상대로 한 전투에서는 용맹을 날렸지만 대규모 전투는 해 본 적이 없었다. 더구나 국가 단위의 대규모 전쟁에는 어떻게 대처해야 하는지 전혀 알지를 못했다. 신립은 그나마 전사하여 최악의 불명예는 씻었다. 이일은 여기서도 도망쳐 살아남았다. 그리고 어쩌다 죽인 왜적의 수급과 함께 조정에 패전 소식을 알렸다.

신립을 믿고 충주성에 머물러 있던 백성들 또한 큰 피해를 입었다. 충주는 이래저래 수난의 고을이었다.

경성 선조는 신립의 패전을 알지 못했지만 파천하기로 마음을 굳혔다. 신하들은 도성을 지켜야 한다고 계속 외쳐 대고 있었다. 그러나 대부분 속마음은 그렇지 않았다. 유홍만 하더라도 그는 이미 미투리를 준비하고 가족을 피난시킨 상태였다.

이조판서 이원익이 10명의 결사대를 조직하여 적진에 들어가 적장을 암살하겠다고 자청하였다. 그러나 그 의기는 가상하나 실정에 맞지 않으므로 허락하지 않았다.

이원익을 평안도 도순찰사, 최흥원을 황해도 도순찰사로 임명하고 이호민과 유영경을 각각 종사관으로 하여 그날로 떠나도록 하였다. 이원익은 안주목사로 있으면서 고을을 잘 다스려 민심을 얻었고, 최흥원은 황해감사 때 역시 어진 정사를 한다는 이름이 있었기 때문에 미리 가서 피난 시 대비하도록 한 것이었다.

광해군을 세자로 정했다. 신하들이 세자를 세워 인심을 안정시킬 것을 청하니, 선조가 이번에는 선뜻 받아들였다. 며칠 전부터 세자를 세우라는 상소가 있었으므로 이미 선조가 마음을 정한 상태였다. 대신들을 불러 묻는 형식을 취하고 바로 광해군으로 결정하였다.

왜적 가등청정의 부대는 예천을 거쳐 문경에 도달해 있었다. 흑전장정의 부대는 개령과 김천을 점령하고 추풍령에서 우방어사 조경의 부대를 격파했다. 조경은 싸우다 부상당하고 사로잡힐 뻔하였는데 군관 정기룡이 용감하게 돌진하여 겨우 피해 후퇴하였다.

여수 전라좌수영 이순신은 관할 지역 수군이 집결하기를 기다리고 있었다.

선조, 신하들, 백성들 모두 충주의 일은 모른 채 신립의 승리 소식에 일말의 기대를 걸면서 잠을 청했다.

4월 29일 경성 도성은 이미 지킬 수 있는 상태가 아니었다. 성을 지켜야 할 사람들은 대부분 도망가 버리고 없었다. 한강을 지키는 도원수 김명원이 거느린 군사들은 대부분 성중의 병들고 잔약한 자들로 겨우 수백 명이었다. 경기, 강원, 황해, 평안, 함경도에 군사를 보내라고 명을 내렸지만 언제 올지 알 수가 없었다.

광해군을 세자로 봉하는 책봉식을 거행하였다. 모든 절차를 생략하고 백관이 진하하는 것으로 간단히 끝냈다.

여수 전라좌수영 이날 새벽 이순신은 다음 날 출전할 생각을 굳히고, 경상우도 소속이지만 첩입군으로 편입한 남해도의 남해현, 미조항, 상주포, 곡포, 평산포에 전령을 보내 그곳 현령, 첨사, 만호 등에게 '군사와 군선을 정비하여 중로에 나와서 기다리라'는 비밀공문을 전달하게 하였다.

정오 무렵에는 적정을 알려 주는 경상우수사 원균의 공문이 왔다.

'적선 5백여 척이 부산 김해 양산 명지도 등지에 정박하고 함부로 상륙하여, 연해변의 각 고을과 포구와 병영 및 수영을 거의 다 점령하였으며, 봉화까지 끊어졌으니 매우 통분합니다. 본도의 수군을 징발하여 적선을 추격하여 10척을 태워 없앴으나 나날이 적병이 늘어나 적세는 더욱 치성해져서 적은 많은 데다 우리는 적기 때문에 대적할 수 없어서 본영도 이미 함락되었는지라, 두 도가 합세하여 적선을 공격하면 상륙한 왜적들이 후방을 염려하게 될 것이니, 귀도의 군사와 전선을 남김없이 징발하여 당포 앞바다로 급히 달려와 주시오' 하였다.

그런데 바라던 구체적인 적의 정세나 정보는 전혀 없었다. 오로지 경상우수사 관할 해역이 거의 모두 왜적의 소굴이 되어버렸다는 것이고, 경상우수사의 본영까지 함락되었다는 것이었다. 이런 상태라면 경상우도의 수군은 궤멸되었다고 볼 수밖에 없었다. 그런데 오후 2시경에는 남해

에 전령으로 보냈던 진무 이언호가 급히 돌아와 보고하기를,

'남해현 성안의 관청과 여염집들은 거의 비었고, 집 안에서 밥 짓는 연기도 나지 않으며, 창고의 문은 이미 열려 곡물이 흩어졌고, 무기고의 병기도 모두 없어지고, 마침 무기고의 행랑채에 한 사람이 있기에 그 사유를 물어보니 "적의 세력이 급박하게 닥쳐오자, 온 성안의 사졸들이 소문만 듣고 도망쳤으며, 현령과 첨사도 따라 도망하여 간 곳을 알 수 없다"고 대답하는지라, 돌아오다가 또 한 사람을 보았는데 쌀섬을 진 채 장전을 가지고 남문 밖에서 나오다가 장전의 일부를 소인에게 주는 것이었습니다' 하였다.

남해도는 여수 본영에서 바로 보이는 코앞에 있는 곳이다. 만약 이곳이 적의 수중에 들어가면 경상도로의 출전은 고사하고 전라도도 위험해진다. 이순신은 군관 송한련을 불러, 이 말이 사실이라면 만약을 위하여 그 창고와 무기고 등을 불살라 없애라는 지령을 주어 보냈다.

이순신은 명일 출전할 계획으로 이미 출전 진용까지 짜 놓았으나 망설이지 않을 수 없었는데, 마침 전라우수사가 30일에 출발한다는 전갈이 왔으므로 기다리기로 하였다.

여기서 원균이 말한 10척을 불살랐다는 말을 생각해 보면, 이 말은 일고의 가치도 없을 것 같다. 왜냐하면 해전이 있었다면 비록 10척을 불살랐다 하더라도 원균은 70여 척은 되어야 할 모든 전선을 잃은 패전을 한 것이고, 달리 왜적만이 이런 피해를 입었다면 대규모의 왜 수군이 출동하였을 터인데 이후의 정황으로 봐서는 이때까지 왜의 수군은 전혀 해전에 신경 쓰지 않았다. 소문만 듣고 무너지고 도망친 원균이 부끄러움을 조금이라도 만회하기 위해서 동급 장수인 이순신에게만 이 말을 넣은 것이 분명하다. 상관인 김수나 김성일에게는 보는 눈이 있었기에 이런 말은 비칠 수도 없었다.

전라감사 이광은 서울 방어를 지원하기 위한 근왕군 준비에 박차를 가하고 있었다. 경상감사 김수도 근왕한다는 핑계로 관할 수령들을 부르고 있었다. 이때 거제현령 김준민은 죽음을 각오하고 거제를 사수하려고 하였는데 감사가 근왕한다고 부르니 할 수 없이 성을 버리고 갔다

왜적 소서행장은 이날 충주에서 전열을 정비하고 있었다. 가등청정이 선봉군 2천을 거느리고 전속력으로 달려와 소서행장을 만났다. 거기서 둘 사이에 서울로의 진격로를 놓고 담판이 벌어졌는데 거의 싸움이 벌어질 뻔하였다 한다. 이들은 처음부터 사이가 나빴다. 소서행장은 천주교 신자이고 가등청정은 불교 신자였다. 젊은 패기의 공명심도 둘 사이의 경쟁을 부채질하였다. 결국 소서행장은 여주로 해서 서울로, 가등청정은 용인으로 해서 서울로 진격하는 길을 택했다.

경성 다시 도성에서는, 저녁 무렵, 전립을 쓴 말 탄 군사 3명이 성안으로 쏜살같이 들어왔다. 충주에서 패주한 것을 알리는 군사였다. 일말의 기대를 건 승전보가 아니라 최악의 패전보였다. 소문은 순식간에 퍼지고 도성은 아수라장이 되었다. 이후 눈치를 살피던 고급관원부터 하급군사까지 그리고 보따리를 싸둔 백성들이 일시에 피난하느라 성문이 닫히지 않았다. 도성에는 피난 가려 해도 갈 곳이 없는 불쌍한 사람들만 남게 되었다. 대부분 천민이고 노약자들이었다.

즉시 궁중에도 소식이 들어갔다. 선조가 신하들을 불러들였다. 친가의 형인 하원군과 하릉군은 먼저 와 있었다. 신하들이 모이자 파천 계획을 의결하였다. 이산해가 평양으로 가는 것이 좋다고 하였고, 이항복은 지금은 중국 쪽으로 향하여 회복을 도모해야 한다고 하였다. 이제는 반대도 없었다. 장령 권협이 홀로 경성을 굳게 지켜야 한다고 강경히 말했지만,

유성룡이 말은 충성스러우나 지금은 어쩔 수 없다고 제지하였다.

왕자들을 여러 도에 나누어 보내어 근왕병을 모집하게 하자고 하였다. 그래서 김귀영 윤탁연에게는 임해군을 수행하여 함경도로 가게 하고, 순화군은 황혁의 사위였으므로 황정욱 황혁 부자가 수행을 자청하여 강원도로 가게 되었다. 세자는 어가를 따르게 하였다.

윤두수를 불러들여 관작을 회복시키고 호종하게 하였다.

유성룡은 체찰사이므로 남아서 서울을 지키라 하였다. 이항복이 '서쪽으로 가면 중국과 교섭할 일이 많을 터인데, 조정에서 그 일을 처리할 사람은 유성룡뿐이다. 만약 체찰사로 서울에 남으면 분명히 패전지장이 될 것이나 어가를 호종하면 도움이 클 것이다'고 주장하여 글을 올렸다. 선조가 허락하고 이양원을 유도대장으로 하여 서울을 지키게 하였다.

서행이 결정되자 궁궐도 난리가 났다. 대궐 안의 종들도 떠들다 도망하고, 호위하는 군사들도 흩어졌다. 시각을 알리는 북소리도 울리지 않았다.

밤이 깊은 뒤에 이일의 장계가 도착하였다. '적이 금명간 도성에 들어갈 것입니다' 하였다. 그리고 얼마 후에 선조가 일어섰다. 파천을 시작한 것이다. 서행이라 했다. 서행은 평안도 쪽으로 간다는 말이다. 북행은 함경도로 가는 것을 말한다. 시간은 이미 자정을 훨씬 넘었다.

‖ 파천, 대책 없는 도망 길이었다 ‖

불쌍한 백성들은 남아서 죽으라 하고 임금이 야반도주하는 것이었다. 백성을 버리는 임금은 임금일 수 없다. 선조는 그런 임금이었다. 신하들도 그런 신하들이었다.

4월 30일 경성 새벽 2시 선조의 처량한 서행이 시작되었다. 백성들 모르게 하기 위해 한밤중에 출발하는 것이지만 숨길 수는 없었다.

선조가 인정전에 나오니 백관들과 인마 등이 어지럽게 대기하고 있어 질서가 없었다. 병조판서 김응남이 목에 표신을 걸고 지휘를 하고자 해도 따르는 사람이 없고 호위하는 군사가 적어 병조좌랑 이홍로가 돌아다녔지만 채워지지 않았다. 왕비는 걸어서 인화문을 나왔는데, 수십 명의 시녀가 따랐다. 밤은 칠흑같이 어둡고 지척을 분별할 수 없었는데, 설상가상으로 비까지 내렸다. 도승지 이항복이 촛불을 잡고 앞을 인도하니 왕비가 성명을 물어서 알고 위로하였다. 종묘 각 실의 인보 외의 의장은 모두 버렸으며, 문소전의 위판은 지키던 관원이 묻어 두었다. 상과 동궁은 말을 타고 중전 등은 뚜껑 있는 교자를 탔었는데 상이 돈의문을 나가며 사관으로 하여금 종묘와 사직의 신주판을 받들고 앞서게 하고 세자가 그 뒤를 따랐으며 어가가 나간 뒤 왕자 신성군과 정원군이 따랐다. 홍제원에 이르자 날이 새려고 하였다. 뒤를 돌아보니 대궐 쪽이 환했다. 궁궐이 불타고 있었다.

도성 안의 약삭빠른 자들은 이미 임금이 떠나기 전부터 내탕고에 들어가 보물을 앞다투어 훔치고 있었다. 임금이 떠나자 기회를 엿보던 자들이 먼저 장례원과 형조에 불을 질렀다. 이는 이 두 관서에 공사 노비의 문서들이 있기 때문이었다. 그리고 벌떼처럼 궁궐들의 창고로 달려가 모두 훔치고 뒤이어 불을 질러 흔적을 없앴다. 경복궁·창덕궁·창경궁 세 궁궐이 일시에 모두 타버렸다. 역대의 보물과 귀중품, 홍문관에 간직해 둔 서적, 춘추관의 각 조 실록, 다른 창고에 보관된 전조의 사초와 《승정원일기》가 모두 남김없이 타 버렸고 내외 창고와 각 관서에 보관된 것도 모두 도둑을 맞거나 불타 버렸다. 임해군의 집과 홍여순의 집도 불태워 버렸는데, 이 두 집은 평상시 많은 재물을 모았다고 소문이 났기 때문이었다. 유도대장 이양원이 몇 사람을 참하여 군중을 무마하려 하였으나 떼로 일어난 성난 백성들을 제지할 수가 없었다. 적이 이르기도 전에 2백 년 조선왕조의 대궐들은 백성들의 손에 의해 잿더미가 되어 사라져 버렸다.

비가 더욱 심해지자 숙의 이하는 교자를 버리고 말을 탔다. 궁인들은 모두 통곡하면서 걸어서 따라갔으며 종친과 호종하는 문무관은 그 수가 1백 명도 되지 않았다. 경기감사 권징이 소수의 군사를 이끌고 와서 호위가 약간 모양을 갖추고 또 우비를 바쳐 선조가 입고 갔다. 점심을 벽제관에서 먹는데 왕과 왕비의 반찬은 겨우 준비되었으나 동궁은 반찬도 없었다. 신하들은 대부분이 굶었다.

도중의 길가에 '나라에서 우리를 버리고 가니 우리는 무엇을 믿고 살 것인가' 하고 통곡하는 백성이 있었다.

어의 양예수는 노경에 다릿병이 있다고 핑계하고 비록 권세 있는 이들 집에서 진찰을 청해도 대개 가지 않는 일이 많았다. 이번에 창졸간에 말을 준비할 겨를이 없어 도보로 따랐다. 행차가 사현에 이르렀을 때 이항복이 돌아보고 "양동지 다릿병에는 난리탕이 그만이로구나" 하고 웃었다. 선조가 그 말을 듣고 말을 주라 명하였다.

파주를 지나면서 비도 약해지니 선조의 마음에 약간의 여유가 생겼다. 주위를 보며 "성혼의 집이 어디 있는가?" 하니 이홍로가 가까운 마을을 가리키며 성혼의 집이라 하였다. 선조가 "그러면 왜 나와서 나를 보지 아니하는가?" 하니 이홍로가, "이런 때를 당하여 그가 어찌 기꺼이 와 뵙겠습니까?" 하였다. 선조는 이것을 마음에 새겼다. 이홍로는 성혼의 집은 이십리도 더 들어간 곳에 있다는 것을 알고 있었다. 이런 순간에도 기회를 놓치지 않고 모함을 한 것이다. '이홍로는 간사하여 아첨을 잘하는가 하면 경망하고 독살스러워 소인의 정상이 극도에 이르른 자이다. 소년에 등과하여 조급히 진출할 마음을 품고 이산해의 문하에 드나들며 부자간이 되기로 언약하고 못된 짓에 앞서 나가는 오른팔이 되었다. 또 임금이 총애하는 김귀인의 오빠 김공량과 결탁하여 비루하게 빌붙기를 마치 노예와 같이 한 자였다.'

저녁에 임진강 나루에 닿아 선조가 먼저 배에 올라 건넜다. 배가 많지 않아 서로 먼저 타려고 아우성이 나기도 했다. 선조가 신하들을 보고 엎드려 통곡하니 좌우가 눈물을 흘리면서 감히 쳐다보지 못하였다. 선조가 갈증을 말하나 가져온 물이 없었다. 내의원 한 사람이 상투 속에서 설탕 한 덩어리를 꺼내 강물에 타서 드렸다. 밤은 칠흑같이 어두운데 한 개의 등촉도 없었다. 남쪽 언덕 승청에 있는 재목을 태워 그 불빛으로 길을 찾았다. 겁 많은 선조는 배를 가라앉히고 나루를 끊고 가까운 곳의 인가도 철거시키도록 명했다. 적병이 그것을 뗏목으로 이용하여 쫓아올 것을 염려한 때문이었다.

밤이 깊은 후에 겨우 동파에 닿았다. 파주목사 허진과 장단부사 구효연이 수라를 준비하고 기다리고 있었다. 그런데 도착하자마자 하루 종일 굶어 허기진 호위하던 하인들이 먼저 들어가 음식을 마구 먹어 버렸다. 그래서 임금은 먹을 것이 없게 되었다. 졸지에 벌어진 일에 허진과 구효연은 놀랍고 두려워서 도망쳐 버렸다. 백관들은 굶주리고 지쳐 촌가에 흩어져 잤는데 강을 건너지 못한 사람이 절반을 넘었다.

이런 혼란과 배고픔은 대책 없이 떠난 선조와 신하들이 자초한 것이었으니 누구를 탓할 수도 없는 것이었다. 도망가는 대책조차도 세우지 못했으니 정말 한심하다 하겠다.

이덕형은 경응순을 데리고 소서행장을 만나러 충주로 내려가는 도중 죽산에서 충주가 함락되었다는 소식을 들었다. 그래서 경응순을 먼저 왜진에 보냈는데 불행하게도 가등청정의 부대였다. 경응순은 가등청정에게 죽임을 당하고 이덕형은 도망하여 돌아오는데 오랜 고생 끝에 평양으로 오게 된다.

여수 전라좌수영 이순신은 임금이 피난 간 줄은 모른 채, 그동안의 일과 출전 결의를 상세하게 적고, 전라우수사 이억기의 전선이 도착하면 즉시 출전하겠다는 장계를 올렸다.

왜적 소서행장과 가등청정은 서울을 향해 진격을 개시했다. 그들의 관심은 이제 싸움이 아니라 먼저 도성에 입성하는 것이었다.

5월 1일 동파 행재소 아침에 선조가 이산해와 유성룡 윤두수 등을 불렀다. 손으로 가슴을 두드리며 괴로운 모습으로 이르기를, "이산해야 유성룡아! 일이 이렇게까지 되었으니 내가 어디로 가야 하겠는가? 꺼리거나 숨기지 말고 속에 있는 생각을 털어놓고 말하라" 하니, 신하들이 엎드려 눈물을 흘리면서 얼른 대답하지 못했다.

선조가 이항복을 보며 "승지의 뜻은 어떠한가?" 하고 물으니,

이항복이 "어가가 의주에 머물 만합니다. 만약 형세와 힘이 궁하여 팔도가 모두 함락된다면 바로 명나라에 가서 호소할 수 있습니다" 하였다.

윤두수가 아뢰기를 "나라를 가벼이 버릴 수는 없습니다. 북도는 군사와 말이 날래고 굳세며 함흥과 경성(鏡城)은 모두 천연적인 요새로 믿을 만하니 재를 넘어 북쪽으로 가는 것이 좋습니다" 하였다.

유성룡이 아뢰기를, "승지의 말은 쓰지 못할 말입니다. 대가가 우리 국토 밖으로 한 걸음만 떠나면 조선은 우리 땅이 되지 않습니다" 하였다.

선조가 이르기를, "내부(명나라로 피난 가는 것)하는 것이 본래 나의 뜻이다" 하니, 유성룡이 안 된다고 하며, "지금 관동과 관북 제도가 그대

로 있고 호남에서 충의로운 인사들이 곧 벌떼처럼 일어날 텐데 어떻게 이런 말을 갑자기 할 수 있겠습니까" 하였다. 이산해는 끝내 대답하지 않았다.

유성룡이 물러나와 이항복을 책망하였다. "어떻게 경솔히 나라를 버리자는 의논을 내놓는가. 자네가 비록 길가에서 임금을 따라 죽더라도 궁녀나 내시의 충성밖에 되지 못할 것이다. 이 말이 한번 퍼지면 인심이 와해될 것이니 누가 수습할 수 있겠는가." 그러자 이항복이 사과하였다.

선조가 개성으로 향하려고 하는데 정오가 되도록 밥도 먹지 못했다. 따라왔던 경기의 아전과 군사들이 도망하여 흩어져 호위할 사람이 없었다. 마침 서흥부사 남억이 군사 수백 명을 이끌고 먼저 도착하였으므로 호위하고 떠날 수 있게 되었다. 내시가 전언하기를 '궁인이 어제부터 끼니를 굶었으므로 조금 쌀을 구하여 시장기를 면해야 떠날 수 있겠다'고 하여 서흥의 병졸이 싸 가지고 온 현미 두어 말을 거두어 밥을 지어 먹었다. 초현참에 이르니 황해감사 조인득과 풍덕군수 이수형이 장막을 설치하고 음식을 준비하였으므로 백관이 비로소 밥다운 밥을 먹었다. 또 군량과 말먹이까지도 모두 준비해 주었으며 따로 쌀 5석을 바치니 상이 즉시 호위병들에게 나누어 주었다. 호위하는 군사가 평안도에서 도착한 병사의 말을 빼앗은 자가 있었는데 즉시 목을 베어 위엄을 보이게 하였다.

저녁에 개성부에 도착했다. 길가의 백성들 중에 어떤 자는 임금에게 큰소리로 "상감이 백성은 생각하지 않고 오직 후궁들만 부유하게 해주고 김공량을 총애하여 제일 계책으로 삼다가 이 지경에 이르렀으니 어찌 공량을 시켜 적을 토벌하지 않으십니까" 하였다. 또 돌을 던지는 사람도 있었다.

신하들이 영의정 이산해가 김공량과 결탁하여 임금을 속이고 나라를 그르쳤다고 탄핵하였다. 그동안 이산해의 술책에 당하기만 했던 사람들의 분노가 폭발한 것이었다. 그러나 선조는 완강하게 버티며 윤허하지 않았다.

윤두수를 어영대장으로 하여 호위 군사들을 통솔하게 하였다. 밤중에 군사 중에 공포심으로 인하여 자다가 놀라 소란스러운 사태가 여러 번 있었으나 윤두수와 이항복이 무마하였다.

여수 전라좌수영 관할 지역의 전선들이 모두 집결하였다. 이순신이 방답첨사 이순신(李純信), 흥양현감 배흥립, 녹도만호 정운을 불러 의견을 나누어 보니, 모두들 의기가 충천하여 제 몸을 돌볼 생각을 하지 않았다. 이제 준비는 끝났다. 우수영의 전선들만 오면 출전하는 것이다.

전라도 전라감사 이광은 서울을 지키는 것을 지원하기 위하여 직접 군사를 이끌고 출발하였다. 충주를 지원하기 위해 출전했던 조방장 이유의는 도중에 충주의 패전 소식을 듣고 군사를 돌려 돌아오다가 이광의 군대와 합류하였다.

왜적 소서행장이 여주부근의 남한강에 이르렀을 때, 강 건너에는 강원도 조방장 원호가 수백 명을 거느리고 지키고 있었다. 소서행장은 일부 병력을 대치시키고 그곳을 피하여 강을 건넜다. 그리고 이날 양근을 거쳐 팔당으로 진군하고 있었다.

가등청정은 죽산을 거쳐 수원과 용인 지역을 초토화시키고 있었다. 흑전장정은 영동을 거쳐 청주를 향하고 있었다.

5월 2일 개성 행재소 아침에 경기감사 권징의 보고가 있었다. 경성은 적이 오지 않아서 조용하고, 적들은 아직 충주에서 움직이지 않는 듯하다는 내용이었다. 엉터리 보고였지만 선조는 안도의 한숨을 쉬었다. 신하들은 경성을 너무 성급히 떠난 것에 대해 임금과 이산해에게 불만이었다. 그래서 신하들의 화살이 다시 이산해에게 집중되었다. 이산해의 목을 베어야 한다는 주장도 있었다. 선조도 더 이상 버티지 못하고 물러서 이산해를 삭탈관작하였다. 유성룡을 영의정으로 하고 최흥원을 좌의정, 윤두수를 우의정으로 하였다.

이때 함경도 남병사에서 체직되어 돌아오던 신할이 소수의 병력을 이끌고 도착하였다. 신할은 신립의 동생이다. 임금 곁에 장수다운 장수가 없었는데 선조는 반가웠다. 즉시 호위를 명했다. 그러나 신하들은 장수는 경성을 지키는 데 도움이 되어야 한다고 주장하고, 신할도 복수심에 불타 자청하므로, 경성으로 가서 김명원과 함께 한강을 지키도록 하였다.

서울의 소식이 궁금하여 신잡을 시켜 도성에 들어가 이양원과 김명원을 만나 위로하고 형세를 알아 오라 하였다. 신잡은 신립의 형이다. 그도 즉시 경성으로 떠났다.

선조가 용기를 내어 개성의 백성들을 직접 만나 위로하고 타이르며 각자 마음에 있는 말을 하도록 하니, 한 백성이 '원컨대, 정정승을 불러 쓰소서' 하였다. 선조가 즉석에서 정철을 사면하고 강계의 유배지에서 즉시 달려오도록 하라고 명했다. 또한 개성을 지키겠다는 말도 있었고, 개성 백성들의 전세 등을 감면하도록 하였다.

저녁 무렵 신하들이 이산해를 파직에만 그친 것에 불만을 품고 다시 거론했다. 이번에는 이산해는 물론 김공량의 처벌까지 주장하였다. 그러자 선조는 유성룡을 끌어들였다.

"영상이 말이 없어 그랬는가? 파천을 결정한 날 간하여 말리지 못한 죄는 영상이나 유성룡이 같은데, 어찌하여 지금 유독 영상만 논하고 성룡은 언급하지 않는가? 만약 영상을 죄준다면 성룡까지 아울러 파직해야 할 것이다" 하였다.

김응남이 동조하며 아뢰기를, "변란에 대응하는 방비가 매우 허술하여 적변이 이 지경에 이르게 하였으니, 대신은 다 같이 죄를 받아야 마땅합니다. 하나는 죄를 받고 하나는 면하는 것이 될 일입니까" 하였다. 반대하는 말들이 많았으나 듣지 않고 선조가 결론을 내렸다.

"미리 막지 못하고 적으로 하여금 마치 무인지경을 들어오듯 하게 하였으니 대신들이 어떻게 죄를 면할 수 있겠는가. 나는 이 적들을 한없이 우려했는데 도리어 내가 한 말을 비웃었으니, 이 점에 대해서는 성룡 혼자 그 죄를 받아야 된다. 민폐가 된다고 하여 예비하지 않아 방비가 허술하게 만든 것은 모두가 성룡의 죄이다."

그리고 유성룡의 파직을 명했고, 이산해는 더 이상 처벌하는 것을 허락하지 않고 김공량은 옥에 가두라 하였다. 영의정은 최흥원, 좌의정은 윤두수, 우의정은 유홍으로 하였다. 하루에 영의정을 두 번이나 갈아치운 파행이었다.

이때 자연히 서인의 목소리가 높았다. 유성룡을 파직에만 그칠 수 없다는 말도 나왔으나 이항복이 정색을 하며 '탄핵하는 여러 사람을 합해도 유성룡만 못하며 국체를 보존할 생각을 하라' 하고, 부제학 홍이상을 설득하여 더 이상 거론하지 않도록 하였다.

선조는, "나의 실국은 다른 죄가 아니라 명나라에 충절을 다하느라고 미친 왜적에게 노여움을 산 것이다" 하고 엉뚱한 넋두리도 하였다.

밤에 선조가 비밀리에 유홍과 이항복을 불러 신성군과 정원군을 데리고 평양으로 떠나게 하였다. 말은 먼저 가서 성지를 수리하게 하고 만약을 대비하게 한다고 하였지만, 사실은 이산해와 김공량이 죄를 받았는데 총애하는 인빈 김씨까지 공격을 당할 것을 우려하여 피난을 시킨 것이었다.

여수 전라좌수영 이순신은 남해에 다녀온 송한련의 보고를 받았다. '남해현령, 미조항 첨사와 상주포, 곡포, 평산포 만호 등이 왜적의 소식을 듣고는 이미 도망쳐 버렸고, 군기 등의 물건도 다 흩어져서 남은 것은 없다'는 내용이어서 놀라움을 금치 못하였다. 또한 여러 장수들과 작전회의를 하는데 낙안군수 신호가 타 지역으로 출전하는 것을 꺼려 하여 한탄하기도 하였다. 저녁에는 군호도 정했다. 그러나 우수영의 이억기 함대는 오늘도 오지 않았다.

왜적 이날 소서행장은 팔당을 거쳐 망우리까지 진격하였다. 가등청정의 부대는 오후에 한강에 도착하였다.

한강 방어선 도원수 김명원이 한강에 진치고 있었는데 강 건너에 어마어마한 적이 나타나자 기가 질렸다. 깃발과 함성이 요란하고 적이 쏜 총알이 제천정 지붕 위까지 빗발치듯 날아왔다. 천여 명의 오합지졸로는 도저히 지킬 수가 없다는 생각이 들자 그대로 북쪽으로 후퇴하였다. 도망친 것은 아니었다. 임진강으로 후퇴한 것이다. 도성 안에 있던 이양원은 한강의 군사가 흩어졌다는 소식을 듣고 성을 버리고 나와 양주 쪽으로 물러났다. 이때 부원수 신각은 한강에서 물러나 도성을 지키려고 들어갔는데 이미 이양원은 떠나고 없었다. 할 수 없이 이양원이 갔다는 양주 쪽으로 갔다.

조선의 수도 경성은 지키는 군사가 없는 빈 성이 되어 버렸다.

5월 3일 왜적 새벽부터 진군을 시작한 소서행장은 아침에 동대문 밖에 포진하였다. 문은 열려 있고 성안은 고요하였다. 혹시 복병이 있을까 염려하여 조심스럽게 척후를 보내어 탐색하고 완전히 지키는 군사가 하나도 없다는 것을 확인한 후 입성하였다. 도성을 무혈점령한다는 것은 소서행장의 상식으로는 생각할 수도 없는 일이었다. 곧 이어 새벽부터 도하를 시작했던 가등청정의 부대는 남대문으로 들어왔다. 이들 두 부대의 왜적들은 그동안 얼마나 쉬지 않고 빨리 진격해 왔는지, 병정들은 발이 부르터 제대로 걷기도 힘들 정도였다고 한다. 이렇게 수도 경성은 어이없이 왜적의 소굴이 되어 버렸다.

개성 행재소 선조는 남쪽의 군사가 근왕하러 오지 않는 것을 탓하고 있었다. 이때 이광은 선조가 피난 간 것도 모른 채 서울을 지키는 것을 지원하기 위하여 직접 군사를 이끌고 올라오고 있었다. 선조는 이런 것도 모르고 전라감사 이광, 충청감사 윤선각은 무얼 하는지 모르겠다고 불평을 하고 신하들도 덩달아 동조하고 있었다. 보덕 심대가 입대하여 이것을 듣고 자신이 남쪽으로 떠나 이광 등에게 명을 전달하겠다고 자청하니, 선조가 매우 기뻐하였다. 이때 벌써 길이 끊겨 사람들이 모두 위험하게 여겼으나 심대는 개의치 않고 바다를 이용하여 남쪽으로 내려갔다.

윤두수가, "시급히 역관을 정해서 요동에 보낼 자문을 급송하여 이 급한 변을 알릴 것이며 또 파직된 사람도 물러갈 수 없다는 내용으로 승전을 받들게 해야 할 것입니다. 그리고 조신으로서 행재소에 오지 않은 사람은 벌을 주어야만 국체가 섭니다" 하니 모두 허락하였다.

이날 오후, 어제 떠난 신잡이 돌아와 급히 보고하였다. 파주까지 갔다가 한강의 방어선이 붕괴되고 도성이 함락되었다는 소식을 듣고 되돌아왔다는 것이다. 신잡의 보고를 들은 선조는 공포에 질렸다. 바로 즉시 개성을 떠나려고 서두르라는 명을 내렸다. 윤두수가 오늘은 늦었으니 준비하고 내일 조용히 떠나자고 하였으나 듣지 않았다. 어제 백성들에게 개성을 지키겠다고 직접 말했던 것은 빈말이 되었고, 또다시 대책 없는 길을 나서게 되었다.

너무 급히 떠나게 되니 소란스럽고 무질서하기가 임진강을 건널 때보다도 더 심했다.

중간에 김명원의 장계가 도착하였다. 한강에서 패한 사실과 서울이 함락된 것을 보고하고 흩어진 군사를 수합하여 임진강을 굳게 지킬 것을 말하였다. 사실 거느린 군사도 거의 없는 거나 같았으니 김명원을 탓할 수도 벌할 수도 없었다. 경기도와 황해도의 군사를 징집하여 임진강을 지키라 명하고, 신할도 같이 임진강을 지키라고 하였다. 이때 죽령에서 철수한 유극량이 임진강에 도착하여 도원수 김명원의 진에 합류하였다.

밤늦게 금교역에 도착하였다. 재상 이하 모두가 풀밭에서 노숙하였다. 밤중에 군사들이 놀라 소란스러운 것이 여러 차례여서 그나마도 잠을 제대로 자지도 못했다. 한응인을 순경사로 삼아 호위군을 거느리게 하였다. 파면된 이산해도, 유성룡도 대가를 따랐다.

신잡의 보고 중에 경상좌병사 이각 등이 혜음령에서 적을 방어하지 못하고 물러섰다는 말이 있었다. 경상좌도의 도망친 장수들, 즉 병사 이각, 수사 박홍, 안동판관 윤안성, 풍기군수 윤극임, 예천군수 변양무 그리고 방어사 성응길, 조방장 박종남, 변응성 등이 지켜야 할 경상도에 있지 않고 근왕한다는 핑계로 함께 모여 죽령을 넘어 서울로 올라온 것이다. 오자 마자 한강이 무너지고 서울을 지킬 수 없게 되자, 혜음령에서 적을 막는다고 하였으나 적이 온다는 소식에 또 물러난 것이다. 자기 관할도 못 지키고 도망한 사람들이 여기서는 목숨 걸고 싸울 리가 만무했다. 한심한 사람들이었다. 이각은 며칠 뒤에 임진강에서 김명원에게 참수

당했고, 박홍은 장계를 잘 올린 공인지 살아남았다. 그러나 그도 일 년을 더 살지 못하고 멸시를 당하다가 병으로 죽게 된다. 어차피 죽을 목숨인데 차라리 싸우다 죽었으면 최소한 역사에 오명은 남기지 않았을 것이다. 생각해 보면 불쌍한 사람들이었다.

왜적 왜적은 공격 전투부대 제1군에서 제9군까지 모두 부산에 상륙을 마쳤다. 수군과 병참 등 보조부대까지 포함하여 20만에 육박하는 어마어마한 대군이었다. 제1군과 제2군은 이미 서울에 입성하였고, 제3군과 제4군은 서울에 근접하고 있었고 제9군만 부산에 남고 나머지 군은 북상을 서두르고 있었다. 수군으로 편성된 부대들도 모두 도착하여 일부는 육군에 합세하여 서울로 올라갔고, 일부는 남해안을 서진하기 위하여 정찰선을 활발하게 움직이기 시작하고 있었다.

왜적은 부산에서 서울까지 지나온 곳에 10리에서 50리까지의 간격으로 험준한 곳에 영책을 설치하고 군사를 두어 지키게 하였다. 밤에는 횃불로 신호하고 낮에는 징소리와 북소리로 서로 호응하였다. 그리고 이 곳곳의 지키는 왜적들이 주변을 약탈하는데, 대항하는 사람이 없으므로 10여 명 혹은 3, 4명의 소수로도 마음 놓고 만행을 저질렀다. 보는 대로 젊은 남자는 목을 베거나 포로로 하고, 어린이와 여인은 죽이지 않았다. 예쁜 여자와 민가에서 약탈한 물건은 소나 말에 실어 가는데 우리나라 사람을 시켜 끌고 가게 하였다. 사로잡은 사람들을 수하로 부리기도 하지만 자발적으로 왜적의 앞잡이가 되는 악랄한 자도 있었다. 한편으로 큰 고을에서는 선무공작을 시작하여, 갈 곳 없고 배고픈 백성들은 다시 모여 왜적의 지배하에 살아갈 수밖에 없었다.

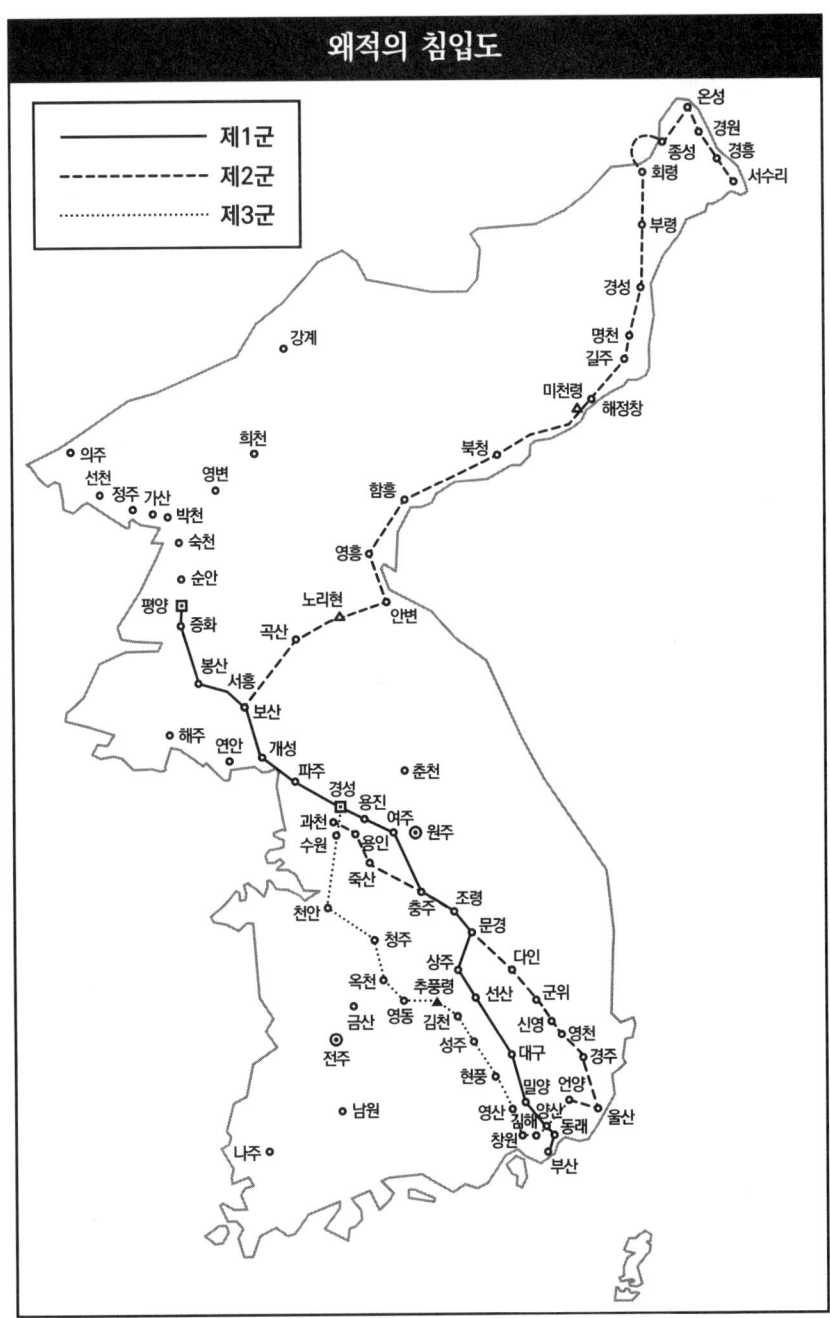

‖ 남해안에 영웅이 탄생하다 ‖

여수 전라좌수영 이순신은 새벽부터 또 원균의 구원 요청 공문을 받았다. 소비포권관 이영남이 가져왔는데 위급하다는 것이었다. 출전일은 내일로 정해졌는데, 지난 30일에 출발한다던 우수영 이억기 함대는 아직도 오지 않고 있다. 단독 출전을 해야 할 것인가, 심각한 고민이 아닐 수 없었다. 오후에 전선이 들어오는 것이 보였으므로 우수영의 선발대로 알고 기뻐하였으나, 알아보니 방답의 연락병을 싣고 오는 배였으므로 실망하기도 하였다.

이때 녹도만호 정운이 조용히 뵙기를 청하여, '우수사는 오지 않고 적은 서울로 가까이 다가가니 통분함을 이길 수 없거니와 만약 기회를 잃으면 후회막급입니다' 하였다. 군관 송희립도 출전하기를 권했다. 이에 이순신도 결단을 내렸다. 중위장 방답첨사 이순신(李純信)을 불러 내일 새벽 출전을 명하고, 곧바로 조정에 출전한다는 장계를 올렸다. 우수사 이억기에게는 뒤따라오라는 전령을 보냈다. 그리고 병사들에게 경각심을 주고 각오를 다지기 위하여, 도망가다 붙잡힌 전 여도권관 황옥천을 목을 베어 진중에 효시하였다.

출전하는 전선은 판옥선 24척 협선 15척 포작선 46척으로 도합 85척이지만 실제 전투선은 판옥선 24척이었다. 거북선은 실전 훈련을 더할 필요가 있으므로 이번 출전에는 참여하지 못했다. 출전 장수들 명단을 보면,

중위장 방답첨사 이순신
좌부장 낙안군수 신호
전부장 흥양현감 배흥립
중부장 광양현감 어영담

유군장 발포가장 나대용
우부장 보성군수 김득광
후부장 녹도만호 정운
좌척후장 여도권관 김인영
우척후장 사도첨사 김완
한후장 본영군관 최대성
참퇴장 본영군관 배응록
돌격장 본영군관 이언량

이었다. 본영을 지킬 유진장은 우후 이몽구로 하고 각 포구에는 담략이 있는 군관을 선정하여 지키도록 하였다.

5월 4일 남해안 이순신 함대 이른 새벽 먼 동이 틀 무렵 이순신은 출전을 명하였다. 이순신이 역사의 전면에 등장하는 영광스런 출전이었다.

함대는 조용히 여수 앞바다를 빠져나갔다. 출발부터 이순신은 신중하였다. 혹시 왜적이 숨어 있을지도 모르므로 함대를 둘로 나누어 일대는 개이도 쪽을 향해 돌산도 동쪽 해변을 탐색하게 하고, 일대는 남해도의 평산포, 곡포, 상주포를 탐색하게 하여 미조항에서 합류하였다. 계속 조심스럽게 전진하여 소비포에 이르자 날이 저물었으므로 정박하고 밤을 보냈다.

봉산 행재소 처량한 도망자 신세인 선조와 신하들 일행은 금교역을 출발하여 평산 홍의역에서 주정하고 잠시 쉬면서 평양으로 가는 길을 의논하였다. 신하들에게 말을 시키니 중구난방으로 떠들기만 하고 끝이 없었다. 참다못한 선조가 '한갓 의논들만 할 것인가' 하였다.

여러 가지 허황된 보고와 유언비어도 많이 떠돌았던 모양이다. 선조가 이런 질문도 하였다.

"경상도 사람들이 다 배반하였다는데 사실인가?"

"적병이 얼마나 되던가? 절반은 우리나라 사람이라고 하던데 사실인가?" 알 수 있는 사람이 없었다.

저녁에 보산역에 이르렀다. 그런데 여기서도 소동이 일어났다. 개성에서 너무 황급하게 떠나느라 종묘사직의 신주를 놓고 온 것이었다. 선조도 깜짝 놀랐으나 큰소리칠 수도 없었다. 윤두수가 예조참의를 시켜 급히 가져오도록 조치하고 주위를 무마시켜 수습하였다.

왜적 서울에 들어온 왜적들은 관청과 민가를 수색하며 보물찾기에 정신이 없었다. 책 한 권, 그릇 하나도 그들에겐 보물이었다.

이날 이광은 군사를 이끌고 공주에 이르렀는데 뜻밖에 임금은 파천하고 경성은 함락되었다는 소식을 들었다. 군사들이 먼저 알고 동요하였고, 의기소침한 이광은 군사를 파하고 전주로 돌아갔다. 그러나 이 일로 이광은 지방 유지들의 많은 지탄을 받게 되었다. 방어사 곽영도 경상도에 구원차 갔다가 조경이 추풍령에서 후퇴하였다는 말을 듣고 어찌할 수 없어 전주로 돌아왔다.

초유사 김성일은 도중에 적을 피하며 충청도 내지를 돌아 남원에 도착하였는데 운봉까지 가서 밤을 보냈다.

5월 5일 남해안 이순신 함대 함대는 새벽에 소비포를 출발하여 경상우수사 원균과 만나기로 약속했던 당포로 나아갔다. 그런데 기다리고 있어야 할 원균의 함대는 없었다. 난감했다. 이순신은 협선 중 빠른 배를 골라 원균의 소재를 파악하도록 하였다. 원균의 함대가 오기를 기다리며 당포에서 그대로 밤을 보냈다.

봉산 행재소 도망가는 선조 일행은 새벽에 비를 맞으며 보산역을 출발하였다. 안성에서 점심을 들고 저녁은 용천에서 잘 예정이었지만 두 군데 다 준비가 없어 먹지도 못했다. 부득이 더 나아가 봉산까지 갔는데 밤은 이미 초경이었다. 이날 무려 1백 40리를 달렸는데 상하 인원이 모두 굶주려 쓰러질 지경이었다. 대사헌 이헌국이 화를 내며, "정승이고 승지고 모두 개새끼들이다. 어찌 임금이 수라도 못 들게 하는가" 하며 주먹을 휘두르는 모양을 하니 배고픈 중에도 모두가 웃었다.

도중에 촌 여인이 선조에게 겨우 마련한 조밥을 드렸는데, "이 맛은 팔진미보다 낫다"고 하였다 한다.

그 와중에도 신하들과의 대화가 있었는데, 부호군 이천은 5~6천만 있으면 두기나루를 파수할 수 있으며 생우피로 방패를 만들면 철환은 막을 수 있다 하고, 병조판서 김응남은 마름쇠는 황해도에서 만드는 것이 좋겠다는 등 뜬구름 잡는 이야기도 하였다.

모두가 배가 고파도, 너무 피곤해서 저절로 잠이 들었다.

경상우도 이날 초유사 김성일은 운봉에서 함양으로 향하고, 경상감사 김수는 근왕한다는 핑계로 불러 모은 수령들과 병사들 5십여 명으로 함양에서 출발하여 운봉으로 가는데, 도중에 서로 만났다.

김성일이 강경하게, "지방을 맡은 신하라면 마땅히 맡은 지방을 사수할 일이지, 무엇 때문에 이곳에 왔단 말이오. 온 도를 다 잃으면서도 구하지 못한 주제에 단기로 멀리 와봤자 무슨 구제할 길이 있겠소. 원컨대, 영공은 속히 돌아가시오" 하였다. 임자를 만난 것이다. 이에 김수는 부끄러워 한마디도 하지 못하고 되돌아갈 수밖에 없었다.

김성일이 함양에 도달하자 군수를 독려하여 고을 사람들을 불러 모으게 하였다. 그리고 떨쳐 일어나기를 촉구하는 격문을 직접 작성하였는데 그 내용이 '충의가 북받치고 말뜻이 격렬하였으므로, 아무리 어리석은 남녀들조차도 그 말을 들으면 반드시 모두가 마음이 동해서 눈물을 떨구었다' 한다. 이 감동적인 격문은 경상우도에서 의병이 왕성하게 일어나고 흩어진 군사들과 백성들을 수습하여 왜적과 대적하는 데 결정적인 계기가 되었다. 또 함안의 전 현감 조종도와 전 직장 이노가 와서 김성일의 참모가 되었는데 충실한 사람들이어서 아주 큰 역할을 하게 되었다.
　이 무렵 곽재우는 어려운 처지에 있었다. 의병을 일으킨 이후 곳곳에 은밀하게 매복을 설치하여 약탈하러 강을 건너오는 소수의 왜적을 물리치기도 하고, 낙동강과 남강이 갈라지는 지점 부근의 요로에 말뚝을 박아 낙동강을 거슬러 올라오는 적의 배를 걸리게 하고 재빨리 습격하여 전과를 올렸다. 그로 인하여 명성도 나기 시작했다. 그런데 수령들이 도망친 빈 관가의 곡식과 병기들을 가져온 것이 문제였다. 도망친 합천군수 전현룡이 이것을 알고 감사 김수와 병사 조대곤에게 곽재우는 사나운 큰 도적이라고 보고하였다. 감사와 병사는 이 보고를 믿고 곽재우를 잡아들이라고 여러 고을에 통문을 돌렸다. 그 소식에 곽재우의 군사들은 사기가 떨어지고 군사들은 더 이상 모집되지도 않고 있던 군사도 흩어지려고 하였다. 곽재우도 그만 둘까 고심하고 있었다. 이노의 자세한 보고로 사정을 알게 된 김성일이 곽재우에게 편지를 보내 위로하고 격려하며 더욱 분발할 것을 촉구하였다. 이 편지로 곽재우는 힘을 얻었고 군사들도 사기가 다시 올랐으며 활발하게 활동할 수 있게 되었다. 김성일이 전현룡을 처벌하려고 하니 김수가 먼저 사소한 일을 핑계하여 일부러 파면시키고 피신시켰다.
　김성일이 곽재우를 만나보고자 불렀는데, 곽재우는 김수가 김성일과 함께 있다는 것을 알고, '김수는 왜적이 오자 어쩔 줄 모르고 도망하여 영남이 왜적의 소굴이 되게 하였고, 적이 조령을 넘자 운봉으로 도망쳤다'고 하면서 김수의 목을 벤 후에라야 가서 만나겠다고 하였다.

경상좌도 안집사 김륵이 영주 부근에 도착하여 김성일과 같은 역할을 시작하고 있었다.

5월 6일 남해안 이순신 진영 당포 앞바다, 아침 8시경 기다리던 원균이 단 1척의 판옥선을 타고 한산도 쪽에서 왔다. 그리고 남해현령 기효근, 미조항첨사 김승룡, 평산포권관 김축이 판옥선 한 척에 같이 타고 왔고, 영등포 만호 우치적, 지세포만호 한백록, 옥포만호 이운룡 등이 판옥선 2척에 나누어 타고 왔다. 소비포권관 이영남과 사량만호 이여념은 각각 협선을 타고 어제 밤늦게 왔었다. 경상우수사 원균 예하 전선은 모두 판옥선 4척에 협선 2척이었다. 어이없는 일이었다. 경상우수사 관할은 7관 13포로 전라좌수사 관할 5관 5포보다 두 배나 된다. 그러니 전력도 두 배는 되어야 했다. 준비가 덜 된 것을 감안하여 예하 고을과 포구에 1척씩만 계산하더라도 최소한 판옥선이 20척은 넘어야 했다. 원균은 지난 20일 동안 아무런 대책도 없이 오로지 숨어 지내기만 하였다.

왜적의 편성을 보면 주 공격부대인 제1군에서 제9군까지 외에 별도의 수군부대들이 있었다. 그들이 바다를 건너와 상륙해야 하는데 해전을 생각하지 않았을 리가 만무하다. 소서행장의 제1군에도 수군이 있었다. 그 수군이 소서행장의 자체 수군인지 별도의 수군부대가 동행했는지는 알 수 없지만 분명히 수군이 함께 왔다. 그런데 수군이 싸울 일이 없었다. 부산진첨사 정발은 배들을 가라앉히고 성을 지키다 죽었고 나머지 조선의 수영 및 각 포구의 수군은 미리 모두 도망해 버려 왜적의 수군은 바다에서 싸울 일이 없어져 버린 것이다. 그래서 소서행장과 함께 온 수군은 육전에 투입되었다. 나머지 군들도 마찬가지였고, 별도의 수군부대도 대부분 서울을 향하여 달려갔다. 부산에 남아 있는 수군부대들은 전군의 안전한 상륙을 위하여 경계하고 있었을 뿐이었다. 주변에는 척후선이나 요란하게 돌아다녔을 것이고 어디에서도 해전은 없었다. 경상우수영 관할인 가덕진의 첨사 전응린은 부산이 지척이므로 무수한 왜선에 놀라 제일 먼저 도망하였고 나머지 고을과 포구들도 소문에 놀라 차례로 도망가 버렸다. 우수사 원균까지도 도망하여 우후가 우수영 본영을 불사르게 되었고, 더 멀리 떨어진 남해까지도 모두 버리고 숨어 있었던 것이다. 원균은 부임한 지 겨우 2개월이어서 대비할 시간이 없었다는 변명은 가능하겠지만, 관할구역 장수들과 전선들을 불러 모아 최소한의 함대도 구성하지 못한 것은 그의 책임일 뿐이다.

바다를 포기하고 육지에 오르려고 했던 원균은 옥포만호 이운룡과 소비포권관 이영남이 적극 만류하여 바다에 남았고, 이순신에게 구원을 요청하여 이제 구원을 받는 행운을 잡게 되었다.

이순신은 실망하였지만 전선 4척이라도 증강된 것으로 위안을 삼았다. 원균에게 적의 정세에 관하여 여러 가지 상세하게 물었으나, 답은 겨우 적의 주력은 가덕도에 있다는 것이었다. 두 도의 장수들을 한곳에 소집하여 작전회의를 하고, 행동 지침도 하달하고, 다시 전진하여 거제도 송미포 앞바다에 이르러 날이 저물자 밤을 보냈다.

황주 행재소 도망 중인 선조 일행은 아침에 봉산을 떠나 동선령을 넘어 오후에 황주에 닿았다. 선조가 "아침에 큰 재를 넘었더니 기력이 매우 피곤하여 유숙하고 싶다" 하니, 대신들도 유숙하기를 원했다.

이날도 신하들과 의견을 나누었는데, 선조는 여전히 헛소리를 하고 있었다. '개성을 떠나게 한 것이 내가 한 것인가' '전라도의 원병은 오지 않는가' '신립이 정말 죽었는가' 등등. 그중에 한응인을 도순찰사로 하여 평안도 토병을 이끌고 김명원을 도와 임진강을 지키도록 하자는 윤두수의 의견이 가장 실정에 맞았다.

전라도 전라도에서는 의병 논의가 한창이었다. 유팽로가 유지들을 만나 설득하는 일에 앞장섰고 김천일이 담양으로 가서 고경명과 상의를 하고 있었다. 이때 임금이 파천하고 이광이 군사를 돌렸다는 소식을 들었는데 김천일이 분개하여, "먼저 감사 이광을 쳐 그 죄를 바로잡은 다음 의병을 모아 북상하겠다"고 하니 고경명이 말렸다. 하여튼 이들은 의병을 일으킬 준비에 들어갔다.

경상좌도 권응수가 활동을 시작하였다. 신녕에서 왜적 50여 명이 약탈품을 운반하던 중 다리를 건너기 위해서 일부는 다리를 보수하고 일부는 목욕을 하고 있었다. 권응수가 10여 명의 군사 아닌 군사를 거느리고 매복하고 있다가 급습하여 절반 이상을 사살하였다. 권응수는 좌수사 박홍의 군관이었는데 박홍이 도망하자 본가인 신녕으로 돌아와서 주변 사람을 규합하여 유격전을 시작한 것이다. 그것도 이미 적이 점령한 지역에서였다. 선포는 하지 않고 규모도 작았지만 사실상 의병이었다. 그리고 비록 소수로 시작하였지만 그의 비상한 활약은 이후 큰 빛을 발하게 된다.

[옥포해전]

5월 7일 남해안 이순신 함대 이날 역사적인 '옥포해전' 승리가 있었다. 새벽에 이순신 함대는 적이 있다는 가덕도를 향하여 진군을 시작했다. 정오 무렵 옥포 앞바다에 이르렀는데 척후로 앞서가던 우척후장 김완과 좌척후장 김인영이 신기전을 쏘아 적이 있음을 알렸다. 전군이 긴장하였다. 이제 임진왜란 최초의 왜적과의 해전이 시작되는 것이다. 이 빛나는 전투를 이순신이 직접 쓴 글로 보자.

'즉시 여러 장수들에게 신칙하여, '함부로 움직이지 말고 산같이 정중하라(勿令妄動靜重如山)'고 전령한 뒤에 옥포 바다 가운데로 대열을 지어 일제히 전진한즉, 왜선 50여 척이 옥포 선창에 나뉘어 대어 있는데 대선은 사면에 두른 장막에 온갖 무늬를 그렸으며 그 장막 변두리에는 대나무 장대를 꽂아서, 붉고 흰 작은 기들을 어지러이 달았고, 깃발의 모양은 가지각색으로 모두 무늬 있는 비단으로 만들었으며, 바람결을 따라 펄럭이어 바라보기에 눈이 어지러울 지경이었습니다.

왜적들은 그 포구에 들어가 분탕질하고 있어 연기가 산을 덮었는데, 우리의 군선을 돌아보고는 허둥지둥 어찌할 바를 모르면서 제각기 분주히 배를 타고 아우성치며, 급하게 노를 저었지만 중앙으로는 나오지 못하고 기슭으로만 배를 몰고 있었으며, 그중에서 6척이 선봉으로 달려 나오므로, 신이 거느린 여러 장수들은 일심 분발하여 모두 죽을힘을 다하니 배 안에 있는 장교와 군사들도 그 뜻을 본받아 분발하고 격려하여, 죽기를 기약하며 동서로 충돌하고 둘러싸서 바람과 우레같이 총포와 활을 쏘자, 적들도 총과 활을 쏘았지만 기운이 다 되자, 배 안에 있는 물건들을 바다에 던지기에 정신이 없었으며, 화살에 맞은 자는 그 수를 알 수 없고, 헤엄치는 자도 얼마인지 알 수 없을 정도로, 일시에 무너지고 흩어져서 바위 언덕으로 기어 올라가는데 서로 앞을 다투었습니다.'

이 해전을 '옥포해전'이라 부른다. 한 영웅이 탄생한 순간이기도 하였다.

이 해전에서 전라좌수영 군이 왜선 21척(대선 13척, 중선 6척, 소선 2척), 경상우수영 군이 5척 도합 26척을 쳐부쉈는데 모두 총통으로 쏘아 맞춘 것이었다. 적들이 조총과 활로 대항하였지만 사거리 밖이어서 미치지 못했다. 천지현황의 각 총통이 불을 품어 장군전과 철환 등을 쏘아 직통으로 맞추니, 뚫어지고 깨지고 요동을 쳐 왜적들은 총이고 활이고 제대로 쏠 수도 없었다. 근접하여 다시 총통을 발사하고 화살과 불화살을 조준하여 쏘아 대니 왜적들은 총통의 충격에 죽고, 화살에 맞아 죽고, 물에 빠져 죽고 불에 타 죽었다. 옥포 앞바다는 삽시간에 불꽃과 연기가 하늘을 덮었다.

왜적의 대선들을 집중적으로 공격하였기 때문에 적의 작은 배들은 도망칠 수 있었다. 헤엄쳐 육지로 올라간 적들도 많았지만 육지까지 쫓아갈 수는 없었다.

전투는 한 시간도 걸리지 않았고 아군의 피해는 하나도 없었다. 조선군 총통의 위력을 제대로 보여 주었다. 그동안 열심히 준비한 결과였고 땀 흘려 갈고닦은 훈련의 결실이었다. 무엇보다도 이순신 이하 모든 군사들이 왜적에 대한 막연한 두려움을 털어 내고 자신감을 가질 수 있게 된 것이 가장 큰 수확이었다.

이 해전에서 패배한 왜적은 도도 다카도라(등당고호)가 이끄는 왜 수군이었다. 이 왜적은 5월의 시작과 함께 행동을 개시하여 김해지역에서 5일간 노략질을 자행하고, 어제 율포에 도착하여 약탈하고 오늘 새벽에 출발하여 마음 놓고 옥포를 약탈하고 있다가 벼락을 맞은 것이었다.

[합포해전]

이순신은 적의 또 다른 수군이 뒤를 포위할 가능성도 배제하지 않았다. 서둘러 함대를 이끌고 옥포를 빠져나와 영등포에 이르러 군졸들에게 나무하고 물을 긷게 하여 밤을 지낼 준비를 시켰다. 그런데 왜 대선 5척이 멀지 않은 곳을 지나간다는 척후장의 보고가 있었다. 즉시 함대를 이끌고 추격전에 나섰다. 쫓기는 왜적이 웅천땅 합포에서 배를 버리고 모두 육지로 올라가 버렸다. 배 5척 모두를 깨뜨리고 불태워 버렸다. 이른바 '합포해전'이다. 이 해전을 간단히 끝낸 함대는 어두움 속에서 노를 재촉하여 창원땅 남포에 이르러 진을 치고 밤을 보냈다. 경계병 외에는 모두 꿀맛 같은 단잠을 잤을 것이다.

평양 행재소 부지런히 도망가는 선조 일행은 황주를 떠나 드디어 평양으로 들어갔다. 평안감사 송언신이 군사 3천을 거느리고 마중을 나왔다. 군사들은 군사다운 군사로 보였고 거리는 경성과 같았다. 선조는 비로소 안도의 한숨을 쉬었다. 도성을 떠난 지 8일째였고 왜적이 침입한 지 26일째였다.

[적진포해전]

5월 8일 남해안 이순신 함대 이른 아침, 진해 땅 고리량에 왜선이 정박하고 있다는 기별을 듣고 이순신 함대는 출동하였다.

곳곳을 샅샅이 수색하면서 저도를 지나 고성 땅 적진포에 이르러 왜선들을 발견하였다. 대선 11척, 중선 2척으로 모두 13척이 바다 어귀에 벌여 정박하고 있었다. 왜적들이 우리 함대를 발견하고 그 위세가 큰 것에 놀라 산으로 도망하기에 바빴다. 바로 공격을 시작하여 모두 총통으로 쏘아 쳐부수고 11척을 불태웠다. 왜선 2척이 겨우 도망하였다. '적진포해전'은 이렇게 싱겁게 끝내고 모두들 아침밥을 맛있게 먹었다.

피난민 한 사람이 산 위에서 달려 내려와 말하기를, '이 왜적들은 어제 이곳에 도착하여 분탕질을 치고, 약탈한 재물은 배에 싣고서 초저녁부터 배 위에서 소를 잡아 술 마시며 노래하고 피리를 불며 날이 새도록 그치지 않았는데, 그 곡조는 우리나라의 노래였고, 오늘 이른 아침에 반수는 배를 지키고 반수 가량은 육지로 올라와서 고성으로 갔다' 하였다.

이순신이 출전한 지 5일이 되었다. 처음 전투로 긴장과 피로가 겹쳤고 장군전, 철환, 화살 등도 소모량이 많았다. 재충전이 필요했다. 이억기의 함대는 아직도 오지 않고 있었다.

원균과 함께 다음 계획을 의논하던 중 전라도사 최철견의 공문이 도착하였다. 뜻밖에 임금이 서울을 버리고 서쪽으로 파천하였다는 놀라운 소식이었다. 통곡하지 않을 수 없었다. 배 안이 울음바다가 되었다. 나라가 이대로 망하는 것이 아닌가. 어떻게 해야 하나 판단할 수가 없었다. 배를 돌려 각자 돌아가 사태를 지켜보기로 하였다.

평양 행재소 선조가 서얼 출신 금군을 허통시켜 부장을 제수하라 하니, 대신들이 허통시킨 뒤에 내금위에만 제수하여도 충분히 고무 격려될 것이라 하였다. 홍문관에서 김공량을 처형하여 삼군의 사기를 올려야 한다고 청하니, "이미 가두고 추고하고 있으니 저절로 정죄될 것이다. 내가 평소에 심장병이 있고 지금 뼈만 남아 부지하고 있는데, 이러한 때 어찌 중도를 넘은 논의에 급급하겠는가" 하였다.

이런 지시도 있었다. "어선은 생물로 할 것이며 수량도 풍족하게 하라. 동궁 이하도 다 이 예에 따르도록 하라" 하였다. 그동안 얼마나 맛있는 수라가 그리웠을까. 신선한 어물을 먹고 기운을 차려 왜적을 무찌르려는 모양이나, 이 난리 통에 굶주려 죽어가는 백성을 생각하는 모습은 아니었다. 또한 왕자들과 숙의까지는 하루 세끼를 다 지급하였지만 시녀 나인들은 두 끼를 지급하였다. 제대로 된 임금이라면 스스로 솔선하여 두 끼를 먹고 왕자들도 따르도록 하여야 했을 것이다.

대신들이 세자 책봉의 반포, 공물의 감면, 사면령의 시행을 청했다. 또 인재를 서용하기를 청했는데 주로 서인에 해당되는 인물들로 홍성민,

이해수, 윤돈, 신식, 한인 등이었고 동인은 김우옹, 우성전이었다.

경성 왜 진영 이날 왜적의 총대장인 제8군 사령관 우희다수가가 경성에 입성하였다. 가장 먼저 들어온 소서행장과 가등청정은 갑자기 할 일이 없어져 버렸다. 일본 본국에서는 영주끼리 전쟁이 벌어졌을 때 상대 영주의 주성만 점령해 버리면 영주는 항복하거나 할복하고 그 영은 바로 자기 것이 된다. 그래서 조선도 수도인 경성만 점령하면 왕도 항복하고 조선은 자기들 차지가 될 것으로 생각하였다. 그래서 모두들 발바닥이 불이 나게 경성으로 진격해 온 것이다. 그런데 조선의 왕은 싸울 생각도 하지 않고 도망해 버렸다. 막상 들어와 보니 빈 성만 점령한 꼴이 되었고 조선은 항복하지도 점령되지도 않은 것이었다. 이런 경우에 대한 풍신수길의 지령은 없었다. 다만 조선에서는 제장들이 합의해서 하라는 말이 있었다. 우희다수가는 19세의 애송이로 경험도 능력도 없으므로 전군의 사령관이 모여 대책회의를 가져야 했다. 이미 남쪽에 있는 사령관들에게는 경성으로 소집 명령이 내려져 부리나케 올라오고 있었다.

왜적들은 경성에서는 평의지의 이름으로 방을 붙이고 백성들을 들어와 살도록 유도하여 겉으로라도 평온을 유지했다. 그러나 주변 외각에서는 약탈, 방화, 살인, 겁탈 등을 무자비하게 자행하고 있었다. 산골짜기로 피한다고 되지도 않았다. 산이고 들이고 들쑤시고 보이는 대로 죽였다. 왜적들이 점령한 경상도, 충청도, 경기도는 어느 곳에서나 이런 만행이 저질러지고 있었다.

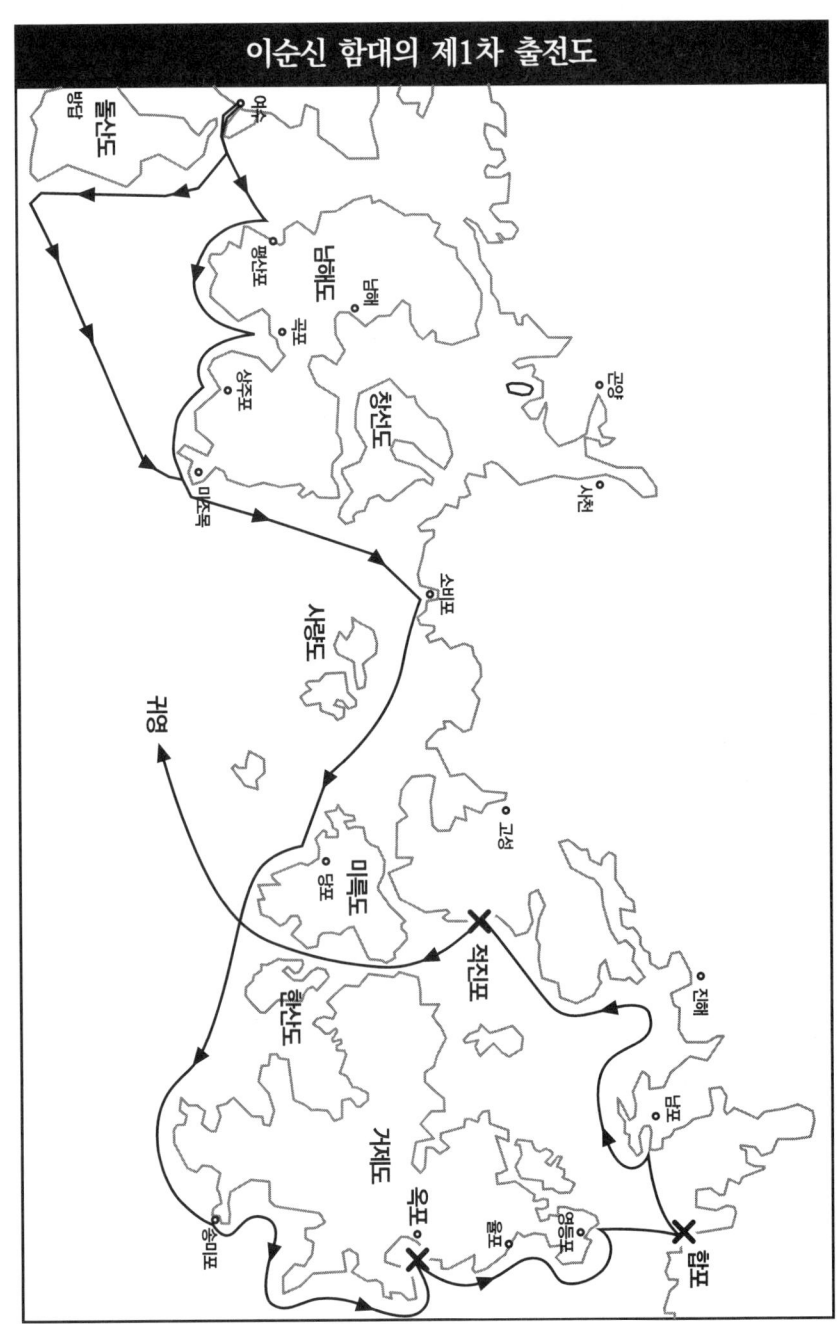

5월 9일 여수 전라좌수영 정오 무렵, 이순신은 함대를 이끌고 여수 본영에 도착하였다. 출전할 때는 생사를 가늠할 수 없는 긴장 속에 무거운 마음이었다. 그러나 지금은 상상도 못 한 신나는 전과를 올리고 개선하였다. 적선 42척을 격파하고, 수많은 왜적을 사살하고 수장시켰으며, 노획한 것은 다섯 곡간을 채우고도 남았다. 전사자는 한 명도 없고 단지 한 사람이 왜적의 화살에 경상을 입었고, 이미 점령한 배를 원균 휘하 장병이 탈취하려고 화살을 쏘아 두 명이 다친 것뿐이었다. 완벽한 승리였다. 백성들이 만세를 부르고 환영하였을 것이다.

마중 나온 유진장이 보고하기를 '지난달 28일에 순변사 신립이 충주 달천에서 왜적을 맞아 싸우다가 적에게 밀려 모두 물에 빠져 죽고 달천이 무너지자 적의 세력이 더욱 세어지므로 조정에서는 서울이 허술하니 물러나 평양을 지키는 것만 같지 못하다 하고, 그날로 서쪽으로 행차하시고 30일에 적은 서울로 들어갔다 합니다' 하였다. 이순신은 '임금께서 온전하시니 무엇을 걱정하랴' 하고 안도하였다.

이순신은 노획한 쌀 3백 섬을 가난한 병사들에게 고루 나누어 주게 하고, 예하 장수들에게는 "배들을 더한층 정비하여 바다 어귀에서 사변에 대비하라"는 명을 내리고 진을 파했다.

그리고 조정에 장계를 올렸다. 출전할 때부터 귀환할 때까지의 일을 자세하게 적었다. 전투 상황은 직접 눈으로 보는 듯하였고, 부하 장수들의 전공은 세밀하게 고루 공이 돌아가도록 기술하였다. 아울러 포로로 잡혔던 소녀들의 이야기와 산골짜기로 피난한 백성들의 불쌍한 모습도 그렸다. 원균이 단 3척의 전선으로 참여한 것과 그 병사들이 우군을 쏜 행태도 말하고, 거제현령 김준민은 원균이 여러 차례 불렀으나 나오지 않았으니 조정에서 조치하라 하였다. 사실 김준민은 성을 굳게 지키고 있었는데 김수가 근왕한다는 핑계로 불러 이미 거제를 떠난 상태였었다.

그리고 수군으로 작전을 하여 적을 막으려 하지 않고 오직 육전으로 성을 지켜 방비하는 데 전력하였다가 나라가 적의 소굴로 된 것에 목이 멘다고 하였다.

끝으로 장수들에게 말이 필요하니 돌산도와 흥양 도양장의 말을 나누어 주기를 청했다.

이순신은 노획물 중 가장 요긴한 것 한 가지씩을 뽑아 봉하고 장계와 함께 군관 송한련과 진무 김대수를 조정에 올려 보냈다.

이때 원균이 이순신에게 연명으로 장계를 올리자고 하였다는데 이순신은 그런 낯부끄러운 부탁을 들어줄 사람이 아니었다.

한 번의 승리로 이 전쟁이 끝나지는 않는다. 수백 척이라는 왜적이 언제 어디서 출몰할지 모른다. 이순신은 이 점을 잊지 않고 또 다른 전투 준비에 몰두하였다.

평양 행재소 양사가 차자를 올렸다. 죽음으로 도성을 지키지 못한 것을 자책하라는 것이었다. 말과 글로써 먹고 살아온 사람들이기에 선조의 심금을 울리기에 충분한 글이었다.

답하기를, "차자를 보니 충의를 알겠다. 국사가 이 지경에 이르렀으니 천지 사이에 설 면목이 없다. 다만 한번 죽지 못한 것이 한이다. 다시 통렬히 자책하는 바이다" 하였다.

주강, 석강을 열자고 하였다. 여유를 갖는 것은 좋으나 이런 국난 중에 할 일이 그렇게 없는지 알 수가 없다. 아마 이런 강하는 일조차 없으면 선조는 안에 틀어박혀 얼굴도 내밀지 않을 것이기에 이런 청을 하였을 것이다.

우의정 유홍을 도체찰사로 하였다.

‖ 무능한 조정, 그러나 요원의 불길은 거세게 일었다 ‖

5월 10일 평양 행재소 선조가 존호를 삭제하라 하였다. 나라를 잃고 헤매고 있는데 이런 존호를 가질 수 없다는 것이었다. 그나마 부끄러운 줄은 알아 다행이었다. 신하들은 반대하며 "쓸개를 씹고 창을 베고 자면서 오로지 복수만을 생각하라"고 하였다.

조정에서는 김명원·신할이 비록 임진에 있으나 병력이 아주 모자라니 지사 한응인을 정식으로 도순찰사로 하고 이천을 방어사로 삼아 지원하고 기회를 보아 진격하게 하였다.

선조가 한응인을 인견하니 아뢰기를, "요즘 장계를 보니 대세는 바뀐 듯한데 왜적은 생명을 가볍게 여기므로 아군이 쉽게 무너집니다. 강변의 토병을 데리고 간다면 반드시 기대할 수 있을 것입니다" 하였다. 강변의 토병은 아직 도착하지 않고 있었다. 강변의 토병은 평안도에서 압록강을 지키는 군사를 말한다. 왜적을 막는 일이 급하므로 그들도 부를 수밖에 없었다.

이때 왜적이 서울에서 더 이상 진격을 하지 않고 있었다. 떠도는 말이 '왜적들이 멀리 오느라 발이 부르트고 피곤해 쓰러져 있으니 몽둥이를 가지고도 격퇴할 수 있다' 하였다. 물론 왜적들이 발이 부르트고 피곤한 것은 사실이지만 그렇다고 싸움을 하지 못할 정도라는 것은 전혀 사리에 맞지 않는다. 그런데도 이것이 사실인 양 장계가 여러 곳에서 올라왔다. 그렇지 않아도 김명원이 한강에서 물러난 것에 불만이었던 신하들이 이런 호기를 놓칠 수 없다며 빨리 진격시켜 경성을 회복하여야 한다고 재촉하였다. 선조의 생각도 마찬가지였다. 그래서 한응인을 바로 보내려 하였으나 강변의 토병이 아직 도착하지 않아 기다릴 수밖에 없었다.

양사가 선조의 편지를 유도대신 이양원과 도원수 김명원에 전하지 않고 그냥 돌아온 승지 신잡을 파직하라 청하니, 선조가 "사세가 가기 어려운 형편이었다. 지금 와서 논하지 말라" 하였다. 문신들은 직접 하라면 하지도 못하는 주제에 아직도 정신을 차리지 못하고 틈만 있으면 사람 잡는 일이나 논하고 있었다.

지난달 21일 충청, 전라, 경상도에 충주에 군사를 보내라는 명을 전하러 갔던 선전관 민종신이 돌아와서 인견하였는데, 보고하는 내용이 뜬소문에 의한 것이 많았다. 그중에 원균이 적선 30여 척을 격파했다는 엉터리 말도 있었다.

선조가 무과 시험을 실시하라고 하니 대신들이 조금 안정된 뒤에 하자고 하였다.

경상우도 초유사 김성일이 산음에 도착하였다. 여기서도 민심은 김수에 대한 반감이었다. 현감 김낙은 인심을 얻어 군사를 8백 명이나 모집하고 있었다. 김성일은 먼저 행정체계를 바로잡는 것이 우선이라 생각하고 수령이 도망간 곳에는 임시 수령들을 임명하고 또 각 고을에 소모관도 임명하여 보냈다. 그리고 명망 있는 자들을 만나 의병을 일으키도록 권유하는 일도 계속하였다.

합천에서는 정인홍과 김면이 만나 의병 일으킬 계획을 논의하고 있었다.

5월 11일 평양 행재소 비변사가, 도원수가 대병력을 가지고도 움직이지 않는다며, 도원수에게 글을 내려, 경험이 많고 담략이 있는 유극량에게 군사를 주도록 하여 신할과 함께 적을 치게 하자고 하니 윤허하였다.

국가 변란 총사령부인 비변사는 전쟁도 모르고 전략 전술도 없었다. 적을 알지도, 보지도 못하면서, 뜬소문에 의해 앉아서 이런 명령이나 내리게 하고 있었다. 무지하고 무책임한 결정이 얼마나 참혹한 결과를 초래하는지는 생각조차 하지 못했을 것이다.

전라도 이날 보덕 심대가 전주에 도착하였다. 감사 이광을 만나 임금의 명을 전하고 근왕할 것을 엄하게 촉구하였다. 그렇지 않아도 전라감사 이광은 다시 군사들을 모집하고 있었는데, 실은 애를 먹고 있었다. 지난번 공주에서 철군한 이후로 백성들은 군사로 나가려고 하지 않고, 사대부들은 싸우지도 않고 철군한 것을 질책하는 통에 난처한 지경에 있었다. 다행스럽게도 이때 심대가 왕명을 가지고 도착한 것이다. 이광은 즉시 각 고을에 왕의 명으로 근왕병을 모집하라는 공문을 전했다. 그리고 지역의 최고 명망가인 고경명과 김천일에게도 근왕에 협조하는 격문을 작성할 것을 요청하였다.

경상우도 고령의 김면과 합천의 정인홍이 의병을 일으켰다. 주변 각 고을에도 의병을 일으킬 것을 촉구하였다. 박성은 김면 휘하에서 군량을 모으는 일을 맡았다. 이후 각 고을에서 일어난 소소한 의병들은 대부분 지역이나 친분에 따라 이들 양 진영에 분속되었다.

경성 왜군 사령부 왜적의 사령관들이 모두 모여 대책회의를 마쳤다. 각각 맡을 지역을 정하고 다시 군사를 움직이기로 하였다.
　제1군 소서행장(고니시 유키나가) 평안도
　제2군 가등청정(가토 기요마사) 함경도
　제3군 흑전장정(구로다 나가마사) 황해도
　제4군 도진의홍(시마즈 요시히로) 강원도
　제5군 복도정칙(후쿠시마 마사노리) 충청도

제6군 소조천융경(고바야카와 다카카게) 전라도
제7군 모리휘원(모리 데루모토) 경상도
제8군 우희다수가(우키다 히데이에) 서울, 경기
제9군 우자수승(하시바 히데가쓰) 부산

5월 12일 평양 행재소 도체찰사 유홍이 명을 받은 지 며칠이 되었으나 떠날 기색이 보이지 않았다. 답답한 선조가 불러 이유를 물었다. 유홍은 다리 아래가 종기가 나서 떠나지 못한다고 하였다. 선조는 쓴웃음을 지을 수밖에 없었다. 그래서 도순찰사 한응인을 먼저 임진강으로 출발하게 하였다.

출발 전에 선조가 한응인을 인견하여, '김명원의 지휘를 받지 말고 기회를 보아 진격하여 공을 세우라' 하였다. 그런데 이 한마디는 치명적인 실수였다. 조급한 마음에 판단력도 흐려진 것이다. 왜적을 물리치고 싶은 심정은 오죽하겠는가. 진격하여 싸워 이기면 얼마나 좋을까. 이것을 바라지 않는 사람은 없을 것이다. 그러나 아무리 다급하고 위급한 상황이라도 무지하면서 조급한 것은 화를 부를 수밖에 없다. 한 지역 방어에 대장이 둘이 되는 것은 있을 수 없는 일인데, 더구나 도원수를 무시하고 작전을 하라는 것이었으니 너무도 어처구니없는 지시였다. 임진강의 방어선은 이로 인하여 무너지게 되었다.

윤두수가 여러 사람들에게 한응인에 대해 말하기를, "이 사람은 용모에 복의 기운이 있으니 반드시 일을 잘 해내리라" 하였다. 용모로 승리하는 것은 아니다. 오로지 간절한 바람일 뿐이었다. 유성룡이 정사에 참여하지 않는 조정에서는 윤두수가 기둥이었다. 업무를 총괄하는 데도 발군이었다. 그러나 그는 의기는 강했지만 다른 대부분의 문신들과 마찬가지로 군사의 일에는 재능이 없었다.

성절사로 가는 사신 유몽정 편에 왜적의 상황을 알리기로 하였다. 선조가 가서 먼저 내부(망명)할 의사를 말하라 하니 유몽정이, "중국에서는 우리나라가 적을 친하게 대한다고 의심하는데 만약 원조를 청하지 않고 내부하기를 먼저 청한다면 의혹만 더 불러일으킬 듯싶습니다. 모름지기 왜변이 일어난 까닭을 낱낱이 열거하여 요동의 진에 갖추어 자문을 보내어 접응해 줄 것을 청한 다음에 내부에 대한 말을 해야 합니다" 하니 선조가 그렇게 하도록 하였다.

양사가 다시 이산해를 율에 의해 죄를 주라고 청했다. 선조는 이미 삭직했으니 죄를 더 줄 수는 없다고 하며 윤허하지 않았다.

충청감사 윤선각의 장계가 도착했는데 이틀 전 선전관 민종신이 보고한 것과는 다른 것이 많았다. 선조는 이광이 공주에서 되돌아갔다는 말이 있어 못마땅했고 장계를 올린 충청감사 윤선각에 대해서도 직접 군사를 이끌고 올라오지 않는 것이 못마땅했다.

왜적 왜적은 정해진 지역으로의 진격을 개시하였다. 이날 이미 왜적의 선봉은 임진강에 진을 치고 있었다. 주력은 아직 오지 않았다. 김명원이 배들을 모두 거두어 강의 북쪽에 놓았으므로 왜적이 타고 건널 배는 없었다.

5월 13일 평양 행재소 강계의 토병 8백 명이 도착하였다. 이성임을 순찰부사로 하여 이들을 거느리고 임진강으로 달려가 한응인을 지원하게 하였다.

또다시 이산해를 죄주기를 청했으나 윤허하지 않았다. 도피한 수령들은 평정된 후에 죄를 논하기로 하고 우선 복귀하라는 명을 내렸다.

경상우도 초유사 김성일과 곽재우가 단성에서 만났다. 김성일은 곽재우의 나라를 위한 의기와 용기를 가상히 여겼고, 곽재우는 김성일의 나라를 위한 충의심에 깊은 감명을 받았다. 이후 김성일은 곽재우를 적극적으로 지원한다. 삼가의 대장인 윤탁을 정암진을 지켜 돕게 하고, 오운을 소모관으로 하여 돕게 하고, 또 도망한 장수 가덕첨사 전응린도 불러 돕게 하였다.

곽재우는 붉은 철릭을 입고 군사들을 거느리고 의령현 내 및 낙동강가를 누볐다. 강을 건너오는 소수의 왜적들은 번개같이 무찔러, 왜적들 사이에 '이 지방에는 홍의장군이 있으니 조심하여 피해야 한다'는 소문이 돌게 되었다. 또한 낙동강과 남강이 만나는 지점 좌우로 3십리씩 6십리에 걸쳐 강기슭을 따라 정찰대를 촘촘히 배치하고 정보를 수집하고 틈틈이 공격도 하여 적이 의령으로 건너오지 못하게 지키고 있었다.

5월 14일 평양 행재소 연일 이산해를 죄주라고 청하나 윤허하지 않았다. 한음도정 이현이 상소하여 이산해와 김공량의 죄를 말하고 임금이 통렬하게 자책하는 전교를 내려 백성들을 위로하고 격려해야 한다고 하였다. 선조가 답하기를, "오늘의 일은 곧 나의 죄이다. 더 무슨 말을 하겠는가" 하였다.

이덕형이 고생 끝에 이제야 평양에 도착하여 소서행장을 만나지 못한 그간의 사정을 복명하였다.

그리고 비변사에 말하기를, "여러 도의 인심이 원망과 반감을 품지 않은 곳이 없고 가는 곳마다 욕설을 퍼부으면서 공공연히 윗사람을 무시하는 태도를 보이니 오늘과 같은 상황에서 만약 큰 조처로 백성들의 마음을 달래 주지 않으면 예측하기 어려운 변란이 가까운 시일 안에 있을 것이오" 하였다. 백성을 버리고 도망쳤으니 임금은 더 이상 우리 임금이 아니라는 백성들이 많다는 말이었다.

윤두수가 안색이 변하며, "나라가 아무리 위급한들 어찌 신하로써 감히 하지 못할 그런 말을 할 수 있는가" 하였다.

이때 '왜적들이 이덕형을 조선왕으로 봉하려 한다'는 소문이 있었기에 이항복이 이것을 거론하며 나무랐고, 이덕형은 "국가에 이로울 일이라면 비록 죽게 되더라도 말하지 않을 수 있겠소" 하였다. 참으로 의로운 사람들의 말이었다.

강계에 유배되어 있던 정철이 평양에 도착하여 조정에 참여하게 되었다.

경상우도 함안군수 유숭인은 성을 비우고 외지에서 싸우다 돌아왔는데, 이날 적의 침범이 있었으나 물리쳤다. 그런데 감사 김수가 근왕한다고 불러 할 수 없이 성을 비우게 되었다. 그러자 왜적이 다시 들어와 점령하였다. 그러나 그는 2차 근왕군에는 따라가지 않고 그 고장에서 싸웠다.

5월 15일 평양 행재소 비변사가 영남과 충주의 싸움에서 패전한 장수나 병사들과 각처의 피난 또는 도망한 사람들은 자발적으로 나와 공을 세우라는 방을 붙이도록 하였다. 평양의 전세를 탕감하라 하고 활쏘기 시험을 보여 포상도 하였다.

이날도 이산해를 죄주라 청하였으나 윤허하지 않았다.

경상우도 초유사 김성일이 진주에 도착하였다. 판관 김시민은 목사와 함께 피신해 있었는데 초유사가 부르므로 나왔다. 김성일은 진주의 중요성을 알았다. 진주가 무너지면 호남이 위태롭고 호남이 무너지면 나라가 무너진다는 것을 확실하게 인식하고 있었다. 목사는 몸이 아파 중태였으므로 도망했던 고령현감 김현을 임시 수성장으로 하고 김시민과 함께 책임을 지워 군사를 모으게 하고 성을 수축하게 하였다. 김시민은 인심을 얻은 사람이었으므로 사람들이 많이 모였고 맡은 바 일을 충실하게 하였다.

경성 왜진 왜적이 종묘를 불태웠다. 왜적의 총대장 우희다수가가 종묘에 거처하였는데 연일 밤중에 괴이한 일이 많이 생겼다. 이곳이 조선의 신령이 있는 곳이라고 고하는 자가 있어 마침내 불태워 버리고 남별궁에 거처하였다. 왜적이 방을 붙이고 불러 모으자 갈 곳 없는 사람들이 모여들기 시작하였다. 왜적이 성문을 지키면서 첩을 휴대한 사람만 출입을 시키므로 모두들 적의 첩을 받고자 하였다. 그리고 적에게 붙어 향도 노릇을 하면서 못된 짓을 저지르는 불량한 자가 매우 많았다. 왜적들이 고자질하는 길을 열어놓아 상을 주니 무고한 사람들을 고발하거나 사사로운 원한을 갚고자 밀고하는 자도 많았다. 붙잡힌 자들은 태워 죽였는데, 백골이 동대문 밖에 산더미처럼 쌓였다. 이런 일은 왜적이 점령한 곳에서는 어디에서나 일어나고 있었다.

5월 16일 평양 행재소 이산해를 죄주라고 청하니 선조가, "파천한 일을 가지고 산해가 한 것이라고 지목한다면 그의 억울함이 너무 심하고 산해도 승복하지 않을 것이다" 하였다.

적이 임진강에 이르렀다는 보고가 있었다. 양사가 도원수 등에게 교서를 내려 급히 계획을 세워 조처하도록 하고 두기 여울과 요충지를 별도의 장수를 시켜 지키도록 순찰사, 감사, 병사에게 엄하게 단속하도록 하였다. 평양의 방비도 서두르게 하였다.

비변사가 도원수 김명원이 진격할 마음은 없이 나루터나 지키고 있어 사기를 잃은 것이 몇 번인지 모른다고 하고 또 부원수 신각이 제멋대로 도피했는데도 이를 제어하지 못했다고 비난하였다. 신할도 사태를 보아 진격하라고 했는데도 영세한 적을 습격하지 않아 적세를 치성하게 만드니 회복할 길이 없다고 하였다. 그리고 한응인이 대군을 거느리고 갔으니 사태에 대응하여 진격하는 일을 임의대로 하게 하고, 김명원은 임진, 두기 등을 방어하되 또한 시기를 봐서 진격하도록 하자고 하였다.

최고 사령부인 비변사가 전장에서 멀리 떨어져 있어 적을 알지도 못하고 아군의 실정도 모르면서 시행해서는 안 되는 말이나 하고 있으니 한심한 일이 아닐 수 없었다.

전라도 나주에서 김천일이 의병을 일으키고 북상할 준비에 들어갔다. 그러나 고경명은 아들 고종후와 함께 의병으로 모집한 사람들을 모두 이광의 근왕군에 편입시켰다. 먼저 관군을 지원하기로 한 것이다.

경상우도 왜선 2백여 척이 낙동강을 거슬러 올라와 초계에 상륙하여 노략질을 자행하였다. 며칠간 합천 지경까지 유린하였다. 낙동강 수로의 안전을 확보하기 위한 침범이었다. 우병사 조대곤이 거창에 있었지만 휘하에 군사도 거의 없고 능력도 없어 싸울 생각은 하지도 못했다.

왜적 일본 풍신수길은 이날 규슈의 나고야성에서 조선의 수도 경성을 점령했다는 보고를 받았다. 입이 벌어지지 않을 수 없었다. 불과 20일 만에 조선의 수도를 점령하였다. 믿을 수 없을 정도로 쉽게 이룬 승리였으므로 더욱 자신만만해졌다. 이제 조선은 점령한 것이나 다름없고 명나라 정복도 눈에 보였다.

풍신수길은 조선의 사정도 나름대로 파악하였고 자신의 실력도 잘 알았다. 그러니 지금까지 승리할 수밖에 없었다.

그러나 그가 모르는 것이 있었다. 조선에 이순신이라는 준비된 수군 장수가 있다는 것을 전혀 알 수가 없었고, 또한 충의로 무장된 민초들이 요원의 불길처럼 일어나리라는 것은 꿈에도 상상하지 못하고 있었다.

5월 17일 평양 행재소 지난 한 달 동안에 선조는 몹시 수척해졌다. 너무 걱정이 많은 때문이었다. 윤두수와 정탁이 의관을 불러 진찰하기를 청하니 아픈 곳이 없다고 하였다. 임금으로서 걱정만 할 것이 아니라 용감하게 떨쳐 일어나 난리를 평정하고 복수할 생각을 하여야 할 것인데 전혀 그런 생각이 없었다.

이날도 이산해를 율에 따라 죄주라고 청했다. 선조가 마침내 결정을 내려 평해로 귀양을 보내라고 하였다. 그러나 이것은 죄를 준 것이 아니라 오히려 복을 주었다. 이산해는 왜적이 들어오지 않은 곳으로 귀양 가서 다른 신하들이 죽을 고생을 하는 동안 홀로 편안히 지내다 오게 되었다.

양사가 적이 이미 임진강에 이르렀고 또 양주에도 나타났다고 하는데 장수들이 관망만 하고 움츠리고 있으니 분통이 터진다고 하였다. 그리고 서둘러 진격하여 그 예봉을 꺾어야 한다 하며 도순검사, 도원수와 도순찰사에게 기한을 정하여 독려하여 기회를 놓치지 않도록 하자고 하였다.

임진강 방어선 한편 임진강에는 도원수 김명원, 도순찰사 한응인과 경기감사 권징, 부원수 이빈 그리고 신할, 이천, 유극량, 변기 등이 있었다. 상류 쪽 대탄에는 이양원, 이일, 신각, 김우고 등이 지키고 있었다. 왜적은 배가 없어 건너지 못하고 서로 대치한 지 며칠이 되었다.

이날 왜적이 군막을 불사르고 군기를 싣고 퇴각하여 갔다. 우리 군을 유인하는 것이었다. 이것을 적이 도망하는 것으로 생각하였다. 신할이 강을 건너 추격하자 하고 권징도 합세하였다. 한응인이 또한 추격하자고 하니 김명원은 불가하다고 생각하였으나 한응인은 이미 임금의 명으로 지휘를 받지 말라 하였으므로 말릴 수가 없었다. 강변 토병들이 '우리 군사가 비록 많으나 거의가 피곤하고 약하며, 우리가 먼 길에 와서 피로하니 휴식하고 준비하여 출동하면 이길 수 있다' 하였다. 그러나 한응인은 머뭇거린다 하며 두어 사람을 처형해 버렸다. 경험 많은 유극량이 또한 가벼이 나아가서는 안 된다 하였는데 신할이 화를 내며 군사의 일을 방해한다고 죽이려 하였다. 유극량이 분연히 말하기를, "내가 어려서부터 군사가 되어 싸움을 하였으니 어찌 죽음을 피할 생각이 있겠소. 내 말은 가벼이 진군하여 국사를 그르칠까 염려한 때문이오" 하고 일어섰다. 그리고 밤늦게까지 모두들 진군할 준비에 분주하였다. 김명원, 유극량은 그나마 적을 보고 경험한 사람들이고, 한응인, 권징, 신할 등은 적을 전혀 겪어 보지 못한 사람들이다. 모르는 사람들이 들고 나섰으니 결과는 뻔했다.

5월 18일 임진강 방어선 붕괴 이른 새벽 유극량과 신할이 군사를 거느리고 임진강을 건너 진격을 개시하였다. 적의 소부대 초병들을 무찌르며 얼마 동안은 신나게 진격했다. 그러나 험한 곳에 이르러 동이 트면서 매복했던 왜적들이 일시에 공격을 해오자 밀리기 시작했다. 당해 낼 수 있는 적이 아니었다. 신할은 신립의 아우답게 용감하게 싸우다 강에 투신하여 죽었다. 유극량도 화살이 다하자 칼을 들고 싸웠으나 오래 버티지 못하고 죽었다. 도망쳐 강가에 도달한 병사들도 단련된 왜적의 칼을 피할 수가 없었다. 일대 도살이 벌어졌다. 대안에서 바라보고 있던 김명원과 한응인은 사색이 되었다. 그때 도순검사 박충간이 말을 돌려 달아나니 군사들 몇이 김명원으로 잘못 알고 원수가 도망간다고 큰 소리로 외쳤다. 그러자 모두들 도망가기에 바빴다. 수습이 되지 않았다. 적은 건너오지도 않았는데 임진강 방어선은 순식간에 무너져 버리고 말았다.

이것이 조선군의 현 실태였다. 병사들은 오합지졸로 틈만 있으면 도망가려 하는 군사 아닌 군사들이고, 장수들은 병법의 기본인 척후도 할 줄 모르는 장수 아닌 장수들이고, 조정의 임금과 신하들은 보지도 알지도 못하면서 전략 아닌 전략으로 망쳐 버리는 사람들이었다.

김명원과 한응인은 면목도 없고 두렵기까지 하여 장계조차 올리지 못했다.

평양 행재소 이날 조정에서는 임진강 방어선이 붕괴된 것은 모른 채 또 어이없는 결정을 하고 있었다. 비변사가 부원수 신각을 명령 불복종으로 군법을 시행하자고 청했다. 김명원이 한강에서 철수할 때 신각이 자기를 따르지 않고 도망한 것으로 보고하였었는데 이제 이것을 거론한 것이다. 우의정 유홍이 자신은 종기가 났다고 핑계하고 전선으로 내려가지도 않은 주제에 강경하게 참하라고 주장하였다. 선전관을 보내어 참하게 하였다. 그런데 오후에 신각의 승전 장계가 올라왔다. 신각은 양주에서 흩어진 군사를 수습하고 때마침 서울을 지원하러 온 남병사 이혼을 만나 함께 양주 지역을 약탈하는 왜적들을 물리쳤었다. 많은 전과를 올려 수급도 70여 급을 얻었다. 그것을 장계와 함께 올려 보낸 것이다. 선조 이하 깜짝 놀라 다시 죽이지 말라는 선전관을 보냈으나 이미 때는 늦었다.

유망한 장수 한 사람을 이렇게 잃었다. 부원수나 되는데 최종 결정하기 전에 소명이라도 하게 했어야 했다. 신각은 청렴하고 성실한 무인으로 도망한 것이 아니고 한강이 무너졌을 때 도성을 사수하려고 하였고, 먼저 피한 이양원을 찾아간 것이었다. 전에 연안부사로 있을 때 조헌의 권고를 받아들여 성을 수축하고 해자를 파고 성내에 우물도 파고 병기도 갖추어 왜적의 침입에 대비하였다. 후에 이정암이 연안성을 지켜 승리할 수 있었던 것은 신각이 준비했던 공이 컸다. 그런 사람이었고 앞으로 기대되는 장수였는데 참으로 애석한 일이었다. 하는 짓이 제대로 된 나라의 일은 아니었다.

병조가 시사하여 정병 4백 명을 뽑아 비상시에 대비하게 하였다. 호종하던 신하들이 부모의 생사를 몰라 사직을 청하는 일이 많아지자 허락하지 않기로 하였다.

‖ 수군은 빛나는 승리를 거두고, ‖
‖ 삼도 근왕군은 양떼 몰이 당하다 ‖

5월 19일 평양 행재소 선조가 임진에는 군사가 많은데 대탄에는 군사가 적으니 임진에 있는 군사를 나누는 것이 어떤가 하였다. 대신들이 임진의 대군이 지금 막 모여 진격할 계획을 하고 날을 잡아 거사하려고 하니 나눌 수 없다고 하였다. 임진강의 방어선은 어제 무너졌는데 평양의 조정에서는 아무것도 모르고 무용한 전략을 논하고 있었다. 이렇게 지나가 버리고 망쳐진 일을 논의하는 데 열심인 꿈속에 노는 조정이었다. 이런 꿈속에 노는 일은 앞으로도 계속된다.

전라도 전주에서 이광이 근왕군 4만을 이끌고 장도에 올랐다. 1만명을 부풀려 말한 것이지만 대단한 병력이었다. 병기 및 군량 등의 짐바리를 수송하는 인원도 아주 많았다. 이렇게 모을 수 있었던 것은 이광의 능력이었다. 고경명 등의 도움도 컸지만 전라도 백성의 힘이기도 하였다.

군사를 두 대로 나누어 한 대는 이광이 직접 이끌고 선봉은 조방장 이지시, 중위장은 나주목사 이경록으로 하였다. 다른 한 대는 방어사 곽영이 이끌고 조방장 백광언이 선봉이고 갓 부임한 광주목사 권율이 중위장이 되었다. 권율이 참가하였으므로 순천부사 권준은 이순신의 휘하로 복귀할 수 있었다.

경상감사 김수도 이 근왕군에 합류하였는데 모두 80명 정도였다. 병사들은 거의 없고 수령들과 군관들 그리고 그들의 하인들이었다. 아무리 왕의 명령으로 부른다 하더라도, 김수가 왜적들이 유린하고 있는 자신의 지역을 떠나 군사도 없이 수령들만 모아가지고 근왕한다고 한 것은 낯부끄러운 일이었다. 방어사 조경, 밀양부사 박진, 거제현령 김준민 외에 다수의 도망한 수령들도 참가하였다.

충청감사 윤선각도 8천여 명의 근왕군을 모집하고 이광이 올라오기를 기다리고 있었다. 이런 사실을 모르는 평양의 조정은 20일 전에 충청감사가 보낸 장계를 놓고 근왕에 소홀히 하고 있다고 불만이나 토로하고 있었다.

남해안 원균은 지난번 해전에서 이순신에 편승해서 승리를 얻었지만 그 후로도 할 수 있는 일이 없었다. 왜적은 자기편 수군을 궤멸시킨 괴선단을 파악하기 위해 분주했지만 원균이 단독으로 맞서 싸울 수도 없었다. 오히려 멀리 사천 포구까지 쫓겨와 숨어 있었다. 그러자 초유사 김성일이 고성이 비었으니 성을 접수하고 방어하라는 지시를 여러 번 하였다. 그래서 마지못해 이날 배를 출동하여 고성 지경에 대었는데 왜적 백여 명이 배반한 백성들을 거느리고 고성에 다시 들어가 있다는 정보를 듣고 공격할 만한 군사도 없으므로 다시 돌아와 버렸다. 초유사에게는 전라도 수군과 약속하였으므로 합심하여 왜선을 무찌를 것이라고 보고하였다.

5월 20일 평양 행재소 대신과 비변사 당상들을 인견하여 회의를 하였다. 18일에 강을 건너 진군한다는 보고가 이제 도착하여 화두가 되었다. 선조는 강을 건너 진격하여 승리할 것에 조바심이 났다. 윤두수가 성공할 가능성이 있다 하고 신하들도 승리를 기대하고 있었다. 다 끝나 버린 허망한 꿈을 꾸고 있는 것이다. 또한 남쪽의 근왕병 소식을 애타게 고대하고 있었다. 군량에 대한 조치를 말하는 것만은 정상이었다.

전라도 이광의 근왕군은 출발부터 어려움을 겪고 있었다. 모집 과정에서 순창, 옥과의 병사들이 반란을 일으켜 노령에 웅거하였으므로 전라병사 최원은 이들을 진압하는 데 투입되었고, 이제는 남원, 구례, 순천의 군사들이 타도로의 진출을 꺼려 소요를 일으키므로 진정시키는 데 애를 먹었다. 그리고 후에는 일부 광주, 전주, 나주의 군사들이 말썽을 일으킨다. 그래도 그 어려움을 이겨가며 느리지만 경성을 향해 진군은 계속하고 있었다.

경상우도 초유사 김성일이 곤양군수 이광악과 사천현감 그리고 진주판관 김시민을 시켜 정병 3백 명을 거느리고 함안의 왜적을 공격하게 하였다. 비가 내려 접전은 없었는데 왜적들이 아군의 숫자가 많은 것을 보고 도망하였다. 다시 고성의 적을 공격하였으나 왜적이 배반한 백성들과 함께 저항하므로 이기지 못하고 돌아왔다. 고성에서는 의병장 최강이 적을 유인하고 매복 야습하는 등 유격전을 벌이고 있었다.

왜적 북으로 진격하려는 왜적들은 장마가 계속되고 배도 없어서 임진강을 건너지 못하고 있었다.

5월 22일 경기도 강원도 조방장 원호가 여주에서 싸워 이겼다는 장계가 올라와 가자하라고 하였다. 원호는 전에 여주의 남한강을 지키고 있었는데, 소서행장의 대군이 처음에 이르렀을 때 주력은 그곳을 피해 강을 건너 서울로 향했고 그곳에는 일부 군사를 남겨 지키게 했다. 그 뒤 원호는 강원감사 유영길이 불러 그곳을 떠났었는데, 다시 돌아와 왜적의 상황을 살펴보니 이곳의 파수하는 왜적들은 세력이 크지 않았다. 그래서 은밀하게 공격하여 적을 패퇴시켰다. 왜적은 이곳에서 철수하고 다시는 나타나지 않았다. 그 후 원호도 감사 유영길이 다시 불러 이 지역에서 철수하였다.

5월 23일 평양 행재소 이제야 임진강 패배 보고가 조정에 들어왔다. 진군하여 적을 많이 죽였는데 왜적이 하류에서 몰래 들어와 철수할 수밖에 없었다는 것으로 둘러대고, 군사를 다시 수합하여 대적하겠다는 내용이었다. 선조 이하 신하들 모두 크게 실망하고 다시 근심에 쌓였다.

신하들을 인견하여 여러 논의를 했으나 뾰족한 대책이 있을 수 없었다. 우선 한응인에게는 강동 여러 곳을 지켜 공을 세워 죄를 씻게 하라고 하였다. 남병사가 보낸 3천5백의 정예병이 곧 올 것이고, 강변의 토병은 무사하니 패전한 병사들을 수습하여 다시 거사할 것이라 하였다. 의병 모집을 해야 한다는 말도 있었고 윤두수는 김수를 갈고 싶은데 사람이 없다 하고, 이항복이 김성일로 대체하자고 하였으나 결론이 없었다.

심대가 도착하여 남쪽에서 근왕군이 올라오고 있다는 것을 알게 되었다.

이날 이순신의 옥포 승첩 장계도 도착하였다. 그러나 임진의 패전 소식 직후여서 기쁨은 반감되었다. 비변사가 논상할 것을 말하니 가자하라 하였다. 이순신은 종2품 가선대부가 되었다. 선조는 승전한 소식에 좋았겠지만 적이 목전에 칼을 겨누게 되었으니 크게 기뻐할 처지가 아니었다. 당장 도망갈 걱정이 급한 상황이었다.

개천의 부자 이춘란이 전후해서 보낸 곡식이 4천 석이나 되어 당상관의 실직을 제수하였다.

5월 24일 평양 행재소 윤승훈을 무유어사로 내려보내는데 조정에서 근왕군을 밤낮으로 고대하고 있다는 것을 알리고 그들의 노고를 위로하고 격려하여 서울을 수복하도록 하자고 하였다. 선조가 답하기를, "마땅하다. 다만 왜적은 창을 든 군대와 방패를 든 군대는 가볍게 보기 때문에 지금까지 패전했다는 것을 장수들에게 깨우쳐 주도록 하라" 하였다. 차라리 아무 말도 하지 않는 것이 나았을 것이다.

충청도 이광의 전라도 근왕군은 온양에 도착하였고, 윤선각의 충청도 근왕군도 집결하고 있었다.

5월 25일 평양 행재소 각 고을에서 징발한 군사들이 그 고을에서 와야 할 군량이 제때에 오지 않아 굶주리고 있었다. 도순찰사 이원익이 호조로 하여금 쌀과 콩을 지급하게 하자고 아뢰니 승인하였다.

왜적들이 만든 해로 지도가 상세한데 이것을 근왕군이 한강을 건널 때 이용하게 하자고 하였다. 우리에게는 군사용 지도도 없었다는 것이니 한심하지 않을 수 없었다.

도원수 김명원은 그나마 오랫동안 임진강을 지킨 공로가 있으니 대죄하지 말고 방어에 힘쓰도록 하게 하자고 하였다. 섣부른 공격보다 지키는 것이 중요하다는 걸 늦게라도 알았으니 그나마 다행이었다.

[정암진전투]

이날 의령의 의병장 곽재우가 빛나는 승리를 하였다. 이른바 '정암진전투'이다.

곽재우는 그의 명성과 김성일의 지원으로 병력이 2천여 명으로 불어났다. 이때 왜장 안국사혜경(안코쿠지 에케이)이라는 자가 2천 병력을 이끌고 전라감사라 지칭하며, 함안, 의령, 삼가, 단성, 산음, 함양, 운봉, 남원, 임실을 거처 전주에 이르러 전라도를 접수하겠다고 선문을 돌리며 기세 좋게 진군을 시작하였다. 그런데 함안에서 의령으로 가려면 정암진에서 남강을 건너야 한다. 그 남강 주변에는 늪지대가 많았다. 그래서 왜적은 조선인 안내자를 척후와 함께 보내 좋은 길을 골라 길 안내 푯말을 여러 곳에 설치하였다. 기민하고 은밀하게 정찰 활동을 하는 곽재우가 그 사실을 알았다. 곽재우는 윤탁에게 천여 명으로 강가의 수비를 하도록 맡기고. 자신은 직접 천여 명을 이끌고 은밀하게 강을 건넜다. 그리고 왜적이 설치한 푯말들을 모두 늪지대로 인도하도록 옮기고 매복에 들어갔다. 이런 사실을 꿈에도 모른 채 왜적들은 푯말을 따라 사지인 늪지대로 미끄러져 들어갔다. 선봉이 늪에서 허우적대며 소동이 일자 그 때야 이상한 낌새를 느꼈지만 때는 늦었다. 사방에서 북이 울리고 보이지 않는 숲속에서 화살이 빗발쳤다. 날벼락이었다. 손을 쓸 수도 없어서 그저 도망갈 수밖에 없었다. 함안으로 겨우 탈출했지만 절반 가까이 군사를 잃었다. 왜장 안국사는 어쩔 수 없이 이 길을 포기하고 잔여 병력을 이끌고 창녕, 현풍 길로 북상할 수밖에 없었다.

곽재우가 전공을 보고하지 않아 정확한 것은 모르지만 왜적을 수백 명 사상시킨 대승이었다. 그리고 전라도를 향하는 왜적을 물리친 첫 승리였다.

'천강홍의장군 곽재우' 그 이름이 빛나는 전승이었다.

5월 26일 삼도 근왕군 이광이 이끄는 전라도 근왕군 약 1만, 윤선각이 이끄는 충청도 근왕군 약 8천, 그리고 근왕군이라고 할 수도 없는 김수의 경상도 근왕군 80여 명, 도합 약 2만 가까운 대군이 진위평에 모였다. 깃발이 들을 가리고 군량을 운반하는 대열만 해도 수십 리에 늘어섰다. 연도의 피난민들은 그 위세를 보고 기뻐하며 고을로 돌아온 자들이 많았다.

그러나 사람 수로 전쟁을 하는 것은 아니다. 더구나 왜적에게는 이미 조선군의 숫자는 전혀 전투의 고려사항이 아니었다.

전라도 고경명이 의병을 일으켰다. 원래 의병으로 모집한 군사들을 이광의 근왕군에 편입시켰는데, 유팽로 양대박 등이 관군과 별도로 의병을 일으킬 것을 주장하여 고경명을 대장으로 추대하고 격문으로 사람을 다시 모은 것이다. 김천일은 독자적인 의병으로 북상할 준비에 몰두하고 있었다.

경상우도 정인홍은 합천을 기반으로 한 의병으로 그의 문하생들이 주축을 이루었고, 전 첨사 손인갑을 중위장으로 하여 전투에 임했다. 김면은 고령과 거창을 기반으로 군사 모집에 열심이었다. 김성일이 도망한 장수들을 의병에 속하게 하였다. 당포만호 하종해는 정인홍, 김해부사 서예원과 제포만호 황응남은 김면에게 예속되었다. 그 외 소소하게 의병을 일으킨 사람들도 많이 있었다.

경상좌도에서도 많은 사람들이 자기 고을을 중심으로 의병을 일으키고 있었다.

평양 행재소 선조는 신하들의 의견을 받아들여 무과를 시행하게 하였다. 또한 자신의 잘못을 비판한 글을 팔도에 내리고 의병을 불러 모으게 하였다. 그리고 세자를 책봉하는 교서를 팔도에 반포하고 대사령도 내렸다.

5월 27일 여수 전라좌수영 이순신은 다음 출전 준비를 마치고 훈련에 열중하고 있었다. 전라우수사 이억기는 아무리 서둘러도 준비가 되지 않아 지난번에는 약속을 지키지 못하고 출전하지 못했다. 그러나 이번에는 6월 3일까지 꼭 도착하기로 약속하였다. 그런데 이날 원균의 긴급 구원 요청 공문이 도착하였다. '적선 10여 척이 사천 곤양 등지에 대었으므로 수사는 배들을 남해 땅 노량으로 이동하였다'는 내용이었다. 적이 사천에 교두보를 마련한다면 지적인 이곳 여수의 좌수영도 위험해진다. 이것은 보통 일이 아니었다. 이억기를 기다릴 시간이 없었다. 29일을 단독 출전 날짜로 결정하고 마무리 점검에 들어갔다. 군관 윤사공을 유진장으로 하여 남아서 좌수영을 지키게 하고 조방장 정걸을 흥양에 있으면서 각 진포를 지휘하게 하여 만약에 대비하게 하였다.

평양 행재소 선조는 이제 평양도 안심이 되지 않았다. 병사가 줄어드니 조처를 하라 하였다. 비변사가 각 고을의 잡류군이 지금 모여들었고 하번 군사도 통지하여 나오게 하였으며, 각 사찰의 승군도 5~6백 명이 있고 본래 4천 명 외에 이 숫자도 수천 명은 된다고 하였다.
허성을 강원도 순무어사로 보냈다.

경상우도 합천의 의병 정인홍과 손인갑이 군사 행동을 시작하였다. 초계에서 왜적이 약탈하고 있다는 정보를 듣고 달려갔다. 약탈하던 왜적이 우리 군사가 온 것을 알고 도망하였다. 추격하여 쫓았다.

경상좌도 영천 교외에서 권응수가 밤에 왜적이 머무르고 있는 절을 공격하여 왜적 10명과 변절자 20명을 사살하였다. 이러한 권응수의 활약에 대한 소문은 인근에 퍼졌고 의병을 일으킨 정대임이 합류하여 군사는 3백으로 불어났다. 후에 초유사 김성일이 이를 알고 권응수를 경상좌도의 의병대장으로 임명하였다.

왜적 제1군 소서행장, 제2군 가등청정, 제3군 흑전장정의 주력이 모두 임진강을 도하하여 진격을 개시하였다.

5월 28일 평양 행재소 비변사가 대탄의 방비가 중요하니 강원감사에게 더욱 힘써서 조치하라고 하였다. 김우고와 이시언을 좌우방어사로 하고 고언백을 조방장이라 하여 협력하게 하고, 도원수와 도순찰사에게 유시하여 장수들이 협력하여 일제히 진격하여 적을 격파하게 하자고 하였다.

개성 왜 진영 왜적이 개성을 점령하고 전열을 정비하고 있었다. 가등청정이 다시 자신이 평안도로 가겠다고 우겨 제비뽑기를 하여 소서행장이 평안도, 가등청정은 함경도로 진격하기로 하였다 한다. 모를 일이지만 소서행장이 평안도로 향한 것은 결과적으로 우리나라에는 천만다행이었다.

5월 29일 여수 전라좌수영 새벽 이순신 함대는 조용히 좌수영을 빠져나왔다. 경상도로 2차 출전이다. 함대는 거북선 2척 포함 23척으로, 거북선이 역사적인 첫 출전을 하고 있다. 출전 진용을 보면,
    중위장 순천부사 권준

중부장 광양현감 어영담

전부장 방답첨사 이순신

좌부장 낙안군수 신호

우부장 보성군수 김득광

후부장 흥양현감 배흥립

좌척후장 녹도만호 정운

우척후장 사도첨사 김완

좌별도장 우후 이몽구

우별도장 여도권관 김인영

거북선 돌격장 급제 이기남, 군관 이언량

한후장 군관 가안책

참퇴장 전첨사 이응화

이고, 그 외에 나대용, 송희립, 변존서, 이봉수 등이 이순신의 측근으로 있었다. 우수사 이억기에게는 그간의 사정을 설명하고 바로 함대를 이끌고 뒤따라오라고 전령을 보냈다.

[사천해전]

함대가 노량에 도착하니 원균은 전선 3척으로 하동 선창에 피해 있다가 나타났다. 사천 쪽으로 진격을 시작하여 왜선 한 척을 발견하고 추격하니 왜적이 배를 버리고 상륙하므로 방답첨사 이순신과 남해현령 기효근이 함께 그 배를 깨뜨리고 불태워 버렸다. 사천 선창에는 왜적 대선 12척이 언덕 아래 벌여져 있었고 산 위에는 4백여 명이 장사진을 치고 깃발들이 요란하였고 장막을 쳤는데 서쪽으로 진출하는 교두보를 만드는 것이 분명했다. 적들이 높은 곳의 유리한 위치에 있고 썰물 때여서 판옥선 같은 큰 배가 들어가기가 어려웠다. 이에 이순신은 유인책을 쓰기로 하고 배를 물렸다. 그런데 왜적 2백여 명이 내려와 일부는 배에 오르고 일부는 언덕 아래에서 총을 쏘아 대기 시작하였다. 적에게 약한 싹을 보이기도 싫은데 마침 밀물로 바뀌어 배가 들어갈 수 있게 되었다. 이순신은 전군을 다시 돌려 공격에 돌입하였다.

이 해전을 이순신의 글로 보면,

'먼저 거북선으로 하여금 적선이 있는 곳으로 돌진하게 하여 먼저 지, 현, 황 등 여러 종류의 총통을 쏘게 하자, 산 위와 언덕 밑과 배를 지키는 왜적들도 철환을 비 오듯 난발하는데, 간혹 우리나라 사람도 섞여 쏘고 있는지라, 신은 더욱더 분하여 노를 빨리 저어 앞으로 나아가 바로 그 배를 두들기매 여러 장수들이 일시에 구름같이 모여 철환, 장편전, 피령전, 화전 및 천자, 지자총통 등을 비바람같이 발사하면서 저마다 힘을 다하여 그 소리가 천지를 진동하는데, 왜적들은 중상하여 엎어지는 자와 부축하며 끌고 달아나는 자는 그 수를 헬 수 없었으며, 높은 언덕으로 물러가 진치고서는 감히 나와 싸울 생각을 못 하였습니다.'

이른바 '사천해전'이다. 처음 출전한 거북선이 위력을 발휘했고 순식간에 왜 대선들을 깨뜨리고 불태워 버렸다. 이렇게 승리했지만 아군의 피해도 있었다. 아무래도 1차 출격 시 너무 완벽한 전승을 거둔 것이 자만심을 갖게 만들었고, 승리에 조급해 적에게 너무 근접한 것이 탈이었다. 총사령관인 이순신 자신이 어깨에 총탄을 맞아 큰 부상을 입었다. 다행히 중상은 아니었지만 위험천만한 일이었다. 군관 나대용도 총탄에 맞아 부상당했고 군관 이설은 화살을 맞아 부상을 입었다.

날이 어두워졌고, 육지로 올라간 적을 끌어내기 위해 소선 몇 척만은 부수지 않고 남겨 두고, 함대는 배를 돌려 멀지 않은 곳 모자랑포로 옮겨 밤을 지냈다.

경상우도 정인홍과 손인갑이 고령에 군사를 주둔시키고 거창에 있는 김면과 무계의 적을 칠일을 상의하였다. 왜적이 성주에 거점을 마련하고 군사를 많이 주둔시켰는데 부산과 통하는 길은 무계에서 낙동강을 건너야 했다. 그래서 무계의 강가에도 왜적이 진을 치고 있었다. 김면은 준비가 덜 되어 며칠을 기다려야 된다고 하니 손인갑이 그 지역을 정탐하고 단독으로 진군할 생각을 하였다.

평양 행재소 양사가 박충간이 임진강 원수의 진중에서 적이 오기도 전에 놀라 도망하여 싸워 보지도 못하고 무너지게 하였다고 잡아다 국문할 것을 청했으나 허락하지 않았다.

비변사가 경강의 피난하는 배들이 수백 척에 이르니 그중에서 장정을 모집하여 군사로 하자고 하였다.

명나라 이때 중국에도 왜적의 조선 침략이 전해졌는데 왜적의 진격 속도가 너무 빠른 것을 의심하였다. 또한 유언비어가 난무했는데, 요동에서 중국 조정에 보고하기를, '조선과 일본이 서로 짜고 침략당했다고 거짓말을 한다. 국왕과 본국의 용맹한 병사들은 북도에 숨기고 다른 사람을 가짜 왕으로 내세워 침략을 받았다고 칭탁하지만 실은 일본을 위해서 향도가 된 것이다'고 잘못된 보고를 하였다. 중국 조정에서는 이에 대해 의견이 엇갈리고 말들이 많았다. 마침 신점이 사신으로 북경에 있었는데 전란 소식을 듣고 구원해 줄 것을 눈물로 호소하고 있었다. 이에 병부상서 석성이 비밀히 요동에 통보하여 사실을 알아보게 하였다. 그래서 최세신과 임세록을 파견하였다. 조정에서는 구원군을 요청하면 요동의 군사들이 올 터인데 횡포가 심할 것이다 하여 반대하는 의논이 많았다. 그래서 유근을 영위사로 보내어 실정은 설명하였으나 구원병은 요청하지 않았다. 그들은 의주에서 돌아갔다.

6월 1일 남해안 이순신 진영 새벽에 원균이 이순신에게 '어제 남겨둔 적의 배가 도망쳤는지 알아보고 죽은 왜적들의 목을 베어 오겠다' 하고 갔었는데 8시경에 돌아와서 말하기를, '왜적들은 육지로 멀리 도주하였기 때문에 남겨둔 배들을 불태우고 죽은 왜적 목을 벤 것이 3급이고 나머지는 숲이 울창해서 찾지 못했다' 하였다. 원균은 장수 아닌 죽은 사람 목 베러 다니는 군사 노릇을 하고 있었다. 사실 원균을 수급 취하는 장수로 배려한 것은 이순신의 큰 실착이었다. 결과적으로 은혜를 원수로 갚는 길만 열어 준 것이고, 더 나아가 국가에 커다란 재앙을 초래하게 되었기 때문이다.

함대는 정오에 다시 전진하였다. 고성 땅 사량도에 이르자 군사를 쉬게 하고 어제의 승리를 위로하였으며, 그곳에서 밤을 보냈다.

평양 행재소 유성룡을 복직시켜 풍원부원군으로 하였다. 다시 비변사의 정책 수립에 참여하게 되었다.

이항복을 병조판서, 이덕형을 대사헌으로 하였다.

윤근수가 요동 진무 임세록을 맞이하는 영위사를 자청하였다. 임세록은 요동도사의 진무로 지난번에 정세를 파악하러 왔다가 의주에서 설명만 듣고 돌아갔는데 이제 직접 눈으로 확인하기 위해 다시 파견되었다.

왜적이 임진강을 건너 평양을 향하여 진군하고 있다는 보고가 들어오니 선조는 또 도망갈 생각이 앞섰다. 유성룡과 윤두수는 강력하게 평양을 사수해야 한다고 하였고 정철은 옮기기를 주장하여 서로 얼굴을 붉혔다. 신하들은 옮기기를 원하는 사람이 많았다.

왜란이 일어난 후 유성룡과 윤두수는 당색을 떠나 나라를 위하는 데에 뜻이 잘 맞았다. 그래서 서인의 대표 이해수와 동인의 대표 김응남이 만나 당파를 초월하여 서로 협력하자는 신사협정을 맺기도 하였다. 훗날의 대표적인 서인인 이귀, 신흠 등은 유성룡 밑에서 일하기도 하였다.

평양에서도 임금이 피난하려 한다는 소문이 퍼지자 백성들이 먼저 피난하는 소동이 벌어졌다. 선조가 세자를 시켜 성을 굳게 지킨다고 타이르게 하였는데, 백성들은 세자의 말은 믿을 수가 없다면서 임금의 다짐을 직접 듣고자 하였다.

[당포해전]

6월 2일 남해안 이순신 함대 이순신은 오전 8시경에 당포에 왜선들이 정박해 있다는 말을 듣고 출발하여 10시쯤 그곳에 도착하였다. 2백여 명의 왜적들이 절반은 성안을 분탕질하고 절반은 성 밖의 험한 곳에 의거하여 총을 쏘아 댔다. 왜선은 대선 9척과 중 소선을 합하여 모두 21척이었다. 그중 대장선은 층루가 높이 솟았고 비단 휘장을 두르고 사면에는 '황(黃)' 자를 크게 썼다. 그 안에 대장이 붉은 일산 아래 있는데 조금도 두려워하지 않았다.

바로 전투가 시작되었다. 이순신의 글로 보자.

'먼저 거북선으로 하여금 층루선 밑으로 직충하여 용의 입으로 현자 철환을 치쏘게 하고 또 천자, 지자총통으로 대장군전을 쏘아 그 배를 쳐 부수자, 후면에 있던 여러 전선들도 철환과 화살을 번갈아 쏘게 하였는데, 중위장 권준이 돌진하여 왜장을 쏘아 맞추자 활시위 소리와 거의 동시에 거꾸로 떨어지므로 사도첨사 김완과 군관 흥양 보인 진무성이 그 왜장의 목을 베었습니다. 나머지 왜적들은 겁이 나서 도망치는데 철환과 화살에 맞아 거꾸러진 자들이 여기저기 널려 있었습니다. 왜적의 머리 6급을 베고 배들은 모두 불태워 버렸습니다.'

이것이 이른바 '당포해전'이다. 이 해전에서는 거북선의 활약이 두드러졌다. 적의 대장선에 곧바로 돌입하여 앞 용머리에서 현자총통으로 철환을 쏘아 한 방에 타격을 입히고 좌우로 돌면서 천자, 지자총통으로 대장군전을 연발하여 깨뜨림으로써 적의 지휘선을 무력화시켜 버린 것이었다.

그대로 상륙하여 적을 끝까지 쫓고 수색하여 목을 베려 하였으나, '왜대선 20여 척이 소선을 많이 거느리고 거제도로부터 와서 정박하고 있다'는 탐망선의 보고가 있었다. 적을 좁은 포구 안에서 맞을 수는 없었다. 그래서 바깥 바다에서 맞아 치려고 급히 나왔는데, 왜선들이 5리쯤 거리에서 우리 함대를 보고 배를 돌려 도망하기 시작하였다. 우리 전선들이 추격을 하였으나 날이 어두워지기 시작하여 잡을 수가 없었다. 왜선들이 추도 방향으로 도주하였으므로 적이 있는 곳에서 야영할 수는 없었다. 그래서 멀리 창신도로 물러나 밤을 지냈다.

이날 우후 이몽구가 대장선에서 금부채 한 자루를 찾았는데 거기에는 중앙에 '6월 8일 수길'이라 서명하였고 오른쪽에 '우시축전수(羽柴筑前守)' 왼쪽에 '구정유구수전(龜井流求守殿)'이라고 새겨져 있었다. 풍신수길이 구정을 유구(오키나와)의 영주로 임명한 신표였다. 이때 유구는 왕국으로 독립국가였는데 부하를 이곳의 영주로 미리 임명한 것을 보면 풍신수길의 야욕은 이미 유구국에도 있었다.

평양 행재소 선조가 신하들을 인견하고 논의가 한창이었다. 이원익이 평양성을 지킬 것인지 다른 곳으로 이주할 것인지를 빨리 결정해야 한다고 하니, 선조 이하 대부분의 신하들은 싸울 생각은 하지도 않고 도망할 궁리에 열중이었다. 의주로 가자 영변으로 가자 강계로 가자 북도로 가자 중구난방이었다. 세자와 나누어 거처하자는 말도 있었다. 선조는, "의논들이 일치하지 않는구나. 내 생각에는 평양이 안전한 지역이 아니니 군신이 함께 왜적의 칼날에 어육이 될 수는 없다. 나는 이주하고 싶은데 대신들이 따르지 않는구나" 하였다. 참으로 가련한 임금님이었다.

이런 내심과는 반대로 이날 마지못해 함구문에 거둥하여 승지를 시켜 백성들에게 죽음으로써 평양을 지키겠다는 뜻을 말하였고, 또 대동관에서 강변의 토병들을 소집해 놓고 같은 말을 하였다. 백성들이 피난 소동을 벌이니 이를 무마하기 위한 것이지만 거짓말을 하였다. 백성들은 들어와 죽으라는 것인가. 이런 임금의 말을 믿고 피난 가던 백성들이 다시 성안으로 들어왔다. 이들을 안심시키기 위해 연광정에서 활쏘기 시합을 가졌는데 구경하는 군사와 백성이 아주 많았다.

왜적 소서행장은 황해도를 유린하며 평양으로 향하고 있었다. 가등청정은 신계 곡산을 거쳐 노리현을 넘는 함경도 길을 달리고 있었다.

6월 3일 남해안 이순신 함대 이순신은 새벽에 출동하여 여러 섬들을 수색하며 조심스럽게 나아갔다. 추도를 양방향으로 협공 수색하였으나 적은 이미 도망치고 없었다. 날이 저물어 고성 땅 고둔포에서 밤을 보냈다.

전라도 나주의 의병장 김천일은 의병 3백을 이끌고 용감하게 북상 길에 올랐다. 충의심에 불타는 김천일에게는 신체의 노약함은 문제가 아니었다. "우리 군사는 의를 위해서 나선 것이다. 전진이 있을 뿐이요, 후퇴는 없다. 가고자 하는 자는 가는 대로 내버려 두겠다" 하니 여러 군사들이 모두 감동하였다. 또한 사기가 분발하여 몰래 도망하는 자가 없었다. 군사들은 가면서 계속 모을 예정이었다. 전에 수원부사로 선정을 한 명성이 있었으므로 믿는 바가 있었다.

경기도 삼도 근왕군 이광이 이끄는 전라도 근왕군, 윤선각이 이끄는 충청도 근왕군, 김수의 경상도 군이 모두 수원에 이르렀다. 이광은 독성산성에 진을 쳤다.

이광이 연명하여 장계를 올려 "신들이 함께 군사 6만을 거느리고 지금 수원 지역에 이르러 양천의 북포를 경유해서 군사를 도우려 하나 적이 경성에 있으니 앞뒤로 적의 공격을 받을 듯싶습니다. 조정에서 속히 지휘해 주기를 바랍니다" 하였다. 조정은 지휘할 능력도 시간도 없는데 이런 글을 올렸으니 어이없는 일이었다. 이것은 이광의 자살골이었다. 후에 무능한 사람들의 입에 올라 무능한 사람으로 낙인찍힐 수밖에 없었다. 그리고 실제 병력 수는 충청도 군은 약 8천 명, 전라도 군은 약 1만여 명, 경상도 군은 80여 명으로 2만에 가까웠다. 이 외에 따르는 사람들 종, 짐꾼, 장인들도 무척 많았을 것이니 군사가 아닌 사람들을 포함하면 6만이라고 할 수도 있었다. 어떻든 군사 수를 크게 한 것은 잘 보이고 과시하려는 마음이었겠지만 결과는 기대만 크게 만든 역효과였다.

밀양부사 박진은 경상좌병사로 임명되어 근왕군을 떠나 경상도로 되돌아갔다.

6월 4일 남해안 이순신 함대 이순신은 이른 아침에 함대를 이끌고 다시 당포 앞바다로 나아가 탐망선을 여러 곳으로 보내 적을 탐지하도록 하였다. 10시경 당포의 토병이 와서 고하기를, 당포에서 패한 왜적들은 시체를 모아 불사르고 육지로 들어갔고, 추도로 도주했던 왜선들은 거제도를 향하여 도망하였다고 하였다.

정오 무렵 전라우수사 이억기가 전선 25척을 이끌고 도착하였다. 전라우수사 이억기는 이번에는 약속을 지켰다. 응원군이 도착했으니 기뻐하지 않을 수 없었다. 온 진중의 병사들이 환호성을 울리며 기뻐하였다.

이억기가 전선을 모아 출전하는데 한 달 반이 걸렸다. 이 정도도 그동안 준비가 있었기에 가능한 일이었다. 아무런 준비가 없었다면 몇 개월이 걸려도 출전할 수가 없었을 것이다. 아무튼 이순신은 큰 힘을 얻었다. 이억기와 앞으로의 작전 계획을 토의하고 날이 저물므로 고성과 거제의 경계인 착량 앞바다에 진을 치고 밤을 보냈다.

평양 행재소 이일이 평양에 들어왔다. 그동안 고생이 심해 많이 여위었고 형색도 초라하였다. 그 초라한 행색에 많은 사람들이 웃었지만 정작 웃기는 사람은 이일이 아니라 웃는 그 사람들이리라. 이일은 비록 패전한 장수였지만 그래도 장수 본연의 일은 잊지 않았다. 패배를 거울삼아 궁리하여 대책을 내놓았다. 대탄에서 장계를 올려 평양을 방어하는 계책을 말했는데, 특히 수군으로 대동강을 방어하게 하자는 방안이 좋아 최소한의 체면은 유지하였다. 어떻든 장수가 부족한 터에 모두들 그의 도착을 기뻐하였다. 비변사가 급히 영을 내려 대동강 하류를 지키게 하였다.

왜적 소서행장의 주력은 봉산을 지났고 척후병들은 이미 대동강 주위를 살피고 있었다.

[당항포해전]

6월 5일 남해안 연합함대 아침에 바다에 안개가 끼어 이순신은 늦게까지 움직이지 못했다. 안개가 걷힌 후 거제로 도망친 적을 찾으려고 하는데, 거제의 귀화인 김모 등이 와서 말하기를, '당포에서 쫓긴 왜선들이 거제를 지나 고성 땅 당항포로 옮겨 대고 있습니다' 하였다. 이에 급히 함대를 당항포 앞바다로 이동하였다. 마침 가까운 육지에 천여 기의 우리 기병이 진을 치고 있었는데 알아보니 함안군수 유숭인이 적을 추격하여 여기에 이르렀다는 것이었다. 그들에게 당항포 안의 지형을 물어보니 안이 넓어 배가 들어갈 만하다 하므로 적을 유인할 계책으로 우선 몇 척을 안으로 돌입하게 하였다. 잠시 후 진입했던 전선에서 신기전을 발사하여 빨리 들어오라는 신호를 보냈다. 전선 4척을 어귀에서 복병으로 지키게 하고 연합함대는 안으로 들어갔다. 당항포 소소강 서쪽 기슭에 대선 9척 중선 4척 소선 13척으로 총 26척의 왜선이 정박하고 있었다. 그중에 가장 큰 3층 누각선은 불전 같았다. 푸른 일산을 세우고 누각 아래에는 검은 비단을 둘렀고 그 안에는 왜적들이 수없이 벌여서 있었다. 배들은 모두 검은 깃발을 꽂았는데 흰 글씨로 '남무묘법연화경'이 씌어 있었다. 바로 전투에 들어갔는데 이른바 '당항포해전'이다.

이순신의 글로 보면,

'신 등의 위세를 보자 적들이 철환을 어지러이 쏘아 싸락눈이나 우박과 같은데, 여러 전선이 포위하고 먼저 거북선을 돌입케 하여 천자, 지자 총통을 쏘아 적의 대선을 꿰뚫게 하고, 여러 전선은 서로 번갈아 드나들며 총통과 화살과 철환을 바람과 우레처럼 쏘면서 한참 동안 접전하여 우리의 위무를 더욱 떨쳤습니다 그런데 신의 생각으로는 만약 저 적들이 형세가 궁하여 배를 버리고 상륙하면 모조리 섬멸하지 못할 것을 염려하여, '우리들이 거짓으로 포위를 풀고 퇴군할 것을 보여 진을 후퇴시키면 적들이 필시 그 틈을 타서 배를 옮길 것이니 그때 좌우에서 쫓아 공격하면 거의 섬멸할 수 있으리라'고 전령한 뒤에 퇴군하여 한쪽을 풀어 주자, 층각선이 과연 열어 준 길을 따라 나오는데, 검은색 돛을 둘씩이나 달았으며, 다른 배들은 날개처럼 벌려 층각선을 옹위하며 바다로 노를 재촉하므로 우리의 여러 전선은 사면으로 포위하면서 재빠르게 협격을 하고, 돌격장이 탄 거북선이 또 층각선 밑으로 달려가서 총통을 치쏘아 층각선을 쳐부수고, 여러 전선이 또 화전으로 그 비단 장막과 돛을 쏘아 맞히

자, 맹렬한 불길이 일어나고 층각의 위에 앉았던 왜장이 화살에 맞아 떨어졌으며, 다른 왜선 4척은 이 창황한 틈을 타서 돛을 달고 북쪽으로 달아나려고 하는 것을, 신과 이억기 등이 거느린 여러 장수들이 패를 갈라서 접전하며, 또 모조리 포위하자, 배 안의 허다한 적도들은 물에 빠지기 바쁘고 혹은 기슭을 타고 올라가며 혹은 산으로 올라 북쪽으로 도망치는지라, 군사들은 창 칼 화살 등을 가지고 저마다 죽을힘을 다하여 추격 체포하여 머리 43급을 베고 왜선 전부를 불태워 없앤 뒤에, 짐짓 배 한 척을 남겨 두어 적들의 돌아갈 길을 열어 주고, 이미 날이 어두워 육상에 오른 왜적은 다 사로잡지 못하였습니다.'

당항포해전은 이렇게 끝내고 이억기와 함께 어둠을 타서 그 바다 어귀로 나와 결진하고 밤을 보냈다. 이날 패전한 왜적은 여러 표식으로 볼 때 가등청정 휘하의 수군이었음이 분명했다.

용인 삼도 근왕군 이날 삼도의 근왕군이 용인에 도착하였다. 왜적이 작은 산 위에 진을 쳤는데 약해 보였다. 선봉장 백광언은 어제 나무하는 적 몇 명을 사살하여 기세가 올랐는데 이를 보고, '영세한 왜적이니 급히 공격하여 때를 놓치지 말자'고 하였다. 그러나 광주목사 권율은, '경성이 멀지 않고 큰 왜적이 앞을 막고 있는데 작은 적과 다투어 교전해서 군사의 위세를 꺾어서는 안 되고 신중히 만전을 도모해야 한다' 하였다. 이광이 듣지 않고 조방장 이지시와 선봉장 백광언을 시켜 공격하게 하였다. 아군이 육박해 갔으나 적이 잠복하고 나오지 않아 여러 시간을 대치하고 있었는데, 적을 모르는 아군은 왜적이 무서워서 나오지 않는 것으로 생각하고 해이해져 있었다. 이때 왜적들은 은밀하게 포복으로 접근해 와 불시에 공격하니 속수무책으로 당했다. 용맹한 장수로 이름난 이지시, 백광언 등이 제대로 싸우지도 못하고 적의 총에 맞아 죽고 병사들은 왜적의 날카로운 검에 무수히 죽었다. 선봉이 이렇게 당하자 전군의 사기가 꺾이고 장수들도 풀이 죽었다. 이때라도 정신을 차렸으면 좋았을 것이다.

경상우도 정인홍과 손인갑이 무계의 왜적을 공격하였다. 여러 시간 싸워 적을 많이 사살하였으나 적의 응원군이 도착하여 퇴각하였다. 왜적은 무계의 진영에 군사력을 크게 보강하였다. 김면은 기다리지 않고 섣불리 단독으로 거사한 것을 불쾌하게 생각하였다.

평양 행재소 명나라 요동의 차관 임세록 등이 적정을 탐지하기 위하여 평양에 도착하였다. 선조가 흑단령을 입고 접견하여 간략히 상황을 말하고 예물을 증정하였다. 유성룡으로 하여금 이들을 접응하게 하였다.

6월 6일 남해안 연합함대 새벽에 방답첨사 이순신이 어제 산으로 올라간 왜적들이 남겨둔 배를 타고 새벽녘에 몰래 나올 것이니 기다렸다가 잡겠다고 보고하고 소속 군선을 거느리고 당항포 입구로 갔다. 과연 왜적들이 배 한 척에 백여 명이나 타고 나왔다. 즉시 지자, 현자총통으로 장편전, 철환 등을 쏘고 또 질려포, 대발화 등을 쏘거나 던졌다. 왜적들이 당황하여 배를 돌려 육지로 달아나려 하므로 요구금(갈고리)로 걸어 바다 가운데로 끌어내니 물에 뛰어들어 죽은 자가 반이나 되고 나머지는 총통과 화살에 죽었다. 장수들도 9명이나 되었는데 그중에 대장은 화살을 10대나 맞은 후에야 고꾸라졌다.

여기서도 원균은 뒤쫓아 와서 죽은 왜적의 목을 베는 데 열심이었다.

배를 불사르기 전에 수색하여 작은 궤를 얻었는데 그 안에 3천4십 명이 서명하고 피를 바른 문서가 있었다. 피로 맹세한 '분군기'였다. 이순신은 이것과 깃발의 색이 서로 다른 것(옥포 붉은색, 사천 흰색, 당포 황색, 당항포 검은색)으로 보아 왜적이 일찍부터 우리나라를 침범하려는 마음을 품고 군병을 준비했다는 것을 짐작할 수 있다고 하였다.

비가 내리고 구름이 끼어 항해가 어려우므로 당항포 앞바다로 옮겨 군사를 쉬게 하였다. 저녁에 다시 고성 땅 맛을간장 앞바다로 옮겨 밤을 보냈다.

다른 한편 이날 삼도 근왕군은 어이없이 사라졌다.

[용인전투]

이광은 아침 일찍 군대를 이동하여 광교산에 진을 치고 아침 먹을 준비를 하였다. 선두에는 충청병사 신익이 진을 치고 있었다. 모두들 이른 아침이라 태평스러웠다. 그런데 밥 짓는 연기가 신호라도 되듯이 갑자기 함성과 함께 왜적의 기병이 돌격해 왔다. 선두의 왜장들은 금가면을 쓰고 칼을 휘두르며 무섭게 돌진해 왔다. 충청도 병사들이 선두 왜 기병의 험악한 기세에 싸울 생각도 하지 못하고 급하게 도망쳐 오니 이광의 군사들은 놀라 영문도 모르고 모두 도망치기에 바빴다. 어떻게 수습할 수도 없이 장수도 병사도 도망하기에 바빴다. 2만의 병사들이 불과 몇백 명의 왜 기병에 의해 양떼 몰이하듯 되어버렸다. 왜적들은 10여 리를 쫓아오다 멈췄다. 들판은 큰물이 휩쓸고 간 것처럼 식량 병기 장비 등이 널려 있었다. 왜적은 태울 수 있는 것들에 불을 지르고 돌아갔다. 이 왜적은 수군 장수 와키자카 야스하루(협판안치)였으며 그가 거느린 군사는 겨우 천육백 명이었다. 이렇게 평양의 선조와 신하들이 밤낮으로 고대하던 근왕군은 순간에 사라져 버렸다. 군사의 수가 많다고 강한 군대가 아니고 사람만 모였다고 군대가 되는 것도 아니다. 무엇보다도 강인하고 치밀한 장수가 있어야 했다. 이광은 근본이 문관이고 무인이 아니었지만 그래도 너무했다. 적은 강하고 우리는 약하다는 인식이 필요했고 치밀하고 조심스럽게 대처했어야 했다. 원성에도 불구하고 군비를 하였고, 군사를 모으고 전진하여 오느라 고생도 많이 했지만 모두 물거품이 되고 막중한 패전 책임을 면할 수 없게 되었다.

한 가지 위안 아닌 위안을 삼는다면 손실은 컸지만 사람들은 대부분 죽지 않고 온전했던 것이다. 만약 서울 쪽으로 더 진군했더라면 적의 매복에 걸려 전멸당했을 가능성이 있었다. 왜적들은 이미 대군이 올라오는 것을 알고 서울의 군사들을 철수하는 것처럼 가장하고 광주(廣州)에서 잠복하고 있었다. 아군이 강가에 도착하기를 기다렸다가 뒤를 습격하여 섬멸할 계획이었다.

또 하나는 들판에 널려진 식량과 물품들은 근처의 산 속에 피난했던 사람들이 연명하는 데 큰 도움이 되었다.

이 용인의 패전에 대해 충청감사 윤선각이 솔직한 표현을 하였다. '우리들은 백면서생으로 병가의 일을 알지 못하여, 규모와 계획이 몹시 졸렬해서 이런 실패를 당했다.'

장수의 재목으로 인정되어 선조의 신임을 듬뿍 받았던 이광은 이제 선조의 분노의 대상으로 전락하게 되었다.

평양 행재소 유성룡이 중국 차관 임세록에게 왜적의 상황을 보여 주기 위해 함께 연광정에 올랐다. 왜적의 척후병 몇 명이 숲에서 들락날락하기도 하고 앉아 쉬기도 하였다. 임세록은 왜적의 주력이 보이지 않는 것에 의심을 가졌지만 유성룡이 왜적의 척후 뒤에는 대군이 있고 이를 소홀히 여기다가는 왜적의 꾀에 빠지게 된다고 자세히 설명하였다. 그리고 '명병이 오는 것이야말로 한 시각이 급하니, 대인은 급히 귀국하여 출병할 시기를 앞당기라' 하였다. 임세록은 회답하는 공문을 받아 가지고 급히 돌아갔다.

[율포해전]

6월 7일 남해안 연합함대 이순신 연합함대는 이른 아침에 발선하여 웅천 땅 증도 해상에서 진을 치고 천성, 가덕 지역으로 탐망선들을 보내 왜적의 종적을 탐지하게 하였다. 탐망 중 왜적 3명을 죽이고 목을 베었는데 1급은 경상도 군관에게 뺏겼다는 보고도 있었다. 정오에 영등포 앞바다에 이르렀는데 율포에서 나오는 왜 대선 5척과 중선 2척을 발견하였다. 여러 전선들이 경쟁하듯이 추격하여 율포 밖에서 따라잡았다. 왜적들은 배 안의 물건들을 바다에 던지며 도망하려 애썼지만 모두 포위되고 잡혀 섬멸되었다. 소비포권관 이영남은 소선을 타고 돌입하여 왜적을 사살하였다. 왜선들은 모두 불태워버렸다. 왜 수군 중 유명한 왜장 래도통지(구루시마 미치유키)도 여기서 죽었다. 이것이 이른바 '율포해전'이다. 사기가 오른 연합함대는 상쾌한 기분으로 적을 찾아 가덕도를 지나 몰운대까지 왜적을 찾았으나 종적이 없었다. 부산이 지척이어서 치고 싶은 생각도 있었으나 이미 피곤해졌고 낙동강에 숨어 있는 왜선들이 협공할 염려도 있었으므로 포기하고 또 날이 저물었으므로 거제도 칠천량 송진포로 돌아와 밤을 보냈다.

평양 행재소 좌의정 윤두수에게 명하여 도원수 김명원, 순찰사 이원익과 함께 평양을 지키라고 하였다. 윤두수가 평양을 사수해야 한다는 의견이 강경하니 네가 알아서 지키라는 것이었다.

한응인은 소수의 병력을 거느리고 상류의 여울을 지킨다고 하며 병력의 지원을 요청하였다.

경상우도 정암진에서 곽재우에게 혼이 난 왜장 안국사혜경(안코쿠지 에케이)은 영산 창녕 등을 지나 북상하면서 낙동강을 건너 가야산으로 향할 곳을 찾고 있었다. 곽재우가 강 건너에서 따라가며 도강을 견제하였다. 강을 건너 공격하기도 하며 괴롭히니 왜장은 할 수 없이 현풍을 지나 성주로 향했다.

6월 8일 남해안 연합함대 이순신은 마산포 안골포 제포 웅천 등지로 탐망선을 보내고, 연합함대는 나아가 증도와 남포 앞바다에 진을 쳤다. 저녁에 탐망선들이 돌아왔는데 모두 어느 곳에서도 적을 볼 수 없다고 하였다. 송진포로 돌아와 밤을 보냈다.

왜적 왜적의 주력 선봉이 대동강 가의 재송정 앞에 이르러 세 곳에 군사를 주둔시켰다.

6월 9일 남해안 연합함대 이른 아침에 웅천으로 나아가 진을 치고 여러 곳으로 탐망선을 보내 살펴보게 하였다. 어느 곳에도 적은 그림자조차도 없었으므로 회군하여 당포에 이르러 밤을 보냈다.
출전한지 열흘이나 되고 연일 교전에 심신도 피곤해졌고 식량도 병기도 떨어져가므로 재충전이 필요했다. 게다가 전라병사 최원의 공문이 왔는데 '서울을 침범한 흉악한 무리들이 조운선을 빼앗아 타고 서강을 거쳐 내려온다'는 말이 있었다. 그 말이 사리에 맞지는 않았지만 만약의 경우도 대비해야 했다. 우수사 이억기와 상의하여 일단 이번 작전을 끝내고 회군하기로 하였다.

평양 행재소 이날 왜적이 대동강 동편에 말목을 박아 글을 매달아 놓았는데 그것을 가져다가 보니, 적장이 강화를 요청하면서 이덕형과 선상에서 만나 대화하자는 것이었다. 선조가 허락하였고 이덕형이 배를 타고 강 중간에서 적장 평조신·현소 등을 만났다.

적이 말하기를 "일본이 귀국과 서로 전쟁하려는 것이 아닙니다. 지난번 동래·상주·용인 등지에서도 모두 서계를 보냈었으나 귀국에서는 답하지 않고 무기로써 대하기에 우리들이 결국 여기에까지 이르게 된 것입니다. 원컨대 판서는 국왕을 모시고 이 지방을 피하여 우리가 요동으로 가는 길을 열어 주시오" 하였다.

이덕형이 답하기를, "귀국이 만약 중국만을 침범하려고 하였다면 어찌 절강으로 가지 않고 이곳으로 왔습니까. 이것은 실로 우리나라를 멸망시키려는 계책입니다. 명조는 바로 우리나라에 있어서 부모와 같은 나라이니, 죽어도 요구를 들어줄 수 없습니다" 하였는데,

적이, "그렇다면 강화할 수 없습니다" 하였다.

애초에 대화가 될 일이 아니었다. 조신의 말은 두서가 없고 불손하기까지 하였다. 대마도는 싸움을 원치 않았다는 변명을 주로 말하였지만 이것도 후안무치한 것이었다.

이날 저녁 무렵 왜적의 주력이 대동강 동쪽 언덕에 진을 치고 공격할 태세를 취했다.

경상우도 김면이 고령에서 군사들을 매복하여 약탈한 물건을 싣고 내려오는 왜선들을 기습 공격하였다. 전혀 생각지 못한 공격에 왜적들은 강 한가운데에서 어쩔 줄을 모르고 화살 세례를 받았다. 2척을 나포하고 80여 급이나 베었다. 이 전투에서는 황응남과 박정완이 전공을 올렸다. 노획한 물건들에는 내탕고의 진귀한 물건들이 많았다. 왜적들은 이미 서울에서 약탈한 물건들을 일본으로 보내고 있는 것이다. 이것들을 초유사에게 보내니 초유사는 남원으로 보내 창고에 보관하게 하였다.

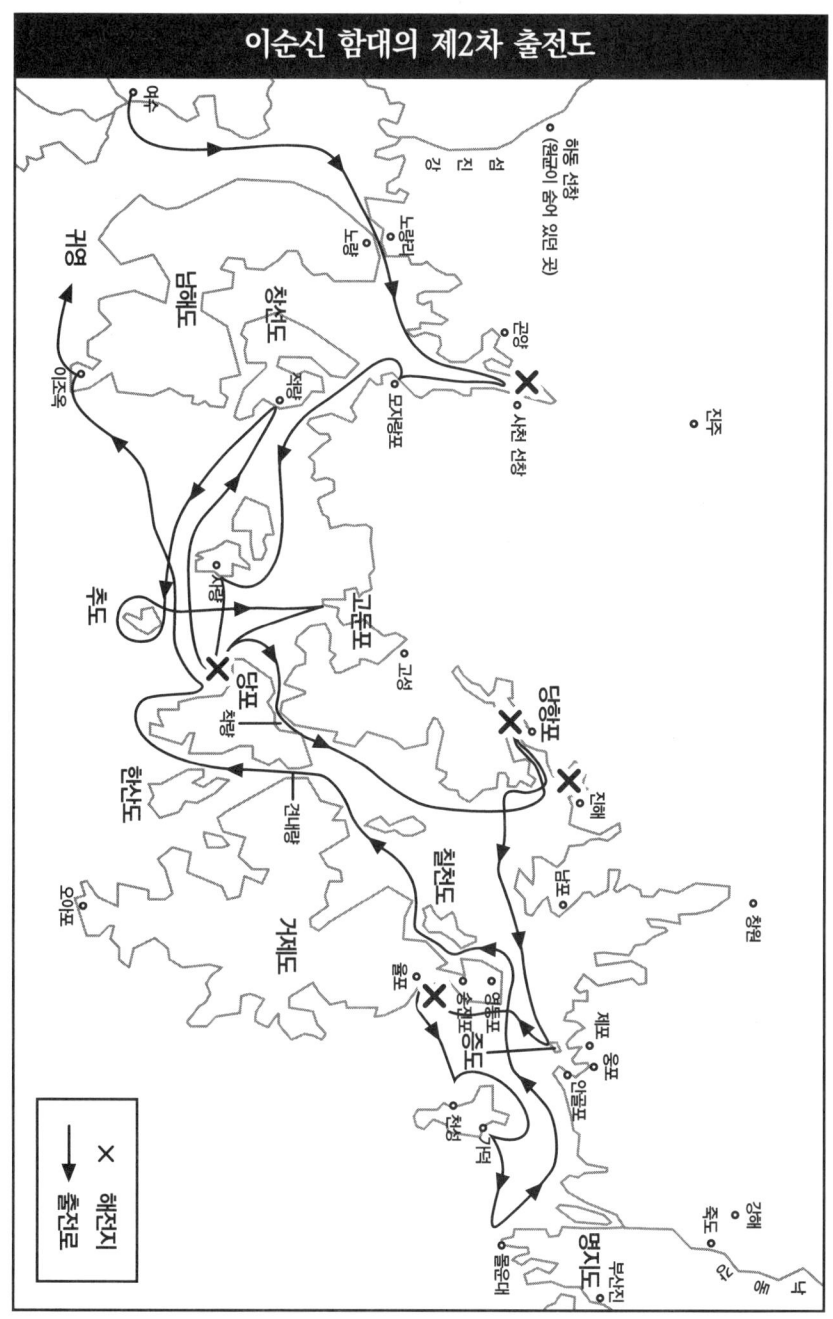

6월 10일 여수 전라좌수영 연합함대는 당포를 출발하여 미조항 앞바다에 이르러 파진하고 각 진영으로 돌아갔다. 이순신은 오후 늦게 여수 좌수영으로 귀환하였다.

이번 2차 출전에서는 왜선 72척을 분멸하였다. 수급도 88급을 베었다. 거북선의 실전 능력은 기대 이상의 만족이었다. 그러나 이번에는 전사자가 13명이고 부상자도 이순신 자신을 포함하여 36명이나 되었다. 왜적을 죽인 숫자에 비하면 극히 적은 숫자이지만 그래도 안타까운 희생이었다. 죽은 자는 가족을 위로하고 부상자는 치료에 정성을 다하고 군사들에게는 왜선에서 취득한 의복 곡식 포목 등을 골고루 나누어 주게 하였다. 그리고 '한번 승첩에 방심하지 말고 군사를 위무하고 전선을 다시 정비해 변보를 듣는 즉시로 출전하되 처음과 끝을 한결같이 하도록 하라'고 엄하게 훈시하고 진을 파했다.

승전보를 알리는 것도 중요하다. 그동안 진행과정, 전투장면, 전과 등을 상세하게 기술하고 피난민들 이야기, 포로 된 자들을 구한 것, 포상에 관한 것들을 기록하였다. 전투에 임하여 '공로와 이익을 탐내어 서로 다투어 먼저 적의 머리를 베려다가는 도리어 해를 입어 사상자가 많아지는 정례가 있으므로 사살한 뒤에 비록 목을 베지 못하더라도 힘써 싸운 자를 제일의 공로자로 하겠다'고 공포하여 싸움에 열중하게 하였음도 말하고, 적들이 이제 우리 수군의 위엄을 자세하게 알고 이후부터는 뒷일을 염려하고 꺼리는 생각이 있을 것이라는 자신감도 표하였다.

군관 이봉수가 노획한 주요 물품들과 함께 장계를 가지고 행재소로 향했다.

또 한 장의 장계를 썼는데 전선을 모두 이끌고 일본 본토를 공격하러 가겠다고 보고하는 내용이었다. 이것은 임금에게 올리는 장계가 아니라 서울로 가는 길에 흘려 왜적으로 하여금 보고 놀라게 하고자 한 것이었다. 왜적이 봤다면 효과가 있었을 것이다.

왜적 한편 왜 수군에는 비상이 걸렸다. 이때 왜 수군 장수 중 핵심인 와키자카 야스하루(협판안치), 구키 요시타카(구기가륭). 가토 요시아키(가등가명)은 수군이 싸울 일이 없다고 판단하여 처음부터 육전에 참가하고 경성에 와 있었다. 지난달에 수군이 깨졌을 때는 방심해서 당한 것으로 치부했는데 이달 들어서도 연패했다는 소식에 놀라지 않을 수 없었다. 경성에 있는 왜 수뇌부에도 전해졌다. 며칠 전 용인전투에서 용맹을 과시한 야키자카 야스하루는 바로 부산으로 내려갔고 서울에 있던 두 왜장도 서둘러 소속 병력을 거느리고 부산으로 향했다.

평양 행재소 대동강에 왜적이 가득하자 선조는 마음이 급해졌다. 어디로 갈지 갈피를 못 잡던 의논은 선조가 함흥으로 가기로 결론을 내렸다. 동지 이희득을 함경도 순검사로 하여 먼저 가 준비하게 하였다. 유성룡이 북도로 가면 명나라와 소통할 수도 없음을 들어 반대하였으나 되지 않았다.

승지 노직이 종묘의 신주를 받들고 앞장서고 궁인들이 뒤를 따랐다. 그러자 성안의 동정을 살피던 백성들이 칼과 몽둥이를 들고 일어났다. 길을 막고 밀쳐 신주를 땅에 떨어뜨리고 따라가던 관원들에게 몽둥이를 휘두르며 꾸짖었다.

'너희들은 나라의 녹만 훔쳐 먹다가 이제 와서는 나랏일을 그르치고 백성을 속이느냐?' '성을 버리고 가려면 무슨 까닭으로 우리들을 속여서 성안으로 들어오게 하여, 우리들만 적의 손에 어육을 만드느냐?' 하였다.

궁문까지 거리를 꽉 메우고 소란스러웠다. 호조판서 홍여순은 대표로 몽둥이 세례를 받아 등을 다쳐 부축하여 되돌아왔다. 선조 이하 여러 신하들의 얼굴이 하얗게 질렸다. 유성룡이 군중 속의 한 나이 지긋한 사람을 불러 임금이 성을 굳게 지킨다는 약속을 하였는데 이렇게 소란을 피우느냐 하면서 타이르니 그 사람이 이해하고 나서서 군중을 무마하여 조금 진정이 되었다. 유성룡은 성을 지키자는 주장을 하고 있다는 것을 알기 때문에 그 말을 믿은 것이다. 저녁 무렵 난동의 책임 추궁을 당한 평안감사 송언신이 군사를 시켜 주동자들을 잡아들였고 그중 두 명을 참수하여 효수하니 군중이 진정되었다.

‖ 왕은 결국 나라 끝 의주까지 도망하였다 ‖

6월 11일 평양 행재소 이른 아침에 중전 일행은 함흥으로 먼저 떠났다. 우의정 유홍이 호종하였다.

대신들의 청에 따라 선조는 대동문 앞에 부로들을 모아 놓고 어쩔 수 없이 떠나는 사정을 설명하고 위로하였다. 응교 심희수가 교서를 읽자 모두 눈물바다가 되었다. 선조가 떠나려고 하는데 윤두수가 청대하여 "영변은 예전부터 철옹성이라고 불리던 곳이니 당분간 여기로 피하여 왜적의 형세를 관망하다가, 위급한 일이 있게 되면 차츰 중국과 가까운 용만으로 향하고 아울러 구원병을 청해야 됩니다" 하였다. 선조가 옳다고 생각하여 북도로 가지 않고 영변으로 향했다. 떠나기 전에 이원익에게 은밀히 엿보아 밤에 왜적을 쳐부수라고 비밀리에 분부하였는데 이것도 문제였다. 결과적으로 대동강이 무너지고 평양성 함락을 재촉하는 것이 되었다.

이날 순안에서 주정하고 저녁에 숙천에 도착하였다.

병조판서 이항복과 대사헌 이덕형이 야대하여, 사정이 급하니 요동에 구원군을 요청하는 사신을 보내자고 하였다. 누구보다도 마음이 급한 선조가 허락하였는데 이항복과 이덕형이 서로 가겠다고 하였다. 병조판서는 해야 할 일이 많으므로 이덕형을 보내기로 하였다.

이항복이 남문에서 이덕형을 전송할 때 자기가 타던 말을 주면서 "군사가 나오지 않으면 그대는 나를 지하에서 찾아야 할 것이다" 하고 덕형은 "군사가 나오지 않는다면 나는 의당 뼈를 노룡령에 묻고 다시 압록강을 건너지 않겠다"고 비장한 각오를 하였다. 30대의 젊은 이 두 충신 오성과 한음은 이렇게 눈물을 뿌리며 작별하였다.

명나라 관전보 부총병 동양정이 의순관에 도착하여 왜적의 유무와 진퇴의 소식을 명 조정에 빨리 전해야 하니 평양에서 의주까지 1백 리마다 파발을 설치하여 위급함에 대응할 수 있도록 하라고 하였다. 의주목사 황진이 이 소식을 전했다.

평양 대동강의 왜적들이 공격을 시도하였다. 말을 타고 건너려 하는 것을 활을 쏘아 저지하였다. 강변에서 성안으로 총을 쏘니 성안에 총알이 비 쏟아지듯 하였다. 윤두수, 유성룡 등이 지켜보는 연광정을 향하여 조준 사격을 가했는데 군사 두 사람이 맞았으나 거리가 멀어 큰 부상은 없었다. 도원수 김명원이 배에 사수들을 태워 강 가운데에서 적에게 활을 쏘고 현자총통도 발사하여 왜적에게 약간의 피해를 주었다. 하류에서는 이일이 강 중간 섬에 사수를 배치하여 건너려는 왜적들을 물리치고 있었다. 이때 대동강 방어에는 수군을 지휘하는 김억추, 대탄의 방어는 김응서, 왕성탄에는 조방장 박석영 오응정 등이 있었고 이빈도 도원수 막하에 있었다. 장수도 많았고 군사도 여러 고을 곳곳에서 모여 적지 않았다.

문제는 장마철이 지난 후 비가 오지 않아 강물이 줄어들고 있는 것이었다. 계속 기우제를 지내고 있었으나 그래도 기다리는 비는 오지 않았다.

전라도 담양의 의병장 고경명이 6천의 군사를 이끌고 북상을 시작하였다.

6월 12일 안주 행재소 선조는 숙천을 떠나 오후 2시쯤 안주땅 운암원에 도착하였다. 안주의 아전과 백성들이 모두 도망쳐 지공을 하지 못했다. 혼자 영접 나온 목사만 곤장을 맞았다. 마침 강계판관 김대축이 군사를 거느리고 평양으로 가다가 길에서 만나 어선을 준비하여 올렸다. 안주에 도착하여 밤을 보냈다.

함흥으로 향하던 중전 일행은 왜적이 북도를 침입한다는 소식에 덕천에 머물고 나아가지 않았다.

평양 좌의정 윤두수, 순찰사 이원익, 도원수 김명원과 유성룡이 함께 있으면서 방어할 계책을 논의하는데 비가 오지 않아 강물이 줄어드는 것이 걱정이었다. 유성룡이 왜적이 왕성탄 여울을 건너올 것을 예상하니 이원익이 왕성탄은 평안병사 이윤덕이 지키고 있다고 하였다. 이윤덕으로는 지키기 어렵다고 결론을 내려 이원익이 함께 지키기로 하였다.

유성룡은 명나라 구원군이 급하다는 생각에 그들을 맞이하는 조치를 위해 종사관 홍종록과 신경징 등을 거느리고 성을 나와 순안으로 향했다.

6월 13일 영변 행재소 선조는 안주를 출발하여 비를 무릅쓰고 영변으로 들어갔다. 아전과 백성들은 대부분 피하고 없었다.

윤두수의 보고가 들어왔는데 대동강을 지키는 것에 대해 회의적이어서 불안하였다.

영변 동헌에 나와 촛불 밑에서 회의를 하였다. 선조가 세자는 영변에 머물고 자신은 박천을 거쳐서 정주로 갈 것이니 즉시 떠날 수 있도록 준비하라고 하였다. 분조를 명한 것이다. 세자가 있는 조정을 '무군사'라 하고 임시로 국사를 맡아 스스로 결정하라 하였다. 영의정은 세자와 함께 있으라고 하였다.

선조는 정주로 가서 여차하면 요동으로 건너갈 생각이었다. 선조가 말한 것들을 보면,

"이 일에 대한 내 생각은 이미 정해졌다. 세자는 여기에 머무를 것이니 여러 신하들 중에 따라오고 싶지 않은 사람은 오지 않아도 좋다"

"당초에 일찍이 요동으로 갔었더라면 좋았을 것인데, 의논이 일치하지 않아 이와 같은 지경에 이르게 되었다. 나는 처음부터 항상 왜적이 앞에서 나타난 뒤에는 피해 가기 어렵다는 일로 말하곤 하였다"

"그렇다면 어찌 갈 만한 지역을 말하지 않는가. 내가 천자의 나라에서 죽는 것은 괜찮지만 왜적의 손에 죽을 수는 없다"

"의논이 많으면 좋지 않은 것이다. 지금 백방으로 생각해 봐도 내가 가는 곳에는 왜적도 갈 수 있으므로 본국에 있으면 발붙일 땅이 없을 것이다"

"요동으로 건너가는 것은 피난만을 위한 것이 아니다. 안남국이 멸망당하고 스스로 중국에 입조하니 명조에서 병사를 동원하여 안남을 회복시킨 적이 있었다. 나도 이와 같은 것을 생각하기 때문에 요동으로 들어가고자 하는 것이다. 세자는 북도로 가고 영상이 따라가는 것이 좋겠다"

"어려워하지 말고 각각 말을 해 보라. 북도로 가는 것도 종묘사직의 중대한 일이니 불가불 많이 보내야 한다. 호판은 북도로 가는 것이 좋겠다. 나는 종묘사직에 죄를 졌으니 수행할 필요가 없다. 내가 나라를 떠나

지성으로써 사대하면, 명조가 반드시 포용하여 우리를 받아들일 것이요 거절까지는 않을 것이다. 경들은 병이 있는 것 같으니 모두들 북도로 가는 것이 좋겠다. 꼭 요동으로 들어갈 필요는 없다. 형세가 어려우면 강계로 가더라도 해로울 것이 뭐 있겠는가"

등등, 자식은 사지로 내몰고 백성들은 내팽개치고 혼자만 살기 위해 요동으로 도망하겠다는 말이었으니 임금이 할 말은 아니었다. 군신이 모두 눈물을 흘리며 울었다. 실로 한심한 일이었다.

내선(왕위를 물려주는 것)을 반대하니, 세자에게 임시로 국사를 다스리게 한다고 전교하였다. 대신들은 반대하였으나 삼사에서는 받아들이고자 하는 생각이었다. 젊은 신하들은 왕은 요동으로 가더라도 세자를 모시고 국가를 회복하고자 마음먹은 것 같았다. 이덕형도 사석에서 상은 요동으로 가고 세자는 북도로 가는 것이 좋겠다고 했다. 이런 불명예스럽고 사기나 저하시키는 임금은 멀리 가 버리는 것이 좋을 것이라는 생각이었을 것이다.

이날 유성룡이 숙천을 지나 안주에 도착했을 때 요동진무 임세록을 다시 만났다. 그가 요동의 자문을 가져왔는데 접수하여 행재소로 보냈다. 요동에서는 아직도 의심스러워하고 구원하겠다는 말은 없었다.

김천일은 천안에 도착하였다. 군사 수는 7백 명으로 늘어났다.

평양 충성스런 이원익이 선조가 내린 밀명을 시행하기 위해 김명원과 상의하고 밤중에 적을 치기로 하였다. 고언백을 공격 장수로 정하고 용맹한 군사들을 뽑아 강을 건너 적을 급습할 준비를 시켰다.

6월 14일 고언백은 한밤중에 강을 건너려 하였지만 늦어져 이른 새벽에야 건널 수 있었다. 왜적들은 안심하고 자고 있었다. 자다가 벼락을 맞았다. 왜적의 전방부대는 대혼란이 일어나고 우왕좌왕하는 왜적들은 아군의 칼과 활에 속수무책으로 죽어 갔다. 그러나 다음 부대는 그 사이 대비가 있었고 혈전이 벌어졌다. 왜적의 후속부대까지 이르렀다. 고언백은 용감하였지만 후퇴하지 않을 수 없었다. 강가까지 밀렸는데 배를 가까이 대지 못해 타지 못하고 밀려 빠져 죽는 군사들이 있었고 많은 군사들이 왕성탄을 건너 도망해 왔다. 말도 3백필이나 빼앗아 왔고 승전이라면 대승이었다. 그러나 왜적들은 우리 군사가 왕성탄을 건너가는 것을 보고 그곳이 물이 얕아 건널 수 있다는 것을 알게 된 것이 문제였다.

오후부터 왜적이 대대적으로 왕성탄을 건너며 공격을 시작하였다. 적들이 총을 쏘며 공격해 오자 여울을 지키던 아군은 모두 도망하였다. 대동강 방어선은 힘없이 무너져 버렸다. 이원익은 종사관 이호민을 시켜 빨리 달려 임금에게 알리게 하고 순안으로 물러났다. 이윤덕은 영변 병영으로 향했다.

이날 밤 윤두수와 김명원은 성문을 열어 백성들을 피난하게 하고 군기 화포 등은 침몰시키고 자신들은 행재소로 향했다. 평양은 빈 성이 되었다.

선조, 이원익, 김명원의 섣부른 계교가 큰 화를 자초한 것이다. 돌이켜 생각하면 윤두수, 이원익, 김명원은 평양성을 사수했어야 했다. 죽음을 각오하고 지켰다면 성이 견고하고 식량도 많았으니 한 달은 충분히 견딜 수 있었을 것이다. 그랬다면 명나라 군사도 비록 대군은 아니라 할지라도 도착하였을 것이고 평양성은 지킬 수 있었을 것이다. 훗날 연안성과 진주성을 지켜낸 승리를 보면 여기서의 윤두수, 이원익, 김명원에게 아쉬움이 크게 남는다.

영변 행재소 대동강 방어선이 무너지고 평양성이 포기된 사실은 꿈에도 모르는 조정. 선조는 태천으로 가자는 의견이 있어 망설였으나 곧 박천을 거쳐 정주로 가기로 하였다. 요동으로 갈 생각을 굳혔으므로 선전관을 보내 덕천에 있는 중전 일행을 맞아 오도록 하였다.

대신에게 명하여 내부할 자문을 요동에 보내도록 하고 영의정 최흥원, 참판 윤자신 등에게 종묘사직의 신주를 받들고 세자를 배종하여 강계로 가라하고 조정의 신하들을 나누어 세자를 따라가도록 하였다. 세자가 소리 없이 눈물을 흘리니 여러 신하들도 눈물을 흘렸다. 임금과는 다시 못 볼 것 같은 눈물의 이별이었다.

저녁에 박천에 도착하니 좌수 김우서가 아전과 백성을 거느리고 음식 대접을 질서 있게 잘 하므로 그를 칭찬하고 참봉으로 삼았다.

이때 명나라에서는 조선을 의심하는 것과는 별도로 필요한 조치는 취하고 있었다.

예부에서 '왜적의 환란이 매우 위급하니 속히 조선을 구원하여 울타리를 튼튼히 하고 군량도 보내어 위급함을 구제하소서' 하였다.

이에 황제가 '조선은 본래부터 공손함을 바치어 우리의 속국이 되었다. 그러니 외침이 있는데 좌시해서야 되겠는가. 요동으로 하여금 즉시 정병 2부대를 보내어 응원하게 하고, 이어 은 2만 량을 내어 조선국에 가서 호군하며, 국왕을 위로하고 관병을 독려하여 힘을 다해 왜적들을 무찔러 평정하도록 하라. 만약 혹시라도 형세가 지탱하지 못할 지경이 되면, 구원병을 청하여 대응하는 것도 무방하니 기한을 정해 적을 섬멸하여 우리의 울타리가 되게 하라' 하였다.

요동에서 사람을 보내 윤근수를 만나 이러한 황제의 명이 있었음을 전하고 요동의 병사가 금명간에 압록강을 건널 것이며 장수는 부총병 조승훈이고 황제가 하사한 2만 냥도 곧 올 것이라 하였다. 윤근수가 즉시 보고하였다. 선조의 얼굴에 생기가 돌았고 이제 살았다는 생각이 들었다.

바로 유성룡에게 명나라 군사의 영접을 잘하고 감사의 표시도 하라는 전갈을 보내고, 윤두수에게도 이 사실을 알려 군사들 사기를 진작시키고 여울을 잘 지키며 명나라 군사가 오기를 기다리게 하라고 하였다.

6월 15일 평양 왜적 소서행장은 평양성을 무혈점령하였다. 왜적들은 이날 오전 모란봉에 올라 성안을 살펴보고 군사가 없는 것을 확인한 후 평양성에 들어갔다. 성안에는 군량이 10만 석이나 있었는데 모두 왜적의 차지가 되었다. 윤두수와 김명원은 왜 이 식량들을 방치하고 나왔는지 도저히 이해할 수 없는 일이었다.

박천 행재소 이때 명나라 장수 사유와 대조변이 이끄는 선발대 2천 명이 압록강을 건넜다. 비변사에서는 명군을 대접할 술과 안주를 준비하도록 해야 한다 하고, 선조는 명군이 지금은 1~2천 명이 나왔지만 계속 더 나올 것이니 솥, 꼴, 식량 등은 1만 명분을 준비하라 하였다.

이날 유성룡이 박천에 도착하여 선조와 마주 앉았다. 유성룡이 어제 새벽에 강을 건너 적을 친 것을 들은 대로 말하고 선조는 윤두수의 장계를 보이며 여울 지키는 것을 걱정하였다. 유성룡은 도원수 김명원이 장재가 부족하다고 하고 또 군령을 확실히 해야 한다 하였다. 그리고 명나라 군사가 오면 성공할 것이라 하였는데 선조도 동의하였다. 유성룡은 명나라 군사를 대접하기 위해 술을 빚게 하였고 소와 돼지도 준비하였다고 하고, 평양에는 5천 명의 식량도 충분하다고 하였다. 대동강 방어선이 무너지고 평양성을 포기한 사실은 모르는 상태에서, 명나라 군사가 온다는 소식에 고무되어 꿈속에서 노는 이야기들을 하고 있었다.

요동에 구원병을 요청하기 위하여 가던 이덕형이 명나라 장수에게 6월 20일 전에 평양에 도착해야 구원할 수 있다고 진격을 서두르게 하였지만 그도 때는 늦었다는 것을 알지 못했다. 윤근수는 명나라 군사가 생각보다 적으므로 더 많은 군사를 독촉하기 위하여 강을 건너 조승훈을 만나러 갔다.

이날 오후 유성룡은 먼저 가산으로 출발하고, 선조는 덕천에 그대로 머물러 있었다. 이때 이원익의 종사관 이호민이 급하게 도착하여 왜적이 대동강을 건넜다는 것을 알렸다. 명군 소식에 고무되었던 분위기는 순간에 사라지고 불안과 공포가 휘몰아쳤다. 이호민이 현장에서 직접 보고 온 것이고 또 이원익은 순안에서 흩어진 병사를 수습한다고 하니 평양성이 함락된 것은 보지 않아도 뻔했다. 평양에서 여기까지는 이틀거리도 되지 않는다. 상황이 급해졌다. 중전 일행이 막 도착하여 피곤하고 날이 저물었는데 이번에는 신하들이 빨리 떠나자고 졸라 댔다. 캄캄한 속에 가산을 향하여 출발하였다. 비를 맞으며, 횃불도 없는 어두움 속에서 말할 수 없는 고통을 겪으며 갔다.

우의정 유홍은 노쇠하여 요동에 들어갈 수 없으니 세자에게 가겠다고 하고 떠났다. 많은 신하들이 임금을 따라가지 않았다. 이제는 절망적이라고 생각하는 사람들이 많았다. 따라가는 사람들은 환관이 신하들보다 훨씬 더 많았다. 어의 허준은 끝까지 따랐다. 사관 조존세, 김선여, 임취정, 박정현 등은 사초를 버려두고 사라졌다. 임금은 요동으로 갈 것이고 나라는 망할 것인데 사초가 무슨 필요가 있겠는가 하는 생각이었을 것이다.

전라도 용인에서 패배한 이광과 김수가 초라한 행색으로 전주에 도착하였다. 이광은 다시 군사를 수습하는 일에 들어가고 김수는 바로 경상도 함양으로 가기 위해 남원으로 향했다. 이들과는 반대로 전라병사 최원은 군사를 이끌고 힘차게 북상 길에 올랐다.

6월 16일 가산 행재소 아침에 선조 일행이 한숨도 자지 못하고 고통 속에 가산에 도착하니 유성룡이 기다리고 있었다. 유성룡은 청천강에서 다시 결전해야 한다 하고 정주에 군량이 없다고 하였다. 그러자 선조는 역정을 냈다. "말하지 않는 것이 좋겠다. 군신들이 일을 해 보려는 뜻이 없기 때문에 이와 같은 지경에 이른 것이다" 하였다. 그리고 요동에 보낼 사신을 미리 정하라고 하였다. 유성룡이 내부하는 것의 어려움을 말하니, 선조는 "내게 갈 만한 곳을 지시해 주면 요동으로 가지 않겠다" 하였다.

선조는 바로 정주를 향해 떠났다. 유성룡은 군관 6명과 군사 19명을 데리고 있었는데 가산군수 심신겸이 그 병력으로 고을을 지켜 주길 원했다. 유성룡이 그 청을 들어주지 못하고 떠나오자 난민들이 몰려와 창고를 약탈하였고 심신겸은 막지 못하고 도망칠 수밖에 없었다. 이런 식으로 임금이 지나간 고을들은 난민들에 의해 창고는 약탈당하고 허물어졌다.

정주에 도착한 선조는 윤우신을 급고사로, 유영경을 초유어사로 하였다.

6월 17일 정주 행재소 선조는 대신에게 내부를 요청하는 자문을 빨리 지으라고 독촉하고, 의주에도 군량과 꼴 등을 미리 준비하게 하라고 재촉하였다.

정철과 유성룡이 의논하기를 '지금 사세는 오직 요동으로 건너감이 있을 뿐이다. 그러나 세자가 종묘사직의 책임을 부여받았으면서 단지 감국하라는 명령만을 받았으니, 만일 대가가 요동으로 건너간 뒤에 소식이 통하지 아니한다면, 그간의 사세로 보아 대위를 일찍이 정하지 아니하면 안 된다. 우리가 양사와 더불어 입계하자' 하였다. 선조는 요동으로 건너갈 것이니 임금의 자리에서 물러나게 하자는 것이었다. 대사간 정곤수,

지평 신경진 등을 거느리고 청대하였는데 막상 선조의 면전에서는 감히 말을 꺼내지 못하고 엉뚱한 말만 하고 물러 나왔다.

윤근수는 심희수와 함께 명나라 장수 부총병 조승훈을 만났다. 조승훈은 "오늘이나 내일 군마가 강을 건널 터이니 군량과 꼴을 준비하고 기다리라" 하였다.

경상우도 정인홍과 손인갑이 개령 사원동에 매복하여 적을 치고자 하였는데 병력이 부족하므로 김면에게 지원을 요청하였다. 김면 휘하 장수들이 그 매복 작전을 달갑게 여기지 않아 중지하자고 하였다. 손인갑이 단독으로 군사들을 매복하고 적을 쳤는데 뜻대로 되지 않아 이기지 못했다. 손인갑은 김면이 지원하지 않은 것에 불만을 가졌다.

6월 18일 정주 행재소 이른 아침에 선조는 선천을 향해 출발하였다. 곽산군수 이경준이 호종하겠다고 주청하니 허락하고 수문장 고희를 호종한 공로를 생각하여 곽산군수로 하였다. 그런데 고희는 좋아하기는커녕 눈물까지 흘려가며 강력히 사양하였다. 군수로 임명되면 고생만 죽도록 하고 잘못하면 왜적에게 죽는 줄로 알았던 당시의 촌극이었다.

곽산을 지나 임반관에 도착하니 명나라 장수 유격 사유와 참장 곽몽징이 기병 1천을 거느리고 도착하였다. 평양이 이미 적의 수중에 들어갔으므로 서로 어떻게 할 줄을 몰랐다. 사유가 돌아가서 조총병이 의주에 도착하면 의논하여 결정하겠다고 하였다. 신하들이 명병이 전진하여 도원수와 합세하는 것이 좋다는 의견과 저들의 분부를 들어야 한다는 의견 등으로 말이 많았다. 이에 곽몽징이 화를 내며 "귀국의 군신들은 모여서 송사하는 것과 같으니 지극히 무례하다" 하였다. 선조가 손을 저어 신하들을 금지시켰다. 사유와 곽몽징은 군사를 거느리고 의주로 돌아갔다.

선조는 떠나면서 유성룡에게는 이곳 정주에 남으라고 하였다. 또 윤두수가 오면 그도 이곳에 머물러 있으라고 하였다. 두 사람 모두 선조가 요동으로 가는 것을 결사반대하므로 방해가 되니 오지 말고 왜적이나 지키라는 심보였다.

유성룡은 남아서 우선 고을을 안정시키는 데 주력하였다. 본보기로 창고를 훔치려는 자를 잡아 벌거벗겨 조리돌리며 '창고를 약탈하려는 도적을 사로잡아서 사형에 처하고 효시하련다' 하고, 또 도적질을 한 무인 출신 한 사람을 잡아 곤장을 쳤다. 이런 일이 효과가 있어 소문이 나고 주변 고을이 안정을 찾았다.

윤두수, 김명원, 이빈 등이 도착하였다. 윤두수에게 여기에 머무르라는 임금의 명을 전했는데 윤두수는 대답도 하지 않고 바로 선조가 간 곳으로 향했다. 이에 유성룡도 김명원과 이빈에게 정주를 지키라 하고 뒤따라갔다. 도중에 곽산에서 유성룡이 종사관 홍종록을 시켜 구성으로 가서 명나라 군사 대비용 군량을 온 힘을 다하여 실어 오라고 하였다. 그는 기축옥사 때 구성에 귀양 왔었는데 얼마 전에 풀려났었고 유성룡이 바로 종사관으로 삼았었다. 그는 이 일을 고난을 무릅쓰고 충실히 해냈다.

선조가 저녁에 선천에 도착하니 지휘 송국신이 요동순안어사 이시자의 자문을 가지고 도착하였다.

그 자문에는 '그대 나라가 불궤를 도모한다' '팔도의 관찰사가 어찌 한마디도 왜적에 대하여 언급한 것이 없고, 팔도의 군현에서 어찌 한 사람도 대의를 부르짖는 자가 없는가' '어느 날 아무 도가 함락당하였고, 어느 날 아무 주가 함락당하였으며, 어떤 사람이 왜적에게 죽고, 어떤 사람이 왜적에게 붙었으며, 왜적이 장수는 몇 명이고, 군사는 몇 만 명인가?' 등등, 머리가 곤두설 정도로 끔찍한 내용이었다.

모두가 두려워하고 선조도 겁이 나긴 했지만, 머리 좋은 선조가 "이것은 대개 우리가 왜적과 동모한 것으로 의심하여 이렇게 공갈하는 말을 하여 우리의 대답을 시험하려 하는 것이다" 하고 대처를 잘 하였다. 말과 글로 하는 것이야말로 이기지 못할 상대가 없는 우리 임금과 신하들이었다.

송국신이 선조를 대면하고 나와 말하기를, "요동 순안어사가 내가 일찍이 사신을 따라와서 국왕의 얼굴을 본 적이 있기 때문에 나로 하여금 와서 진위를 살피도록 한 것뿐이고, 지금 자문 중에 말한 것은 모두 가설로 한 말이니 의아스럽게 여기지 마시오" 하였다.

함경도 이날 가등청정의 제2군은 철령 북쪽의 안변에 도착하였다. 여기서 임해군과 순화군 두 왕자 일행이 북으로 갔다는 것을 알고 쾌재를 부르며 진군을 독려하였다. 당초에 순화군은 강원도로 갈 예정이었으나 이미 적병이 있다는 소식을 듣고 방향을 북으로 돌려 임해군과 동행하여 함경도로 향한 것이다.

6월 19일 거련관 행재소 선조는 선천을 떠나 거련관에 도착하였다. 윤두수와 유성룡도 뒤따라 도착하였다.

윤두수가, "신이 평양을 사수하지 못하여 오늘의 변이 있게 하였으니 군율을 받겠습니다" 하고 대죄하니,

선조는, "나라의 형세가 이미 기울었는데 경은 어찌 그런 말을 하는가" 하였다.

이날 부총병 조승훈 휘하의 군사 1대가 압록강을 건너 의주에 들어왔는데, 기율을 엄하게 하지 않아 민가에 피해를 주니 백성들이 놀라 산골로 숨어 성안이 빈 성같이 되어 버렸다.

경상우도 김수가 함양에 도착하였다. 용인의 패배는 이미 전해져 부끄러워해야 할 처지였지만 그렇지 않았다. 오로지 임금을 구하기 위해서 노력했고 임금도 그것을 알아줄 것이라는 것을 김수는 잘 알고 있었다. 다시 도정에 관여하기 시작했는데 다른 사람들에게는 그것이 간섭으로 보일 수밖에 없었다.

곽재우가 낙동강에서 왜적이 내려오는 것을 공격하였다. 왜선 3척이 내려오다가 2척은 전복되고 1척이 흘러 내려가는 것을 나포하여 27급을 베었다. 배 안에는 뜻밖에 궁중의 보물들도 있었다. 이것들은 초유사 김성일에게 보냈다. 초유사는 이것들도 남원의 창고로 보냈다.

6월 20일 용천 행재소 선조는 이른 아침에 용천군에 도착하였다.

윤두수가 아뢰기를, "오늘날 대가의 행차는 오로지 명조로 가서 호소하기 위하여 오신 것입니다. 지금은 왜적의 기세가 느슨한 것 같으니 우선 의주부의 관원으로 하여금 요동으로 건너가지 않는다는 뜻을 효유하도록 하여 백성들의 마음을 조금 안정시킨 뒤에 진주하시는 것이 어떻겠습니까? 어리석은 백성들은 대가가 바로 요동으로 건너가실 것으로 여겨 곳곳마다 흩어지고 있으니 장차 수습할 수가 없습니다. 그래서 감히 아룁니다" 하였다. 선조가 따랐다.

6월 21일 용천 행재소 이광이 패하기 전 수원에서 지휘를 요청했던 장계가 이제야 도착하였다. 쫓기는 몸으로 정신이 없는데 장수의 자질을 의심케 하는 이런 장계가 올라왔으니 어이가 없었다. 그래도 아직은 패했다는 소식은 도착하지 않았으니 조금 더 꿈속에서 놀 수 있었다.

꿈이 아닌 것도 있었다. 이순신의 2차 출전 승전보가 도착하였다. 원균도 보냈다. 신하들은 기뻐서 춤을 출 정도였고 임금도 매우 기뻐하였다. 승리다운 승리 소식을 들어 본 적이 없는데 두 번이나 큰 승리를 거두었으니 그 기쁨은 말로 하기 어려웠다. 이순신은 자헌대부가 되었다.

영의정 최흥원이 근황을 알려왔다. 세자를 모시고 운산 개평 회천 등지로 옮겨 다니고 있었다. 세자를 모신 신하들은 영의정 최흥원, 판서 이헌국, 정탁, 참판 심충겸, 윤자신, 승지 유희림과 뒤늦게 합류한 우의정 유홍, 우찬성 최황 등이었다.

평안감사 송언신이 피하고 없었다. 순찰사 이원익을 감사를 겸하게 하였다.

경상우도 김수가 돌아와서 참견하니, 군사들을 다른 장수들에게 나누어 배정하여 의병을 위축시키고 무너지게 한다는 말이 돌았다.

이에 격분한 곽재우가 "처음에 왜적이 왔을 때는 조금도 방어할 계획이 없었고 근왕하기에 이르러서는 나라를 위해 죽어야 한다는 의리를 몰랐으니, 우리 도에 사람이 없다고 생각하여 감히 얼굴을 들고 다시 온 것이구나. 나는 군사를 옮겨 먼저 그를 쳐야 하겠다"고 하며 분통을 터뜨렸다. 그리고 김수에게 격문을 보냈다. 일곱 가지의 죄를 거론하고 마지막 말로 '너의 가짜 기운과 떠도는 혼이 비록 천지 사이에서 보고 숨 쉬고 있다고는 하지만, 너는 사실 머리 없는 시체다. 네가 만약 신하의 분수를 조금이라도 안다면 네 군관을 시켜 네 머리를 베어 버리도록 하여 천하와 후세에 사과하라. 만약 그렇게 하지 않는다면, 내가 네 머리를 베어서 귀신과 사람의 분을 풀도록 할 것이다. 너는 알아 두라' 하였다.

김수가 산음에서 이 격문을 보고 놀라 자빠졌다. 분함을 이기지 못하고 김수도 곽재우에게 격문을 보냈다. 역적 곽재우라고 하였는데 믿을 사람은 없고 감사로서 체통이 서지 않는 내용이었다. 곽재우가 잡으러 온다는 말이 들리자 함양으로 도망가서 성문을 단단히 지키도록 단속하였다. 부하 김경로가 김수에게 아첨하기 위해 곽재우를 도당이라고 하며 격문을 작성하여 돌렸으나 의기 있는 사람들의 마음만 아프게 하였다. 도내의 유생들이 여러 고을에 통문을 돌려 김경로가 의사 곽재우를 모함했다고 폭로하고 성토하였다.

곽재우도 도내에 격문을 돌려 김수의 죄상을 말하고 대의를 위해 김수를 죽여야 한다고 하였다. 다급해진 김수는 김성일과 김면에게 도움을 청해 곽재우를 타이르도록 요청하는 한편 임금에게 상소하여 곽재우를 역적으로 몰았다. 김경로가 가지고 갔다. 그러자 곽재우도 임금에게 상소를 올려 격문 내용을 그대로 알렸다.

김성일이 곽재우를 마음에서 우러나오는 말로 달래고 충고하였다. 김면도 위로하고 타일렀다. 곽재우는 진주성이 위험하다는 소식에 진주로 달려가던 중에 김성일의 편지를 접했다. 존경하는 김성일의 말을 듣지 않을 수 없고 또 그 내용에 감복하여 마음을 풀었고 김수에 대한 공격을 중단하였다.

김성일은 임금에게 양쪽을 조정하고 곽재우를 변호하는 상소를 올렸다. 후에 조정에서는 김수와 곽재우의 상소를 보고 어떻게 해야 할지 난감했는데 김성일의 상소를 보고 김수를 조정으로 소환하였다. 그러나 김수는 백성들을 버리고 임금을 구하러 간 공(?)이 인정됐는지 더 좋은 자리인 한성판윤을 제수받게 된다. 이광과 윤선각이 백의종군하거나 유배된 것과 비교하면 큰 차이가 있었다.

6월 22일 의주 행재소 선조가 용천을 떠나 의주에 도착하였다. 더 이상 갈 곳이 없는 끝까지 왔다. 도성을 떠난 지 53일만이었다. 백성들은 명군의 횡포를 피해 피난하였으므로 고을은 쓸쓸했다. 의주목사 황진이 관원과 노비 몇 명을 데리고 지공하였다. 선조가 통곡을 하고 시를 지었다. 그 일부는 다음과 같다.

    관산의 달에 통곡하고　　　　(痛哭關山月)
    압록강 바람에 상심하네　　　(傷心鴨水風)
    조정 신하들아 오늘 이후에도 (朝臣今日後)
    다시 서인 동인 할 것인가　　(寧復更西東)

경상우도 김성일이 김산(김천)과 지례에 있는 왜적이 거창을 침범할 우려가 있다고 김면을 불렀다. 정인홍과 손인갑은 함께 고령을 방어해야 한다고 하였다. 김면은 거창이 중요하다 하고 정인홍은 합천 개령이 중요하다 하여 서로 의견이 맞지 않았다. 정인홍과 김면은 근본적으로 마음이 맞을 수 있는 상대는 아니었다. 김면은 그 나름대로 공명정대한 사람이었으나 정인홍은 의병을 자신을 보전할 방편으로 삼는 경향이 강했다. 김성일, 김면, 정인홍이 함께 모여 대책회의를 가졌다. 김면은 거창에서 우척현을 지키고, 정인홍과 손인갑은 고령을 방어하며 성주 무계의 적을 견제하기로 하였다.

6월 23일 의주 행재소 선조는 오로지 명나라로 들어갈 생각뿐이었다. 요동으로 건너가겠다는 의사를 명나라 장수에게 미리 말하라 하고, 만약 임박해서 대처하게 되면 위험이 눈앞에 닥쳐 미처 강을 건너지 못할 염려가 있을 것이라고 하였다. 윤근수, 윤두수, 유성룡이 그 불가함을 강력히 말하였다. 임금과 대신들이 서로 서러움이 복받쳐 눈물바다가 되었다. 목이 메도록 울었다 한다.

이때 명나라 장수가 조선인이 압록강을 건너 피난할 것을 염려하여 강가의 배를 모두 건너편으로 옮겨 놓았었다. 선조가 '명나라 장수에게 말하여 강 건너에 있는 배의 절반을 강 이쪽으로 정박시키게 하라'고 하였다.
　김명원이 정주에서 평양의 왜적이 아직 출몰하는 자취가 없다고 보고하였다. 또 제장들이 전투에서 불리하면 행재소 쪽으로 물러나지 않고 뿔뿔이 흩어져 피난하고 나타나지 않는 것을 개탄하는 말도 있었다.

　경기도 의병장 김천일은 수원에 도착하였다. 독성산성에 진을 치고 본격적인 활동에 들어갔다. 김천일이 전에 수원부사로 선정을 하여 인심을 얻었었고 이번에는 왜적에 붙은 자들을 색출하여 처단하니 모여드는 자가 많았다. 군사의 수가 2천여 명으로 크게 불었다.

　6월 24일 의주 행재소 선조가 요동으로 가든지 어디로 가든지 간에 부질없이 의논만 할 것이 아니라 속히 결정하여 위급 시 갈팡질팡하는 폐단이 없도록 하라 하니, 대신들이 '당초 요동으로 가자는 계책이 어디에서 나왔는지 모르겠습니다. 하삼도, 강원, 함경이 병화를 입지 않았는데 군이 필부의 행동을 하려고 하십니까. 명나라에서 허락할지도 모르고 요동은 어려운 지역이므로 무례를 당하기 쉽습니다. 신들은 다시는 의논할 수 없습니다' 하였다.
　또 명나라 군사를 향도 할 군사가 필요하니 과거를 보여 군사를 모집하자 하고, 만약 왜적이 온다면 벽동, 강계를 거쳐 설한령을 넘어 함흥으로 갈 수도 있다고 하였다.
　참장 곽몽징이 황제가 하사한 은 2만 냥을 가지고 왔다. 선조가 "황은이 망극합니다" 하고 받았다. 곽몽징이 작별하자 선조가 "백성들이 다 죽게 생겼으니 속히 병사들을 출동시켜 주십시오" 하였다. 이제 명나라 장수만 보면 지위고하를 막론하고 군사를 구걸하고 승리를 애걸하는 선조의 사대 외교는 시작되었다. 하사받은 은은 신하들에게도 조금씩 나누어 주었다.
이성중을 호조판서로 하였다.

전라도 금산 왜적의 수군이 조선의 수군에게 연전연패를 당하고 있으니 전라도를 관장하기로 된 왜적의 제6군 소조천융경(고바야카와 다카카게)에게는 전라도 점령이 시급한 문제가 되었다. 그래서 전주로 향하는 길목의 거점을 확보하기 위해 금산으로 진격해 왔다. 금산군수 권종이 소수의 병력으로 용감하게 방어하였으나 중과부적으로 전사하고 금산성은 쉽게 왜적의 소굴이 되었다.

6월 25일 의주 행재소 연일 요동으로 건너가는 타령이다. 윤두수는 계속 강을 건너는 것은 안 된다고 하고, 갈 만한 곳은 창성이 좋다고 하였다.
유성룡이 본주에는 1만 군사가 1개월 지탱할 식량이 있으나 급한 것은 조총병이 진군할 때 향도할 장관과 군사들이니 비변사로 하여금 빨리 논의하여 처리하게 하라고 하였다.

6월 26일 선조가 여기에 온 것은 오로지 요동으로 가기 위해서였는데 요동으로 갈 수 없다면 배로 항해하여 남쪽으로 가는 것을 알아보라고 하였다. 바닷길을 정탐한 후에 결정하는 것이 좋겠다고 하니 그렇더라도 미리 배를 준비하라고 하였다. 임금이 싸워 볼 생각은 없이 맨날 도망갈 생각이나 하고 있으니 대신들은 답답하지 않을 수 없었다. 그런데 명나라에서 우리나라가 내부를 청한 자문을 보고 장차 우리나라를 관전보의 빈 관아에 거처시키려고 하고 수행 인원은 1백 명 이하로 한다는 소식이 왔다. 선조는 어쩔 수 없이 의주에 오래 머물 생각을 하였다.

임금이 주재하여 자리가 잡히고 안정되니 백성들이 성안으로 다시 돌아오기 시작하였다. 이어 무과를 실시하니 모여든 사람이 더 많아져 성안이 든든해지기 시작하였다.

송언신이 감사에서 체직된 줄도 모르고 이제 열흘이 지난 뒤에야 평양성 함락 상황을 알려왔다. 양사가 군졸이 도망하듯이 도망하여 임금을 잊어버리고 나라를 저버린 죄가 크다며 잡아다 국문할 것을 청했으나 허락하지 않았다.

6월 27일 윤근수가 조총병을 만났다. 조총병은 '우리나라와 당신 나라는 입술과 이처럼 밀접한 나라이니 위급함이 있으면 서로 구원해야 하는데 내가 어찌 그 일을 지체하겠는가' 하였다. 해주위에 주둔하고 있는 양진수에게도 구원을 요청하라 하였다.

이덕형이 21일에 요동에 도착하여 자문을 전하고 위급함을 호소하였다는 보고가 있었다.

충청도 고경명의 의병부대는 은진에 도착하였다. 6천여 병력 가운데 기병은 8백이었다. 여기서 왜적이 금산에서 전라도를 침공하려 한다는 사실을 알았다. 서울로 진격하는 것보다 전라도를 지키는 것이 더 급했다. 그래서 전라방어사 곽영과 함께 금산을 공격하기로 하였다. 이광이 함께 전주를 지키자는 전갈이 있었지만 무시하였다. 올바른 선택이었다.

왜 수군 부산에 내려와서 수군을 집결시키고 있는 왜 수군장수 와키자카 야스하루, 구키 요시타카, 가토 요시아키에게 풍신수길의 엄중한 지령이 떨어졌다. '세 장수는 시급히 조선 수군을 섬멸하라!' 그들은 출격 준비에 박차를 가했다.

6월 28일 숙천의 관아 기둥에 '대가가 강계로 가지 않고 의주로 갔다'는 글이 붙어 있었다. 왜적에게 길을 잘못 들어 불쌍한 백성들을 잡지 말고 의주로 향하여 보기 싫은 임금이나 잡으라는 것이었으니 인심을 알 만하였다. 아무튼 왜적으로부터 자기 고을을 지키려는 쓴웃음이 나는 기발한 생각이었다.

의주 행재소 김명원이 중흥사의 승려가 평양성을 정탐한 일을 보고하였다. 민가는 비었는데 외처 잡인이 많이 모여 있었으며, 왜적들은 한가하게 토목공사를 일으켜 오래 주둔할 생각이고, 당분간은 서쪽으로 올 것 같지 않다 하였다. 또한 왜적들은 금년은 철이 늦어 전진하기 어려우니 쉬었다가 내년에 요동을 침범할 것이라고 하였다.

초유사 김성일의 장계가 도착하였다. 아마 한 달쯤 걸려서 도착한 것 같다. 그동안 경상우도의 상황을 자세하게 적었다. 정인홍, 김면이 의병을 일으킨 것과 곽재우가 의병을 일으키고 활동한 활약상을 상세하게 말하고 진주성의 중요성과 그 주변의 상황도 알렸다. 그리고 '군졸이 명령을 따르지 않고 적과 대진하자 무너져 흩어졌기 때문에 장수가 속수무책이었다'고 말하지만, 자신이 본 바로는 '좌수사 박홍은 화살 한 개도 쏘지 않고 먼저 성을 버렸으며, 좌병사 이각은 뒤이어 동래로 도망하였고, 우병사 조대곤은 연로하고 겁이 많아 시종 물러나 움츠렸으며, 우수사 원균은 군영을 불태우고 바다로 나가 다만 배 한 척만을 보전하였습니다. 병사와 수사는 한 도의 주장인데 하는 짓이 이와 같았으니 그 휘하의 장졸들이 어찌 도망하지 않겠습니까' 하고 사실대로 기술하였다.

그리고 '지난번 애통해하시는 교서가 내리자 들은 사람들이 눈물을 흘리지 않는 이가 없었으니 인심이 쉽게 감동되는 것을 알 수 있습니다. 지금 만약 관대한 명령을 내리어 전쟁이 평정된 뒤에는 요역을 경감하고 부세를 가볍게 하며, 형벌을 완화하고 옥사를 느슨히 하며, 진공을 감축하고 포흠을 면제하며, 일족이 연대 책임지는 법을 제거하고 공적을 세운 장수에 대한 율을 소중히 하여 일체 군민에 해가 되는 것은 모두 면제하겠다고 약속하여, 국가가 구습을 개혁하고 백성들과 다시 시작한다는 뜻을 알게 하면 백성들의 마음이 거의 감격하여 기뻐할 것입니다. 백성들의 마음이 이미 기뻐하면 하늘의 뜻을 돌이킬 수 있으며, 왜적이 아무리 창궐한다 해도 섬멸의 공을 거둘 날이 멀지 않을 것입니다' 하고 끝을 맺었다. 충직한 신하다운 충직한 내용의 보고였다.

김수의 여러 장계도 도착하였는데, 경상우병사 조대곤을 바꾸자는 청이 있었다. 그 내용 중에 '왜적의 창궐이 비록 사졸들이 달아나 무너짐에서 연유하였다고는 하지만 사실은 재소 제장이 생명을 아껴 물러나 피했기 때문입니다' 하였다. 김성일과 같은 말을 하였는데 그 말은 맞지만 경우가 완전히 다르다. 김성일은 초유사로 장수가 아니기 때문에 장수들을 비판하는 것이 당연하다. 그러나 김수는 감사이면서 병사, 순찰사를 겸하니 당연히 싸워야 할 장수이고 그것도 경상도 지역의 총대장이었다. 그런데 일선에는 나서지 않고 멀리 피해 다니기만 하였다. 그래서 도망자로 낙인 찍힌 자신에게 해당되는 말을 남의 일인 듯이 말하고 있으니 한심한 사람이 아닐 수 없었다. 사관은 '순찰사는 유독 대장이 아니던가' 하고 조롱하였다.

수령들에 대해 언급한 것도 있었는데 도망친 자들이 많았다. 원균이 내지로 피해 우후가 수영을 불태워 2백 년 저축한 물건들이 하루아침에 없어져 버리게 하였다는 말도 있었다. 점령된 지역과 안 된 지역의 구분도 하였는데, 보면 운이 좋아 안전한 지역도 많이 있었다.

수령과 군관 등 80여 명으로 근왕군에 합세하러 간다는 말에는, 전에 임금이 근왕하라는 명을 내릴 때 '왜적이 경기 지역에 가득하므로 부득이 송도에 주차하여 사방을 호령하여 기어이 왜적을 섬멸하려고 하니 경상우도에 비밀히 통보하여 급급히 경내의 군사를 총동원하여 와서 응원하도록 하라'는 내용이 있었음을 상기시켰다. 왜적과 대치하여 싸우고 있는 지역의 군사를 거느리고 근왕하러 오라는 임금이나, 싸워야 할 지역을 떠나 군사도 없이 수령들만 모아 가지고 근왕하러 간다고 하는 신하나, 참으로 한심한 임금에 한심한 신하였다.

조대곤은 고령에서 소수의 왜적을 물리쳤다고 보고하였는데 지위에 맞지 않는 치졸한 것이어서 오히려 비웃음만 샀다.

이날 조정에는 청천벽력 같은 소식이 있었다. 충청감사 윤선각의 장계가 올라와 남쪽의 근왕군이 용인에서 패한 것을 알게 된 것이다. 오로지 믿는 것은 남쪽의 근왕군뿐이었는데 모두들 할 말을 잃었다. 선조는 이광과 윤선각에 대한 분노가 치밀어 올랐을 것이다.

6월 29일 선조가 호종한 신하들 중에 아직 가자하지 않은 사람들을 승급시키라고 하였다. 싸우지는 못해도 상을 주는 일이야 쉬운 일이었다.

유성룡이 치질이 심해 활동하기가 어려워 명나라 장수를 접대하는 일과 군량을 조치하는 일이 어렵다고 하였으나 조정에 대신은 좌의정 윤두수 홀로 있으므로 할 수 없이 아픈 몸을 이끌고 담당할 수밖에 없었다.

김천일을 장악원정으로, 박성을 공조정랑으로, 윤경린을 가선대부 청주목사로, 정인홍을 진주목사로, 김억추를 통정대부 안주목사로, 윤안성을 숙천부사로, 김경로를 김해부사로, 김면을 합천군수로, 정눌을 초계군수로, 곽재우를 유곡찰방으로 삼았다.

경상우도 손인갑이 전사하였다. 왜적이 배 12척에 약탈한 물건을 싣고 낙동강을 내려가는 것을 손인갑이 초계에서 공격하여 거의 다 섬멸하였다. 그중에 한 척이 도망하다가 모래톱에 걸렸는데 손인갑이 말을 타고 선두에서 배를 잡으러 물에 들어갔다가 모래 수렁에 빠져 말과 함께 헤어 나오지 못하고 묻혀버렸다. 이때의 군사들은 전투에 익숙하지 않아 주장이 앞장서지 않으면 병사들은 나아가지 못했다. 그래서 손인갑은 전투시마다 손수 앞장서 적을 맞아 싸웠는데 이날도 앞서 나아가다 변을 당한 것이다. 아까운 장수 한 사람을 잃었다. 병사들이 모두 통곡하였고, 촌락의 백성들도 소식을 듣고 슬피 울었다 한다.

정인홍이 감사 김수에게 거제현령 김준민을 손인갑을 대신할 장수로 보내줄 것을 청하니 마지못해 허락하고 보냈다.

적병이 진주를 공격하려 하였으나 김시민, 이광악, 곽재우 등이 함께 지켰다. 김성일이 가세하였다. 왜적은 남강까지 왔다가 후퇴하였다. 김시민과 이광악이 이들을 추격하여 사천, 고성, 진해를 수복하였다. 김시민은 이 전투로 이름을 날렸고 뒤에 진주목사가 된다.

강원도 왜적이 강원도의 여러 고을도 점령하였다. 조방장 원호가 전사하였다. 강원감사 유영길이 원호로 하여금 금화에 주둔한 적을 공격하도록 하였는데, 적이 이것을 탐지하고 미리 복병을 설치하였다. 원호는 포위되어 빠져나오지 못하고 당했다. 병사들도 많은 피해를 입었다.

원주목사 김재갑은 영원산성을 지키다 순절하였다. 의병장 유종개는 태백산에서 전사하였다. 왜적은 동해안까지도 크게 노략질하였고 산골 구석구석까지 만행을 저질렀다.

금산 왜적 이때 무주, 금산의 왜적들은 전라도의 심장 전주로 진격하기 위해 주변을 정리하는 약탈을 자행하고 있었다. 왜장 안국사혜경은 이미 제6군 사령관인 소조천융경과 합세하였고 용담 진안 쪽을 유린하고 있었다.

무군사 세자 일행이 당초에 강계로 가고자 한 것은 형편을 보아서 설한령을 넘어 함경도로 들어가 험한 곳에 의거하여 난을 피하려고 하였는데, 왜적들이 이미 함경도에 들어갔다는 소식을 듣고 길을 바꾸어 춘천으로 향하고자 하였다. 우상 유홍이 주장하여 따른 것인데 결과적으로는 잘한 일이 되었다.

02
반격의 기틀이 마련되다 :
선조 25년 (7~10월)

‖ 빛나는 승리와 값진 죽음이 있었다 ‖

7월 1일 의주 행재소 명나라 차관 황응양, 서일관 등이 도착하였다. 임금의 얼굴을 몰래 살펴보고 그릴 화사도 함께 왔다. 명나라에서는 앞서 두 차례나 차관을 보내 임금의 진위와 왜적의 정세를 파악하였지만 왜적의 대병을 직접 보지 못해 보고가 불분명하였으므로 계속 논란이 있었다. 이에 명나라 병부상서 석성이 조선의 정세를 더 자세하고 정확하게 파악하고자 하여 군사전문가인 황응양을 파견한 것이다. 황응양은 30여 년 전, 명장 척계광이 절강성의 왜적을 물리칠 때 참모로 활약했던 노장이다.

윤근수가 황응양을 만나 그간의 비통한 실정을 말하고 왜적의 편지 두 통을 보여 주었다. 하나는 6월 1일 개성에서 보낸 것이고, 다른 하나는 6월 11일 대동강에서 보낸 것이었다. 모두 소서행장의 이름으로 쓴 것인데 명나라를 치겠다는 것이었고 조선이 이것을 거절하고 있는 것이 분명한 내용이었다. 그래도 미심쩍어하므로 이항복이 도성에서부터 가지고 온 왜적의 편지도 보여 주었다. 이 편지들을 보고 왜적의 의도와 조선의 명나라를 위한 정상을 확인한 황응정이 '염탐하는 사람이 한 번도 진짜 왜인을 못 보았다고 하기에 아마 이는 가짜 왜인인가 여겼더니, 이제 왜인의 서계를 보고는 진짜 왜인이 분명함을 알았다. 그대 나라가 천자를 위하여 나라와 집을 잃고 많은 백성들이 모두 도륙을 당하였으며, 한쪽 변방에 피해 있으면서도 천자를 위하는 마음을 변하지 않으니 참으로 가련하고 애처롭다' 하고 이어 눈물을 흘리고 가슴을 치면서 '우리들이 판서와 더불어 서로 속마음을 터놓고 사귀었으니, 굳이 평양에 갈 필요가 없다. 나는 단연코 석야를 만나 그대 나라의 실정을 분명히 말할 것이며, 천자에게 서계도 주달하겠다. 모쪼록 이런 뜻으로 자문을 만들어 나에게 달라' 하였다.

전라도 왜적이 전라도를 침범한다는 소문이 가득했다. 이에 대한 대책이 시급했다.

이광은 비록 용인에서 허무한 패배를 하고 돌아와 얼굴을 들 수도 없었지만 그래도 할 일은 하고 있었다. 이광이 권율을 절제사라는 명칭을 주어 방어의 책임을 맡겼다. 또 이정란을 수성장으로 하여 전주성을 지키게 하고, 자신은 만경대 산성에 진을 쳤다. 방어사 곽영, 의병장 고경명에게도 돌아와 전주를 지키자고 전령을 보냈다. 이순신에게도 왜적이 전라도를 노린다는 상황을 알려 대처하게 하였다.

권율은 자신은 동복현감 황진과 함께 금산에서 전주로 오는 대둔산 아래 길목인 이치(梨峙)를 지키고, 김제군수 정담과 해남현감 변응정 나주판관 이복남은 진안에서 전주로 오는 길목인 웅치(熊峙)를 지켜 적을 방어하도록 하였다.

이날 금산을 치러 가는 고경명은 연산에 도착하였다.

7월 2일 의주 행재소 선조가 황응양 일행을 접견하였다. 선조가 말을 잇지 못하고 통곡을 하니 황응양 일행도 울었고 신하들도 울었다. 선조가 구원하여 줄 것을 호소하니 황응양은 반드시 구원할 것이라고 다짐하였다.

이들은 이후 돌아가면서 요동에는 군사를 출동시켜야 한다고 전하고, 북경으로 가는 길을 배는 빠르게 하였다. 물론 임금의 얼굴도 그려 가지고 갔다. 황응양은 사실을 정확하게 알리고 자신의 일처럼 호소하였다. 그리하여 명나라에서는 의심을 풀고 군사 지원에 적극적으로 나서게 되었다.

왜적이 함경도에 진입했다는 소식이 정식으로 보고되었다. 따라서 여차하면 북도로 가려던 생각은 완전히 접게 되었다. 선조는 불안하여 계속 유사시 어디로 갈 것인가를 정하라고 야단이었다.

심대를 승정원 우승지에, 오억령을 승정원 동부승지에, 이곽을 이조참의에, 박종남을 병조참의에, 심희수를 병조참지에, 이호민을 이조정랑에, 정종명을 예조좌랑에, 이상신을 병조좌랑에 제수하였다.

문, 무과를 시행하여 사람을 뽑았다.

무군사 왕세자는 맹산에 있었다.

전라도 진안 용담으로 진출한 왜적이 장수를 침범한다는 소문에 놀란 조방장 이유의와 남원 판관 노종령이 남원 쪽으로 도망쳤다. 노종령이 남원에 도착하여 적이 온다고 하자 남원부사 윤안성도 피신하였는데 왜적은 오지 않고 난민과 도망한 군사들이 관고를 약탈하였다. 그러나 적은 오지 않았다. 윤안성이 돌아와 심한 자를 목을 베고 수습하였는데 이미 물 건너간 뒤였다. 경상우도의 곽재우, 김면 등이 왜적에게서 노획하고 김성일이 남원에 보내 보관토록 했던 궁중의 보물들도 대부분 없어져 버렸다. 후에 이광이 노종령을 잡아다 그 죄를 곤장으로 다스렸다.

7월 3일 의주 행재소 이덕형이 요동에서 돌아왔다. 조총병은 군사가 더 모이기를 기다리고 있고, 군량과 말먹이도 준비 중이라고 하고 또 급한 일이 있으면 달려가 구원할 것이니 안심하라는 말도 있었다고 하였다.

7월 4일 여수 전라좌수영 이날 전라우수사 이억기는 함대를 이끌고 저녁 무렵 여수 좌수영 앞바다에 도착하였다. 이순신과 약속한 날짜를 어기지 않았다. 그동안 정보에 의하면 가덕, 거제 지역에 왜선이 떼를 지어 출몰한다 하였다. 그리고 금산 지역에도 왜적들이 크게 집결하여 세력을 떨친다고 하였다. 이순신은 왜적이 수륙으로 전라도를 침범하려는 의도임을 간파하였다. 그래서 3차 출전을 서둘렀는데 다행히 이억기가 약속한 대로 도착하여 안도의 한숨을 쉬었다.

무군사 왕세자 광해군 일행은 남하하여 양덕으로 내려왔다. 궁벽한 산골에 숨어 있기보다는 위험을 무릅쓰고 남쪽으로 내려가 백성을 위로하여 의병을 촉진하고 군사를 독려하겠다는 생각이었다. 이런 면에서는 도망갈 걱정만 앞서는 부왕 선조보다 훨씬 나았다.

의주 행재소 유성룡은 중국 군사에 대한 군량 공급 대책에 여념이 없었다. 종사관 홍종록의 보고에, 창성창의 곡식은 백미와 전미를 합하여 1만여 섬이며, 삭주창의 곡식은 전미가 4천9백여 섬이고, 백조미가 각 7백5십여 섬에 증미가 1백2십여 섬이며, 두 고을의 말먹이 콩은 도합 7천여 섬이라고 하였다.
이에 유성룡이 조정에 아뢰기를, "창성과 삭주 이 두 고을의 곡식으로 군사 만 명의 몇 달 양식은 댈 수 있을 것입니다. 창성의 곡식은 뱃길을 따라 물의 흐름을 타고 내려오면 수일 만에 의주에 도달할 수 있습니다. 삭주의 것은 반드시 구성으로 수운하고 또 구성으로부터 정주로 실어 오면 그 형편이 편할 듯합니다. 구성의 곡식만 정주·박천으로 먼저 실어 오면 중국 군사를 지대할 수 있습니다" 하며 조도사에게 시기에 맞추어 조처하게 하도록 청했다.

윤승훈을 남쪽으로 보내 군사를 독려하도록 하였다.

이원익을 인견하고 묻기를 "왜적의 숫자는 대략 얼마나 되는가?" 하니, 이원익이 아뢰기를, "명확히 알지는 못하나 염탐하는 사람의 말로는 2천 명이 채 못 된다고 합니다" 하였다. 이때 평양성의 왜적은 적어도 1만 명은 될 것인데 이렇게 엉터리로 알고 있으니 한심한 일이었다.

선조가 "승지는 나가서 군량에 대한 일을 대신에게 말하라. 나는 군사가 적은 것은 걱정스럽지 않고 다만 군량이 걱정스러울 뿐이다" 하였다. 선조의 군량 걱정은 실정에 맞았다.

충청도 공주에서는 조헌이 의병의 깃발을 높이 들었다. 모인 사람이 천여 명이었다. 처음에 충청도에서는 관군을 충당하기 위해 의병을 억제하였다. 조헌이 감사 윤선각을 찾아가 따지니 윤선각이 조헌의 강한 기에 눌려 협조를 약속하였고 노력 끝에 이날 기병하게 되었다.

7월 5일 여수 전라좌수영 이순신과 이억기는 작전회의와 해상 합동 훈련으로 하루를 보냈다.

의주 행재소 유성룡은 아픈 몸을 이끌고 명나라 구원군을 맞을 준비를 해야 했다. 떠나기 전에 선조를 알현하고 중국 군사가 올 것에 대한 대비책을 말하였다. "연도 각 고을에 저장된 현재의 군량은, 의주가 가장 넉넉하고 정주는 이름은 큰 고을이나 현재 2백여 석이 있을 뿐입니다.

구성의 곡식을 날짜에 맞춰 실어 온다면 군량을 댈 수 있을 듯합니다. 신의 생각에는, 중국 군사가 출발할 때 의주에서 3일 동안 먹을 양식을 싸 가지고 첫날은 양책에서 유숙하는데 용천에서 하루의 양식을 더 지급하면 3일 먹을 양식이 그대로 남아 있을 것입니다. 제2일에는 임반에서 유숙하는데 선천에서도 양책에서처럼 하루의 양식을 더 지급하면 3일 먹을 양식이 그대로 남아 있을 것입니다. 정주·가산에서도 그렇게 하고 안주에서는 배를 가지고 용강·삼현의 곡식 5~6백 석을 운반하여 노강 하류에 대어 놓았다가 중국 군사가 도착할 때에 또 안주에서 지급하게 하면, 이 연도에는 의주에서 안주까지 모두 그 지방의 곡식을 지급하게 되어 의주에서 싸 가지고 온 3일간의 양식은 처음 그대로 남아 있게 되므로 평양에까지 충분히 도착할 수 있을 것입니다. 왜적이 만일 대군이 오는 것을 보고 성을 버리고 남쪽으로 달아나면 평양에 남은 곡식으로 군량을 댈 수 있을 것입니다. 가령 그렇지 않고 중국 군사가 이미 성 아래 도착하거든 삼현의 곡식을 사람이 져 나르고 말로 실어 나르면 운반하기에 어려운 걱정이 없을 것입니다" 하였다. 선조는 알겠다고 답하고 웅담과 납약을 하사하였다.

    유성룡이 저녁 무렵 소곶역에 도착하였는데 아전과 군사들이 도망하고 없었다. 군관을 시켜 수색하게 하니 몇 사람을 데리고 왔다. 유성룡이 공책자를 꺼내 나온 사람들의 이름을 기입하고, "뒷날 마땅히 이것으로써 그 공로를 임금에게 알려 상 줄 것을 의논하고, 여기에 기록되어 있지 않은 사람은 하나하나 조사하여 벌을 줄 것이니, 한 사람도 그 죄를 면할 수는 없을 것이다" 하였다. 이것이 효과가 있어서 조금 뒤에는 사람들이 잇달아 나타나 서로 이름을 기입하여 주기를 원했다. 이 방법으로 실효를 본 유성룡은 각처에 공문을 보내 공책자를 비치하고 공로의 많고 적음을 기입하여 시행하라고 하였다. 이렇게 해서 사람들을 모아 명나라 구원군을 위한 식량 운반, 말먹이 풀, 땔나무, 숙소, 음식 준비 등을 갖출 수가 있었다.

이산보를 이조판서로 하였다.

무군사 왕세자는 곡산으로 이동하였다.

경상좌도 경상좌병사 박진이 고령에서 낙동강을 건너 은밀하게 밀양 등지를 지나며 군사를 모았다. 전에 밀양부사였으므로 지원하는 자가 많았다. 권응수를 조전장으로 삼고 신중하게 행동을 하며 청송 쪽으로 향했다.

7월 6일 남해안 연합함대 이순신과 이억기 연합함대는 새벽에 조용히 좌수영을 떠났다. 역사적인 3차 출전을 한 것이다. 노량 앞바다에 이르니 원균이 있었다. 원균은 이번에는 낡은 배들을 수리하여 7척이나 되었다. 이억기 함대 25척, 이순신 함대는 24척으로 그중 3척은 거북선이었다. 도합 56척이다. 이것은 판옥선만 말한 것이고 다수의 소선들이 따랐다. 대단한 위용이었다. 이날은 창신도에 이르러 밤을 보냈다.

남해안 왜 수군 이날 왜 수군장수 와키자카 야스하루도 전선 73척을 이끌고 조선 수군을 잡기 위해 김해포구를 출발하였다. 용인전투에서 조선군을 가볍게 쳐부순 그는 조선 수군도 자신의 손으로 쳐부수고 공을 세우고자 조바심이 났다. 그래서 구키와 가토보다 먼저 출격한 것이다. 이날은 안골포 일대에서 시위를 하였다.

전라도 고경명이 부대를 이끌고 진산으로 향했다. 방어사 곽영의 부대도 합류하였다.

7월 7일 남해안 연합함대 이순신, 이억기, 원균 연합함대는 동풍을 무릅쓰고 어렵게 전진하여 당포에 이르렀다. 날이 저물어 야영하기 위해 나무를 하고 물을 긷고 있을 때 그 섬의 목자 김천손이 급히 달려와 고하기를 "적의 대, 중, 소선 70여 척이 오늘 하오 2시쯤 영등포 앞바다로부터 와 거제와 고성의 경계인 견내량에 머무르고 있습니다" 하였다. 아주 중요한 정보였다. 즉시 장수들을 모아 작전회의를 하고 경계를 강화하고 밤을 보냈다.

전라도 왜적 제6군 소조천융경이 이끄는 1만이 전주를 공략하기 위해 이치를 향하여 진군을 시작하고, 안국사혜경이 이끄는 9천의 왜적은 진안을 출발하여 웅치로 향했다. 이 둘은 10일쯤 전주에서 합류하여 전주성을 공격할 예정이었다.

이치에서는 권율과 황진이 1천5백 명의 군사들과 함께 진을 정비하고 왜적을 기다리고 있었다. 그리고 웅치에서는 정담, 변응정과 이복남이 전 만호 황박과 함께 진을 정비하고 방어선을 구축했다. 군사는 황박의 의병 2백을 합해 천여 명이었다.

이날 고경명과 방어사 곽영은 진산에 도착하였다. 금산성에서 불과 3십 리 떨어진 곳이었다. 모두 8천여 군사였으니 대군이었다. 배는 과장됐다고 하더라도 역시 대군이다. 주력이 떠나고 수비대 몇백 명이 남아 있던 금산성의 잔류 왜적들은 어마어마한 조선군이 난데없이 갑자기 나타나자 기절초풍을 하였다.

의주 행재소 이날 아침 명나라 장관이 역관 한윤보에게 말하기를, '우리들의 처음 뜻은 병마를 셋으로 나누어 전진시키려던 것이었는데, 지금 조총병의 편지를 보건대 모든 장수가 일시에 한꺼번에 출발해야겠다. 양총병이 내일 강가에 도착한다면 병마가 바로 건너게 될 것이다'고 하였다. 윤근수가 이 보고를 받고 바로 아뢰니, 선조가 답하기를, "군량이 없는데 이처럼 한꺼번에 온다니 나는 도리어 걱정스럽다" 하였다.

임금이 주재하는데 은택이 없을 수 없다. 의주에 사는 사람들의 부역과 노비신공을 일 년간 감해 주기로 하였다.

평안도 유성룡이 정주에 도착하였다. 종사관 홍종록은 구성에서 콩과 좁쌀을 2천여 석이나 운반해 놓고 있었다. 그리고 마침 충청도 아산창의 세미 1천2백 석이 정주의 입암에 도착하였다. 이것을 정주와 가산에 각 2백 석씩 운반하고, 나머지 8백 석은 안주로 옮겨 그대로 배에 실은 채 기다리도록 하였다. 선사포첨사 장우성과 노강첨사 민계중에게는 각각 대정강과 청천강에 부교를 만들어 명나라 군사들이 건널 수 있게 하라 하고 안주로 가서 군수품을 징발하였다.

평양의 왜적은 움직이지 않고 있었고 순찰사 이원익과 병사 이빈은 순안에 주둔하고, 도원수 김명원은 숙천에 주둔하고 있었다.

7월 8일 이날 왜적과의 전쟁에서 큰 획을 긋는 3곳의 전투가 거의 동시에 벌어진다. 이순신의 한산대첩과 권율의 이치전투, 정담의 웅치전투가 그것이다.

[한산대첩]

이른 아침 이순신 이억기 원균의 연합함대는 적이 있다는 견내량을 향하여 출발하였다. 이후 전투 상황을 이순신의 글로 보자.

'바다 복판에 이르러 바라보니 왜 대선 1척과 중선 1척이 선봉으로 나와서 우리 함대를 탐지해 보고서는 도로 결진해 있는 곳으로 들어가는

지라, 뒤쫓아 들어가니 대선 36척, 중선 24척, 소선 13척이 대열을 벌여서 대어 있었습니다.

견내량은 지형이 매우 좁고 암초가 많아서, 판옥선은 서로 부딪치게 되어 싸움하기가 곤란할 뿐만 아니라 적은 만약 형세가 급하게 되면 기슭을 타고 육지로 올라갈 것이므로 한산도 바다 가운데로 유인하여 모조리 잡아 버릴 계획을 세웠습니다. 한산도는 거제와 고성 사이에 있어 사방에 헤엄쳐 나갈 길이 없고, 적이 비록 육지에 오르더라도 틀림없이 굶어 죽게 될 것이므로 먼저 판옥선 5, 6척을 시켜서 선봉으로 나온 적선을 뒤쫓아서 습격할 기세를 보였더니 여러 배의 적들이 일시에 돛을 달고 쫓아 나오므로 우리 배는 거짓으로 물러나 돌아오자, 적들도 줄곧 쫓아오므로, 바다 가운데 나와서는 다시 여러 장수들에게 명령하여 '학익진'을 벌여서 일시에 진격하여 각각 지자, 현자, 승자 등의 각종 총통을 쏘아서 먼저 2, 3척을 쳐부수자, 여러 배의 왜적들이 사기가 꺾이어 도망하므로 여러 장수나 군사들이 이긴 기세를 뽐내어 앞을 다투어 돌진하면서 화살과 화전을 번갈아 쏘니, 그 형세가 바람과 우레 같아, 적의 배를 불태우고 적을 사살하여 일시에 거의 다 없애 버렸습니다' 하였다.

이순신은 이렇게 간단히 이 전투를 말하였다. 그러나 이 전투는 어마어마한 전투였다. 왜적이 최소한 4천 명은 수장되었다. 왜선 대선 36척 중 35척을 없앴고, 중선은 24척 중 17척, 소선은 13척 중 7척을 불태워 버렸다. 대선을 위주로 공격하였기 때문에 대선은 겨우 한 척이 살아 도망쳤다. 이 해전을 다시 한번 상고해 보자.

이순신은 적을 끌어내 한산도 앞 넓은 바다로 유인하였다. 적이 전속력으로 쫓아왔다. 작정한 장소에 이르자 이순신은 신호를 올리고, 바로 모든 배들은 선회하여 학익진을 구성하여 적을 포위하고 맞받아쳤다. 적은 진격하는 속도가 있어 선두가 정지하였어도 후미까지는 제대로 서지 못하고 간격이 좁아지게 되었는데 선두가 공격을 당할 즈음에는 배를 돌리기도 어렵게 되었다. 이때 포위한 상태에서 지자, 현자 등 화력이 센 총통으로 철환 및 장편전 등을 대선을 향하여 근거리에서 무수히 발사하니 목표가 빗나가는 것도 거의 없이 적선들은 깨어지고, 그 충격에 왜적들은 조총도 제대로 쏠 수가 없었다. 왜선들은 배를 돌려 도망치려 하였으나 제대로 되지 않고 도망을 시작한 배도 이미 깨어져 제 속력을 내지 못하니 아군이 접근하여 이번에는 화전을 날려 불태워 버렸고, 또 3척의 거북선이 중앙으로 돌진하여 움직이지 못하는 배들을 여지없이 쳐부숴 버렸다.

기막힌 작전의 승리였다. 통쾌한 승리였고 시원한 복수였다. 왜적은 멀리 뒤처졌던 대선 한 척이 겨우 살아남았고, 대선들을 공략하고 불태우는 틈에 뒤쪽에 있던 중선 7척과 소선 6척이 겨우 빠져나갔다. 그리고 4백여 명이 무인도인 한산도로 상륙한 것이 전부였다. 적장 와키자카 야스하루(협판안치)는 구사일생으로 탈출하였다. 지난번 용인에서 양떼 몰이 하듯 조선군을 유린하여 콧대가 높아졌던 그는 이번에는 조선 수군의 쌍끌이 저인망 그물에 걸려 부하들을 대부분 수장시켜 앙갚음을 수십 배로 당했고 완전히 풀이 죽게 되었다. 이후 와키자카의 영지 아와지의 해안 고을에서는 매년 천 명의 합동제사가 열리는 곳도 생겼다 한다.

이 한산도해전은 그 역사적 의의가 매우 크다. 왜적 수군의 주력을 궤멸시켜 수륙병진 전략을 분쇄한 것도 의의가 크다. 하지만 그보다 더, 적을 넓은 바다로 유인하여 '학익진'을 펼쳐 포위하고 집중 함포사격으로 일거에 쳐부순 이 '한산대첩'은 세계 해전사에 유례없는 전략 전술에 의한 위대한 승리로 영원히 빛나는 것이다.

연합함대는 하루 종일 접전하고 불태우고 목 베고 뒤처리하는데 장수와 병사들이 모두 피곤하였고 날이 저물어서 견내량 앞바다에 결진하고 밤을 보냈다.

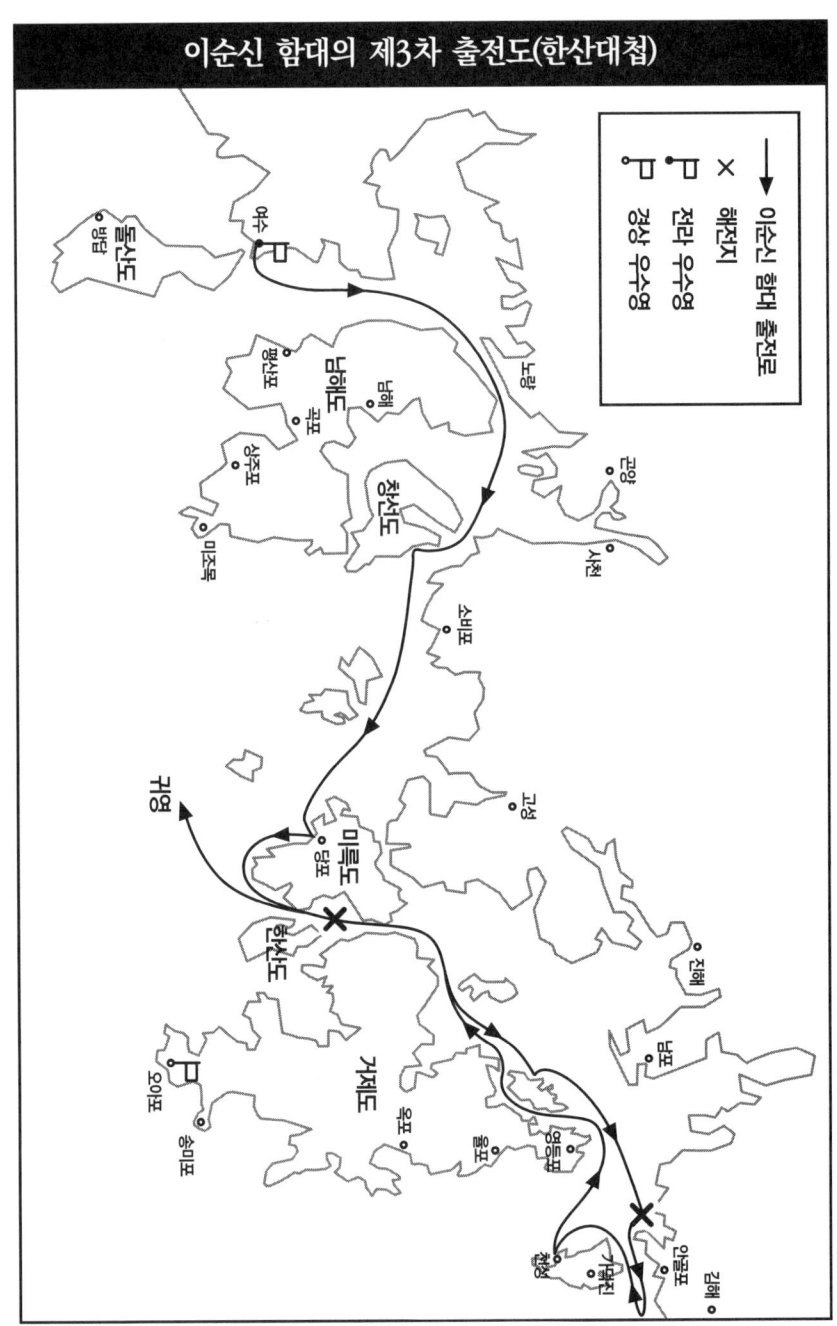

[이치전투]

이치는 금산에서 전주로 가는 도중 대둔산을 도는 길목의 고개이다.

이치에서 권율과 황진은 산 중턱에 목책을 세우고 그 아래는 사계청소를 하여 바로 볼 수 있게 하였다. 이른 새벽, 안개 속에서 1만 명에 가까운 왜적들이 몰려들고 있었다. 황진은 무인으로 군사에 밝아 이미 척후를 통하여 적의 동정을 파악하고 있었다. 아군은 적이 목책에 가까이 오기를 기다려 활시위를 당겼다. 적들이 개미 떼같이 기어올라 사정거리 안에 들어오자 신호가 울리고 무수한 화살이 적을 향해 날았다. 적들도 조총과 화살을 쏘며 공격하였지만 이쪽은 잘 보고 쏘고 저쪽은 잘 보이지 않는 숲에 대고 쏘았다. 황진은 명궁이어서 쏘는 대로 맞췄다. 적은 1진이 무너지면 2진이, 2진이 무너지면 3진이 줄기차게 파상공격을 하였다. 몇 시간이 흐르고 일선에서 지휘하던 황진이 다리에 적탄을 맞아 뒤로 실려 가자 아군이 흔들렸다. 적들이 목책을 넘어서고 있었다. 위험한 순간이었다. 이때 권율이 칼을 뽑아 들고 뒤에서 큰 소리로 독려하며 도망하려는 병사를 베고 나서니 병사들이 다시 힘을 얻어 적에게 돌진하였다. 목책을 넘었던 왜적은 거의 죽고 나머지는 후퇴했다. 왜적이 전열을 가다듬고 다시 공격하는데 부상당한 황진이 다리를 동여매고 다시 나타나 싸움에 참여하였다. 이에 아군은 더욱 힘이 솟아 죽을힘을 다하여 싸워 물리쳤다.

이때 적은 난처한 처지에 빠지게 되었다. 어디서 온지도 모르는 어마어마한 대군의 조선군이 금산성을 공격하려고 한다는 전갈이 온 것이었다. 앞의 적도 이기지 못하고 있는데 뒤에 대군이 나타났으니 포위된 것이나 다름없었다. 왜적은 한두 차례 가볍게 공격하는 체하며 후퇴를 서둘러 숱한 사상자를 버려두고 금산으로 달아나 버렸다. 해는 서산으로 기울고 있었다.

이것이 왜란 이후 육전에서 관군이 왜적의 대군을 물리친 첫 승리였다. 모두들 감격의 눈물을 흘렸다. 장수가 죽음을 불사하면 병사들은 힘이 솟고 더욱 용감하게 싸운다. 이것을 잘 보여 준 전투였다. 이 승리로 권율과 황진의 전라도 군사는 자신들도 모르는 사이에 이미 강군이 되었다.

[웅치전투]

같은 시각 웅치에서도 치열한 전투가 있었다. 웅치는 진안에서 전주로 가는 길목에 있는 고개이다. 산 중턱에 목책을 치고 사계청소를 하여 시야를 트고 제1선 좌우로 이복남, 변응정과 황박의 군사를 배치하고 정상 부근에는 정담이 진을 쳤다. 새벽에 적의 선봉 2천여 명이 공격을 개시하였다. 조총을 쏘고 함성을 지르며 무섭게 달려들었다. 아군은 침착하게 적이 사정거리에 들어오기를 기다렸다. 그리고 신호와 동시에 무수한 화살이 날았다. 정확히 보고 쏘는 화살에 적은 수없이 쓰러지고 남은 자들은 뒤로 도망쳤다. 한숨을 돌리자 적의 본대 8천여 명의 왜적이 몰려들었다. 이번에는 서두르지 않고 방패를 앞세우고 오르기 시작했다. 무서운 기세였지만 아군은 두려워하지 않고 활을 쏘아 댔다. 적은 부지기수로 죽어 넘어졌지만 멈추지 않고 밀려왔다. 적들이 목책을 넘어서기 시작하자 황박의 의병부대가 동요하기 시작했고 적이 돌진하자 그대로 밀려 무너졌다. 한쪽이 무너지자 옆의 이복남 부대도 견딜 수 없었다. 열심히 싸웠으나 이복남과 변응정은 할 수 없이 후퇴하였다. 왜적이 정상의 정담부대를 에워싸듯이 공격했다. 3백 명의 정담부대는 후퇴하지 않고 싸웠다. 화살이 다하자 칼로 싸웠고 맨몸으로도 싸웠다. 대장이 끝까지 싸우니 병사들도 대부분 끝까지 싸웠다. 용감하게 싸우고 모두 장렬히 전사하였다.

이복남은 물러나 전주 인근 안덕원에 다시 진을 쳤다. 이때 전주성을 지키는 이정란은 성을 지키는 군사가 적었으므로 의병(疑兵)을 다수 세우고 깃발을 요란하게 하였다. 이광도 주변 산골짜기에 의병과 기치를 많이 설치하고 밤에는 횃불을 줄지어 세워 서로 호응하게 하고 있었다.

다음 날 왜적이 진격하여 전주 지경에 이르렀는데 전주성에는 깃발이 난무하여 대단한 방비가 있는 듯하고 주위에도 여러 곳에 군사들이 주둔하고 있는 듯했다. 마침 사령관 소조천융경이 이치에서 패퇴하면서 보낸 전령이 왔다. 금산성이 위험하니 돌아오라는 내용이었다. 이제는 외로운 군사로 돌아갈 길을 염려하게 되었다. 전주성을 들이치자는 일부의 주장이 있었지만 듣지 않고 왔던 길을 되돌아 서둘러 금산으로 향했다. 왜장 안국사혜경은 돌아가면서 웅치에 조선군의 분전을 기려 무덤을 만들어 주고 푯말을 세웠다. 그 글은 '조선국 충신 의사들을 조상함'이었다.

이 세 곳의 전투로 전라도는 지켜졌고 나라는 맥이 살아나기 시작하였다.

7월 9일 남해안 연합함대 이순신의 연합함대는 아침에 출발하여 가덕도를 향하고 있었다. 마침 탐망군이 와서 보고하는데 안골포에 왜선 40여 척이 정박하고 있다는 것이었다. 즉시 장수들을 소집하여 적을 쳐부술 대책을 협의하였다. 이날은 날씨가 좋지 않아 역풍을 무릅쓰고 전진하였다. 칠천도에 이르니 날이 저물어 밤을 보냈다.

전라도 고경명의 의병부대와 방어사 곽영의 관군은 새벽에 진산을 출발하여 금산성 앞에 진을 쳤다. 왜적들은 관망하며 좀처럼 성을 나오지 않았다. 고경명은 기병을 앞세워 성 앞에서 기세를 올렸다. 이치에서 패하여 돌아온 지 얼마 되지 않은 소조천융경은 관망하다 오후에는 소수의 병사들을 내보내 전투를 벌였다. 서로 일진일퇴하였는데 해가 기울자 적들은 성안으로 들어가고 움직이지 않았다. 밤에는 성안을 향하여 비격진천뢰를 여러 발 발사하였다. 성내 여러 곳에서 폭음이 진동하고 불길도 솟았으며 아우성도 들렸다. 전혀 본 적이 없는 기묘한 폭탄에 적들은 사상자도 많이 생겼고 크게 놀랐을 것이다. 고경명은 다음 날은 기어이 적을 부수겠다는 각오와 함께 경계를 강화하고 밤을 보냈다.

경상우도 김천, 지례의 왜적은 계속 거창을 침범하려 하는데 김면의 의병부대가 우척현에서 이들을 방어하고 있었다. 이 왜적들은 금산으로 들어간 왜적들의 후방을 지키려는 것이었다.

합천의 정인홍과 김준민이 군사들을 안언 일대 여러 곳에 매복시키고 무계에서 성주로 보급품을 운반하는 왜적 4백여 명을 공격하였다. 곳곳에서 치고 빠지는 전술을 구사하여 적을 지치게 하여 절반 이상을 사살하였다. 김준민의 지휘가 돋보인 전투였다. 도망하는 잔적을 김면의 의병이 또 공격하였다. 왜적은 극소수가 성현을 넘어 성주로 도망하였다.

무군사 광해군은 강원도 이천까지 내려왔다. 그동안 길이 매우 험한 데다 장마철까지 겹쳐 풀밭에서 자고 빗속에서 밥을 먹는 등 고생스러운 것은 말로 할 수 없을 정도였다. 그러나 남쪽으로 내려온 것은 나라를 구한 것과 비슷했다. 없어진 줄 알았던 조정이 있게 되자 뒤처졌던 신하들이 소식을 듣고 모여들게 되고 백성들의 사기도 높아졌다. 경기, 충청도의 감사 및 수령들과 의병들에게 분조의 존재를 알려 격려하고 근왕을 촉구하는 등 활발한 활동을 할 수 있었다.

의주 행재소 한응인이 부총병 조승훈이 내일 강을 건너기로 하였다고 보고하였다. 조총병이 거느리는 병력은 이미 의주에 주둔하고 있는 병력과 합하여 5천 명 가까이 되었다. 총병 양소훈은 5백 명을 거느리고 강 건너에 대기할 예정이었다.

이억기의 당항포 승전 장계가 이제야 도착했는데 포상하도록 하였다.

7월 10일 이날도 두 곳의 중요한 전투가 있었다. 이순신의 한산도해전에 이은 안골포해전이고, 고경명의 안타까운 금산성전투이다.

[안골포해전]

연합함대는 새벽에 안골포를 향하여 발선하였다. 우수사 이억기는 안골포 바깥 바다에서 혹시 모를 왜적에 대비하고 있다가 접전이 시작되면 복병선을 남겨 두고 들어오기로 약속하였다. 원균의 함대는 이순신 함대의 뒤를 따랐다. 안골포에 이르러 선창을 바라보니 왜선 대선 21척, 중선 15척, 소선 6척이 있었다. 곧바로 전투가 시작되었다. 이 해전을 이순신의 글로 보자.

'그중에 3층 뚜껑 있는 대선 1척과 2층으로 된 대선 2척이 포구에서 밖을 향하여 부박하고 있었으며 나머지 배들은 고기 비늘처럼 잇대어 있었습니다. 그 포구의 지세가 좁고 얕아서 조수가 물러나면 육지가 드러나므로, 판옥선은 용이하게 출입할 수 없어 여러 번이나 유인하였지만, 그들의 선운선 59척을 한산도 바다 가운데로 유인하여 남김없이 불태우고 목 베었기 때문에 형세가 궁해지자 하륙하려는 계획으로 험한 곳에 의거하여 배를 매어 둔 채 겁내어 나오지 않았습니다. 할 수 없이 여러 장수들에게 명령하여 서로 교대로 출입하면서 천자, 지자, 현자총통으로 철환과 여러 가지 장편전 등을 빗발같이 쏘아 맞히고 있을 즈음에 본도 우수사가 장수를 정하여 복병시켜 둔 뒤 급히 달려와서 아울러 공격하니 군세가 더욱 강해져서 뚜껑이 있는 대선과 2층 대선에 타고 있던 왜적들은 거의 다 사살하였습니다. 왜적들은 사살당한 자들을 낱낱이 끌어내어 소선으로 실어 내고 다른 배의 왜적들을 층각 대선으로 모아들였습니다.

이렇게 종일토록 하여 그 배들을 거의 다 쳐부수자, 살아남은 왜적들은 모두 하륙하였는데 하륙한 적을 다 잡지는 못했습니다. 그곳 백성들이 산골에 숨어 있는 자가 매우 많은데, 그 배들을 모조리 불태워 적을 궁지에 빠지게 한다면 숨어 있는 백성들이 비참한 살육을 면하지 못할 것이므로 잠깐 1리쯤 물러 나와 밤을 지냈습니다' 하였다.

이것이 이른바 '안골포해전'이다. 이곳의 왜장은 구키 요시타카와 가토 요시아키로 지난번 와키사카 야스하루와 함께 서울에서 내려온 수군 장수들이다. 이들은 와키사카 야스하루가 단독으로 먼저 출전하자 뒤쫓아 왔는데 먼저 온 수군이 대패했다는 소식을 듣고 안골포로 돌아와 정박하고 있었던 것이다. 왜적은 해전은 생각지도 못하고 겹겹이 대장선들을 보호하며 아군이 접근하지 못하도록 응사만 할 뿐이었다. 유인해도 나오지 않았다. 포구가 좁아 아군의 전선이 다 들어가지 못하고 교대로 몇 척씩 드나들면서 여러 총통으로 철환과 장편전을 발사하여 왜선을 쳐부쉈다. 거북선 3척도 교대로 드나들며 맹활약을 펼쳤다. 이억기의 우수영 수군도 가세하였다. 왜적들은 큰 배에서 사격을 하는데 사상자는 실어 내고 다시 충원하며 조총을 발사하였다. 그러나 거북선 외 판옥선들은 조총의 사정거리 밖에서 총통을 쏘아 대니 적은 사상자만 늘어날 뿐이었다. 몇 시간을 이렇게 하여 왜선들을 거의 다 쳐부수니 살아남은 왜적들은 육지로 올라갔다. 왜적들의 배를 완전히 없애면 육지로 도망가면서 백성들을 해칠 것을 우려하여 전투를 그치고 물러나와 안골포 인근

해역에서 밤을 보냈다.

왜적의 피해는 분명하지 않으나 위의 이순신의 기록으로 보아 최소한 30척은 파괴한 것 같다. 왜적들은 밤중에 남은 배를 타고 부산으로 도주하였는데 시체를 12곳에 모아 놓고 불태웠다는 것으로 보아 사상자가 무수히 많았음을 알 수 있다.

[금산성전투]

이른 아침부터 고경명의 의병은 동문을 공격하고 곽영의 관군은 북문을 공격하였다. 왜적이 동문을 열고 나와 의병부대를 공격하였다. 차림새로만 보면 의병은 군사로도 보이지 않았다. 그러나 의병들은 열심히 용감하게 싸웠다. 적은 쫓겨 동문으로 다시 들어갔다. 이러기를 여러 차례 하였다. 왜적은 생각을 바꿔 북문을 나와 곽영의 관군을 공격하였다. 관군은 허수아비였다. 무엇보다도 수령이 문제였다. 선두에 있던 김제 군수가 말을 돌려 도망하니 모든 군사가 도망하기에 바빴다. 싸우지도 않고 북문의 관군들은 순식간에 사라져 버렸다. 왜적들은 방향을 돌려 의병부대를 향해 돌진하였다. 이것을 본 성안의 왜적도 동문을 열고 나왔다. 앞면과 우측으로 포위된 형세였고 왜적의 기세는 무서웠다. 의병부대도 전열이 흐트러지고 할 수 없이 고경명은 퇴각을 명했으나 자신은 퇴각할 생각을 하지 않았다. 아들과 부하들이 억지로 말을 끌었지만 얼마 가지 못해 적에게 살해되고 말았다. 둘째 아들 고인후 참모 유팽로 안영 등이 함께 순국했다. 선두에 있었던 군사들은 퇴각하기 어려워 싸우다가 다 죽었다. 고경명의 의병군은 이렇게 사라졌다.

결과적으로 보면 왜적은 야전에서 맞붙을 수 있는 상대가 아닌데 더구나 성을 공격한 것은 무모한 작전이었다. 그러나 고경명은 무인도 아닌 문인으로 나이도 60인 노인이었다. 충의로 의병을 일으켰고, 용감하게 서울을 향하여 진군하였다. 또한 전라도를 구한다는 일념으로 죽음을 두려워하지 않고 과감하게 왜적을 공격하다가 순절하였으니 그 의기도 의기려니와 전라도를 지키는 데 크게 공헌한 것은 실로 대단한 일이었다.

'그 의로운 소문이 사람을 감동시켜 계속 의병을 일으킨 사람이 많았으며 나라 사람들이 그의 충렬을 칭송하면서 오래도록 잊지 않았다'고 한다.

의주 행재소 김응서가 용맹이 뛰어나다고 하여 기복시켜 종군하게 하였다. 유영경은 토병들을 징발한 공이 크다고 하여 통정대부 호조참의로 하였다.

7월 11일 남해안 연합함대 새벽에 연합함대는 안골포를 다시 포위하였으나 적들은 이미 도망하고 어제 전투의 참혹한 흔적만 있었다. 부산 쪽으로 진격하여 오전 10시쯤에는 양산강과 김해 포구, 감동 포구 일대를 수색하였으나 왜적은 그림자도 없었다. 그래서 전선을 가덕에서 몰운대까지 늘여 세워 조선 수군의 위용을 과시하면서 여러 곳에 탐망선과 탐망군을 보냈다. 김해강 깊숙한 곳에 왜선이 백여 척이 있다는 탐망군의 보고가 있었지만 판옥선으로 강을 거슬러 올라가 싸울 수는 없었다. 저물녘에 천성보에 머물면서 적에게 우리 함대가 오랫동안 있을 것처럼 보이게 하고 밤중에 한산도를 향하여 회항하였다.

의주 행재소 명나라 군사가 나온다고 하니 벌써부터 평양은 당연히 회복한 것처럼 들떠 있다. 선조가 명하기를, "평양의 왜적을 몰아내면 황해도는 군량이 부족하다. 충청도 아산창에 세미가 많이 쌓였다 하니, 본도의 감사에게 배에 싣고 와서 중국 군사에게 나누어 주든지 아니면 우리 군사가 이르는 곳을 따라 군량을 대도록 하라" 하였다.

7월 12일 남해안 연합함대 연합함대는 10시쯤 한산도에 도착하였다. 한산도로 올라간 왜적 4백여 명은 아직 그대로 섬에 갇혀 있었다. 이들을 지켜보고 섬멸하는 것은 그 도의 주장인 원균에게 맡기고 이순신과 이억기는 각자 함대를 이끌고 여수와 해남으로 향하였다. 뒤에 원균은 왜적이 또 침범해 온다는 소문에 놀라 피해 버려 이 왜적들은 뗏목을 만들어 탈출해 버렸다.

∥ 의병들의 활약으로 왜적들 여러 보급로를 잃다 ∥

경상우도 용감한 곽재우가 이제는 강을 건너 현풍의 왜적을 공격하였다. 산 위에서 적을 내려다보고 쏘기도 하고, 진 밖에서 말을 달리며 싸움을 걸기도 하였다. 왜적이 공격하면 물러나다가 순간에 날쌔게 말을 달려 공격하고 멀리 떨어져서는 여유 있게 피리를 불며 행군하기도 하였다. 밤에는 한 자루에 다섯 가지가 난 횃불을 만들어 높은 데서 들게 하고, 북을 치고 나팔을 불며 함성을 지르고 '천강 홍의장군이 왔다'고 소리지르며 공격할 것처럼 하다가 홀연히 사라지게 하여 왜적들을 공포에 떨게 만들었다. 마침 김준민의 무계 공격도 있었으므로 적들은 밤을 틈타 도망가 버렸다. 현풍의 적은 대구로 무계의 적은 성주로 갔다. 창녕의 적은 소문을 듣고 며칠 뒤에 조용히 철수했다. 이제는 영산의 적이 남았다.

의주 행재소 이날 명나라 구원군이 모두 압록강을 건넜다. 대장은 부총병 조승훈인데 5천의 군사들은 모두 위풍당당한 기병이었다. 조승훈은 요동에서 이름난 명장이었다. 이여송의 아버지인 이성량의 휘하에서 오랑캐와 싸워 연전연승하여 이름을 날렸다. 그러기에 그는 물론 요동에서도 왜적쯤은 가볍게 이길 것으로 생각하였다. 선조 이하 신하들도 그렇게 생각하고 들떠 있었다. 그런데 시운이 안 맞는지 연일 비가 그치지 않아 도로가 진흙탕이 되었다. 조정에서는 예조로 하여금 기청제를 지내도록 하였다.

7월 13일 여수 전라좌수영 이순신은 영광스런 개선을 하였다. 이번 출전에서는 왜 수군에 치명적인 타격을 입혔다. 왜선을 90척 가까이 파괴하였고 왜적을 최소 5천 명은 수장하였다. 왜적의 입으로 9천 명이라는 말도 있었다. 아군의 사상자는 왜적에 비하면 미미했지만 전투가 치열한 만큼 그전 출전 때보다는 많았다. 전사 19명, 부상 1백16명인데 그중에 거북선에서의 희생자도 있는데 전사 2명, 부상자가 16명이었다.

승전 장계는 전과 같이 자세하게 작성하여 이틀 뒤에 행재소로 보냈다.

이번 출전으로 조선 수군은 제해권을 완전히 장악했다. 이 패전을 보고받은 풍신수길은 조선 수군과의 해전을 피하라는 명령을 내렸고, 이후 왜 수군은 바다에서 싸울 생각을 완전히 버리고 피하기만 하였다. 그리고 육상의 왜적은 보급품 조달에 큰 차질을 빚게 되었다. 특히 평양의 소서행장은 진퇴양난에 빠졌다. 그는 "일본의 수군 10만여 명이 또 서해로부터 올 것입니다. 알지 못하겠습니다만 대왕의 행차는 이제 어디로 가시겠습니까?" 하고 큰소리쳤는데, 이제 부산에서 평양까지 그 머나먼 길을 어떻게 군수품과 보충병을 조달할 것인가.

훗날 유성룡은 '적은 본래 수군과 육군이 합세하여 서쪽으로 내려오려고 하였던 것이다. 그런데 이 한 번의 싸움에 힘입어 드디어는 그 한 팔이 끊어져 버렸다. 그래서 소서행장은 비록 평양성을 빼앗았다고 하더라도 그 형세가 외로워서 감히 다시는 전진하지 않았다. 이리하여 나라에서는 전라도와 충청도를 확보할 수 있었고, 아울러 황해도와 평안도 연안 일대도 보전할 수가 있었다. 또 군량을 조달하고 호령을 전달할 수가 있어서 나라의 중흥을 이룩할 수 있었다'고 평가하였다.

의주 행재소 북변은 날씨가 벌써 추워지고 있었다. 겨울옷이 걱정이었다.

이경록을 제주목사로 하였다. 이후 이경록은 제주도에서 왜적에 대비하느라 고생은 하였겠지만 전쟁이 끝날 때까지 왜적이 침입하지는 않아 상대적으로 편한 몇 년을 보내게 되었다. 권율을 나주목사로 하였다.

7월 14일 경상좌도 권응수가 영천 외각에서 매복하여 군위에서 내려오는 왜적 1백여 명을 여지없이 쳐부쉈다. 37명을 사살하고 조총 25정을 빼앗았는데 이제 그의 부대는 조총부대가 되었다.

명 구원군 조승훈은 부대를 이끌고 가산에 도착하였다. 왜적이 평양에 그대로 있다는 말을 듣고는 술잔을 높이 들고 하늘을 우러러 축도하기를, '왜적이 아직 있다고 하니, 반드시 하늘이 나로 하여금 큰 공을 이루도록 하심입니다' 하였다. 왜적의 숫자가 많지 않다는 잘못된 정보도 문제였지만 왜적을 전혀 모르는 상태에서 너무 큰소리치는 것이 진짜 문제였다.

의주 행재소 조정에서는 명군이 이기는 것은 당연한 것으로 생각하였다. 전교하기를, "중국 군사가 전공을 세우면 위로연과 논상할 일들이 있게 될 것이니 미리 준비하여 그때 가서 전도되는 일이 없게 하라. 혹 싸우다 죽은 자가 있거든 그곳에서 설제할 절차도 미리 의논해 두어야 할 것이다" 하였다. 오로지 희망 사항인 섣부른 지시였다.

7월 16일 명 구원군 조승훈이 순안에 도착하였다. 명일 새벽에 평양성을 공격하기로 하였다. 공격부대를 5대로 나누었다. 병사 이빈이 거느린 군사 중 5백 명을 나누어 각 1백 명씩을 명나라 군 각 대에 소속시켜 향도하게 하였다.

평양의 왜적 소굴 근처의 촌백성 중에 간혹 적에게 왕래하면서 장표를 받고 그들의 교사를 듣는 자가 있었다. 김덕복·유희지란 자들은 멀리 창성에 살면서 적에게 가서 장표를 받았다. 이에 본 고을로 하여금 법에 따라 엄히 형벌하게 하라 하였다.

[1차 평양성전투]

7월 17일 조승훈이 평양성 공격을 시작하였다. 순안에서 3경에 군사를 출발시켜 곧바로 평양성으로 진격하였다. 비가 많이 와서 왜적은 방심하고 성 위에는 지키는 군사가 없었다. 곧바로 칠성문에 이르러 대포로 성문을 부숴버렸다. 뜻밖에 군사가 이르러 공격하자 성문 쪽에서 수비하던 왜적들은 미처 지키지 못하고 성안에서 도망치기 바빴다. 명군은 기병이므로 빨랐다. 도망치는 왜적을 쫓아 베며 쳐들어갔다. 성안에서도 민가가 별로 없는 지역까지는 신나게 전진했다. 그러나 민가가 밀집된 곳에 도착하니 사정이 달랐다. 길은 좁고 꼬불꼬불하고 비로 인하여 진창이 되어 있어 말이 달리기도 어려웠다. 도망하던 왜적들은 옆의 민가로 숨어들고, 명군은 기병으로 민가로 쫓아 들어갈 수도 없었다. 골목길들을 한참 들어온 명군은 갑자기 공격 목표가 없어지고 길에서 허우적거리게 되고 왜적은 양옆 민가에 숨어서 공격하는 상황이 되었다. 이때 내성 안쪽에 주둔한 왜적의 주력은 상황을 파악하고 반격 준비를 마쳤다. 적이 좌우에서 일제히 총을 쏘아 댔다. 선봉에 섰던 유격 사유가 먼저 탄환에 맞아 전사하였다. 명군은 좁고 질척거리는 길에서 어떻게 해볼 도리가 없었다. 조승훈은 급히 퇴각을 명하고 겨우 빠져나갔다. 함성과 함께 쏟아져 나온 왜적의 칼날에 선봉으로 들어갔던 부대는 대부분 살상을 당했고 유격 대조변과 천총 장국충·마세륭 등도 모두 탄환에 맞아 전사하였다. 명군은 도망하기에 바빴다. 이빈의 군사가 활로 방어하여 적의 추격을 막았다. 그래서 피해를 크게 줄일 수 있었고 조승훈은 겨우 탈출하였다. 우리 군사들도 중국 군사를 따라 퇴각하였는데 적이 다시 추격하지는 않았다.

조승훈이 남은 군사를 인솔하고 말을 달려 순안과 숙천을 거쳐 밤중에 안주성 밖에 이르렀다. 성중의 역관을 불러 말하기를 '내가 오늘 적을 많이 죽였지만 불행히도 사유가 전사하였고 천시가 또한 불리하여 적을 섬멸할 수 없었으니 군사를 더 보태어 다시 진격해야겠다. 너의 재상에게 동요하지 말라고 말하라' 하였다. 그리고 이어 말을 달려 두 곳의 강을 건너 가산에 이르렀는데 비에 막혀 이틀을 머물다가 요동으로 되돌아갔다. 조승훈은 요동의 진에 돌아가서 무고하기를 '한창 전투할 때에 조선 군사 일진이 적진에 투항하였기 때문에 전투가 불리하였다'고 하였다.

이렇게 기대했던 명나라 구원군은 허망하게 사라졌다.

유영경을 황해도 순찰사로 하여 군량 조달을 조처하도록 하였다.

7월 18일 의주 행재소 아직 평양의 패배를 모른 채, 경기 고을의 군졸들과 군량을 모으고 배들을 정비했다가, 중국 군사의 경성 작전에 쓰자고 하였다. 이를 위해 심대를 경기감사 겸 순찰사로 임명하여 보냈다. 또 곽재우, 정인홍을 표창하자고 청하니 드러난 공이 없으므로 후일을 기다렸다 하자고 하였다.

함경도 가등청정은 부리나케 진격하여 마천령을 넘어 해정창에 도착하였다. 남병사 이혼은 중과부적으로 대적하지 못하고 계속 후퇴하였다. 해정창 부근에는 북병사 한극함이 1천여 기병을 거느리고 진을 치고 있었는데 왜적의 선봉과 마주쳤다. 북도의 우리 병사는 남쪽의 관군과는 다른 정예병이었다. 좌우로 번갈아 나와 말을 달리면서 활을 쏘니 적이 많은 사상자를 내고 후퇴하여 창고 안으로 들어갔다. 한극함이 이긴 승세를 타 포위하고 죽 늘어서서 활을 쏘는데 적들은 곡식 섬을 방패로 하고 조총을 쏘아 댔다. 그러나 아군은 적의 조총의 위력을 모르고 노출된 상태이고 적은 숨어서 총을 발사하니 전세가 역전되고 아군의 사상자가 속출하였다. 할 수 없이 물러날 수밖에 없었다. 불을 질렀으면 좋았을 터인데 아쉬웠다. 고개 위에 진을 치고 야영하였다. 밤중에 적들이 몰래 나와 주위를 포위하고 숨어 있었다. 다음 날 아침, 짙은 안개 속에 아군은 전혀 모르고 준비도 안 되었는데 한 방의 총성과 함께 사면에서 함성이 일면서 왜적이 돌진하였다. 손 한번 쓰지 못하고 아수라장이 되고 도망하기에 바빴다. 한극함은 붙잡혀 포로가 되었다(후일 풀려났지만 나라에서 처형하였다). 이후로는 대적하는 아군이 없었다. 가등청정은 임해군 등 왕자 일행이 갔다는 회령을 향하여 박차를 가했다.

7월 19일 의주 행재소 선조는 아직까지도 평양의 승리는 당연한 것으로 기대에 차 있었다. "중국 군사가 이미 평양으로 전진하였으니, 결전의 시기를 미리 하삼도에 하서하여 도망하는 왜적을 요격하기도 하고 후미를 공격하게도 하라. 남은 적이 수로를 경유하여 가거든 영남 수사가 주사로 추격할 것을 선전관을 보내어 속히 분명하게 전달하라" 하였다.

비변사가 답하기를, "결전의 시기는 반드시 확실히 알아서 전해야 시기에 임하여 잘못되는 걱정이 없을 것입니다. 이번에 가는 선전관을 수로를 경유하여 가도록 하여, 부원군 유성룡과 도원수 김명원을 만나보고서 결전의 시기를 자세히 탐지하여 가게 해야 합니다" 하였다.

고경명을 공조참의로 하고 '초토사'로, 김천일을 장례원 판결사로 하고 '창의사'로 칭하게 하였다. 그러나 이때 이미 고경명은 순절한 후였다.

경상우도 곽재우가 윤탁과 함께 영산의 왜적을 공격하였다. 처음에는 곽재우 군이 높은 곳에 위치하여 유리했다. 적의 탄환이 빗발치는 중에도 곽재우는 태연자약하였고, 부하들은 곽재우를 에워싸고 보호하며 결사적으로 싸웠다. 화살이 떨어진 자는 돌을 던졌다. 왜적은 사상자를 많이 내고 후퇴하니 승세를 잡아 밀어붙였는데, 성안에서 더 많은 왜적이 쏟아져 나와 공격에 가세하였다. 윤탁의 군사가 먼저 무너져 흩어지고 곽재우는 싸우며 후퇴하여 산으로 올라가 진을 쳤다. 왜적은 더 이상 추격하지 않았다. 군사를 수습해 보니 사상자는 그리 많지 않았다. 이튿날 새벽 다시 적을 염탐하니 성문이 열려 있었다. 왜적들이 밤중에 군막을 불태우고 도망해 버린 것이다.

이렇게 곽재우는 현풍, 창녕, 영산을 수복하였다. 비록 왜적의 주력 대군과 싸워 이긴 것은 아니지만 곽재우의 활약으로 이 지역을 회복한 것은 그 의의가 크다. 왜적은 북상하는 한 길을 잃었을 뿐만 아니라 낙동강을 이용하여 보급품을 운반하고 약탈품을 실어 나르는 중요한 운반로까지 함께 잃었다. 이제 왜적은 해로는 확보하지도 못하고 수로를 잃었다. 앞으로 육상으로만 나르는 일은 무척 힘들고 어려울 것이다.

7월 20일 의주 행재소 이날 조정에서는 조승훈이 평양에서 패하고 돌아간 사실을 알게 되었다. 상하가 모두 실망하였지만 그대로 있을 수는 없었다. 그래서 심희수를 요동의 진에 급파하여 군사를 수습하여 다시 진격해 줄 것을 요청하도록 하였다. 그런데 심희수가 사색이 되어 돌아와 아뢨다.

"총병 양소훈이 크게 노하여 목소리와 얼굴빛이 모두 사나워져서 '예부터 어찌 대국이 소국을 위하여 많은 병마를 수고스럽게 움직여서 2~3천 리 밖의 위급한 상황을 구제한 일이 있었던가. 황제의 은혜가 망극하니 맹세코 은혜를 보답하기에 겨를이 없어야 할 것이다. 그런데 너희 나라 장관들은 이를 생각하지 않고, 군사·군량·전선을 맡은 제신은 모두 뒤떨어져 있으면서 전진에 나아가려 하지 않고서 오직 우리 군사들만 몰아 적과 싸우게 하였다. 또 적군 중에 총을 잘 쏘는 자가 많이 있었는데도 나에게 진작 말하지 않았으니, 이 무슨 생각에서였던가?' 하였습니다. 그리고는 곧장 하나의 소첩을 신에게 내어 보였는데, 이는 조총병이 양총병에게 올린 것이었습니다. 첩서 내용에 '조선의 한 작은 병영이 투항했다'는 따위의 말이 있었습니다. 신이 기필코 그럴 리가 없다는 뜻을 반복하여 말하자, 그의 얼굴빛이 조금 누그러지면서 '너희 나라는 본디 예의의 나라로 일컬어졌는데 어찌 적을 감싸 내응할 리가 있겠는가. 저쪽 군중에 양득공이란 자가 있는데 나의 친병이다. 마땅히 그에게 자세히 물어보고 따져서 처리하겠다' 하였습니다."

너무 놀라 모두들 말문이 막혔는데 좌의정 윤두수가 나섰다. "양총병이 심희수에게 답한 말을 보고는 놀라움을 이기지 못하겠습니다. 패금의 이야기는 예로부터 그러했습니다. 어떻게 나의 정직한 것만을 믿고 변명하지 않을 수 있겠습니까. 신이 외람되이 대신의 반열에 있으니 홍수언과 함께 양총병의 진영에 가서 우리나라의 실정을 변명하겠습니다. 또 심희수를 조총병이 주둔하고 있는 곳으로 질러가게 하여 간절한 실정을 고하게 하고, 그간의 곡절도 변명하게 해야 할 것입니다" 하고 자청하였다. 선조에게는 반가운 말이었다.

윤두수가 구련성으로 달려가 양총병을 만나 전투 상황, 왜적의 숫자,

조선군의 투항설 등을 해명하여 오해를 풀게 하였다. 후에 양총병이 요동에서 상주하여 평양성 패배를 보고하였는데, '왜적을 정벌함에 있어 깊이 들어가 공격하는 것을 경계하라고 신신당부하고 독무의 지시도 기미를 보아 공격하라 하였는데 조승훈이 공을 욕심내어 진격하였으니 왜적의 성세만 확장시키고 대비하게 만들어 버렸습니다. 그러니 군율을 범한 죄를 명백히 해야 합니다' 하였다. 그 후 조승훈은 요동도어사에서 파직되었다.

7월 21일 감사, 병사에게 선전관을 보내어 중국 군사가 이미 퇴각하였으니 평양을 진취하지 말라 하였다.

인성부원군 정철을 충청, 전라도의 도체찰사로 하였다. 별로 잘한 인사는 아니었다. 군사의 일에 정통한 사람도 잘하기가 어려운데, 문외한인 정철이 아무리 열심히 임무를 수행한다 해도 잘하기는 어렵고, 오히려 반대파의 비방만 따르게 될 것이다.

정철이 아뢰기를, "신이 충청·전라 도체찰사의 명을 받았으나 신은 계책이 천박하니 재략 있는 사람을 얻어 데리고 가게 하소서" 하였다. 선조가 답하기를 "나의 생각에는 무관을 데리고 갔다가 본도에 도착하여 종사관을 차출하는 것이 무방하다고 여겨진다" 하였다.

7월 22일 경상좌도 권응수가 신녕에서 매복하여 영천에서 군위로 향하는 왜적 3백 명을 공격하여 패퇴시켰다. 30여 명을 사살했는데 왜적들은 힘이 없었다. 제대로 먹지 못하는 것 같았다. 권응수는 영천성을 공격하기로 하였다. 그리고 경상좌도의 의병대장으로서 각지의 의병장에게 영을 내렸다.

'영천성의 왜적을 쳐부수려 하니 7월 26일까지 모처로 모이라'는 내용이었다.

경상우도 김면의 휘하 서예원과 황응남도 지례의 적을 치기도 하였고, 계속 장곡역 부근에서 왜적들과 전투를 벌이며 거창을 방어하고 있었다.

전라도 이광을 파직하여 백의종군하게 하고 권율을 후임 전라감사 겸 순찰사로 하였다. 윤두수가 '전라감사로는 이 사람이 적격입니다' 하고 적극 추천한 결과였다.

7월 23일 의주 행재소 사은사 신점이 돌아왔다. 경비를 절약하여 궁각 1천3백8편과 염초 2백 근을 사 가지고 왔다. 귀감이 되기에 충분하였다.
비변사가 의병을 권장하도록 아뢨다. "곤수는 손을 움츠리고 열읍의 수령은 방관만 하고 있으니, 믿을 것은 의병뿐입니다. 고경명·김천일 등이 창의한 뒤에 반드시 잇달아 일어난 사람이 있을 것입니다. 김천일 등에게 하서한 뜻으로 통문을 내어 권장하거나 방을 걸어 고유하여 분발하게 하소서. 또 의병들의 집에는 부역과 신역을 면제하고, 의병이 올라올 때에는 관병과 똑같이 군량을 지급하여 모자라는 일이 없도록 하라는 내용으로 의병장 및 연도의 각 고을에 모두 하서하소서."

함경도 가등청정이 회령에 도달했다. 그런데 회령에는 일어나서는 안 될 일이 벌어져 있었다. 임해군과 순화군은 왕자들 중에서도 가장 못된 자들이었는데, 그들이 거느린 종들도 못되기는 마찬가지였다. 백성들을 위로하고 격려해도 모자랄 판인데 이르는 곳마다 이런 종들을 풀어 백성들을 침탈하고 수령을 못살게 굴었다. 원성이 자자했다. 회령에 와서도 마찬가지였다.

북변은 주위 여건도 본래부터 사람 살기가 어려운 곳이었다. 게다가 죄를 지은 자, 그중에도 죄가 무겁고 죄질이 나쁜 자들이 주로 귀양 오는 곳이고, 어쩔 수 없이 눌러살다 보니 그들의 친척이나 후손들이 많았다. 자연히 조정에 대한 반감도 다른 지역보다는 더 컸다.

회령부의 아전 국경인은 본래 전주에서 잘살던 사람이었다. 죄를 지고 이곳에 쫓겨 와서 아전 노릇을 하고 있으니 불만이 많은 사람이었다. 그런데 왕자 일행이 와서 횡포가 심하니 반감이 노골화되었다. 그래서 숙부인 국세필과 명천의 아전 정말수 등과 작당하여 반란을 일으켰다. 여러 고을의 무뢰배들을 모아 이끌고 관아를 점령하여 부사를 체포하고 두 왕자 부부, 김귀영, 황정욱, 황혁 및 수행원 등을 모두 붙잡아 묶어 놓았다. 그리고 가등청정에게 사람을 보내 알렸고 이날 청정이 도착하자 맞아들이고 그들을 청정에게 인계하였다. 이로써 함경도는 완전히 점령되었다.

윤탁연은 병을 핑계로 중간에 왕자를 수행하지 않아 화를 피했고 감사 유영립은 골짜기로 도망쳤다가 붙잡혔는데 틈을 보아 탈출하였다. 남병사 이혼은 왜적이 아닌 적도에게 죽었다.

가등청정은 회령은 국경인에게, 경성은 국세필에게 맡기고, 왕자 일행에 대해서는 감시를 철저하게 하였다. 그래도 나름대로 그들에게 대접은 잘하였다.

7월 24일 의주 행재소 창의사 김천일이 그의 막하 양산숙 곽현에게 장계를 주어 행재소로 보냈는데 이제 도착하였다. 상이 인견하고 전라도 상황 등을 물었다.

"그대들의 의병이 1천 명이라 하니 어찌 그렇게 적은가?" 하니, 현이 아뢰기를,

"신들이 여기에 온 뒤에 반드시 많은 군사가 모였을 것입니다. 또 방어사·조방장 등 정령이 여러 곳에서 나오는 까닭에 수령들이 따를 바를 모르고 있고, 장수 된 자는 재물을 빼앗고 못살게 하는 것으로 일을 삼기 때문에 군정이 이반되어 있습니다. 이광은 죽어도 남은 죄가 있고, 권율은 수령의 재주는 있으나 방백의 지략은 없습니다" 하였다.

이에 선조가 "양산숙 등이 '권율은 방백의 지략이 없다'고 하였는데, 옳은 말인가?" 하니, 두수가 아뢰기를, "조정에서도 불만스런 뜻이 있습니다만 행재소에 사람이 없습니다. 신잡이 감당할 만한 재주가 있으나 형제가 모두 죽어 지금 슬픔 속에 있으므로 차마 국사를 책임 질 수가 없습니다" 하였다. 양산숙이 올라와서 보고한 것은 좋았는데 필요 없이 권율을 폄하하여 하마터면 권율은 감사가 되지 못할 뻔하였다.

며칠 후 양산숙과 곽현이 내려갈 때 두 사람에게 벼슬을 주고 호남과 영남에 유시하는 교서를 주었다. 그 내용이 아주 처절하였다.

'내가 비록 인애가 백성들에게 미치지 못하고 정치에 실수한 것이 많았다 하더라도 본래의 마음은 언제나 백성을 사랑하고 어여삐 여기는 것으로 뜻을 삼지 않은 적이 없었다. …… 백성들이 나를 허물하는 것은 당연하다. 내가 무슨 변명을 하겠는가.

내가 몰랐던 것도 나의 잘못이니 생각이 여기에 이르면 아무리 뉘우친들 어떻게 하겠는가. 그대 사민들은 내가 잘못을 뉘우치고 새롭게 다스리려는 것을 허락하기 바란다. …… 가뭄에 비를 바라듯 하는 마음에 속히 부응하여 나의 어려운 고생살이를 면하게 하라. …… 그대들은 마땅히 요해처를 제어하여 구적들을 초멸하도록 하라. 그리고 또한 연도에 복병을 설치하고 좌우에서 협공하여 적이 마음대로 말을 달릴 수 없게 하라. 그리하여 한 지방을 안정시켜 노약자들을 불러 모은 연후에 힘을 합하여 경성을 수복하고 와서 승여를 영접하도록 하라. 그리하면 그대들은 살아서는 아름다운 이름을 누리게 될 것이며, 혜택이 자손들에게 전해질 것이니 위대한 일이 아니겠는가' 하였다.

조헌에게 전할 교서에는 "충성스러운 말을 듣지 않아서 오늘이 있게 하였음을 후회한다"는 말이 있었다.

이런 마음으로 한다면 안 될 일이 없을 것이다. 그러나 말 잘하는 사람들의 말은 항상 그 순간의 말뿐이었다.

7월 25일 의주 행재소 비변사가 '공주목사 허욱은 금강을 사수하여 힘을 다해 방어했으니 양호가 완전한 것은 모두 이 사람의 공입니다. 직산현감 박의는 적이 여러 차례 침범하였으나 관아를 떠나지 않았으며, 함안군수 유숭인은 전후에 참획한 왜적의 수가 47급이나 되니, 벼슬을 올려 논상도 하고 특별히 중한 가자를 주어 권장함을 보이기도 하소서' 하였다. 허욱은 충청감사로 하고 유숭인은 조대곤을 대신하여 경상우병사로 하였다.

밤 이경에 급보가 이르렀다. 적의 세력이 약해 보이니 평양성을 공격하겠다는 도원수의 보고였다. 여러 대신을 명초하여 빈청에서 회의하였는데 적이 약해 적을 치겠다는데 반대할 사람은 없었다.

[영천전투]

7월 26일 영천 외각에 권응수의 의병을 필두로 청송, 군위, 영천, 경주, 신녕, 자인, 의흥, 하양 등지의 의병들이 모였다. 의병장은 권응수를 필두로 정대임, 정세아, 등인데 도합 3천5백 명이었다. 영천성 안의 왜적은 5백 명 정도였다. 영천성은 큰 성이 아니어서 이 군사로 포위가 가능했다. 적은 아직도 우리 군사를 두려워하지 않았다. 그러나 권응수는 달랐다. 왜적이 공격하면 후퇴하고 왜적이 물러서면 공격하고 아군은 부대를 교대해가며 공격 후퇴를 반복하니 몇 시간 후에는 왜적이 지쳐 성안으로 들어가기 시작하였다. 아군이 밀어붙이며 성안으로 쫓아 들어갔다. 성안에서 살륙전이 벌어지고 숫자가 적은 왜적은 다수가 사살되고 동헌으로 몰려 조총으로 대응하였다. 숨어서 쏘는 적을 상대하기는 어렵고 날도 저물어 권응수는 성 밖으로 철수하였다. 그러나 왜적은 숫자가 3백으로 줄어 성벽을 지킬 수도 없는 독 안의 쥐가 되어 있었다. 이튿날 새벽 아군은 다시 성문을 도끼로 깨고 들어가 동헌을 포위하고 화공을 하였다. 불길이 치솟자 폭음이 여러 번 났는데 모아둔 화약이 폭발한 것이었다. 적들의 화약에 적들이 죽었다. 불길을 못 이기고 뛰쳐나오는 적은 칼, 창, 몽둥이세례를 받았다. 영천성의 왜적 5백 명은 거의 전멸하였다. 아군의 피해도 많았지만 문제가 되지 않았다. 이것은 왜적이 주둔한 성을 공격하여 탈환한 첫 번째 승리였다. 어느 누구도 생각하지 못했고 상상할 수도 없는 상황에서 권응수를 주축으로 한 의병들의 용감한 결단으로 얻은 귀중한 승리였다. 이로써 왜적은 또 한 길을 잃었다. 의흥, 군위, 의성, 안동 등지의 왜적이 대구, 상주 등으로 철수하여 영천을 경유하여 올라가는 길이 수복된 것이다. 이제 왜적은 오로지 밀양, 청도, 경산, 대구, 선산, 상주, 문경을 잇는 외길만을 이용할 수밖에 없게 되었다.

의주 행재소 신하들을 인견하여 지난 평양전투 등 여러 가지 일들을 논의하는데 역시 중구난방이고 믿을 만한 것도 없었다.

평양성 안의 변절자와 왜적 사이를 이간하는 말을 편지로 만들어 황해도 도로와 평양성에 떨어뜨려 적들이 보게끔 하자고 하였다. 선조의 기발한 생각이었는데 효과가 있을 것 같지는 않았다.

잘한 결정도 있었다. 김시민을 진주목사로 한 것이다.

거센 저항, 연이은 승전으로 왜적들, 퇴로를 걱정하게 되다

7월 27일 평안도 이원익과 이빈은 순안에서 김응서와 박명현 등은 강서에서 임중량은 중화에서 군사를 이끌고 평양성 앞에 집결하였다. 5천이 넘는 대군이었다. 평양성의 왜적은 2천 명쯤으로 예상하고 있었으니 충분히 이길 수 있다는 자신감도 있었다. 처음에 왜적은 소수의 군사를 내어 우리 군사를 시험하였다. 아군은 용감하게 대적하고 여러 명을 사살하였다. 왜적은 물러났다 다시 공격하기를 세 차례 하더니 갑자기 대군이 쏟아져 나왔다. 아군이 놀라 도망하기에 바빴다. 전열을 수습했지만 왜적의 숫자가 생각보다 훨씬 많은 것을 알았으니 다시 공격할 수도 없었다. 군사를 철수하여 본래 지키던 곳으로 돌아갔다. 왜적도 더 이상 움직이지 않았다.

용감하게 공격한 것은 좋았으나 적을 알지 못한 무모한 공격이었다. 아직은 야전에서 적을 상대할 수 있는 수준은 되지 못했다. 왜적 2십여 명을 사살했지만 아군의 피해는 훨씬 더 컸다. 그래도 왜적에게는 조선군이 처음보다는 만만하지 않고 또 공격당할 수도 있다는 사실을 알게 해 주었다.

의주 행재소 비변사가 현재의 군량과 말먹이로 군사 3천 명을 몇 달간 지탱할 만하니 양총병과 조총병에게 사람을 파견하여 포수인 남병 수천 명을 청하자고 하였다.

이때 조정에서 세자가 강계를 떠나 남쪽 위험한 지역으로 들어간 것을 알게 되었다. 양사가 이를 주창한 자를 적발하여 죄를 주고자 하였다. 이 때문에 무군사에서 장계를 올렸다.

"산을 넘고 물을 건널 때는 여러 의견을 널리 수렴하여야 하나 간혹 스스로 계획하여 주창하였으니, 그 죄는 전적으로 신들에게 있습니다. 황공하여 치죄를 기다릴 뿐입니다."

"황해도는 적에게 함락된 지 이미 오래되어 백성들은 학살을 견딜 수 없어서, 모두 분연히 일어나 적을 토벌하려고 하나, 의지할 만한 장령이 없다고 합니다. 그러므로 경기수사 이빈(李薲)을 파견하여 곡산·수안 등지로 가서 진무하면서, 한편으로는 해서 지역을 수습하고, 또 한편으로는 서경의 성원에 응접하도록 하였습니다."

또 "분조가 가는 곳에는 백성들이 모두 기뻐하며 귀부하고 있으며, 조정의 기맥이 여러 도에 널리 통하여 적의 수급을 바치는 자가 날마다 찾아옵니다. 또 각 도에서 의병을 일으켜 회복의 희망이 다소 있으며, 이시언은 왜적을 만나 적진에 돌입하여 그 선봉의 목을 베어 드높은 명성이 매우 드러났습니다. 모두가 그를 장수로 삼기를 원하였기 때문에 황해도 방어사로 차정하였습니다" 등등의 내용이었다.

7월 28일 무군사 왕세자 광해군은 이천에서 18일을 머문 후 성천을 향하여 신계로 이동하였다. 왜적이 가까이 왔다는 소식을 듣고 황급히 떠난 것이다. 적들이 동쪽 길을 막아서 쉽게 전진할 수가 없었다. 험준하고 막히고 끊어진 길로 돌아서 성천으로 향했다. 일행은 겁에 질려 대다수 변복하고 행색을 속이며 나아갔다.

7월 29일 의주 행재소 선조가 정철, 윤두수 등을 인견하고, '평양의 전투에서 이제 또 이기지 못하였으니 나랏일이 어찌 이리도 불행하단 말인가. 중국 장수가 다시 나오겠는가' '왜적이 얼음 얼기를 기다려서 요동을 침범하려 하는 것인가' '적이 평양을 차지하고서 나오지 않는 것은 무슨 까닭인지 모르겠다. 반드시 간사한 꾀가 있기 때문이다. 혹 시원한 가을을 기다리는 게 아닌가' 등 걱정이 태산이었다.

그러자 윤두수가 '전라도는 이순신을 힘입어 온전합니다' 하였다. 정철과 윤두수는 선조에게 이구동성으로 압록강을 건넌다는 말은 입 밖에 내지 않아야 한다고 하였다.

선조가 3도 체찰사 정철에게 '경은 잘 가라. 국가의 회복은 오로지 경만 믿는다. 종사관 및 군관은 경의 마음대로 하라 단지 이곳에 사람이 없는 까닭에 발송하지 못한다' 하였다. 체찰사 정철이 남쪽으로 길을 떠났다.

초유하는 교서를 내려 민간에 선포하고 이미 적에게 빌붙은 사람이라도 도로 나오는 자는 전에 지은 죄를 논하지 말 것이며, 만약 적을 체포하는 사람은 다른 사람의 예에 따라 중상할 것으로 의논하여 조처하라 하였다.

충청도 조헌이 천여 명의 의병을 이끌고 청주에 도착하였다. 당초에 조헌은 고경명과 연락하여 같이 금산을 치기로 하였었다. 그래서 군사를 이끌고 회덕까지 갔었는데 거기서 고경명이 금산에서 순절하였다는 소식을 들었다. 그때 청주성을 회복하는 것이 급하다는 말이 있어 군사를 돌려 이곳에 도착한 것이다. 그곳에는 이미 의승장 영규가 이끄는 승병 8백이 있었고 충청방어사 이옥이 이끄는 관군도 있었다. 청주성 안에는 왜적 1천여 명이 주둔하고 있었는데, 이 무렵에는 좌우 연락이 끊겨 고립무원인 상태로 포위된 것이나 다름없었다. 성질이 급한 조헌이 청주성을 공격할 것을 주장했으나 방어사 이옥은 여러 차례 왜적에게 혼이 난 상태였으므로 싸울 의사가 없었다. 의승장 영규는 조헌과 의견이 같았다. 그래서 이옥은 제쳐 두고 그들은 함께 청주성 공략 준비에 들어갔다.

7월 30일 의주 행재소 호조판서 이성중이 아뢰기를 중국군은 시원한 가을이 된 뒤 진창이 모두 말라야만 대병을 움직일 수 있다 하고, 우선 양식을 아껴 대군의 용도를 준비해야 한다고 하였다.

선조는 "풍원부원군의 서장을 보니 군량은 이미 준비되었고, 장맛비도 갰으니, 중국군 4~5천 명을 청하여 오게 해도 된다" 하였다.

이달에는 다른 일들도 많았다.

평안도에서 유생 조호익이 의병을 모집하여 강동에 주둔하였다. 조호익은 원래 경상도 창원 사람인데 억울한 죄를 입어 강동으로 귀양 와서 살고 있었다. 평양이 함락되자 행재소로 향하는 도중에 유성룡을 만나게 되어 의병을 일으킬 것을 의논하였고, 바로 강동으로 돌아가 군사를 모집하니 5백여 명이었다. 중화와 상원 사이를 왕래하면서 유격전을 펼쳐 평양에서 서울을 왕래하는 소서행장의 왜적들을 괴롭히고 있었다.

경기도에서 창의사 김천일과 전라병사 최원이 수원에서 인천으로 진을 옮기고 감사 이광에게 군대 지원을 요청하니 이유의, 선거이를 보내 지원하게 하였다. 군사가 오래 머물자 도망자가 많으므로 마침내 강화로 들어가 견고하게 지키면서 바닷길로 행재소에 통하는 길을 보전하였다. 전투에서는 성공하지 못했으나 도성 안의 백성들을 불러 모아 도로 나오게 하여 기전의 인심도 안정시켰다.

서인 홍계남이 부친 홍언수와 함께 군사를 일으켜 적을 토벌하였다. 용감하고 담력이 있으며 말 타고 활쏘기에 능했다. 금군소속으로 통신사 황윤길을 따라 일본에도 다녀왔다. 산꼭대기에 보루를 쌓고 양천, 안산 등의 지역을 굽어 보며 적의 허점을 틈타 습격하였다. 그의 맹활약 덕분에 경기, 호서의 여러 고을 백성들이 그를 의지하게 되었다. 특별히 수원 판관 겸 조방장에 제수하였다.

고언백을 양주목사로 하여 능을 보호하게 하였다. 항상 여러 능에 군사를 잠복시켰다가 수시로 적을 쏘아 죽여 여러 능이 온전하게 되었다.

전라도에서 화순의 전 부사 최경회가 고경명 휘하의 장졸들을 수습하여 의병장이 되었다. 광주에서 거사했는데 기치를 '골(骨)'로 하였다.

전 보성군수 임계영이 보성에서 의병을 일으켰다.

황해도에서 전 참의 이정암이 연안성으로 왔다. 전에 연안부사로 있으면서 선정을 베풀었으므로 이때 흩어졌던 백성들이 듣고 와서 모였다. 즉시 격문을 온 도에 전하게 하고 인근 지역을 돌면서 의병을 일으킬 것을 촉구하였다. 비록 대병은 아니지만 고을마다 의병을 일으키는 사람이 많았다. 이천 분조에서 세자가 알고 황해도 초포사로 임명하였다. 이정암은 연안성을 지키기로 마음을 정했다. 곽재우를 도둑으로 몰아 파란을 일으키고 직을 그만둔 전 합천군수 전현룡이 이곳에 와 친구인 이정암의 참모가 되었다. 여기서는 맡은 바 일을 잘하여 큰 힘이 되었다.

선조가 묘향산의 노승 휴정을 불러 그로 하여금 중을 모집하여 군사를 만들도록 하였다. 제자 의엄을 총섭으로 삼아 원수에게 예속시켜 성원하게 하였다. 또 격문을 보내 금강산의 유정과 호남의 처영을 장수로 삼아 각기 본도에서 군사를 일으키게 하였다. 유정은 일대의 중들을 불러 모아 평양으로 왔는데 천여 명이나 되었고, 처영은 전라도에서 중들을 모아 권율의 막하에 들어갔다. 대체로 승군은 접전에 능하지는 못했으나 먼저 무너지지 않았고 경비를 잘하고 역사를 부지런히 하였다.

[청주성전투]

8월 1일 조헌과 영규가 청주성 공격을 시작하였다. 조헌과 영규의 불같은 질책으로 관군도 합세하였다. 관군의 일부는 동, 남, 북의 3대문을 파수하게 하고 서문을 공격하였다. 한동안 싸움다운 싸움을 하지 않았던 왜적도 기죽지 않고 나와서 대적하였다. 치열한 싸움이 벌어졌다. 왜적은 조총을 쏘아 대며 공격하였고 아군은 지형과 숲을 이용하여 활로 대적하였다. 백병전이 벌어진 곳에서는 승군의 활약이 눈부셨다. 그들은 대부분 낫을 가지고 싸웠는데 영규가 앞장서서 용맹을 떨치니 왜적이 당하지 못했다. 조헌도 위험을 무릅쓰고 전투를 독려하였다. 관군의 공격도 독촉하였는데, 물러서는 수령들을 뒤에서 몽둥이로 두들기니 감히 뒤처지는 자가 없었다. 왜적이 밀려 문으로 몰리자 아군이 쫓아갔는데 성 위의 왜적이 조총을 쏘아 아군이 많이 상했고 아군도 편전으로 적을 무수히 사살하였다. 조헌이 여세를 몰아 관군을 재촉하며 사면으로 포위하고 성을 넘어 공격하려는데 때마침 소나기가 쏟아져 내렸다. 조헌이 하늘이 돕지 않음을 탄식하고 군사를 물렸다. 밤중에 왜적은 시체를 태우고 성을 넘어 서울 쪽으로 모두 도망해 버렸다. 이렇게 청주성은 회복되었다.

　이후 조헌은 북상을 서둘러 온양까지 올라갔는데 충청 전라도의 양 감사가 만류하며 금산의 적이 치성하니 먼저 금산을 치자고 하였다. 그 말이 타당하므로 군사를 돌려 공주로 내려왔다. 그런데 이때에도 관에서는 관군을 충당하기 위해 군에 들어올 사람이 의병으로 갔으면 그 가족들을 못살게 굴었다. 그래서 많은 의병들이 빠져나갔다. 조헌에게는 7백 명만 남게 되고 영규가 이끄는 의승군도 수가 많이 줄어 3백 명이었다. 그래도 그들은 기죽지 않고 금산으로 향했다. 전라감사가 된 권율과도 약속하여 함께 합세하여 금산을 치기로 하였다.

　여수 전라좌수영 이순신의 전라좌수영 수군과 이억기의 전라우수영 수군이 여수 앞바다에 집결하였다. 그동안 해상에서의 완벽한 승리와 육전의 선전으로 왜적이 점점 내려간다는 말도 있었다. 이순신은 왜적이 도망한다면 수륙으로 협공할 필요성이 있다고 판단하였다. 두 차례 함께 왜적을 무수히 쳐부수어 한마음이 되었지만, 미비점도 보완해야 하고 보다 정교한 전술도 필요했다. 그래서 좌우 수군이 이날 모였는데, 그동안 싸우는 와중에도 전선 건조를 서둘러 이제는 양 수군의 전선이 판옥선 74척 협선 92척으로 크게 늘어 있었다. 합동 훈련을 시작하였다.

전라도 조방장 이유의가 강화에 있는 최원과 김천일을 지원하기 위해 군사 2천을 거느리고 북상을 시작하였다.

성천 무군사 왕세자가 성천으로 이주하였다.

8월 2일 의주 행재소 비변사 당상을 인견하고 논의하였다.
선조가 이르기를, "적의 형세가 어떠한가?" 하니,
윤두수가 아뢰기를, "전사들이 전진할 마음만 있고 후퇴할 마음은 없으니 해볼 만합니다" "이 적은 대군으로 대진하여 서로 전투할 수는 없습니다. 반드시 군사를 뽑아 그들의 흩어져 있는 군사를 휩쓴 뒤라야 이길 수 있을 것입니다" 하고,
신잡은 아뢰기를, "신이 이빈을 만났더니, 빈이 신의 아우인 신립·신할이 패배한 것을 거론하면서 말하기를 '나는 많은 수의 군사를 나누어 험조한 곳에 숨어 있다가 나오는 적을 덮치려 한다'고 하였습니다."
선조가 이르기를, "만일 불행하여 적세가 온 나라에 가득 찬다면 앞으로 어떻게 해야 하겠는가?" "바다로 나가려 하나 어디로 갈 것인가? 내가 가는 데는 적도 갈 것이다" "적이 요동을 침범하려 하는데 어찌 소소한 원병을 꺼리겠는가. 적이 나오지 않는 것은 두려워서가 아니라 반드시 간사한 계책이 있어서 일 것이다" 하였다. 선조는 아직도 요동으로 건너갈 것에 대한 미련을 버리지 못하고 걱정이 태산 같았다.

신잡이 아뢰기를, "인심이 차츰 안정되는 까닭은 대가가 이곳에 머물고 있어서이니, 가볍게 움직일 수 없습니다" 하고, 또 "이 도의 인심이 크게 소란한 까닭은 오직 대가가 요동으로 건너간다는 것 때문입니다" "요동을 건너면 필부가 되는 것입니다. 필부로 자처하기를 좋지 않게 여긴다면 이 땅에 있더라도 피란할 수 있을 것입니다" "여기 있는 군신들이 누군들 국가를 위하여 죽으려는 마음이 있지 않겠습니까? 대가가 우리 땅에 머물러 계신다면 거의 일 푼의 희망이라도 있지만 일단 요동으로 건너가면 통역하는 무리들도 반드시 복종하지 않을 것은 물론, 곳곳의 의병들도 모두 믿을 수가 없게 될 것입니다. 제장들은 패배를 두려워하는 것이 아니라 오직 대가가 요동으로 건너가는 것만을 두려워합니다" 하고 강력하게 말하였다.

신잡이 나가려 하자, 선조가 만류하면서 이르기를, "경의 말과 같다면 어떻게 하는 것이 좋겠는가?" 하니,

신잡이 아뢰기를, "의당 전진하여 수습할 계책을 생각하셔야 합니다" 하였다.

선조는 "오늘의 형세로 보건대 정주에는 결코 갈 수가 없다" 하였다.

신잡은 신립, 신할 두 장수 동생을 잃었고 또 다른 동생 신급은 노모를 모시고 피난 중에 적을 만나 죽었다. 그래서 적개심에 불타 임금 앞에서도 두려움이 없었다. 그래서 이렇게 강력하게 선조에게 말하고 있었다. 선조도 그에게는 큰소리칠 수가 없었다. 그런데 며칠 뒤 신잡은 이천으로 피신했다는 노모가 바위에서 떨어져 발을 다쳤는데 양식마저 끊어져 그대로 굶어 죽기를 기다린다는 말을 들었다. 당장 어머니를 찾으러 가겠다고 청원하니 선조가 만류하고 사람을 보내 알아보게 하였다. 이때 이렇게 가슴 아픈 일은 이 외에도 무수히 많았다.

8월 3일 의주 행재소 간원이 대동강 방어선에서 어이없이 도망쳤던 장수들, 병사 이윤덕, 왕성탄 수장 오응정, 박석명, 강동탄 수장 김억추, 허숙 등을 처단하자고 하니, 비변사가 우선은 죄를 용서하여 스스로 공을 세우게 하자고 하였다. 이윤덕만은 백의종군하게 하였다.

요동에서 윤근수가 동총병을 만나 대화를 나누었다.

윤근수가 "평양의 적이 중국군이 성을 공격한 뒤부터는 떨려서 감히 여러 날을 성에서 나오지 못하더니, 그 뒤에는 연일 나와서 사방으로 흩어져 노략질을 하고 있다. 적병이 서쪽으로 향하면 이는 비단 우리의 걱정일 뿐만이 아니니, 노야는 속히 발병하여 구원해 달라" 하였다.

동총병이 답하기를 "가을이 깊어지니 일로가 상쾌해지면 군사를 발하여 구원하러 갈 것이다" 하였다.

또 윤근수가 남방의 포수는 언제 오며 그 수효는 얼마인가 하고 물으니,

말하기를 "그 수효는 3천 명인데 그중에서 6백 명은 오늘 탕참에 도착하였고 그 나머지는 해주로부터 차례로 올 것이다. 낙참장·곡유격·섭유격이 각각 1천 명을 거느렸는데, 섭유격은 먼저 도착하였고 낙·곡 두 장수는 군사를 거느리고 도착할 것이다" 하였다. 그리고 "양총병은 탕참에 있고 조총병은 봉황성에 있으면서 한창 궁전과 갑옷, 투구 등을 수리하고 있다" 하였다.

8월 4일 의주 행재소 겁 많은 임금 선조가 있는 곳은 신하들도 백성들도 모두 겁이 많고 불안하였다.

이원익이 장계하여 소서행장의 서신 내용을 알렸는데,

일본군은 호랑이, 명군은 양떼라고 조롱하며 당장 밀고 올라가 압록

강에 주둔할 것이니 알아서 하라는 내용이었다. 또 "일본의 해군 10여만 명이 다시 서해로부터 올 터인데 대왕의 행차는 이로부터 어디로 가겠는가?" 하는 말도 있었다. 소서행장은 이미 더 이상 공격할 힘도 의사도 없었는데 이를 감추기 위해 허장성세를 부려, 진군하여 요동을 침범할 것처럼 편지를 보냈다. 이에 선조 이하 신하들이 모두 놀라 어쩔 줄을 모르고 공포에 떤 것은 물론 의주의 백성들이 피난 보따리를 싸기에 바빴다.

비변사가 아뢰기를, "지금 이원익의 장계를 보건대, 흉적이 장차 상경할 태도를 보여 우리의 군심을 해이시키려는 의도가 있으니 매우 통분스럽습니다. 순찰사 등이 이미 그 뜻을 탐지하였으니 반드시 조처하는 바가 있을 것입니다. 다만 서계에서 질문한 말이 더욱 통분하니 이 서계를 우리나라가 등한히 간과해서는 안 됩니다. 그들의 오만 무례한 말을 중국 장수들이 보면 그들도 반드시 마음 아프게 여겨 군사를 일으켜 올 것입니다. 이덕형을 보내 양총병을 만나 이 서계를 보이고 겸하여 거병을 일찍 하는 것이 마땅하다는 뜻을 진술하게 하는 것이 어떻겠습니까?" 하였다.

다음 날 유성룡도 이원익과 같은 내용의 장계를 올렸는데, 이에 의거 명을 내렸다. "이처럼 위급하다는 뜻으로 왜의 서계를 가지고 가서 속히 중국군 5천 명을 요청하라."

교리 이상의가 이천의 동궁 처소에서 왔다. 세자가 이천에 이르자 백성들이 마치 부모를 바라듯 하여 전일처럼 마구 흩어지지 않았다고 하고, 이일은 3천 명의 호위군을 거느리고 이천에 왔다 하고, 요동으로 들어갔다는 말이 전파되어 소모하는 일이 어려웠는데 유성룡이 인신을 찍은 문서를 보내자 황해도의 민심이 달라졌다고 하였다.

홍진은 상이 요동으로 건너갔다는 말 때문에 민심이 이반되고 적을 토벌하라는 명령에도 흩어져 버리고 믿지 않는다고 하였다.

무군사 이때 다시 북상하는 세자 일행은 성천에 있었다.

8월 7일 의주 행재소 6월 하순에 김수의 장계를 가지고 출발한 김경로가 이제야 행재소에 도착하였다. 조정이 남쪽에서 멀리 떨어져 있지만 떠돌아 들리는 말들도 많았고 중구난방의 장계도 이어졌다. 맞는 말도 틀리는 말도 모두 많았다. 그러니 임금도 신하들도 중심 잡기도 어려웠고 대책회의도 실정에 맞지 않는 것이 많았다. 이날도 선조가 윤두수 등 신하들을 인견하고 대책을 의논하는데 전라병사 최원이 강화에 있으니 병사를 다른 사람으로 하자는 말도 있었고, 김수와 곽재우의 갈등을 놓고 걱정도 하였다. 선조는 김수가 곽재우에게 해를 입을까 걱정하였다. 결국 김수를 조정으로 불러 올리는 것으로 결론이 났다. 또 평수길이 대마도에 와 있다는 말과 왜적이 돌아가려 하는데 수길이 독전하는 까닭에 돌아가지 못한다는 말도 있었다. 적이 요동을 침범할 것인지에 대한 의논도 있었다. 이때 조정의 심각한 문제는 현지 사정도 모르면서 천리나 멀리 떨어진 곳에서 장수를 함부로 바꾸는 논의를 하는 것이고, 다른 하나는 시기가 한 달이나 지나 현지에서는 해결된 사안을 지금 일어난 일처럼 논의하고 있는 그야말로 무익한 시간 낭비를 하는 것이었다.

선조가 김경로를 인견하였는데 남쪽 사정에 대해서 묻는 것이 많았다. 김경로는 그동안 남쪽에서 보고 들은 것이 많았으므로 불확실한 말도 많았지만 조정의 신하들에 비해 대체적으로 맞는 말이 많았다. 이것이 선조의 마음에 들었다. 선조는 너무 걱정이 많았고 너무 궁하기 때문인지 조금만 맘에 들면 나라를 구할 사람으로 생각했다.
선조가 "어떤 계책으로 적을 토벌할 것인가?" 하고 물었다.
김경로가 "우리나라가 무사는 양육하였으나 장수의 임무를 맡길 만한 사람이 없으니, 매우 걱정스럽습니다. 복병으로 토벌해야지 대군을 움직여 토벌할 수는 없습니다" 하였다.

선조가 김경로에게 이르기를, "그대를 황해도 방어사로 삼을 것이니 최원의 군사 4천 명을 나누어 황해도의 적을 토벌하라. 그대가 그 군사를 합쳐 토벌하면 반드시 앞뒤로 몰리게 될 것이니, 이를 이용하면 큰 승리를 거둘 수 있을 것이다" 하니

김경로가 "책임을 감당하지 못할 듯합니다" 하였다.

선조가 "그대는 불세의 대공을 세울 것이다. 그리고 황해도의 적병을 먼저 토벌해야 되지 않겠는가?" 하니

김경로가 "상의 분부가 지당합니다" 하였다.

선조가 또 "그렇다면 평양의 적이 궁한 도적이 되어 이곳으로 대들지 않겠는가?" 하였다. 평양의 왜적이 자신을 잡으러 올 것을 걱정한 것이다.

김경로가 "황해도의 적을 토벌하면 형세가 반드시 외롭고 약해져서 감히 오지 못할 것입니다" 하였다.

비변사가 김경로를 최원의 군대를 나누게 하지 말고, 황해도에서 모병하고, 삼현의 군대를 합하여 거느리고 평양의 왜적을 무찌르게 하자고 하였다. 후에 경상우도에서는 김경로가 황해도의 방어사가 되었다는 소식을 듣고 모두들 허탈한 웃음을 지었다고 한다.

김성일을 경상좌도 관찰사, 한효순을 우도 관찰사, 김수를 한성부 판윤으로 하였다. 조정의 하는 일이 이렇다. 김성일은 초유사로 우도에서 백성들의 신망을 받고 열심히 하고 있는데 좌도의 감사로 임명하였으니 차라리 안 하느니만 못한 그런 인사를 하고 있는 것이다. 답답한 일이었다. 뒤에 이것을 알게 된 경상우도에서는 일대 소동이 벌어진다. 그중 진사 정유명 등이 쓴 상소에는, '앞으로 만약 김성일이 없어서 관방이 엄하지 못하게 될 경우에는 오직 우도의 몇 고을만이 함락되어 왜적의 땅이

될 뿐만 아니라 호남의 50개 고을도 입술이 없어서 이가 시린 걱정을 면할 수 없을 것입니다. 전라도 한 도를 보전하지 못하면 전하의 나랏일도 끝나고 말 것입니다. 아. 김성일이 떠나고 머무는 것이 어찌 영남우도 의병의 성패에만 관계되겠습니까' 하였다. 조정에서 이런 소식을 듣고 즉시 김성일을 경상우도 감사로 다시 고치도록 하였다.

이날 경성에서는 일본군 수뇌부들이 모여 향후 대책회의를 가졌다. 풍신수길의 특명을 받고 어린 총사령관 우희다수가를 보좌하고 전쟁을 감독하기 위해 파견된 3봉행(삼성, 장성, 길계)이 참석하였다. 함경도로 간 가등청정만 참석하지 못했다. 풍신수길은 서울을 점령하였으니 명나라를 칠 것으로 생각하였겠지만 현지 사정은 달랐다. 이제는 명나라를 치는 것이 아니라 명나라가 대군을 파견할 것을 걱정하였고, 각처의 거센 저항에 퇴로도 걱정해야 할 처지이다. 여차하면 개성에 방어선을 구축하기로 하였다. 그리고 그냥 물러나기보다는 우선 강화를 추진해야 하는데 이것은 소서행장이 주도하기로 하였다. 우리 조정에서 이런 사실을 알 수는 없었다.

8월 8일 의주 행재소 유대건이 분조에서 와 인견하였는데 이일이 동궁을 모시고 있다고 하였다. 또 경성의 적군이 경성 밖에 3진으로 진을 친 이유에 대해서는 망령된 추측이라 하면서 반드시 내분이 있어서 나온 것 같다 하였다. 적이 조령, 괴산 등 처로 향하려 하지만 아군이 막고 있는 까닭에 내려가지 못한다고 하더라는 지극히 망령된 말도 하였다. 양주목사 고언백이 경성의 적군이 때때로 양주 지방을 분탕질하는데 복병을 두어 다수를 사로잡았다고 하였다.

임진의 군중에서 먼저 달아나 전군을 무너지게 하였던 박충간은 몰래 자식을 데리고 피하여 달아났다가 의병이 일어났다는 소식을 듣고 경기 어느 고을에 와서 거주하며 뻔뻔스럽게도 삼도 운량사라 자칭하고 백성들에게 피해를 주고 있었다. 양사에서 파직하라고 청했으나 듣지 않았다.

비변사가 아뢰기를, 전라병사 최원이 많은 군사를 거느리고 왔으므로 기대했는데 해도에 들어가 나태하고 군량만 허비하니 형편을 보아 진퇴시켜야 한다 하였다. 김천일과 최원은 장단의 적을 공격하다가 적의 매복에 걸려 큰 피해를 입고 철수한 적도 있었다. 군사를 이끌고 천리 길을 와서 고군분투하고 있는데, 조정에서 도와주지는 못하더라도 방해는 하지 않았어야 했다. 이 무렵 의주에 있는 비변사는 국방을 책임지는 총사령부의 역할보다는 오히려 때늦고 무능한 결정으로 일을 망치는 경우가 많았다. 차라리 멀리 떨어져 실정을 알지 못하는 곳은 상관하지 말고 중국 군사 일이나 신경 쓰는 것이 나았을 것이다.

8월 9일 경상우도 이 무렵 김시민과 유숭인의 활약으로 사천, 고성, 진해, 창원의 적은 모두 물러갔다. 진주 판관 김시민이 사천 현감 정득렬 등과 더불어 사천·고성·진해에 있는 적을 습격하여 적을 도망하게 만들었고, 함안군수 유숭인과 칠원현감 이방좌가 군사를 거느리고 적을 추격하여 쏘아 죽이니 적이 달아나 창원 병영으로 들어갔다. 모든 군사들이 이긴 기세를 타서 나아가 포위하니 적이 밤에 창원에서 도망하였다.

8월 10일 의주 행재소 윤두수 등을 인견하고 여러 가지 일들을 논의하였다. 왜군이 올라올 것에 대한 걱정, 함경도의 왜적과 합세해서 올라올 것에 대한 걱정, 배를 타고 피난할 것에 대한 걱정, 중국군이 언제 나오느냐, 양식은 준비되는가, 오는 숫자는 5천은 넘어야 한다. 또 평양의 왜적이 물러간다는 말도 있었다. 안타까운 것은 아직도 평양의 왜적 실태를 전혀 모르는 것이다.

8월 11일 경기도 전라도 조방장 이유의가 군사를 이끌고 경기도 지경에 이르렀는데 경기 의병장 홍계남과 충청병사가 죽산에 주둔한 적을 치자고 하였다. 그래서 약속하고 적을 치려고 진군하였는데 적이 미리 탐지하고 복병을 하고 기다리다 공격하여 관군과 의병이 모두 크게 패했다. 이유의가 최원의 부대와 합류하여 근왕하려던 목적은 상실되었다. 뒤에 조정에서 그의 남은 군사를 최원에게 소속시키게 하고 경상좌수사로 임명하였다.

8월 12일 의주 행재소 강동과 왕성탄을 지키지 못하고 먼저 도망친 사람들에 대해 군율을 적용할 것을 선조가 강하게 요구하였다. 김억추도 거론은 되었다. 허숙만 처리하도록 하였다.

정곤수를 진주사로 심우승을 서장관으로 하였다. 북경에 보내 군사를 요청할 예정이었다.

다음 날 멀리 떨어져 있으니 선조가 답답함을 느낀 모양이다. 남방 소식이 오랫동안 오지 않는다고 조헌, 김면, 정인홍 등에게 연락하여 알아보라 하며, "어떤 길을 경유하여야 도달하겠는가?" 하고 물었다. 비변사가 강화의 최원이 있는 곳에 보내어 전통하게 하였다고 답하였다.

가평에서 싸우지도 않고 무너졌다 하여 조경과 변응성을 백의종군하게 하였다.

이유징이 동참장을 만나 구원을 청한 일과 참장 낙상지가 이끄는 남병 8백 명이 도착한 일을 보고하였다. 낙상지는 힘이 좋아 천 근을 들 수 있다 하여 낙천근으로 불리는 사람이다. 충실한 사람으로 뒤에 우리나라에 많은 도움을 준다.

8월 14일 한응인이 동참장을 만났다. 심유격이 왔다 하고, 만전을 기해야 한다고 하였다. 몇백 명이라도 먼저 보내 세력을 떨치도록 도와 달라는 요청에는 사정은 알지만 권한이 상사에 있으니 자기가 멋대로 결정할 수는 없다고 하였다. 심유격은 앞으로의 정국을 뒤흔들 인물인 설객 심유경을 말한다.

8월 15일 지평 구성이 낙참장을 만나 구원을 요청하니, 우리와 함께 일할 사람은 지려가 있는 사람으로 미리 정해 대기시키라 하고, 유언비어로 낙장군이 온다 퍼뜨려 평양의 우리 백성이 몰래 빠져나오게 하고, 또 왜적은 유인하여 매복 협공해야 한다 하였다. 그리고 지금은 말먹이와 군량을 많이 저축하는 데 힘쓸 때이고, 자주 와서 군사를 청할 필요가 없다고 하였다.

권한도 없는 하급 장수들을 만나 구원해 달라고 읍소하고 재촉하여 망신만 당하고 그들의 콧대나 높여 주고 있었다.

8월 16일 황해감사 조인득은 해도로 도망갔었지만 다시 나타나 해주를 수복하겠다 하니 순찰사는 그대로 삼는 것이 무방하겠다고 하였다.

곽재우는 길을 막고 적을 많이 죽였으나 공을 스스로 말하지도 않으니 5품의 관직을 제수하라고 하였다.

비변사가 무관직에 대해 녹봉 없는 관작을 가설하여 주자 하니 따랐다. 훈련 주부 60명, 판관 30명, 첨정 20명, 부정 15명, 정 5명, 부장·수문장 각 50명으로 하였다.

이날 당항포 승전에 대한 논상이 있었다. 비변사가 아뢰기를, "전쟁이 일어난 이래 제장이 한결같이 퇴패만을 거듭하였습니다. 작은 승첩이 있다 하더라도 몇 명씩 떼 지어 다니는 보잘것없는 적과 싸운 것에 불과합니다. 그러나 이제 당항포에서 왜적과 만나 비로소 대첩을 거두었습니다. 전후 공을 보고한 것 중 이보다 더한 것이 없으니, 별도로 논상하지 않을 수 없습니다" 하니, "아뢴 대로 하라" 하였다.

전라 좌수사 이순신을 자헌으로 가자하고, 흥양현감 배흥립·광양현감 어영담을 통정으로 올리고, 녹도만호 정운·사도첨사 김완을 절충으로 올리고, 낙안군수 신호를 겸 내자시 정으로, 보성군수 김득광을 겸 내섬시 정으로, 우후 이몽구, 전 첨사 이응화 등을 훈련원 첨정으로, 이기남을 훈련원 판관, 김인영 등 3인을 훈련원 주부로, 변존서 등 14인을 부장으로 삼았는데, 이는 2차 출전 전공에 대한 상이었다. 장계가 올라온 후 한 달이 넘었는데 이제 논상을 한 것이다.

이순신의 계본에, 각 고을 목장의 말을 몰아다가 잘 길들여서 육전에 쓰게 하되, 본 고을의 감목관과 함께 수를 헤아려서 각 장사들에게 한 필씩 주고, 일일이 장부에 적어 두었다가 성공을 기다려 영구히 지급하자고 하였는데, 이것도 흔쾌히 들어주었다.

8월 17일 전라도 금산 조헌과 영규가 각각 7백과 3백의 결사대를 이끌고 금산에 도착하였다. 이들은 수는 적지만 생사를 같이 하기로 결의한 정신무장이 잘된 강군이었다. 그런데 약속한 권율의 군대는 나타나지 않았다. 권율이 기일을 변경하자는 글을 보냈는데 길이 엇갈려 받아 보지 못한 것이었다. 영규가 잠시 후퇴하자 하였으나 듣지 않았다. 이날은 비가 와서 접전이 없었다.

의주 행재소 이날 유격 심유경이 의주에 도착하였다. 심유경 일행 3인은 황제가 하사한 은냥도 가지고 왔다. 선조가 서문 밖에서 영접하였다. 심유경은 귀국이 지성으로 사대한 까닭에 병마 70만을 이미 조발하게 하였으니 오래지 않아 곧 올 것이라 하고, 오는 20일에 직접 평양에 가서 왜적의 형편을 탐지해본 뒤에 거사하려 한다 하고, 용병의 도는 경솔하게 해서는 안 된다 하였다.

심유경은 직위는 유격이었지만 싸우는 장수가 아니고 일종의 협상가였다. 왜적을 직접 만나 보고 그 실정을 파악하고 시간도 벌 필요가 있었다. 이를 위해 중국의 병부상서 석성이 일본을 여러 번 왕래하여 사정을 잘 안다고 하는 심유경을 특별히 선발하여 보낸 것이다. 그에 대한 조정의 첫 평가는 '인물은 볼품없지만 말은 잘한다'였다.

이때 중국은 영하에서 일어난 보바이의 난이 평정되지 않아 대부분의 병력이 그곳에 투입되어 있었다. 그래서 조선에 대군을 보내고 싶어도 보낼 수 없는 상황이었다. 시간이 필요했다. 그래도 필요한 조치들은 하고 있었다. 공부우시랑 송응창을 병부우시랑 겸 경략방해어외군무(약칭 경략)로 임명하여 왜적과의 전쟁을 총괄하고 준비하게 하였다.

[금산전투]

8월 18일 왜적은 조헌과 영규의 부대 외에 후속부대가 없는 것을 확인하고 퇴로를 차단하며 공격에 나섰다. 7백의 결사대는 한 걸음도 물러서지 않았다. 적을 세 번이나 물리쳤다. 활로 대항하고 화살이 다하자 백병전이 벌어져 칼과 몽둥이 돌로 대항하였고 마지막에는 맨주먹으로 끝까지 싸우다 모두 죽었다. 왜적은 더 많이 죽었다. 영규도 조헌을 구하러 달려와 끝까지 싸우다 죽었다. 봉사 임정식은 척후병을 이끌고 나가 있다가 사태가 급한 것을 알고 돌아와 돌진하여 왜적을 죽이고 전사하였다. 이 싸움이 얼마나 치열했던지 왜적들의 곡성도 들판에 진동하였고 쌓인 시체를 태우는 불길이 3일 동안 꺼지지 않았다 한다. 다음 날 동생 조범이 몰래 들어가 시체를 거두었는데 조헌은 깃발 아래에서 전사했고 장졸들은 모두 곁에 빙 둘러 있었다. 아들 조완기는 일부러 관복을 화려하게 입고 전사해 적이 대장으로 오인하게 하고 난자당했다.

누구보다도 나라를 사랑하고 의기에 북받쳤던 조헌은 이렇게 순절하였다. 싸움만 보면 중과부적의 무모한 것이었지만 그의 죽음은 무모한 것이 아니었고 오히려 왜적의 간담을 서늘하게 만들었다. 조선군은 이제 쉽게 볼 상대가 아니었다. 며칠 뒤에는 해남현감 변응정이 약속했던 기일에는 늦었지만 들어와 복수전을 치르다 전사했다. 그는 변협의 아들답게 조헌과의 약속을 죽음으로 지켰다. 조헌의 군사가 오기 얼마 전에는 보성현감과 남평현감이 금산을 엿보다 전사했었다.

계속되는 조선군의 치열한 공격은 왜적 측에서 보면 소득도 없이 희생자만 늘어나는 무익한 방어전을 해야 하는 것이었다. 그렇다고 다시 전라도 공격에 나설 수도 없는 형편이었다. 게다가 금산에는 비축된 군량도 없었고 구할 데도 없었다. 왜적은 금산을 철수할 수밖에 없었다. 이렇게 해서 금산과 무주 진안 등은 수복되고 전라도는 지켜졌다.

8월 20일 경상좌도 경상좌병사 박진과 의병장 권응수가 군사를 이끌고 경주성 20여 리 앞에 집결하였다. 경주성을 치기 위해 박진이 불러 모은 것이다. 경상좌도의 관군과 의병이 총집결한 1만에 육박하는 대군이었다.

경상우도 김면과 정인홍은 성주의 왜적이 무계 현풍의 응원이 없어져서 약할 것이라 판단하고 서로 약속하여 이날 군사 2천여 명으로 성주성을 공격하였다. 전날 김면이 배설에게 개령의 적이 올 우려가 있으므로 매복하여 막으라 하였다. 그러나 배설은 대답은 했으나 서생의 명을 받을 수 없다며 시행하지 않았다. 한참 성을 공격하는 중에 개령의 왜적

2천 명이 몰래 접근하여 후면을 공격하였다. 성안의 왜적도 공격으로 나서니 앞뒤로 적의 공격을 받게 되어 급하게 후퇴하지 않을 수 없었다. 김면은 구사일생으로 탈출하였다. 배설의 행위가 큰 재앙을 부를 뻔했다. 김준민이 용감하게 싸우면서 후퇴하기를 반복하여 많은 살륙은 면했다.

8월 21일 경상좌도 권응수를 선봉으로 박진은 후진에서 경주성을 포위하기 위해 전진하였다. 그러나 적은 미리 알고 매복하고 있었다. 경주성에서 왜적이 나와 선두에서 싸움이 벌어졌는데 매복한 군사가 후미를 공격하였다. 포위된 박진의 군은 제대로 싸우지도 못하고 안강 쪽으로 후퇴하였다. 권응수 군은 싸우면서 후퇴하여 겨우 빠져나왔다. 피해는 컸지만 흩어진 것은 아니었다. 박진이나 권응수는 그대로 물러날 사람들이 아니었다.

의주 행재소 이홍로가 나타났다. 이홍로는 5월 초 선조가 개성에서 평양으로 급히 향할 때 말없이 도망쳐, 이양원을 찾아가 사정하여 종사관이 되었다. 안전한 곳으로 여기고 찾아간 곳인데 왜적이 함경도 쪽으로 오고 있다는 소식이 들리자 근왕한다는 핑계로 또 사라져 간 곳을 모르게 되었다. 이양원이 조정에 그 사실을 알렸고 조정의 신하들은 붙잡아 처벌할 것을 요청했었다. 그러나 선조는 간 곳을 모르니 천천히 조처하겠다고 했었는데 이제 나타난 것이다. 양사가 나문하여 정죄하자 하였다. 변명하는 말이 많았다. 그럴듯한 변명을 하였을 것이다. 논죄하지 않고 삭직하라 하였다.

8월 22일 황해도 초토사 이정암이 황해도의 의병을 독려하다가 연안 성을 지키기 위해 12일 성안으로 들어와 방어 준비를 하며 주위의 의병들을 불러들였다. 이제 군사의 수는 약 천 명 가까이 되었다. 왜적이 올 기미가 있었으므로 방어 준비에 박차를 가했다.

의주 행재소 윤두수, 심희수 등을 인견하고 중국군이 제 시기에 나오지 않는 것은 무슨 까닭인가 하고 물었다. 심희수가 "요동에 있을 때 물으니 수전이 달리기에 적당하지 못하니 한겨울 물이 얼어붙기를 기다려 출사하려 한다고 하였습니다" 하였다. 생각 많은 선조가 또 왜적이 황해도에서 해로로 오는 것을 걱정하니 윤두수가 이미 조치했다고 하였다.

왜적이 우리 옷으로 변장한다는 소문이 있으니 성문을 각별히 더 엄하게 기찰하고 단단히 타이르라 하였다.

8월 24일 여수 전라좌수영 20여 일의 합동훈련을 마친 이순신과 이억기의 연합함대는 드디어 부산포를 공격하기 위해 출항하였다. 제4차 출전인 것이다.

그동안 왜적이 경상우도 해안에 출현하지도 못하고 왜적이 물러가는 듯하다는 말이 여기저기서 들렸다. 경상감사 김수도 공문을 보내 '위로 침범한 적도들이 낮에는 숨고 밤에 행군하여 양산 및 김해강 등지로 잇달아 내려오는데, 짐을 가득 실은 것으로 보아 도망가려는 형적이 현저하다'고 하였다. 적의 퇴로를 위협하여 철수를 서두르게 할 필요가 있었다.

이번 출전에는 정걸 장군이 조방장으로 동행하였다. 80이 가까운 노장이었지만 아직도 힘이 있었다. 이번 부산포를 치는 것도 그가 적극적으로 권장했다고 한다.

이날은 남해의 관음포에 도착하여 쉬다가 자정에 다시 달빛을 타고 배를 몰아 사천의 모자랑포에 정박하였다.

의주 행재소 황주목사 김진수가 별장 차은로 등과 요로에 매복했다가 왜적 5백여 명이 평양을 향해 달려가는 것을 만나 함성을 지르며 어지럽게 화살을 날려 수급 22과를 참획하고 말 45필을 빼앗았으며 투구·갑옷·총포 등의 물건을 노획하였다는 보고가 있었다.

윤두수 등을 인견하고 중국군의 출병, 각도의 전투 상황을 논의하였다. 최원이 패했다, 안동이 수복되었다, 조헌이 승장과 함께 청주를 다시 빼앗았다, 등의 말이 많았는데 대부분 한참 전의 일이었다.

선조는 중국 군사를 5만 이상 청해야 섬멸할 수 있을 것이다 하고 군량도 함께 실어 온다면 많을수록 좋다고 하였다. 그리고 이번 사신의 주문 내용에 왜적이 내년 정월에 요동을 침범하려고 한다는 말을 넣도록 하고, 진주사 정곤수에게 '경들은 잘 가라' 하였다.

원균이 장계를 올렸는데 바로 이순신이 보고한 한산도 등에서 승리한 때의 일이었다. 김승룡 기효근은 당상으로 올리고, 김준계는 3품으로, 원전은 5품으로, 우치적 등 4인은 6품으로, 이효가 등 13인은 공에 맞는 관직을 제수하라 하였다. 만호 한백록은 공이 큰데 탄환을 맞아 끝내 죽었으니 당상으로 추증하라 하였다. 선조가 원균은 가자하지 않는가 하니, 비변사가 답하기를 원균은 이미 높은 가자를 받았고 지금 이 전첩의 공은 이순신이 으뜸이므로 원균에게는 가자할 필요가 없다고 하였다.

8월 25일 남해안 연합함대 연합함대는 안개가 걷힌 뒤에 발선을 하여 삼천포 앞바다에 이르니 평산포만호 김축이 마중을 나왔고, 이어 사량 앞바다에 이르러 원균의 함대와 합세하였다. 오후 4시경에 당포에 이르러 정박하고 밤을 보냈다.

함경도 가등청정이 사로잡은 왕자 일행을 이끌고 안변으로 돌아왔다.

그동안 회령에서 국경인으로부터 왕자 일행을 인계받은 후 두만강을 건너 여진 지역을 유린하였다. 그러나 얻을 것이 없어서 결과적으로는 소득은 없고 피해만 입었다. 다시 강을 건너 육진을 둘러보고 경성을 경유하여 요처에 병력을 배치하고, 국경인을 회령부사, 국세필을 경성부사, 정말수를 명천현감으로 임명하여 고을을 다스리게 하고 돌아왔다. 가등청정은 왕자들을 잡은 것을 최고의 행운으로 생각하고 득의만만하였다.

8월 26일 남해안 연합함대 연합함대는 오전에 견내량에 이르렀는데 날씨가 나빠 전진하지 못하고 쉬다가 저녁에 견내량을 건너 거제 경내에서 잤다.

의주 행재소 호성감 이주가 의병을 이끌고 배편으로 의주에 도착하였다. 종친이었으므로 상이 특별히 인견하고 대화를 나눴는데, 용인에서 패한 것, 고경명의 죽음, 조헌과 영규의 청주 탈환, 홍계남의 활약 등을 이야기하였다. 대부분 제목은 맞지만 내용은 부정확한 이야기였다. 이렇게 행재소에 찾아와서 왕에게 남쪽의 소식을 전한 사람들이 많았는데 그 대부분은 멋대로 한 말들이었다. 왕과 신하들은 계속 혼란스러웠다.
글씨의 대가 석봉 한호를 사헌부 감찰에 임명하였다.

8월 27일 남해안 연합함대 연합함대가 칠천도에 이르러 휴식할 때 웅천현감 이종인이 찾아와 육지 고성 쪽에서도 전과가 있다는 말을 전했다. 저물 무렵 이동하여 웅천 원포에서 밤을 보냈다. 이순신은 지금까지 싸울 때마다 이겼지만 아직도 불안한 마음은 가시지 않았다. 경계심을 늦추지 않는 것도 장수가 해야 할 일 중 하나이다. 이순신은 편안한 잠을 자지 않았다.

황해도 연안성 황해도를 관장하는 왜적 제3군 흑전장정이 조선군이 연안성에 웅거하는 것을 좌시할 리가 없었다. 왜적 6천의 대부대가 해주와 강음 두 방면에서 연안성을 향하여 진군해 멀지 않은 곳에 도달하였다.

연안성 안에서는 왜적의 대군에 기가 질린 사람들이 많았다. 그래서 이정암에게 '초토사는 성을 지키라는 명령을 받은 것이 아니니 이 예봉을 피하여 뒷날에 거사를 도모하는 것이 합당하다'고 하며 피하자고 하였다. 그러나 이정암은 '왕세자의 초토하라는 명을 받았고 보면 한 성의 수비라도 맡아서 목숨을 바치는 것이 마땅하니, 어떻게 차마 구차하게 살겠는가. 그리고 주민을 이끌어 성으로 들어오게 하였다가 적이 왔다고 해서 버리는 짓을 내가 어찌 차마 하겠는가' 하고, 명령을 내리기를 '함께 죽고 싶지 않은 자는 마음대로 빠져나가라' 하였다. 그리고는 노복을 시켜 섶을 쌓고 횃불을 가지고 기다리게 하면서 명하기를 '적이 만약 성에 오르거든 나는 여기에 앉아 있을 것이니 너는 즉시 태워서 적의 손에 내가 더럽게 죽지 않도록 하라' 하였다. 종사관 우준민이 나가서 군중에게 이런 사실을 알리고 마음과 힘을 합하기로 맹세하자 군사들과 백성들이 감동하였다. 일제히 외치기를 '대장이 죽기로 결단하는 판에 우리들이 어찌 살기를 도모하랴' 하였다.

대장이 죽음을 각오하면 아래 사람들도 따라서 몸을 아끼지 않는다. 정신이 무장되면 힘은 열 배로 솟기 마련이다. 연안성은 지켜질 것이다.

전라도 전라감사 권율은 다시 근왕할 군사를 징발하고 있었다.

8월 28일 남해안 연합함대 연합함대는 가덕으로 진출하여 배들을 숨겨 진을 치고 낙동강 하류 김해, 양산 입구들을 탐색하게 하였다. 육지를 정찰한 자들은 고성, 진해, 창원 등의 왜적이 이미 도망쳤다고 하였다. 늦게 낙동강을 정탐한 자들이 돌아와 하루 종일 살폈는데 왜선 소선 4척이 몰운대 쪽으로 가는 것 외에는 보지 못하였다고 보고하였다. 가덕도 서쪽으로는 왜적의 그림자도 없었다. 밤이 늦어 천성으로 돌아와 밤을 보냈다.

[연안성전투]

아침부터 진군해 온 왜적이 정오 무렵 성을 포위하였다. 왜적들은 함성을 지르고 조총을 쏘아 댔다. 한 왜장이 기를 말 등에 꽂고 성을 돌며 두루 살피던 중에 기가 갑자기 바람에 넘어져 정지하고 있었다. 무사 장응기가 그때를 놓치지 않고 화살을 날려 가슴을 꿰뚫어 죽였다. 이정암이 좌우를 가리키며 말하기를 '이것은 적이 패할 징조이다' 하였다. 아군의 사기는 올라갔다. 왜적이 수백 개의 조총으로 일제히 사격하니 연기가 자욱하고 탄환이 비 오듯 하였다. 그러나 이정암은 태연자약한 모습으로 성가퀴를 지키는 군사들에게 경솔히 활을 쏘지 말고 적이 성에 기어오르거든 반드시 쏘아 죽이도록 하였다. 그리고 문짝·다락 등을 뜯어 방패로 삼고, 쌓아 둔 풀을 묶어 횃불을 만들고, 가마솥을 벌여 두고 물을 끓였다. 늙은이 어린이 부녀자 할 것 없이 모두 그 일에 달려들었다. 첫날의 전투는 별로 치열하지 않았다.

다음 날 왜적들은 시작부터 무섭게 공격하였다. 적의 조총부대는 성벽에 있는 아군이 고개를 내밀지 못하도록 쏘아 대고 있었다. 그래도 아군은 용감하게 대적하였다. 적이 풀과 나무를 베어다 해자를 메우고 올라오면 횃불을 던져 태웠다. 긴 사다리를 타고 올라오는 적들에게는 돌세례를 퍼붓거나 끓는 물을 퍼부었다. 판자로 막으면서 성을 파는 자들도 횃불이나 끓는 물세례를 받았다. 일대의 적이 언덕에 다락을 세워 내려다보며 성안으로 총을 쏘니 아군은 흙담을 쌓아 막았다. 하루 종일 싸움이 계속되었다. 적들은 교대로 싸웠지만 아군은 교대할 수도 없었다. 그래도 군민이 일치단결하여 싸우니 피곤한 줄도 몰랐다. 밤에 왜적이 안개 속에서 몰래 서쪽 성을 기어 올라온 것을 성벽을 지키는 병사들이 알아채고 준비하고 있다가 횃불로 에워싸 40여 명을 모두 태워 죽였다. 힘든 하루였다.

어제에 이어 오늘도 왜적은 거세게 나왔다. 그러나 성안의 아군은 동요하지 않고 잘 막았다. 몇 차례 공격 후 왜적의 조총 소리가 잦아들었다. 너무 무리한 공격으로 조총을 남발하여 왜적들의 조총 탄환이 바닥난 것이다. 더구나 바람이 왜적 쪽으로 불었다. 전현룡이 일대를 이끌고 섶에 불을 붙여 밖으로 던지니 사나운 불길이 왜적들을 향했다. 공격하던 왜적들이 많이 불에 타 죽었다. 왜적은 이제 소리만 크게 질러 겁만 주고 있었다. 성안에서도 함성을 지르고 쇠북을 치며 왜적에 맞대응하였다. 흑전장정은 더 이상 공격을 하지 못하고 시체를 모아 불에 태우고 퇴각을 서둘렀다. 아군은 즉시 군사를 출동시켜 후미의 왜적들을 사살하였다. 아군의 사상자는 31명이었다.

이렇게 연안성은 지켜졌고 호남에서 의주로 잇는 해상교통로도 보존되었다. 이후 왜적은 해주에서도 철수하였다.

이정암이 의주의 선조와 분조의 세자에게 보고하면서 단지 어느 날에 성이 포위당하고 어느 날에 풀고 떠났다고만 하였을 뿐 다른 말이 없었다. 조정에서 모두 말하기를 '전쟁에 이기는 것도 쉽지 않지만 공을 자랑하지 않는 것은 더욱 어렵다' 하고 상으로 가선대부 동지중추부사를 더하였다. 이정암은 키가 작고 몸집도 작아서 옷의 무게도 이기지 못할 정도로 보였지만, 타고난 성품은 강직하고 과감하며 민첩하였다. 일을 처리함에 있어서 정확하고 주변의 사정에 동요되지 않았다. 특히 시류에 편승하지 않고 아첨 아부하지 않았기 때문에 배척을 받아 크게 등용되지 못했다. 그런데 이런 국난을 만나 그의 진면목을 보여 주었다.

함께 지킨 장사로 공이 있는 장응기, 조종남, 조서룡, 봉요신 등에게는 차등 있게 관직으로 포상하였다. 전현룡은 해주목사가 되었다.

세자가 관원을 파견하여 호군하고 장려하며 유시하기를,

"경이 흩어져 도망하는 군사를 불러 모아 외로운 성을 굳게 지키며 섶을 쌓아 스스로 타 죽을 결심을 하였기에 기꺼이 함께 죽으려고들 하여 높은 사다리와 조총이 끝내 무용지물이 되도록 하였다. 이는 안시성주 외에는 일찍이 듣지 못했던 일이다. 그리하여 사방에서 소문을 듣고 모두 성을 굳게 지킬 것을 생각하며 양호의 뱃길도 거리낌 없이 왕래하게 되었으니, 이것은 경의 힘이 아니겠는가. 지금부터 더욱 지키는 기구를 손질하여 적이 날마다 와서 싸움을 걸더라도 성의 수비를 더욱 튼튼히 하여 영영 침범하지 못하게 하라" 하였다.

이 승리의 숨은 공로자들이 있으니 순절한 조헌과 억울하게 죽은 신각이다. 몇 년 전에 신각이 조헌의 조언을 받아들여 성 밖의 물을 끌어다 서문 안에 큰 못을 만들었고 성 주위에 해자를 크게 팠으며 병기도 준비하였다. 모두 이번 승리에 큰 도움이 되었다.

의주 행재소 중국 사신 설번이 나온다고 하여 대책을 논하고, 심유경이 자기 말을 듣지 않고 진주사를 보낸 것을 불쾌하게 생각한다고 하자, 선조가 '중국군은 제때에 나오지 않고 적세는 이와 같아 우리나라가 절박했기 때문에 주문하였다고 대답하면 이것이 사실 그대로인 것이다' 하였다.

8월 29일 남해안 연합함대 연합함대는 새벽에 천성을 출발하여 낙동강 하류에 다시 도달하였는데 마침 왜 대선 4척과 소선 2척이 양산으로 나오다 마주쳤다. 왜적들은 놀라 미쳐 배를 돌리지 못하고 버리고 육지로 도망하였다. 경상도 수군이 주축이 되어 이 배들을 모두 불태워 버렸다. 판옥선으로 강을 거슬러 올라가 적을 무찌를 수는 없었다. 저물 무렵 회군하여 가덕도 북면에서 정박하고, 장수들을 모아 놓고 작전회의를 한 후 밤을 보냈다.

평안도 심유경이 순안에 도착하여 평양의 왜장에게 글을 보냈다. 그 글에, '조선이 일본에 무슨 잘못을 저지른 일이 있는가? 일본은 어찌하여 마음대로 군사를 일으켰느냐?' 하고 문책하였다. 소서행장이 그 글을 보고 직접 만나서 일을 의논하자고 답을 보냈다. 소서행장에게는 기다리던 강화의 기회가 온 것이다.

9월 1일 이날 연안성의 승리 외 다른 두 가지의 중요한 일이 있었다. 연합함대의 부산포해전이 있었고, 평양에서는 심유경과 소서행장의 첫 회담이 있었다.

[부산포해전]

연합함대는 첫닭이 우는 새벽에 부산포를 향하여 발선하였다. 오전 8시경에는 몰운대를 지나는데 풍랑이 거세 애를 먹었다. 계속 전진하는데 여기서부터는 왜선들이 나타나기 시작하였다. 그러나 왜적들은 우리 함대를 보면 싸울 생각은 하지 않고 모두 배를 버리고 육지로 올라갔다. 화준구미에서 왜대선 5척, 다대포 앞에서 왜대선 8척, 서평포 앞에서 왜대선 9척, 절영도에서 왜대선 2척을 모두 깨뜨리고 화공으로 태워 버렸다. 그리고 절영도 안팎을 모두 수색하였으나 왜적은 없었다. 바로 부산포에 척후선을 보내 탐지하였더니 5백여 척이 정박해 있고 왜 대선 4척이 선봉으로 초량 쪽으로 나오고 있다고 보고하였다. 오후도 한참 지난 시간이어서 싸우고 돌아가기에는 조금 늦었지만 적을 앞에 두고 그대로 갈 수는 없었다. 바로 독전기를 휘두르자 좌수영 군을 선두로 부산포로 진격해 들어갔다. 나오던 왜 대선 4척을 여지없이 깨뜨리고 함대는 장사진으로 돌진하였다.

다음 전투는 이순신의 글로 보자.

'부산성 동쪽 한 산에서 5리쯤 되는 언덕 밑 세 곳에 대어 있는 왜선이 대·중·소선을 아울러 대개 470여 척이었는데, 우리의 위세를 바라보고 두려워서 감히 나오지를 못하고 있다가 여러 전선이 곧장 그 앞으로 돌진하자, 배 안과 성안, 산 위, 굴속에 있던 적들이 총통과 활을 가지고 거의 다 산으로 올라 6개 처에 나누어 결진하여 내려다보면서 철환과 화살을 빗발과 우박같이 쏘았습니다. 편전을 쏘는 것은 우리나라 사람들 같았으며, 혹 크기가 모과만 한 대철환을 쏘기도 하며, 크기가 주발덩이만 한 수마석도 쏘아 우리 배를 많이 맞혔습니다.

그러나 여러 장수들은 더욱 분개하여 죽음을 무릅쓰고 다투어 돌진하여 천자, 지자총통의 장군전, 피령전, 장편전, 철환 등을 일시에 발사하여 하루 종일 교전하매 적의 기세가 크게 꺾였습니다. 그래서 적선 1백여 척을 3도의 여러 장수들이 힘을 모아 깨뜨린 뒤에 화살에 맞아 죽은 왜적을 그들이 속에 끌고 들어간 것은 그 수를 헤아릴 수 없었으나 배를 쳐부수는 것이 급하여 머리를 벨 수 없었습니다.'

이 해전이 이른바 '부산포해전'이다. 부산포는 이미 왜적의 요새가 되어 있었다. 조선 수군의 공격에 대비하여 나름대로 진지를 구축하고 대포들을 준비해 놓았다. 그러나 왜적은 바다에서는 맞서지 못하고 산 위에서 내려다보고 조총과 총통 활 등을 쏘았다. 큰 철환과 수마석을 쏘는 것은 노획한 우리나라 총통인 것 같았고 또 편전도 날아왔는데 이것도 포로 된 우리나라 사람이 쏘는 것이 분명했다. 아군도 산 위의 적을 향하여 천자, 지자총통으로 장군전, 피령전, 장편전, 철환 등을 수없이 날렸다. 왜적은 사상자가 무수히 생겼고, 밀집된 적선들이 무작위로 날아오는 총통 세례와 화전에 1백여 척이 깨지고 불태워졌다. 적의 탄환도 우리 배를 많이 맞췄으므로 다른 때보다 힘든 싸움이었다. 그러나 사상자는 생각보다 많지 않았다. 좌수영 희생자는 전사 6명, 부상 25명이었다. 그런데 전투 중에 녹도만호 정운이 적의 큰 탄환에 맞아 전사한 것이 가장 큰 손실이었다. 정운은 전투 시마다 항상 앞장서 돌진하며 군사를 독려하는 용감한 장수였다. 이순신은 한 팔을 잃은 심정이었고 그만큼 슬픔이 컸다.

이미 날이 저물어서 배를 돌려 힘겹게 풍랑과 싸우며 밤늦게 가덕도로 돌아와 밤을 보냈다. 이번에는 거센 풍랑에 전선들이 서로 부딪쳐 손상을 입고 또 왜적이 쏜 탄환에 손상을 많이 입어 수선이 필요하고 더 싸우기에는 병기도 부족했다. 그래서 다음 날 진을 파하고 각 진영으로 회군하였다.

이 이순신의 4차 출전 부산포해전도 그 의의가 크다. 그 어느 때보다도 많은 130여 척의 왜선을 쳐부순 전과도 컸지만, 몇 배나 많은 왜선이 있는 왜적의 소굴을 들이쳐 그들을 경악하게 만든 것이었다. 왜적은 이제 해상 전투는 꿈도 꿀 수가 없을 뿐만 아니라 공포에 질려 돌아갈 걱정을 하지 않을 수 없었을 것이다.

이런 공격을 연달아 할 수 있었으면 얼마나 좋았을까. 그러나 왜적이 공포에 떠는 것과는 별개로, 이순신에게 어쩔 수 없이 각인된 것은 부산 앞바다로의 출전은 거센 파도와 해류로 인해 위험도가 매우 높다는 것과 왜적은 바다에서의 공격만으로는 섬멸할 수 없다는 것이었다. 육지의 공격도 필요했다. 바로 수륙병진이 필요한 것이었다.

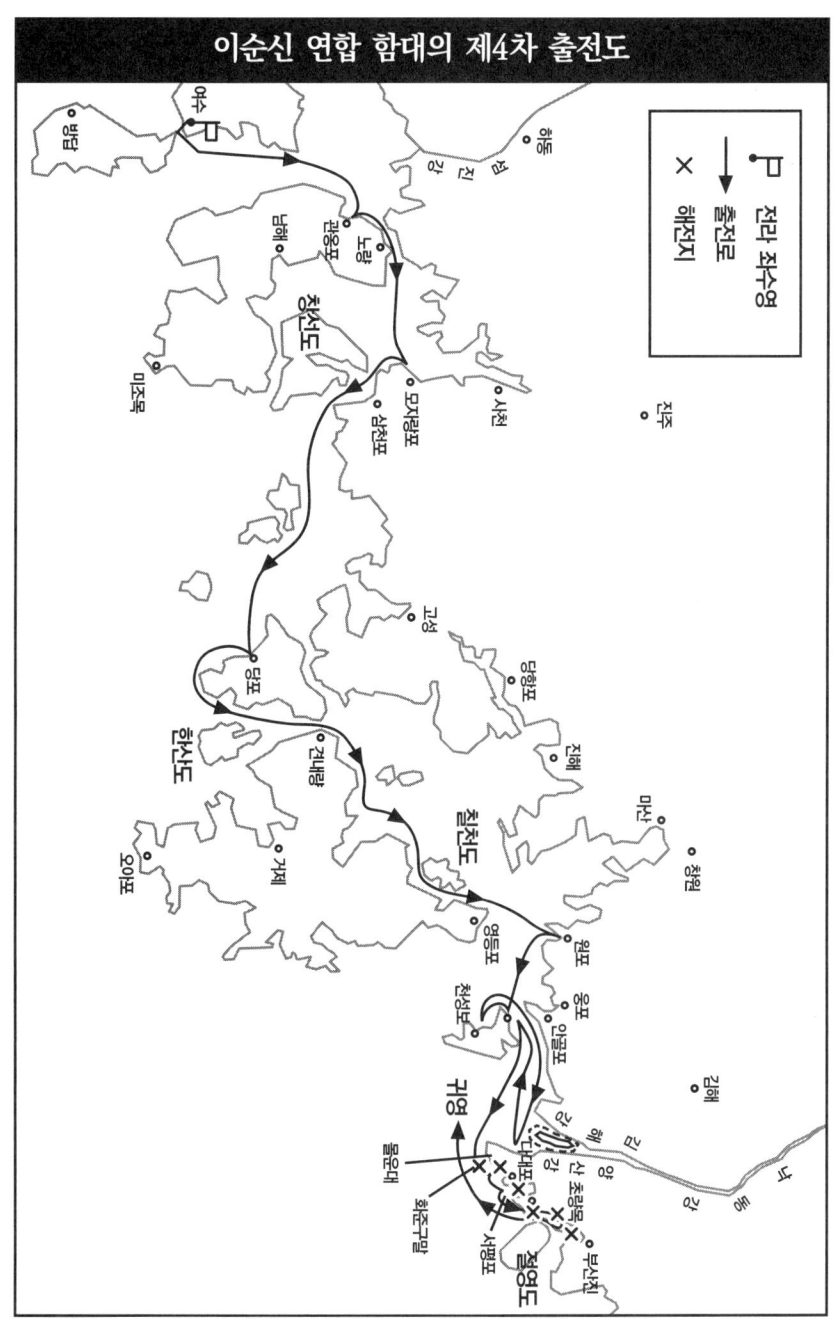

유성룡이 소를 올려, '강화는 순찰사의 진영으로, 고려 때에는 강도(江都)로 삼아 병란이 있을 때면 모두 그곳에 가서 피란하였습니다. 지금 남방의 군사와 의병들이 이곳에 많이 집결하여 있고, 또 충청·경상·전라와 경기 지방의 소식이 이곳으로부터 통합니다. 만약 동궁을 이곳에 머물게 하였다가 남방으로 향하게 하시면, 각처의 의사들이 반드시 구름같이 모여들어 중흥의 공을 이룰 수 있습니다' 하였다. 그러나 세자를 위험한 장소에 있게 할 선조가 아니었다.

[심유경과 소서행장의 회담]

유격 심유경과 왜장 소서행장이 평양성 북쪽 15리 강복산 기슭에서 회담을 가졌다. 행장은 명나라에 조공을 바치고 봉을 받기 위하여 길을 빌리자 하였으나 조선이 듣지 않아 군사를 일으켰다고 둘러댔다. 심유경이 행장에게, "이곳은 바로 중국 조정의 지방이니 그대들은 물러나 주둔하면서 중국 조정의 다음 명령을 기다려야 한다" 하니, 행장이 지도를 보이면서, "이곳은 분명히 조선 지역이다" 하였다. 심유경이, "평상시에 여기서 조사를 영접하는 까닭에 많은 궁실들이 있다. 비록 여기가 조선 지역이라 하더라도 바로 중국의 지경이니 여기에 머물 수는 없다" 하였다. 왜적이 말하는 봉공과 중국 측이 요구하는 무조건 철수에 대한 것을 서로 상부에 보고하고 다시 회보할 것을 약속하였다. 심유경이 북경까지 갔다가 돌아오는 기간을 50일로 하여 10월 20일로 정한 뒤, 그동안에는 왜군은 평양의 서북쪽 10리 밖을 나오지 못하고 조선의 군사도 10리 안에는 들어가지 못하게 하고, 순안과 평양의 중간 지점인 부산원에 푯말을 세웠다. 일종의 휴전선이었다.

심유경은 대단한 설객이었고, 왜적이 일부러 경비를 삼엄하게 하여 겁을 먹게 하였으나 전혀 동요하지 않을 정도로 배짱도 좋았다. 둘 사이 회담의 구체적인 내용은 비밀에 부쳐 알 수가 없지만 서로 상대방을 속인 것에 만족하였다. 심유경은 구원군을 준비할 시간을 번 것에 만족하였다. 소서행장도 만족이었다. 그렇지 않아도 북쪽으로 진군할 능력도 의사도 없고 안전한 철수를 위해 강화를 요청하려는 중인데 먼저 찾아와서 강화를 요청하니 이제 잘하면 평양 이남은 왜국이 될 수도 있다는 생각이 앞섰다.

이제 조정의 선조 이하 신하들은 당장에 왜적이 목에 칼을 겨누는 것은 피해 조금 안심이 되었다. 그러나 문제는 조선을 놓고 하는 회담에 조선 측의 참여가 없어 회담 내용을 왕도 신하도 모두 알 수가 없다는 데 있었다. 어쨌든 이것이 심유경이 주도하는 강화의 첫 시작이었고 이 시작은 나쁘지 않았다.

의주 행재소 정원에 전교하기를, "원균과 이억기는 이순신과 공이 같은 사람들이다. 품계를 높여 주고 글을 내려 아름다움을 포장하라" 하였다. 여기까지는 그럴 수도 있는 일이었다.

경기 관찰사 심대는 백의종군하고 있는 조경을 대장으로 삼고 최몽성에게 동로 병마를 지휘하게 하고, 고언백에게 서로 병마를 지휘하게 하여 왜적에 대처하였다. 심대는 기백이 있는 사람이었다. 비변사가 본도에 장사가 매우 모자라 이런 부득이한 조처를 하였을 것으로 이해하고 우선 그의 청을 들어주도록 하였다.

‖ 구원의 손길은 준비되고 있었다 ‖

9월 2일 의주 행재소 황제의 칙사 행인 설번을 영접하고 칙서를 받았다. 상이 통곡하였고 백관들은 모두 목이 쉬도록 울었고 칙사도 슬퍼하였다. 칙서에 구원군 10만을 동원한다는 말이 있었다.

설번은 "천병이 이제 소탕할 것이니 국왕께서는 근심하지 마십시오" 하고 한 달 정도만 기다리면 될 것이라 하였다. 또 천병 10만이 도착할 것인데 군량이 걱정이라 하였다.

선조는 "왜조가 상국을 침범하려면서 본국을 끌어들여 당원으로 삼고자 하였으나 본국이 의리를 지킨 까닭에 성을 내고 흉포를 부려 삼경이 함락되고 생민은 어육이 되었소이다. 조정에서도 황참장이 가지고 간 적서를 보았으면 그 정상을 짐작하였을 것이오, 또 명군 5~6천 명으로는 와서 토벌하지 못할 것이오" 하였다.

황제의 조칙을 팔방에 선포하고 관군과 의병에게 힘을 합하여 적을 토벌하도록 유시하였다. 또 적의 계략에 빠졌던 사민들을 용서하여 귀순해서 스스로 충성을 다하도록 하고 공을 세운 자는 상을 더하게 하였다.

9월 4일 의주 행재소 용만관에서 칙사 설번을 전송하였다.

이덕형이 칙사를 전송하면서 소첩을 올렸다. 내용이 간결하면서도 심금을 울렸는데, 이성중의 정문이 더 심금을 울렸다. "일부의 군대만을 투입하여도 이 왜적은 충분히 소탕할 수 있을 것입니다. 만일 10만이나 70만이 된 뒤에야 할 수 있다고 한다면 이는 '한 말의 물이면 말라 들어가는 바퀴 자국에 있는 붕어를 충분히 살릴 수 있을 터인데 굳이 푸른 물결이 넘실대는 연못으로 옮겨 주려 하다가는 아마도 건어물 시장에서 찾게 될 것이다'는 격이 될 것이니, 아, 이는 너무 늦은 것이 아니겠습니까. 삼가 생각건대 합하께서는 불쌍히 여기시어 도모하여 주십시오" 하였다.

칙사 설번은 중국 사신으로는 보기 드문 사람이었다. 서둘러 돌아갔다. 가서 우리나라를 빨리 구원해야 한다는 절실한 내용의 소를 올려 석

성과 함께 구원병을 보내는 데 크게 기여하였다. 그 내용을 보면,

"당직이 칙지를 받들고 조선의 군신에게 선유하였더니 감격하여 울지 않은 이가 없었습니다. 모두 말하기를 '소국을 어여삐 여기시는 황제의 은혜는 진정 하늘과 땅의 은혜와 같다'고 하면서, 왕사를 간절하게 기다리는 것이 큰 가뭄에 비를 기다리는 것과 같았습니다. 그 군신들이 애처롭게 호소하는 절박한 사연과 고달프게 떠돌아다니는 상황을 직접 본 것에 의거하건대 존망이 호흡 사이에 달려 있다 하겠습니다.

돌아보건대 안타깝게 여겨야 할 상황은 조선에 문제가 있지 않고 우리나라의 강역에 있다는 점이며 어리석은 제가 깊이 염려하는 바는 강역에만 그치지 않고 내지까지 진동할까 하는 점입니다. 그러니 군사를 징발하는 것을 한순간인들 늦출 수 있겠습니까. 대저 요진은 경사의 팔과 같으며 조선은 요진의 울타리와 같습니다. 그리고 영평은 기보의 중요한 지역이며 천진은 또 경사의 문정입니다. 2백 년 동안 복건성과 절강성이 항상 왜적의 화를 당하면서도 요양과 천진에까지 이르지 않았던 것은 어찌 조선이 울타리처럼 막아 주었기 때문이 아니겠습니까. …… 만약 왜노들이 조선을 점거한다면 요양의 주민들은 하루도 편안하게 잠을 잘 수 없을 것입니다. 그리고 순풍에 돛을 달고 서쪽으로 배를 띄우면 영평과 천진이 가장 먼저 그 화를 받게 될 것이니, 경사가 놀라 진동하지 않겠습니까?

…… 다행히도 유격 심유경이 분발하여 자신을 돌보지 않고 단기로 적장과 말을 통하여 50일을 기약하여 그들의 침범을 늦추게 하였습니다. 그러나 우리가 이런 술책으로 저들을 우롱하는 것처럼 저들 또한 이런 술책으로 우리를 우롱하고 있는지 어찌 알겠습니까?

그들은 간사하고 교활합니다. 평양을 함락시키던 날에는 '길을 빌어 원수를 갚으려 한다'고 하더니, 이제는 '길을 빌어서 조공하려 한다'고 합

니다. 바야흐로 중국과 서로 겨룰 수 없는 것을 천고의 한으로 여기다가 또 심유경을 만나서는 조공을 통할 수 있는 것을 다행으로 여긴다고 하였습니다. 거만하게 매도하는 말을 하다가 순식간에 공손한 말을 하는 그들의 간사함은 믿을 수 없습니다. 직이 그들의 계교를 헤아리건대, 거짓 화친을 요청하여 군사의 출동을 늦추려는 계산에 불과할 뿐입니다.

지금 조선은 위망이 조석에 달려 있습니다. …… 어떤 이는 '군사를 일으켜 가서 정벌하면 그들의 침입을 초래할 뿐이다'고 하지만 직의 생각으로는 정벌을 해도 올 것이고 정벌하지 않아도 올 것이며, 정벌을 할 경우 평양의 동쪽에서 견제할 수 있어 그들이 오는 것이 더디어 화가 작게 될 수 있지만, 정벌하지 않을 경우 그들이 평양 서쪽에서 저희 마음대로 할 수 있어 그 침입의 속도가 빠르고 화도 커지게 될 것으로 여겨집니다. 그리고 빨리 정벌하면 우리가 조선의 힘을 빌릴 수 있지만 늦게 정벌하면 왜노가 조선 사람을 거느려 우리를 대적할 것이기 때문에 직은 군사를 동원하여 정벌하는 일을 한시라도 늦출 수 없다고 생각합니다.

돌아보건대 군사를 일으키는 비용으로는 양향보다 더 중요한 것이 없습니다. 직이 그 저축되어 있는 것을 물어본 바 겨우 7천~8천 명의 한 달 양식에 불과했으니, 그 부족량은 우리가 계속 대주어야 할 것입니다. …… 다시 생각건대 이번의 거사를 하루라도 빨리하면 조선이 하루라도 빨리 멸망하는 화를 면할 것이고, 하루 늦게 하면 우리 강역에 하루의 근심을 더 끼치게 될 것입니다. 간절히 바라건대 성명께서는 예단을 내리시어 해부에 조칙을 내려 병마를 어서 떠나도록 재촉하신다면 강역과 종묘사직에 매우 다행이겠습니다" 하였다.

이보다 더 설득력이 있는 글은 없을 것이다. 물론 이때에 석성이 주장하는 내용도 같았기 때문에 다른 의견을 물리칠 수 있었다. 명나라 조정에서 서둘러 군사를 출동시켜 구원하게 된 것은 설번이 이렇게 강하고 설득력 있게 호소한 공도 크게 작용했다.

왕자가 사로잡혔다는 소문이 돌았다. 선조가 성천 분조에 있다가 도착한 영의정 최흥원에게 물어보니 그렇게 전하는 자가 있어서 지금 정탐하고 있다고 답하였다.

사간 이유증이 요동에서 돌아와 명의 대군은 칙지가 내리면 곧 출발할 것이라 하였다.

이일이 왕성탄에서 왜적의 배 한 척을 나포하여 80여 명을 포로로 잡았고, 김응서는 기복 종군하여 지금 또 적 10여 급을 베었다 하니 가자하도록 하였다.

윤두수가 '심유격이 왜적들과 50일 동안 휴전하기로 약속하였다 하나 왜적들이 풀과 곡식을 베어 가니 그대로 둘 수 없고, 또 50일 동안 전쟁을 하지 않으면 군사도 지치고 군량도 고갈되니 비밀히 감사 병사에게 하유하여 포획하도록 하소서' 하였다. 별로 좋지 않은 요청이었다.

경상우도 이날 경상좌감사가 된 김성일은 낙동강을 건너 좌도로 갔다. 그동안 많은 사람들이 우도에 남기를 간청하고 조정에도 상소를 올렸는데 소식이 없어 실망하고 있었다. 김수는 아직 교체되지 않았으므로 이노와 곽재우는 김수의 보복을 걱정하였다. 곽재우는 군사를 버리고 따라가겠다고까지 하였다. 김성일은 조정의 명을 어기는 사람이 아니었다. 그래서 좋은 말로 주위 사람들을 무마시키고 이날 좌도로 떠난 것이다. 그런데 이때는 이미 조정에서 김성일을 우감사로 교체한 후였으나 아직 명이 도착하지 않아 모르고 이런 일이 있게 되었다.

9월 5일 의주 행재소 대신들을 인견하고 왕자가 사로잡혔다는 소문 등 북쪽의 일을 물었으나 정확한 정보가 없었다. 주서 이춘영이 갑산의 토민이 혜산첨사와 우후를 살해하였다는 말을 들었다고 하니 그렇다면 갑산은 왜적들에게 함락된 것이 아니라 우리 백성들에게 함락된 것이라고 하였다. 마침 함경감사 유영립이 도착했는데, 적에게 잡혔다가 도망쳐 왔다 하고 실정은 아는 것이 없었다. 선조가 적의 숫자가 얼마나 되느냐고 물으니 수만 명을 밑돌지 않을 것이라고 하였다. 이춘영은 1만 명은 밑돌지 않을 것이라고 하였다. 양사가 아뢰어 유영립은 파직되었다.

9월 6일 의주 행재소 중국에서는 조선에 구원군으로 보낼 군사들을 준비하고 있었다. 예조판서 윤근수와 공조판서 한응인이 아뢰었다.

"신들이 사총병이 머물고 있는 곳에 가 보니 병부 우시랑 송응창이 지난 8월 18일에 제본을 올려 22일 사이에 내려온 성지를 가져왔었습니다. 거기에 의하면 29일 사이에 군사를 발정시켰는데 계주의 군사와 남방의 군대를 합하여 1만 명이고 광녕과 요동은 몇 명이나 되는지 모르겠다고 하였습니다."

[경주성전투]

9월 7일 안강에서 군사들을 수습하고 충분히 전열을 가다듬은 박진과 권응수는 다시 경주로 진격하였다. 이번에는 조심성 있게 전진하였다. 왜적들은 성에서 나오지 않았다. 사실 경주성의 왜적은 대군이 주둔하고 있는 것은 아니었다. 박진은 군사를 물리고 어둠을 틈타 일대를 성 밖에 매복시키고 성안으로 비격진천뢰를 여러 발 발사하였다. 왜적들은 진천뢰를 알지 못했다. 검은 공 같은 것이 날아와 떨어지니 신기하여 굴려보기도 하고 여럿이 구경하는데 갑자기 폭음과 함께 쇳조각이 난무하여 왜적들이 무수히 나가떨어졌다. 폭발 충격에 기절한 사람도 많았다. 왜적들은 놀라고 두려워하지 않을 수가 없었다. 다음 날 왜적들은 경주성을 버리고 서생포로 철수했다. 이렇게 해서 경주도 수복되었다. 박진과 권응수의 용감함이 왜적을 물리치고 경주를 탈환한 것이다.

윤근수 등이 심유경을 만났다. 윤근수가 성에 있는 왜적은 9백 명 정도라고 들었다고 하니, 심유경이 '그 말은 지나친 거짓이다. 그 사람은 목을 베어야 한다. 군사 7만이 있어야 공격할 수 있다. 먼저 요동의 군사 5~6천을 발정시키고 다시 제본을 올려 수만의 군사를 발정시킬 것이다' 하였다. 맞는 말이었다.

9월 8일 의주 행재소 심유경이 의주로 돌아왔다. 말하기를, '내가 그대 나라의 병력을 보니 단약하여 왜적과 대적할 수 없겠기에 속히 조정에 보고하여 대군을 진발해 오려고 속임수로 짐짓 그들과 강화하면서 50일의 기한을 세우고 또 지계의 약속도 10리쯤으로 넓혀 풀을 벨 수 있게 하게끔 병사 장관과 상의하고 돌아온 것이다. 그런데 파발아가 알려온 바에 의하면 한정된 지역에서 풀을 베는 왜적을 그대 병사가 목 베었다고 하니 이는 왜에게 불신을 심어 주는 처사이다' 하였는데 사색이 성난 표정이었다. 이날 소서행장의 편지가 도착했는데 의주에서 머물면 기일을 넘기게 될까 두렵다는 우려를 표명하였다. 다음 날 심유경은 일단 요동으로 출발하였다.

선조가 내구마 1필을 심유경에게 보내면서, "우리나라가 왜적에게 핍박받고 있으므로 오직 한번 죽음이 있음을 알 뿐이고 절의를 지킬 것만을 알 뿐입니다. 대인이 우리나라에 와 있으니 우리 군신의 목숨이 대인의 손에 달려 있습니다. 원컨대 대인은 속히 이 환란에서 구하여 주심으로써 우리 한 나라의 생령들을 살려주십시오" 하였다.

경기감사가 왜적이 태릉을 파헤쳤다고 보고하였다. 망극한 일이었다. 선조는 기가 막혔다. 신하들도 발을 굴렀다. '어찌 이런 일이 있단 말인가.'

기가 막힐 일은 또 있었다. 소문이 사실이 되었다. 선조가 "북도에 있던 왕자가 사로잡혔다 한다. 사람들을 널리 구하여 모으면 탈출시킬 길이 있겠는가? 빈청에서 의논하여 탈출시킬 계책을 강구하라" 하였다.

9월 11일 의주 행재소 비변사가 경기, 충청 일대에서 공을 세운 자들의 포상을 아뢨다. "연기현감 임태와 문의현감 남절은 마음을 다해 적을 방어하였는데 시종 자신을 잊고 해이한 적이 없었습니다. 그중에서도 임태가 더욱 으뜸이었다고 하니 임태는 3품에 초승시키고 남절은 4품에 초승시키소서. 조광익은 시종 열심히 싸우다 탄환에 맞고 나서도 분발하여 적을 사살했다 하니 그에 걸맞은 벼슬을 제수하소서. 충의위 이흥종은 시골의 군사를 모아 적을 매우 많이 사살하였고 북문을 뚫을 때 홀로 몸을 돌려 적을 사살하여 흉적의 예봉을 꺾었으니, 6품의 벼슬을 제수하소서. 그 나머지 군공은 감사가 뒤따라 마련하여 계문하게 한 뒤에 조처하소서" 하였다.

홍계남을 수원 판관에 제수하였다. 이때 안성에서 군사를 모아 왜적을 막아 싸웠는데 용맹이 군중에서 제일 뛰어났고 왜적도 많이 살해하여 적들이 두려워하였다. 그래서 그 일대가 안정되었다.

9월 12일 여수 전라좌수영 이순신이 이번 4차 출전 후 돌아와 여러 통의 장계를 썼는데 그중 하나는 지난번 한산해전 때 한산도로 도망한 왜적 4백 명에 관한 것이었다. 이순신은 '이들은 조롱 속에 갇힌 새와 같아 10일만 지나면 굶어 죽을 것인데 원균이 적이 많이 온다는 헛소문을 듣고 포위를 풀고 가버렸기 때문에 왜적들이 뗏목을 만들어 타고 거제도로 건너가 버렸다'고 하며 매우 통분하다고 하였다.

이날 지난번 2차 출전 승리 장계를 가지고 행재소로 갔던 이봉수가 돌아왔다. 우부승지의 서장을 가지고 왔는데 이순신을 자헌대부로 한다는 것과 전의 장계에서 요청한 목장의 말을 장수들에게 나누어 주기를 허락한다는 내용이었다. 그리고 행재소에서 쓸 종이를 넉넉하게 올려 보내라 하였다. 그래서 종이는 장계를 가지고 올라갈 사람이 짐이 무거워 우선 장지 10권을 보낸다는 답을 하였다. 또 정운을 녹도의 이대원 사당에 배향해주기를 바라는 장계도 작성하였다. 거기에는 논상에서 빠진 방답첨사 이순신도 다른 장수들과 같이 당상관으로 가자해 줄 것도 요청하였다.

이순신 특유의 그린 듯이 자세하고 섬세하게 기술한 4차 출전 부산포 승리 장계는 위의 장계들과 함께 군관 송여종이 가지고 행재소로 떠났다.

의주 행재소 대신과 선유사 윤승훈을 인견하였다. 선조가 유성룡만 믿지 말고 10만 대군이 두 달 먹을 양식을 준비하라 하고, 또 말먹이 콩도 준비하라 하였다. 윤승훈이 영규 이야기를 하고 또 전주성이 지켜진 이야기도 하였다. 언제나와 같이 부정확한 말이 많았다.

이항복은 백성들이 왜적을 돕는다는 말을 듣지 못했다 하며 의심 많은 선조에게 일침을 가했다.

심대의 장계에 '양주목사 고언백은 한 달 사이에 세 번이나 싸움에 이겨 위엄스러움과 명성이 멀리까지 소문이 나 서울에 사는 사람들이 왕왕 멀리서 호응한다' 하였다. 비변사가 "고언백은 이미 높은 가자를 제수, 그 공을 충분히 보답하였으니, 그 부하들 가운데 참획이 많은 자들을 차차 논상하여야 할 것입니다" 하였다.

또 왕자를 탈출시키는 일에 대해서는, 첨정 이합과 판관 이몽성을 함경감사 윤탁연에게 보내 그의 지휘를 받아 성사시키게 하자고 하였다.

9월 14일 비변사 당상을 인견하였다. 성절사 유몽정이 가지고 온 자문에 건주위의 노을가치가 와서 구원해 줄 것이라는 말이 있었다. 노을가치는 바로 누르하치이다. 이것도 걱정거리였다.

윤두수는 그 말이 사실이라면 우리나라는 멸망할 것이라고 하고, 또 "요즈음 심유경이 하는 일을 보니 화평을 허락하여 적군을 퇴각시키는 것으로 조선을 구하였다는 명성을 사려고 하고 있습니다. 중원에서도 힘이 약하여 노을가치를 시켜 왜적을 제거하려 하고 있습니다" 하였다. 이덕형은 우리 병력으로 싸우자 하고 윤두수도 형편을 보아 도원수에게 이르자고 하였다. 윤두수는 하여튼 싸우자고 하는 데는 앞장을 섰다. 노을가치의 지원은 받아들일 수 없다는 자문을 보냈다.

9월 15일 함경도 가등청정이 남쪽 본진으로 내려가자 정세의 반전이 일어났다.

북평사 정문부가 경성의 해변 외진 곳 교생 지달원의 집에 숨어 있었다. 지달원이 동지 최배천, 이붕수 등과 함께 몰래 교생들과 식견이 있는 무사를 불러 모으고 정문부를 추대하여 의병장으로 삼았다. 토병과 장사 수백 명을 모았는데, 경성 사람 전 만호 강문우를 선두로 하여 경성에 이르렀다.

이때 국세필이 병사의 인을 가지고 일을 보면서 태연히 경성부를 다스리고 있었는데, 갑자기 군사가 이르렀다는 소식을 듣고는 성문을 닫고 성에 올라 항거하였다. 이에 강문우 등이 대의로 타이르며 위협하니 국세필이 대적하지 못할 것을 알고는 성문을 열어 맞아들이고 병사의 인을 반납하였다. 정문부가 명령을 내리기를 '대소의 병민이 예전에 범한 죄는 문책하지 말라' 하고, 일단 국세필을 안심시켰다. 그러고는 남북의 주보에 격문을 전하니 종성 무사 김사주와 경성인 오박 등이 정병을 거느리고 모집에 응하였다. 종성부사 정현룡, 경원부사 오응태, 경흥부사 나정언, 고령첨사 유경천, 군관 오대남 역시 당초에 붙잡히지 않기 위해 산속에 숨어 있었는데 소문을 듣고 와서 모였다. 정문부가 정현룡에게 대장되는 것을 사양하였으나 정현룡이 두려워하며 감히 맡지 못하고, 유생들도 말하기를 '본래 의병으로 이름을 삼은 이상 평사의 벼슬이 낮다고는 해도 많은 사람이 마음속으로 따르고 있으니, 의병 대장이라고 칭하여 통솔하는 것이 마땅하다' 하였으므로 정문부가 받아들였다.

그리하여 군사가 도합 3천 명인데 그중에서 날래고 용맹스런 기병을 뽑아 선봉으로 삼아 유경천이 거느렸다. 일단 군사가 많이 모이자 군정을 바로잡을 필요가 있으므로 국세필을 처단하였다. 회령에서도 이 소식을 듣고 들고일어나 국경인을 붙잡아 목 베었다. 이로써 북도가 많이 회복되었다.

의주 행재소 양사가 전일의 전교에 따라 정주로 나아가 삼군을 호령하고 인심을 진작시키도록 하자고 하였다. 비변사에 의논하게 하였는데 시행할 만한 일이라고 답하였다. 그러나 선조가 말은 했지만 갈 리가 없었다.

9월 16일 경상우도 김면의 의병과 합세한 김시민이 김천 서쪽 사랑암에서 왜적과 전투를 벌였다. 김시민의 군사들 일부는 노획한 조총으로 무장하였다. 총과 활로 왜적을 무찔렀다. 13급을 베었고 활에 맞은 왜적은 수십 명이었다. 거의 궤멸시킬 즈음 개령의 적들이 소식을 듣고 급하게 몰려왔는데 그 수가 들판을 덮을 정도였다. 김시민은 더 이상 공격을 멈추고 후퇴하였다.

이날 김성일은 우도로 다시 돌아왔다. 지난 4일 좌도로 가자마자 우감사로 변경되었다는 소식을 듣게 되었다. 며칠 동안 그곳의 상황을 살펴보고 이날 돌아온 것이다. 천 리 떨어진 조정의 무지한 결정이 귀중한 시간과 힘만 낭비하게 만들었다.

의주 행재소 전 충청감사 윤선각이 아산창의 전세미와 대맥을 합해 7천5백 석을 운송하여 군량에 보충시키게 하였다. 비변사가 유성룡에게 지시하여 정주에 옮겨와 머물면서 형편을 보아 조처하도록 하자 하였다.
경기, 충청, 전라도에 어사를 보내 덕음을 선포하고 민정, 적세 등을 살펴 백성을 안정시키자고 하였다.
함경도 순검사로 보냈던 이희득을 인견하여 북도의 일을 물었다. 왕자가 사로잡힌 이유는 모시고 가던 재상들이 일로에서 폐단을 부려 인심을 크게 잃었기 때문이라 하였다. 김귀영은 조심스럽게 행동했는데 황정욱, 황혁 부자가 심했다고 하였다. 최악의 악질 왕자들과 그 종들이 한 짓을 엉뚱하게 황정욱 부자에게 돌려 모함한 것이었다.

9월 17일 중국에서 영하의 반적이 평정되었다. 이제 조선에 구원군을 보내는 일에 박차를 가하게 되었다.

의주 행재소 윤근수 등이 아뢰기를 송응창이 병마 7만을 거느리고 이달 7일 중국 조정을 떠났고, 총병 양원은 남병 1만과 서병 6만을 거느리고 이미 산해관에 도착하여 도로가 마르면 나온다고 소식을 전해 왔다고 하였다. 선조는 군량을 속히 조처하도록 하라 하였다.
대신과 비변사 당상을 인견하였다. 윤두수가 이일과 이빈이 소견이 서로 달라 각립한다 하니 선조가 이 시기에 어떻게 그럴 수가 있겠는가

하였다. 분비변사에서는 이일을 옹호한다는 말도 있었다. 유성룡으로 하여금 화해시키자 하였다. 심유경이 칙서를 가지고 와서 강화하도록 하면 왜적을 토벌하지 말아야 하는가. 칙서에 비록 물러가라 한다 할지라도 어찌 왜적이 문서 한 장 보고 물러갈 리가 있겠는가. 또 압록강을 건너가서 칼 쓰는 법을 배우게 하면 어떻겠는가 등등의 말이 있었다.

9월 18일 패전한 자와 도주자의 처벌을 청하니 박충간은 훈신이라 안 되고 조인득은 중임을 맡고 있으니 안 된다 하였다.

사간원이 '박충간은 앞서 임진의 진중에 있을 때에 이미 군사들의 마음을 놀라게 하여 어지럽힌 죄가 있고 임진강에서 패배한 뒤에는 안변으로 도망쳐 들어가 운량이라고 거짓 칭하면서 쌀을 싣고 난을 피하였으며, 갑자기 남양에 나타나서는 충청도에서 올라오는 진공미 선을 억류하였습니다. 전후 거짓 문서를 꾸며 군량을 돕는다는 명목으로 유혹하였으나 실제로는 그대로 사용한 적이 없습니다. 또 국법을 아랑곳하지 않고 고을을 버린 죄를 범한 아들을 사사로이 종사관이라 칭하면서 데리고 다녔으며, 조정에서 이미 결장하여 종군하게 하라는 명령이 있었는데도 또 다시 버젓이 데리고 왔으니, 먼저 파직시키고 나서 추문하소서' 하였다. 며칠을 아뢴 후에 박충간은 파직하고 그 아들 박치홍은 삭직하고 조인득은 체차하라 하였다.

이날 진주사 정곤수 일행은 북경에 도착하였다. 마침 이때 북경에는 영하의 반적이 평정되었다는 소식이 전해졌다. 정곤수의 청병 요청은 탄력을 받게 되었고 변함없는 석성의 지원은 명조정의 과감하고 빠른 파병을 도왔다. 정곤수가 처음에 북경에 도착하여 주문을 올리자 황제가 즉시 병부에 내려 시행하게 하였다. 정곤수가 병부에 공문을 올려 거듭 간곡하고 절박하게 청원하고, 또 상서 석성에게 나아가 통곡하며 애절하게 호소하는데 슬픔을 스스로 감당하지 못하니 석성도 감동하여 눈물을 흘렸다. 정곤수는 42일간 머물면서 석성의 입장에 적극 호응하며 파병 반대자들을 무마하는 데 집요한 노력을 기울였다. 구원군 사령관으로 바로 영하의 반적을 평정한 총병 이여송을 임명하고, 곧바로 조선으로 출병하게 한 공은 누구보다도 명나라 병부상서인 석성에게 있지만, 진주사 정곤수의 노력도 일조하였다.

9월 19일 경상우도 김성일이 거창에서 김수를 만나 인계인수를 하고 산음으로 옮겼다. 이때 왜적이 진주를 치려 한다는 첩보가 있었고, 진주목사 김시민은 김면의 의병과 합세하여 사랑암 전투를 치른 후 그 진중에 머무르고 있었다. 진주의 중요성을 누구보다도 잘 아는 김성일은 즉시 김시민에게 돌아가 진주성을 지키게 하였다.

의주 행재소 이날 조정에서는 이정암에 대한 포상이 있었다. 이순신의 한산대첩의 예에 따라 시행하라 하였다.

경기, 충청 지역에서는 의병의 폐해가 나타나고 있었다. 이름이 군부에 있는데도 난을 피해 도망하였다가 떼를 지어 의병이라 하면서 관가에 매이기를 기피하고, 약한 적과는 싸우는 척하고, 강적을 만나면 도망하고, 어쩌다 이기면 높은 상을 받고 패하여도 죄를 받는 일이 없었다. 그래서 이제 장단과 삭령의 의병은 이정암, 이천, 여주, 음죽, 죽산은 성영, 통진과 양천은 김천일, 파주, 양주, 광주의 의병은 심대의 통제를 받게 하여 힘을 합하여 대적하도록 하였다.

9월 22일 전라도 전라 순찰사 권율이 군사를 거느리고 경성으로 향했다. 권율이 감사가 되어 일에 질서가 잡히고 명령이 흐트러지지 않자 호남의 인심이 안정되었다. 이때에 이르러 군사 4천 명을 징발하여 북쪽으로 진군을 시작한 것이다. 여러 수령들과 의승장 처영이 함께 따랐다.

의주 행재소 윤근수의 보고가 있었다. 송시랑(경략 송응창)의 파발아인 양삼이 "길바닥이 이미 바짝 말라 군사를 진발하기에 아주 좋다. 송시랑이 산해관에서 출발하여 오게 되면 10일이면 도착하게 될 것이다"고 하였는데, 대군을 영솔하고 오다 보면 그 행군이 이같이 빠르지는 못할 듯하니 협강에 가서 낙참장을 만나 진병하는 일시를 물어보겠다고 하였다. 다음 날 보고에 13만이 온다고 하고, 군량은 압록강의 서쪽까지는 수레로 운반해 오고 동쪽에서부터는 말로 운반해 갈 것이므로 우리나라의 식량을 허비하지 않을 것이라고 하였다. 아직 오는 일정이 정확하지는 않았다.

‖ 의로운 장수 진주성을 죽음으로 지켜 내다 ‖

9월 24일 경상우도 경상도의 왜적이 진주성을 점령하기로 작심을 하고 김해에 병력을 집결시켰는데 2만이나 되었다. 이날 창원을 향해 진군을 시작하였다.

다음 날 진주성을 향하는 왜적이 창원을 공격하였다. 우병사가 된 유숭인이 대적하였으나 중과부적으로 패하고 후퇴하였다. 그래도 여러 번 싸우면서 후퇴하였다. 김성일은 의령, 함안으로 전진하며 전투를 독려하는 한편 전라도 의병장 최경회와 임계영에게 구원 요청을 하고 우도의 의병들에게도 진주성 방어에 협력하도록 명을 내렸다.

왜적들이 진주성을 공격하려고 진군하면서 경상도 내의 다른 왜적도 주변을 공격하게 하였다. 김천, 개령의 왜적도 거창을 공격하려고 했으나 김면의 의병이 잘 지키고 있었고, 상주의 왜적도 예천 안동 등지를 공격하려 하였으나 새로 좌감사가 된 한효순이 여러 현의 군사를 합쳐 먼저 공격하였다. 한효순은 비록 패하여 물러나기는 하였지만 왜적은 움직이지 못했다.

여수 전라좌수영 이순신이 장계를 올렸는데, 순천의 전 봉사 정사준과 이의남 등이 의연곡을 모아 배편으로 행재소로 향한다는 것이었다. 거기에는 전에 보내지 못한 종이와 비변사에서 요청한 장편전죽을 함께 실었고 순천부사 권준이 사변에 대비해 별도로 모아 둔 군량 1백 석과 물품 등도 실었다고 하였다. 그리고 신호, 어영담, 배흥립 등도 각기 그들의 배로 물품들을 올려 보낼 것이라고 하였다.

의주 행재소 요동에 자문을 보내, 왜적들이 왕릉을 해친 것과 왕자들이 잡힌 경위 등을 보고하고, 둘째가 임시로 국사를 처결하고 있는데 만약 적이 안다면 명군이 압록강을 건너기도 전에 본국은 멸망할 것이니, 속히 군사를 진발해 구원해 주기를 바란다고 하였다.
이날 중국에서는 구원군 총책임자인 경략 송응창이 참모를 거느리고 북경을 출발하여 요동으로 향했다.

9월 29일 경기도 전 승지 성영이 여주에 이르러 원호의 병력과 새로 모집한 인원을 합하여 군대를 만들었다. 이 일이 알려지자 가선대부에 가자하였다. 이때 경기도 여주와 이천에는 적이 없었기 때문에 성영이 목사 남언경과 방어사 변응성과 함께 군사를 주둔시켰으나 감히 적을 공격하지는 못했다. 변응성이 한 차례 죽산 길로 진출했다가 패하여 퇴각한 적은 있었다. 조정에서 성영을 독전사로 삼아 남방의 관군과 의병을 재촉하여 경성으로 진격시키도록 하였다. 또 경기를 좌도와 우도로 나누어 성영을 우도 감사로 삼았다.

경상좌도 군위현의 교생 장사진이 적을 토벌하다가 패하여 전사하였다. 장사진은 재능과 용맹이 있어 변란 초기부터 군사를 모아 적을 무찔렀는데 전후로 사살한 것이 매우 많았으므로 왜적이 장장군이라고 일컬으면서 감히 그의 지역으로 들어가지 못하였다. 적이 복병을 설치하고 유인했는데, 장사진이 끝까지 추격하다가 복병에 걸리게 되었다. 그러나 오히려 크게 호통을 치며 힘껏 싸우다가 화살이 떨어지자 육박전을 벌였다. 한쪽 팔이 잘렸는데도 쓰러지지 않고 남은 한쪽 팔로 계속 분격하였으나 마침내 전사하였다.

10월 1일 경상우도 진주를 향하는 왜적의 대군이 함안군 동남쪽 경계를 분탕질하고 있었다. 함안, 진주의 경계인 부다현에 인근의 여러 의병들이 모여 매복했는데 왜적이 막강하여 모두 패했다.

의주 행재소 선조가 "군량의 조치를 얼마나 하였는지를 사람을 보내어 살피게 하라. 겸하여 시초도 살피라" 하니, 비변사가 아뢰기를, "윤승훈과 백유함이 지금 나아가 조치하고 있는 중입니다. 용천군수 구사흠에게 물었더니, 이미 2만이 먹을 군량을 준비하였는데 근일 더 마련할 것 같으면 4~5만의 군마가 먹을 양료를 조처할 수 있을 것이라 했습니다. 용천은 더없이 피폐한 고을인데도 준비한 바가 이와 같으니 다른 고을도 미루어 알 수 있습니다" 하였다.

다음 날 비변사가 낙참장이 4~6일 사이에 강을 건널 것이고 성안에 머물겠다고 고집한다는 것을 말하니 그러면 성중 사람들이 요동하게 되어 폐단이 있게 된다 하였다.

선조가 "안변에서의 비밀문서가 여기에 왔는데, 금·은과 호피·표피 등의 물건을 왜통사를 시켜 들여보내 준다면 탈출을 기도할 수 있다고 하였으니, 비변사에 이르라" 하였다. 비밀문서는 왕자와 김귀영·황정욱·황혁 등의 언서이다. 그 글은 금·은과 호피·표피를 가지고 왕자의 탈출을 꾀하고자 한다는 것이었다.

10월 3일 경상우도 진주성 왜적의 대군은 진주를 향해 계속 진군하고 있었다. 이날 왜적의 선봉 척후는 진주 동봉에 도달하여 살펴보고 돌아갔다. 이때 계속 후퇴하던 병사 유숭인이 진주성에 도착하였다. 여러 차례 싸움으로 유숭인은 군사를 거의 잃었다. 유숭인이 성으로 들어가고자 하는데 김시민이 장수의 명령 계통이 흐트러질 것을 염려하여 성문을 열지 않고 말하기를, "성문을 계엄 중에 열고 닫을 때 창졸간에 변이 있게 될까 염려되니 주장은 밖에서 응원해 주면 좋겠다" 하였다. 유숭인은 성에 들어가지 못하고 떠났는데 적을 만나 사천현감 정득열, 권관 주대청과 함께 최후의 일전을 치르고 전사하였다. 유숭인은 고성, 창원, 진해 일대에서 기병을 이끌고 왜적을 무찔렀던 대단한 용장이었는데 안타깝게 순절하였다. 곽재우가 김시민이 유숭인을 들이지 않았다는 말을 듣고 '이 계책이 성을 온전하게 하기에 충분하니 진주 사람들의 복이다' 하였다.

의주 행재소 선조가 "지금 내리는 도련지 8권은 호남에서 진상한 것이다. 도원수가 있는 곳에 보내 지의(紙衣)를 지어 선봉인 사졸 등에게 나누어 주게 하라" 하였다.

또 "왕자는 그만두고라도 재신들까지 포로가 되어 적정에서 무릎을 꿇는 곤욕을 치르고 있으니 명절이 깨끗이 사라졌다. 그러니 스스로 도망해 나오는 것은 그래도 그럴 수 있거니와 조정에서 뇌물을 주고 데려온다는 것은 사리에 어떨지 모르겠다" 하였다. 어쩔 수 없이 사로잡힌 사람들에게 할 말은 아니었다. 포로가 된 사람들은 죽으라는 말인가.

다음 날 대신들을 인견하고 논의하는데 중국군의 출정이 지연되고 있어 걱정이었다. 북도의 일도 걱정이었다. 강화도로 옮길 것도 말하였다. 어디고 옮겨 갈 곳이 마땅치 않았다. 강화도의 김천일과 최원은 식량 때문에 곤란한 것 같았다. 경상수사로 선거이를 거론했다. 아직도 적의 수효도 가늠하지 못하고 있었다.

낙참장과 동총병이 강을 건넜고, 양총병은 10일쯤 발병할 것이고, 송시랑은 지난달 26일에 북경에서 출발했다는 윤근수의 보고가 있었다.

명나라에서는 착실히 일을 진행하고 있는데 우리 조정은 대책도 없이 걱정만 하고 있었다. 그리고 군사를 요청하는 사람을 요동에 계속 보내 귀찮게만 하고 있었다.

10월 5일 경상우도 진주성 왜적의 선봉 기병 1천여 기가 진주 동쪽 마현 북봉에서 세를 뽐냈으나 김시민은 못 본 척하고 화살과 탄약을 한 개라도 함부로 쓰지 못하게 하고 성중의 노약자와 남녀를 다 모아서 모두 남자 옷을 입혀 군세를 크게 보이도록 하였다. 저녁 무렵 적의 본대가 진주 동쪽으로 10리 지점인 임연대에 진을 쳤다.

[진주대첩]

10월 6일 2만이 넘는 왜적이 진주성을 포위하였다. 목사 김시민이 지키는 성안에는 군사가 3천6백이 있었고 다행히 곤양군수 이광악이 1

백여 군사를 데리고 들어와 지키고 있었다. 외각에서 김성일의 활약도 대단했다. 전라도에 구원군을 요청하여 의병장 최경회와 임계영이 군사를 거느리고 달려오고 있었고, 곽재우는 심대승을 보내고, 김준민, 정기룡이 달려오고, 고성의 의병 이달과 최강도 응원하고 있었다.

진주성 전투를 김성일이 올린 장계를 요약해서 살펴보면,

6일 이른 아침에 적은 세 패로 진격해 왔다. 한패는 동문 밖 순천당산에 진을 치고 성중을 내려다보고, 또 한패는 개경원으로부터 바로 동문을 지나서 봉명루 앞에 벌여 섰으며, 또 한패는 향교 뒷산으로부터 바로 순천 당산을 넘어왔다. 왜적 장수 6명은 모두 흑단을 입고 쌍견마를 타고 창과 칼을 가진 자가 앞뒤에 끼고 섰으며, 희거나 검은 옷을 입고 쌍견마를 탄 여자도 있었다. 왜적의 차림새는 요란스럽고 괴상했으며 깃발은 현란하고 칼날은 햇빛에 번쩍번쩍하였다. 순천 당산에 진을 친 왜적 1천여 명이 먼저 성중을 향하여 총알을 일제히 쏘니 뇌성이 진동하고 우박이 날리는 것 같았다. 이어 2만이 넘는 왜적이 일시에 함성을 지르니 소리가 천지에 진동하였다. 무시무시하였다. 그러나 성중에서는 전연 동요하지 않고 고요하기가 사람이 없는 것 같다가 왜적들이 조용하기를 기다려서 또한 소리 지르고 북을 두드리고 포를 쏘았다. 적들이 민가의 문판이나 마루판 등을 가져와서 성 밖 백 보 밖에 벌여 세워 놓고 판목 안에 가만히 엎드려 총 쏘기를 끊이지 않았다. 나머지 적들은 촌락의 대를 베고 혹은 짚을 실어 왔으며, 사방으로 흩어져 민가를 분탕질을 하였다. 초경에 적이 한곳에서 호각을 불자 곳곳에서 서로 응하고 여러 곳의 왜적들이 소리를 높였다 소리가 그치면 총을 쏘았다. 함성과 총소리가 밤새도록 끊이지 않고 막사를 지은 곳곳에 밤새도록 불을 피웠다. 이날 밤 곽재우가 보낸 심대승의 군사 2백여 명이 향교 뒷산에 올라서 호각을 불고 횃불을 들자 성중 사람들이 또한 호각을 불어 서로 응했다.

적들이 크게 놀라 소란하였다. 서로 밤새도록 자지 못하였다.

다음 날 7일 적들은 아침부터 시작하여 저물 때까지 총과 화살을 쏘아 댔다. 또 군사를 나누어 사방으로 적들이 흩어져 불태우고 약탈하니 수십 리 안에 민가가 모두 잿더미가 되었다. 먼 곳 가까운 곳의 긴 대를 죄다 꺾어서 묶거나 엮고 솔가지를 많이 모아서 진 밖에 높이 쌓았으며 큰 나무를 베어다가 끊이지 않고 실어 들이는데 어디 쓸 것인지를 몰랐다. 목사 김시민은 군사의 마음을 진정시키기에 힘써서 밤이면 악공을 시켜 문루 위에서 피리를 불어 여유로움을 보였다. 적진에는 조선 아이들이 많았는데 성에 돌아다니며 크게 외치기를, "경성이 이미 함락되었고 8도가 붕괴되었는데 새장 같은 진주성을 네가 어찌 지키랴. 속히 항복하는 것만 못하다. 오늘 저녁에 개산 아빠가 오면 너희 장수의 세 머리를 마땅히 깃대 위에 달 것이다" 하였다. 성중 사람들이 분노하여 소리를 높여 꾸짖고자 하였으나 김시민은 금지시키며 말을 못 하게 하였다. 이날 저녁 캄캄한 밤에 적이 대 엮은 것을 가만히 동문 밖에 세웠는데 수백 보에 뻗쳤으며 그 안에 판자를 벌여 세우고 빈 섬에다 흙을 담아 포개어 언덕을 만들어 성을 내려다보고 총을 쏘고, 화살을 막을 처소를 만들었는데, 대 엮은 것이 앞을 가렸으므로 우리 군사가 처음에는 몰랐다가 아침에 보니 이미 토성이 되어 있었다.

10월 8일 적이 대나무 사닥다리를 많이 만들었고 넓은 사닥다리를 만들어 대를 심히 빽빽하게 엮었는데 멍석을 덮어서 비늘처럼 연달아 배열하여 여러 군사가 바로 올라올 길을 만들고, 또 3층의 산대를 만들어 성을 누를 계책을 하였다. 그러나 김시민이 현자총통을 세 번 쏘아서 산대 만드는 왜놈을 관통하니, 왜적들이 놀라 물러갔다. 목사는 적이 솔가지를 많이 쌓은 것을 보고 화약을 종이에 싸서 마른 섶 묶음 속에 넣어서 성 밖으로 던져 솔가지를 태울 준비를 하였다. 성 위에는 진천뢰·질려포·큰 돌덩이를 설치하고 또 자루가 긴 도끼와 낫 등을 준비하였다. 여장 안에는 또 가마솥을 많이 설비하여 물을 끓이고 있었다. 낮에는 여장 안에 군사를 매복시켜 서서 내다보지 못하게 하고 풀 인형을 많이 만들어서 활에다 화살을 메기고 성 위에 나왔다 숨었다 하게 하였으며, 군사에게 엄하게 단속하여 헛되게 화살을 쏘지 말게 하고 상시에 돌을 던져 적으로 하여금 성에 가까이 오지 못하게 하였다. 이날 밤에 적이 대 엮은 것을 많이 만들어 점차로 성에 가까이 오고 흙을 쌓기를 점점 높이 하였으며, 두 곳의 산대는 4층을 만들고 앞에는 목판을 달아 화살과 돌을 가리면서 총 쏘는 처소를 만들었다.

밤 2시경에 고성현령 조응도와 복병장 정유경이 군사 5백여 명을 거느리고 각기 십자횃불을 가지고 남강 밖 진현 위에 벌여 서서 호각을 불자 성중 사람들이 구원병이 이른 것을 바라보고 곧 큰 쇠북을 울리며 호각을 불어 호응하니, 적들이 놀라 떠들면서 곧 각 막사에다 불을 피우고 각기 복병을 보내 강변을 가로막아 구원병을 막았다.

10월 9일 왜적들은 종일 총을 쏘고 화살을 발사하면서 한편으로는 흙을 지고 나르는 역사를 전일에 비하여 더욱 급하게 하였다. 적이 산대에 올라 무수히 총을 쏘자, 성중에서는 현자총통을 세 번 쏘아 대 엮은 것을 뚫고 또 큰 목판을 뚫었으며 한 화살이 적의 가슴을 뚫어 즉사시키니 그 뒤에는 적이 감히 다시 산대에 오르지 못하였다. 이날 왜적의 일대는 주변을 약탈하였는데 단성에서는 김준민이 물리쳤으며 살천 쪽에서는 정기룡과 조경형에게 쫓겨 돌아왔다. 또 복병장 정유경이 군사 3백여 명을 거느리고 진현으로부터 사천에 이르러 벌여 서고, 또 용사 20여 명을 뽑아서 남강 밖에서 분탕질하는 적과 대 베는 놈들을 무찔렀다. 왜적 2백여 명이 강을 건너 추격하자, 정유경은 퇴각하였다. 이날 저녁때에 적이 횃불을 들고 열을 지어 왕래하면서 서로 약속하는 형상을 하였다. 한 아이가 달아나 신북문에 이르렀는데 바로 본주에서 포로가 되었던 아이였다. 불러들여 적의 실정을 물으니, "내일 새벽에 적이 힘을 합하여 성을 공격할 것입니다" 하였다.

10월 10일 왜적들이 4경초에 각 막사에 불을 밝히고 짐을 싣고 나가 거짓으로 퇴각하는 체하였다. 이미 우리 군은 짐작하고 있어서 속지 않았다. 4경중에 왜적들은 불을 끄고 가만히 돌아왔다. 그리고 두 떼로 갈라서, 동문과 북문을 공격하는데 각각의 병력은 1만여 명이나 되었다. 총공격이었다. 각기 긴 사닥다리를 가지고 방패를 지고 머리에는 대바구니나 멍석 조각으로 머리를 보호하고, 3층의 가면을 쓴 풀 인형을 만들어서 속이며 차례로 사닥다리를 기어 올라왔다. 말 탄 왜놈 1천여 명이 뒤를 따라 돌진하면서 비 오듯이 탄환을 쏘아 대고 함성을 질렀다. 왜장은 말을 달려 횡행하면서 칼을 휘둘러 독전하였다. 목사 김시민은 동문 북격대에 있고 판관은 동문 옹성에 있어 활 쏘는 군사를 거느리고 결사적으로 싸웠다. 진천뢰와 질려포를 쏘고 큰 돌을 던지며, 화약봉지가 든 섶다발을 던지고 불에 달군 쇠나 짚을 태워 어지럽게 던지고 또 끓는 물도 적에게 끼얹었다. 적은 마름쇠를 밟거나 돌과 화살에 맞아 죽거나 머리와 얼굴이 불에 탄 자들이 수없이 많았으며, 또 진천뢰의 파편에도 죽은 자들이 많아 엎어져 죽은 것이 삼처럼 쌓였다. 북문을 공격하는 왜적은 처음에는 어둠 속에 동문에서 한창 싸울이 치열할 때 갑자기 공격을 시작하였다. 공격 양상은 동문과 같았는데, 갑작스런 공격에 성가퀴를 지키는 군사들이 모두 놀라 무너져서 거의 뚫릴 뻔하였다. 전 만호 최덕량, 군관 이납·윤사복이 죽음을 무릅쓰고 막아 싸웠고 이에 군사들도 정신을 차려 다시 동문같이 싸웠다. 노소 남녀를 불문하고 돌을 던지고 불을 던져 성중에 기왓장과 돌 그리고 초가지붕의 짚이 거의 다 떨어졌다. 그런데 동방이 밝으려 할 때에 목사 김시민이 왼편 이마에 탄환을 맞아 정신을 잃었다. 곤양 군수 이광악이 대신 지휘를 했다. 활 쏘는 군사들을 집중시켜 쌍견마를 탄 왜장을 죽였다. 4경부터 교전하여 진, 사시나 되자 적이 비로소 퇴군하였다. 여섯 시간 정도의 사투를 벌인 것이었다. 촌락에 불태운 뼈가 곳곳에 쌓여 있고 장수 왜놈의 송장은 농에 넣어 가지고 메고 갔으며 포로가 되었던 사람과 우마를 버리고 창황히 도망해 갔다.

이것이 이른바 '진주대첩'이다. 5일부터 10일 오전까지 6일 밤낮을 치열하게 싸우며 버틴 승리였다. 김시민은 염초 5백10여 근을 미리 제조하여 두고, 또 조총을 모방하여 총 70여 자루를 새로 제조하여 사람들을 별도로 뽑아서 총 쏘기를 익히게 하였다. 그 때문에 전투 시에 화약을 물 쓰듯 하고 섶 속에 화약을 싸서 성 밖에 던지며, 연달아 총을 쏘아 큰 적을 꺾었다. 또 김시민은 온갖 방법으로 생각하여 밤낮으로 방어하면서도, 죽음을 같이할 것으로 군사들을 격려하고, 몸소 밥과 장을 가지고 다니면서 배고프고 목마른 이들을 구했다. 탄환이 비처럼 쏟아져도 두려워하지 않고 군사들을 타이르기를, "온 나라가 함몰되고 남은 데가 적어서 다만 이 한 성이 나라의 명맥에 관계되는데 지금 또 불리하다면 우리 국가는 그만이다. 하물며 한 번 패하면 성중에 있는 천백의 인명이 모두 칼끝의 원귀가 될 것이니, 아! 너희 장사들은 힘을 다하여 용감하게 싸워서 죽을 각오를 하여야 살아날 수 있다는 것을 명심하라" 하니, 군사들이 감격하여 결사적으로 싸웠다.

'싸움이 오래되어 화살이 떨어지니 성중이 위태롭게 여겨 두려워하였다. 김시민이 밤에 사람을 시켜 성을 넘어 나가 달려가서 감사 김성일에게 보고하니, 하경해가 중한 상을 약속받고 자원하였다. 장전 백여 부를 지고 임무를 수행하였다. 장전을 얻은 군사들이 기운이 배가 되었다.'

목사 김시민이 그동안 철저히 대비한 것이 승리의 큰 요인이었다. 그리고 이름 없는 장수들이 목숨을 두려워하지 않고 정말 용감하게 싸웠다.

김성일은 '온 나라가 붕괴된 나머지 한 사람도 감히 성을 지킬 계책을 못 하는데, 목사만은 외로운 성을 굳게 지켜서 바깥 응원을 기다리지 아니하고 능히 큰 적을 물리쳐서 한 도를 보전하였을 뿐만이 아니라 또 호남을 보호하여 적으로 하여금 내지에 달려들지 못하게 하였으니, 목사의 공은 이것이 크다' 하였다.

왜적은 주위의 구원군을 막느라 힘이 분산되기도 하였다. 단성에서 김준민은 최경회의 위급함을 구원하고 왜적을 물리쳤으며, 정기룡도 살천에서 왜적을 물리쳤다. 다른 주위의 구원 의병들은 왜적들을 공격하지는 못했으나 적들을 잠 못 자고 놀라게 하여 힘을 분산시키고 성중의 군민들에게 힘을 북돋아 주어 승리에 일조하였다.

이마에 총을 맞은 김시민은 일어나지 못하고 한 달 뒤에 운명하였다. 진주성은 이렇게 지켜졌고 진주대첩의 영웅 김시민은 죽음으로 나라에 충성하였다.

진주성에서 전투가 계속되는 동안에 조정에서는,

10월 6일 한응인이 낙참장을 만나 물으니 말하기를, '영하의 적도가 이미 탕평되었으니 사세가 급하면 여기에 있는 군사를 영솔하고 갈 것은 물론 양총병에게 알리면 또한 탕참 등지의 군사를 출발시킬 것이다. 그리고 저들 왜적이 이곳으로 올 리도 없고 대군은 머지않아 도착할 것이다. 송시랑은 26일에 조정에서 하직하였으니 출발이 더디다 하더라도 20일이면 요동에 도착하게 될 것이다. 시랑이 나오면 양총병 자신이 군사들의 식량 준비를 맡게 되어 있어 은냥으로 밥값을 지불할 것이다. 조금도 폐를 끼치지 않을 것이다' 하였다.

10월 7일 유성룡의 서장에 지금 피란하고 있는 백성들이 대부분 숲을 의지하여 집들을 지었으나 이제는 나뭇잎이 모두 지면서 왜적으로부터 숨어 살 곳이 없다고 걱정하고 내년의 구황책도 걱정하였으며, 풍천 및 해주의 섬들에 둔전을 하자고 하였다.

10월 8일 비변사가 아뢰기를, "중국 장수와의 약속을 굳게 지켜 시일을 허비하면서 군사를 움직이지 않다가는 하상에서 무너지듯 될까 우려스러울 뿐만 아니라. 이른바 적들을 멍청이로 만들려다 도리어 멍청이가 된다는 격이 될 것입니다. 군사는 과거 시행, 승군 모집 등으로 많이 모았고 이일, 김응서의 진중에서도 많이 얻었습니다. 그러나 지피지기를 못하여 진퇴를 결정하지 못하니 도원수에게 하서하여 잘 조처하게 하는 것이 어떻겠습니까?" 하였다. 윤두수가 이끄는 비변사는 싸우고자 하는 마음만은 누구보다도 앞섰다. 그래서 심유경의 협상 조건을 지킨다고 나가 싸우지도 않고 그저 앉아서 망하기를 바란다고 하며 조바심이 난 것이었다.

10월 9일 선조는 다른 말을 하였다. '평양의 주사는 이미 진용을 갖추었다. 서북 지역은 한정된 경계를 지켜야 하지만 동남 지역은 약속한 것이 없다. 주사로 하여금 적선이 있는 곳을 탐지하여 기회를 살펴서 밤을 틈타 덮치게 하면 적은 원조가 계속될 길이 없어 형세가 틀림없이 곤궁해질 것이다. 그리고 황해도에는 감사와 두 방어사가 있으니 중화, 황주, 봉산의 적들을 감사 등이 항상 독전하여 기필코 무찌르게 하라' 하였다.

평양 북쪽은 약속한 것이라 싸울 수 없고 약속된 곳이 아닌 대동강과 그 남쪽에서 수군은 왜선들을 쳐부수어 원조를 끊고 황해도에서는 육군으로 왕래하는 적을 쳐부수라는 것이었다. 아주 좋은 작전이었다. 그런데 그런 작전을 목숨 걸고 추진할 사람이 없었다. 그래도 이제 선조가 전략가로 나서게 되었다. 힘을 좀 찾은 것인가. 보탬이 될 것인가. 선무당이 사람 잡는 꼴 되지 않을까.

한응인의 보고에, 낙참장이 "한마디 말만 듣고서도 충분히 적정을 알겠으니 다시 말할 필요가 없다. 순안·포정 등의 아문에 보고하여 병마의 출발을 재촉하겠다. 대개 남병이 지난 23일에 이미 영평부에 도착하였다고 하니 날수를 계산해 보면 도착할 기한이 멀지 않았다"고 하였다.

10월 11일 경상우도 진주성 이날 오전에 진주성 전투가 끝나고 왜적이 물러갔다. 김성일이 성에 들어가 살펴보고 김시민이 부상이 심해 서예원을 가목사로 하여 임시로 직을 수행하게 하였다. 왜적들은 부산 쪽으로 물러가서 여러 고을이 다시 회복되었다.

충청도 아산 이 무렵 체찰사 정철은 강화도에서 내려와 아산에 머무르고 있었다. 군사를 이끌고 북상하던 권율이 이 소식을 듣고 찾아가 만나 근왕하러 간다는 뜻을 말했다. 정철이 말하기를 "행재소는 길이 멀어 도달하기가 쉽지 않고 또 임금의 기체가 평안하시며, 천병이 크게 이르러 군사는 많고 먹을 것은 적어 자용이 심히 군색하니, 먼 지방의 군사가 가벼이 나아가지 말 것이요 맡은 지방으로 물러가 보존하는 것이 오늘날의 상책이다" 하였다. 그러나 권율은 듣지 않고 전진하였다. 정철의 말이 틀린 것은 아니었다. 사실은 유성룡도 정철과 같은 생각이었다. 그러나 정철은 이 말로 인하여 선조에게 밉보임이 하나 더 추가될 것이었다.

의주 행재소 대신과 비변사 당상을 인견하여 회의를 하는데, 정철이 강화도에서 경성의 사정을 정탐한 내용을 주로 하여 올린 장계가 올라왔다. 서울 난민이 연이어 도망쳐 나오기 때문에 강화를 떠나지 못한다는 내용에 다른 대신 차출을 논의했으나 중구난방이었다. 평양 왜적의 숫자가 2만이 넘는다는 그중 가장 정확한 정보도 있었다. 선조는 김천일은 장담만 하고서 이뤄 놓은 일이 없으니 이는 무슨 까닭인가 하고, 김천일 등이 의기는 있으나 용병에 능하지 못하여 일을 할 수가 없다고 하였다. 선조가 또 정철이 내려가지 않고 강화에 머물고 있는 것이 매우 온편하지 못하게 여겨진다 하며 유홍을 강화로 가게 하라 하였다. 정철은 이미 아산에 있는데 조정은 이렇게 때 지난 일로 불편해하고 있었다.

선조가 정철이 경기수사 이빈이 법을 어겼다고 자급을 깎은 것은 월권으로 잘못이라고 하였다. 그러면 체찰사는 무엇을 하라는 직인가. 이것도 밉보인 것 중 하나인 모양이다.

선조가 전교하기를, "우상을 강화로 보내야 하겠지만 강화에는 이미 도순찰사 권징이 있고 또 창의사 김천일이 있다. 우상을 가게 한다 하더라도 용이하게 조처할 만한 일이 별로 없을 것이다. 강원도는 꼴이 말이 아니어서 감사는 달아나 버리고 병사마저 없으니 우상을 그곳으로 보내면 어떻겠는가? 또 듣건대 최원의 군사가 모두 짚이나 풀로 만든 옷을 입고 있다 하는데, 이런 상태로 어떻게 적을 토포할 수 있겠는가. 만일 동사자라도 생긴다면 매우 측은한 일이니, 돌려보내는 것이 온당할 듯하다. 본도로 하여금 다시 군사를 뽑아 대체시키게 하라는 뜻으로 비변사에 이르라" 하였다.

중국군에게 검술을 배우게 하여 시재하라고 전교하였다.

구성을 홍문관 부응교에, 기자헌을 이조좌랑에, 이계록을 병조좌랑에, 송순을 강원도사에, 신흠을 사헌부 지평에, 임현을 회양부사에, 허성을 겸 관상감 교수에 제수하였다.

사간원이 "각도에서 장계를 가지고 온 사람들에게 공사로 회답을 줄 때와 상을 주려고 첩지를 내어줄 때에 해당 관원이 직접 집행하지 않아

하리들이 행패를 부리며 뇌물을 받고 있습니다. 먼 지역에 있는 사람들이 이 때문에 지연되고 있으니 놀라운 일입니다" 하였다. 천 리 먼 길을 목숨 걸고 찾아와 장계를 올리는 사람들에게 뇌물을 요구하고 있었다. 있을 수 없는 일이 존재하는 기막힌 현실이었다. 모두 잡아 묶어서 압록강 찬물에 정신 개조를 했어야 했다.

비변사가 대마도의 평의지 등에게 뇌물을 주어 이간시키고 돌아가게 하자고 하였다. 전혀 실정에 맞는 말이 아니었다. 선조가 '우리가 뇌물로 대마도의 적도들과 약속을 맺게 되면 저들은 그 사유를 일본 장수에게 낱낱이 알릴 것이다. 일본 장수가 대마도 사람으로 하여금 뇌물은 받고 은밀히 서로 화친하게 하면서 일본은 모르는 것처럼 하여 우리나라의 형편을 시험하게 할 경우, 우리나라에서는 그들이 통지해 온 글을 가지고 이번에는 거꾸로 일본 장수에게 간첩 노릇을 하게 하려 한다면 반드시 그들의 꾀에 말려들어 웃음을 사게 될 것이다' 하였다.

10월 15일 의주 행재소 비변사가 아뢰기를, "정예롭게 하기에 힘써야 하고 많이 모으기에 힘써서는 안 되는 것이 군사를 선발하는 요체입니다. 군량이 이미 바닥이 났는데 약졸들을 많이 모아 식량만 허비하고 있으며 적군만 보면 앞서 무너지는 것이 지금의 가장 큰 걱정거리입니다. 또 강가의 여러 진들은 바야흐로 얼음이 어는 철을 만났으니 방비하는 일이 다른 철에 비해 더욱 긴급해졌습니다" 하였다. 이에 도원수 및 감사·병사들에게 토병 중에서 노약자들을 빼내어 각기 집으로 돌려보내도록 하라 하였다.

이날 명나라에서는 영하에서 보바이의 난을 평정하고 개선한 이여송을 구원군 사령관인 왜적방어 총병제독으로 임명하였다.

10월 16일 의주 행재소 함경감사 윤탁연의 치계에 의하면, 수령이나 변장들이 적의 선봉을 보기도 전에 수백 리를 도망쳐 나와 타도로 들어가 군관이 되기도 하고 혹 의병을 모은다고 가칭하기도 하며, 혹 장수라고 일컫기도 한다고 하였다. 함경도에 도망쳐 온 수령이나 변장이 많았던 것이다.

비변사에서는 매우 놀라운 일이라 하며, 이후로는 수령이나 변장으로서 타도로 들어간 자는 장계대로 장수나 군관으로 정하지 못하게 하고 죄를 다스린 다음 환임시키자고 하였다. 선조가 허락하였다.

‖ 선조 고질인 선위를 거론하기 시작하다 ‖

10월 18일 경기도 북상하던 권율은 수원의 독성으로 들어가 진을 쳤다. 강화도로 들어가자는 의견이 있었으나 듣지 않았다. 서울의 수복이 우선이고 적의 뒤를 끊어 마음 놓고 서진하지 못하도록 하는 일이 중요했다. 여기서부터는 왜적의 정세를 잘 살펴야 한다는 것을 권율은 지난번 경험으로 잘 알고 있었다. 그래서 우선 지키기 유리한 독성에 진주한 것이다. 탁월한 선택이었다.

의주 행재소 비망기로 전교하기를 '요사이 비변사는 군공을 타산하여 고하만을 따질 뿐 지휘나 조치를 하여 계책을 결정하는 것은 보지 못하겠으니 이래서는 안 되는 것이 아닌가' 하면서 조치할 5조목을 내렸다.

1. 군량과 시초를 다시 일일이 조처하여 중국군을 기다리게 하라. 만일 임시하여 군색할 경우 중국 장수가 군령에 따라 시행하려 들면 할 말이 없게 된다.

1. 풍문에 의하면 일로의 각 역참으로 오르내리는 상관이나 하인이 역졸들을 침학하여 온갖 작폐를 다하므로 그 고초를 견딜 수 없다 한다. 심지어는 나각을 부는 자를 보종으로 세우기까지 한다는데, 지금 어떤 때인데 감히 이렇게 한단 말인가.

1. 본주에는 잡인들이 많이 모여 있어 지탱할 수 없게 될 것이다. 살펴 조처하여 후일 군색해지는 일이 없게 해야 할 것이다.

1. 전부터 해관이 자신의 직무를 충실히 하지 않고 모든 일을 하리들에게 맡기고 있기 때문에 중외의 크고 작은 모든 폐단이 죄다 여기에서 기인하고 있다. 지금 예전 버릇을 통렬히 혁신하지 않는다면 비록 회복된다 하여도 나라의 존망을 알 수가 없을 것이다.

1. 우리나라의 폐습의 유래는 규범이 미진해서인 것이 많다. 이 뒤로는 다시 제도를 확립하여 제대로 잘 시행하게 해야 할 것이다.

더하여 '나는 오래지 않아 물러날 것이니 이는 대신들이 깊이 생각해서 잘 시행하는 데 달려 있는 것으로 그 요점은 더욱 협심하여 서로 화합하는 데에 있다. 전의 버릇을 답습하지 말도록 하라' 하였다.

좋은 지침을 내렸으나 말미에 물러나겠다는 말을 하여 풍파가 일었다. 신하들이 "지금이 어떤 때이기에 버리고 돌보려 하지 않으십니까. 받들어 읽자니 눈물이 흘러내려 감히 다시 아뢸 말씀이 없습니다. 신들은 본디 재주가 아둔하고 식견도 천박하여 항상 부끄러운 마음을 품어 왔습니다. 마음을 합쳐 서로 화합하여 예전 버릇을 답습하지 말라는 전교는 온화하신 말씀과 교도하는 방법이 엄한 아버지가 자식을 가르치는 것이라도 이보다 더하지 못할 것입니다. 흐르는 눈물을 주체할 길 없습니다" 하였다.

10월 19일 의주 행재소 대신과 비변사 당상들을 인견하고 의견을 나누었다. 모아 놓으면 중구난방이다. 중국군이 오지 않아서 걱정, 온다면 군량 걱정, 시초 걱정, 문제가 아닌 것이 하나도 없다. 선조는 대동강의 배들은 왜 격파하지 않는가, 황주와 봉산의 적은 왜 제거하지 않는가 하였다. 이성중이 이일의 첩보에 의하면 평양의 적은 거의 1만이라 하였다.

이유징은 아뢰기를, "20년 이래 조정의 신하들이 화합하지 못하고 서로 공격하면서 군민의 막중한 일은 한 번도 머릿속에 두지 않았다가 이런 변고를 불러일으켰습니다. 조정의 신하가 화합하는 것은 오늘날 제일 중요한 것인데 어제 전교가 있었으니 뉘라서 감격하여 마음을 고치고자 하지 않겠습니까. 오늘 이후로는 신료들이 오직 화합하는 것만을 힘써야 할 것이고 위에서도 전일의 실수를 뉘우쳐야 할 것입니다. 신자들이 규간하는 말을 힘써 받아들이시어 간언을 거절하는 낯빛을 보이지 마소서. 중흥의 근본이 오로지 여기에 있습니다" 하였다.

무군사에서 성혼을 장수로 삼자는 말이 있었다 하여 이에 대한 논란도 있었다. 윤두수는 찬성하였다.

전교하여 '나라를 망친 군주는 다시 보위에 나아갈 수 없다. 옛 임금 가운데는 간혹 다시 나라를 다스린 자가 있기는 하나 이는 너무도 부끄러움이 없는 처사이다. 사람은 각기 의견이 있는 것이지만 나의 성품은 그렇지 않다. 내가 물러난 뒤에 좌상은 당연히 동궁에게 돌아가 벼슬하며 본디의 포부를 펴 보도록 하라' 하였다. 신하들이 안 된다고 들고 일어났다.

경성 판관 이홍업이 함경도에서 왕자들과 함께 잡혀 있다가 우리 병사, 대신들의 편지와 적장 청정의 편지를 가지고 왔다. 주된 내용은 강화를 한다면 도를 나누어 주어 자식과 함께 살게 해준다는 어처구니없는 내용이었다. 청정의 편지에 전산전이니 세천전이니 하는 것들은 모두 대마도에서 거짓으로 만들어 낸 것이라는 말도 있었다.

비변사가 아뢰었다. "이홍업은 문관으로서 왜서를 소지하고 왕래하였으니 매우 놀라운 일입니다. 금부로 하여금 추국하여 죄를 결정하게 하소서" 하였다. 일부러 잡힌 것도 아니고 왕자를 수행하다가 함께 잡힌 것인데 죄를 논할 일이 아니라 고생했다는 위로를 해야 할 상황이다. 그런데 왜서를 소지하고 왔다고 죄를 주자 하니, 그렇다면 전에 울산군수 이언함 같이 중간에서 없애 버리고 알리지도 않고 도망쳐야 될 일이었다.

또 "김귀영 등은 왕자를 보호하라는 명을 받았고 이영 등은 장수였습니다. 그런데도 왕자를 잡히게 하였으니 신하로서 무상하였음이 드러났습니다. 이미 절의에 죽지도 못하였을 뿐만 아니라 심지어 오랑캐들의 글을 전달할 때에는 많은 곡절을 말하면서 낯 두껍게 부득이해서 그렇게 되었다고 말하고 있으니 매우 놀랍습니다. 그들의 직첩을 모두 삭탈하도록 명하소서" 하였다. 그렇다면 그들을 그렇게 만들고, 왜적에게 쫓겨 의주까지 피난 오고, 수많은 백성들을 어육이 되게 한 책임은 누가 질 것인가. 마땅히 선조와 조정의 신하들이 책임지고 먼저 절의에 죽거나 죄를 받아야 할 것이다.

선조가 군국의 기무를 동궁에게 모두 맡겨 조치하라는 뜻으로 상소를 하는 사람들이 많은데 나의 생각도 그러하다. 이곳은 또 너무도 멀리 떨어져 있으니 동궁이 책응하라는 뜻으로 회계토록 하라 하였다. 신하들은 결사반대하였다. 선조는 또 평소 고질이 있어 온갖 고통을 다 겪고 있어 제정신이 아니어서 땅에 들어갈 날만 기다릴 뿐이라고 하였다.

근래에 따로 사목을 세워 공천·사천으로 하여금 납속을 허락하였다. 그리고 법을 시행할 때에 호소하는 사람이 많아 소재관으로 하여금 쌀값을 면포로 계산하여 받아들이도록 하였다. 그런데 납부한 면포의 값이 쌀값에 준하지 못하고 있었다. 이에 사헌부가 당상은 추고하고 색낭청은 파직시키자 하였다.

　사헌부가 또 아뢰기를 "역로의 피폐가 이미 극에 이르렀는데도 공사의 왕래가 더욱 번잡하여 그나마 몇 남은 관군이 시달림을 견뎌내지 못하고 있습니다. 이 때문에 조정에서 별도로 가관을 보내어 전적으로 그것만을 규찰토록 하였습니다. 그런데 의금부도사 조이첨은 하인을 풀어서 뇌물을 받아들이도록 독책하고 역졸을 때려 상처를 입혔으니 파직시키소서" 하였다.

　사간원이 군적에서 장정을 누락시킨 병조정랑 정기원을 추고하도록 하였다. 이런 상황에서도 이렇게 비리는 계속되고 있었다.

　도승지 유근이 동궁을 성천의 온정에서 보고, 강동의 이일, 순안의 이빈, 영유 강서의 김응서 등의 군중을 방문 위무하고 돌아왔다.

　"신이 명을 받들어 군사를 시찰한 일은, 이달 7일 석양에 강동에 달려가 좌방어사 이일을 만났는데 날이 이미 어두워져 다음 날 아침 현의 아문 앞에 진을 치게 하고서 신이 전하의 뜻을 받들어 자신의 몸을 잊고서 적군을 사살하여 수훈을 세우라는 뜻으로 거듭 개유하였습니다. 그때 마침 비보가 있었는데 무수한 적선이 대동강을 건너 중화로 향하고 있다고 하였습니다. 군정이 모두 '이 적들은 틀림없이 지난번 임중량에게 패배당한 일을 보복하기 위한 것일 것이다'라고 하였습니다. 이일은 정병 3백 명을 뽑아 박명현에게 주어 강탄으로 달려가게 하고 자신은 대군을 거느리고 10일의 양식을 지니고서 뒤따라 진군하였습니다. 신의 망령된 생각에는, 지금의 계책으로는 중화와 황주의 적들을 먼저 공격하여 기성의 적세를 외롭게 만든 후 적로를 끊는 것이 제일이라고 여겨졌습니다. 이일도 이 점에 착안하여 대군을 영솔하고 강동현에 주둔하고 있었습니다" 하였다. 대동강 남쪽에서는 큰 전투는 없었지만 이렇게 소소한 전투는 계속되고 있었다.

10월 22일 경상우도 진주성을 구원하러 왔던 전라도 의병장 최경회와 임계영은 거창으로 옮겨 진을 치고, 김면과 합세하여 개령의 적과 대치하고 있었다. 소소한 싸움에서는 전과를 올리기도 하였다.

의주 행재소 적에게 해를 당한 시체를 묻어 주고 푯말을 세워주라고 하였다. 아울러 처자들도 돌봐 주라고 하였다.

전교하기를, "전라감사 권율이 대군을 거느리고 강화로 왔다 한다. 나의 의견으로는 먼저 개성과 황해도의 적을 토벌하면 평양의 적들도 후방을 뒤돌아보아야 하는 염려가 있게 될 것이다" 하였다.

다음 날, 선조가 어제 권율에게 개성의 적을 치게 하라고 명하였는데, 밤새 생각해 보니 잘못하면 화난 왜적이 의주로 임금을 잡으러 쳐들어오지 않을까 걱정이 된 모양이었다. 그래서 이것을 자세히 의논하라 하였다. 비변사가 '형세로 말한다면 남군이 수원 등지에 주둔하였다가 곧바로 경성을 도모하는 것이 상책입니다. 그러나 상께서 개성 등지의 적을 우선 공격하자고 한 것이 묘책으로 여겨집니다' 하였다. 현지 사정은 생각지도 않고 비변사는 줏대도 없이 선조의 비위나 맞추고 있었다. 상책이면 그것을 따르면 되는 것이지 서울의 적을 두고 어떻게 개성의 적을 공격하라는 것인지 알 수가 없다. 이것이 권율에게 전달되었는지는 모르지만 권율이 조정의 뜻을 따르지 않은 것은 다행이었다.

선조는 사로잡힌 아들들이 걱정이었다. "왕자의 탈출 시도는 급급하게 하지 않을 수 없다." 계속 뇌물을 써 탈출시키자는 한심한 생각을 하는 선조였다.

중국 장수가 대군이 근일 당도할 것이다 하며 함께 부교를 만들자 하였다.

10월 25일 심충겸이 동궁에 있으면서 차자를 올렸다. "평양의 적은 요즈음 수일 동안에 또 1만 명의 군사를 늘렸다고 하니 그 세력이 참으로 대단합니다. 평양의 동쪽·서쪽과 황해도의 가까운 고을들에 있는 아군이 수만 명을 밑돌지 않으니 중국군과 길을 나누어 일제히 진격하되 날짜와 시간에 차이가 없게 하여 날마다 괴롭혀야 할 것입니다. 그리고 먼저 주사로 대동강을 막아 차단하여 원병의 길목을 차단하고 제장에게 책임을 나누어 맡겨 함께 여섯 개의 성문을 공격하면 적군이 많다 하지만 어떻게 여섯으로 나누어 공격하는 형세를 막아 낼 수 있겠습니까. 이에 도식과 그에 대한 설명을 붙여 올립니다. 바라건대 전하께서는 특별히 깊이 살피시어 원수와 순찰사 및 군사를 영솔하는 장수들에게 거듭 강조하여 크게 회복시키는 업을 이루게 하소서. 처분을 기다립니다" 하였는데 깊이 생각하고 아뢴 일종의 작전 계획이었다.

답하기를, "이 차자의 내용을 보니 매우 옳은 말이다. 비변사에 명하여 상의하여 아뢰게 하라" 하였다.

곽재우에게 통정대부를 가자하였다. 김성일도 가자하였다.

10월 26일 비변사가 중국군에 소요될 군량을 계산하였다.

"중국군은 모두 합쳐 4만 8천5백85명인데 장령·중군·천파총은 이 숫자에 포함되어 있지 않습니다. 1일 양식이 1명당 1승 5홉입니다. 말은 2만 6천7백 필인데 장령 등의 말은 이 숫자에 포함되어 있지 않습니다. 1필당 1일에 콩 3승을 주어야 합니다. 이렇게 계산하면 4만 8천5백85명의 군량이 하루에 대략 쌀 7백20석이 들어 2개월이면 쌀 4만 3천7백30석이 들고 말 2만 6천7백 필의 먹이는 하루에 대략 콩 8백1석이 들어 2개월에 콩 4만 8천60석이 듭니다.

본국과 중국의 되·말·석은 크고 작은, 많고 적은 차이가 있습니다. 중국에서는 10승을 1두로 치고 10두를 1석으로 치지만 본국에서는 15두를 1석으로 칩니다. 중국의 쌀 1승 5홉은 본국의 2승 7홉에 준하고 콩 3승은 대략 5승 4홉에 준합니다.

의주에서 평양까지 직로로 열 고을과 삼현 등지의 여섯 고을에 받아들여 쌓아 둔 곡식의 숫자를 조사해 보니 쌀과 좁쌀이 모두 5만 1천4백88석이고 콩은 3만 3천1백27석이었습니다. 각 고을에 쌓아 둔 것이 약간의 차이가 있다 하더라도 이리저리 맞추면 군량은 50여 일을 지탱해 낼 수 있겠으나 말먹이 콩은 한층 부족할 것 같습니다. 요사이 준비한 쌀과 콩의 숫자가 또 얼마나 되는지 모르겠습니다만 매우 우려스럽습니다. 가가(假家)·시초·도로·교량 등의 일에 대해 본사 낭청들을 보내어 아울러 검칙하고 오게 하소서."

유성룡은 북쪽의 오랑캐가 침범할 것에도 신경이 쓰였다. 그래서 장계에 '북쪽 오랑캐는 욕심만 많지 꾀가 없어 이익으로 달래기가 쉽다. 우선 그들에게 상을 주어 이리처럼 물어뜯으려는 걱정을 없애야 할 것이다' 하였다.

성혼을 우참찬, 김성일을 가선대부로, 대호군 정운은 북병사로 추증하였다.

전 동지사 성혼이 행재소에 이르자 우참찬으로 승진 임명하였는데 대신의 의논을 따른 것이었다. 성혼이 아뢰기를, "동궁이 하교하여 이정형의 군중에 나아가 군사를 함께 맡도록 명하였습니다. 신이 병으로 폐인이 되었으니 어떻게 말을 몰아 달리는 것을 감당할 수 있었겠습니까. 그러나 부축을 받고 군대 있는 곳에 이르러 감히 죽기를 사양하지 못했습니다. 이어 동궁이 명소하여 분조로 달려갔는데, 머무른 지 열흘 만에 대조로 들어가기를 청했습니다. 그리하여 지난달 말에 성천을 출발했는데, 겨울철 극심한 추위로 신은 몸이 점점 쇠약해져 한질이 다시 도져 도로에서 지체하느라 뒤처져 늦어지게 되었습니다" 하였다.

10월 29일 경기도 경기감사 심대가 전사하였다. 부임하고 나서 군사를 불러 모으고 병기를 거두어 모았다. 소문을 듣고 경성의 주민들이 많이 돌아와 의지하였다. 심대는 적을 두려워하거나 꺼려 하지 않고 군대의 위용을 펼치며 대담하게 행동하였다. 이때 삭령에서 군사를 모아 곧장 경성의 수복을 도모하려고 하였는데, 적이 동정을 살펴서 알고 군사를 매복시켰다가 습격하여 살해하였다. 적이 그의 머리를 경성의 종루에 매달았는데, 우리 사람이 몰래 빼내어 강화로 보내 장사지냈다. 용기 있고 충성스러운 아까운 인재였다. 이조판서에 추증되었다.

10월 30일 경상우도 그동안 김면과 정인홍이 합세하여 성주를 공격했는데 성공하지 못했다. 이번에는 성주의 왜적이 법수촌을 공격하였다. 김준민이 방어하다가 부상을 입었고 손인갑의 아들 손약허는 전사하였다. 아군이 상당한 피해를 입었다.

함경도 정문부가 군사를 고참역으로 진출시키고 군사를 보내 명천의 반적 정말수를 주벌하고 성을 수복하였다. 그러자 길주의 적이 마침내 사방으로 나와 분탕질을 쳤는데, 일지군은 명천의 해창을 노략질하였다. 정문부가 군사를 길주의 남촌에 진출시켜 돌아가는 길을 지키고 있는데, 적병이 길주성 동쪽 5리쯤 되는 장덕산 밑에 이르렀다. 우리 군사가 먼저 산꼭대기를 점거하니 적이 다투어 오르면서 쳐다보고 총을 쏘므로 유경천이 기병을 몰고 내려가 적병을 크게 격파하였다. 고경민이 미리 군사를 서쪽 산 밑에 잠복시켰다가 즉각 포를 쏘며 차단하니 적이 퇴각하여 계곡으로 들어갔으므로 관군이 사방에서 모여 포위하였다. 이날 밤에 눈이 내리고 추위가 심하여 적병이 모두 얼어 쓰러져 싸우지 못하였다. 해가 뜰 무렵에 수색하며 공격하여 6백 명의 수급을 베었는데, 왜장은 성문을 닫고 감히 나오지 못했다. 정문부가 군사를 진출시켜 포위하니 적이 성에 올라 총을 쏘았다. 관군이 가까이 갈 수 없어 퇴각하여 사면으로 포위하고 그들의 땔감 공급로를 끊었다. 적의 한 부대가 마천령 아래 영동관 책성에 주둔하고 있었는데, 임명촌을 불태우고 노략질하므로, 정문부가 군사를 돌려 공격하였다. 쌍포에서 전투하였는데 적병이 패주하였으므로 수급 60을 베었다. 이로부터 두 곳에 주둔한 적이 모두 굳게 지키고 나오지 않으므로 정문부가 군사를 나누어 포위하였다.

평양 심가왕이 평양에 들어갔다. 50일이 지나도 심유경이 오지 아니하자 왜가 의심하고, "설날에는 압록강에서 말에 물을 먹이겠다"고 큰소리를 쳐서 사람들이 더욱 두려워하였다. 명나라는 나름대로 왜적과의 전쟁 준비를 하고 있었지만 군사를 모으고 병기 군량 등을 준비하는 일이 빠르게 진행되지는 않았다. 그래서 시간이 더 필요했다. 심유경과 소서행장이 약속한 시한인 10월 25일도 지났다. 왜적들이 무슨 일을 저지를지 모르므로 심유경이 심복인 심가왕을 먼저 평양으로 보내고 자신은 여유를 부리며 오고 있었다. 소서행장은 심가왕을 볼모로 붙잡아 두었다.

복수할 사람을 불러 모아 군사를 일으켰다. 처음에 고경명이 패한 뒤 그의 아들 전 현령 고종후가 상복을 입고 종군하며 부친의 남은 병사를 거두어 별군을 만들었다. 이때에 이르러 체찰사 정철이 조정의 뜻을 선포하며 권유하자 홍계남이 맨 먼저 여러 도에 편지를 보냈다. 조헌의 아들 조완도 등이 호응하였다. 또 고종후로 하여금 사노를 뽑아 군사를 삼도록 하였다.

왜란 발발 7개월째의 현 상황을 간략하게 정리해 보면,

이순신은 완전히 남해의 제해권을 장악해 왜적은 가덕도 서쪽으로는 나오지 못하게 되었다. 연패하던 육지에서도 변화가 일어났다. 권율은 이치에서 적의 대군을 방어하였고 정담이 웅치에서 분전하였다. 고경명은 적의 대군이 집결해 있는 금산성을 공격해 적의 간담을 서늘하게 하였다. 이러한 전투로 전주성과 더불어 전라도는 지켜졌다. 곽재우의 활약으로 현풍, 창녕, 영산이 회복되고 왜적은 낙동강 수로와 더불어 한 길을 잃었다. 권응수와 박진의 활약으로 영천과 경주를 수복하자 군위, 의성, 안동 등이 자동으로 회복되어 적은 또 한 길을 잃었다. 조헌의 활약으로 청주성이 수복되고 이정암의 활약으로 연안성을 지켜 냈다. 김시민은 진주성을 지켜 냈고 함경도에서는 정문부가 북도를 회복하였다. 명나라 조승훈이 평양성을 공격하였고 다시 이원익과 이빈이 평양성을 공격하였다. 분명히 상황은 달라졌다. 지켜 내기도 하고 승리도 하고, 비록 패하기도 하였지만 반격은 시작된 것이나 다름없었다. 최소한 그 기틀은 마련되었다.

이제 왜적은 부산에서 평양까지 오로지 가운데 한 길만 이용해야 했다. 그 길을 보면 부산, 동래, 양산, 밀양, 청도, 경산, 대구, 선산, 상주, 문경, 충주, 죽산, 용인, 서울, 파주, 개성, 봉산, 황주, 중화, 평양의 외길이다. 왜적은 승승장구하면서 밀고 올라왔지만 이제는 완전히 포위되어 있었다. 바다는 말할 것이 없고 육지에서는, 경상우도에는 김성일의 지원 하에 관군과 곽재우, 김면, 정인홍 등의 지역 의병과 최경회와 임계영의 전라도 의병이, 경상좌도에는 권응수와 박진 외 한효순의 관군과 다수의 의병이, 경기도에서 전라감사 권율은 수원 독성에 진을 쳤고 홍계남과 고언백이 활약하고 있었고 강화에는 김천일 최원 우성전이, 황해도는 이정암이 연안성을 지키고 있고 조호익의 의병이 황주에서 왜적을 괴롭

히고 있었다. 평안도 평양 주위에는 이일, 이시언, 김경로, 박명현, 김응서, 정희현과 승장 유정이 활약하고 있었고 순안과 숙천에는 이원익, 김명원, 이빈의 조선군 수뇌부가 왜적과 대치하고 있었다. 그 외에도 각 도마다 소소한 의병들이 수없이 많았다. 이런 상황에서 왜적은 하나뿐인 2천 리나 길게 늘어선 보급로를 유지하기에도 급급한데 평양의 소서행장이 더 이상 진군하는 것은 꿈도 꿀 수 없는 일이었다. 사실 퇴로를 걱정하는 상황이었다.

중앙에서 전체를 통솔하고 작전을 지휘할 수만 있었으면 왜적은 완전히 독 안에 든 쥐였다. 그런데 전체적인 안목을 가지고 통솔해야 할 조정은 북쪽 끝 의주에서 왜적이 쫓아올까 벌벌 떨고 있으면서, 중국군이 나오지 않는 것에만 안달이 나 있었다. 그리고 각 지역의 관, 의병 모두는 각자 자신이 있는 곳의 어려움을 헤쳐 나가기에 바빴다. 나라 전체에 더 이상의 안목도, 힘도 바랄 수가 없었다. 실로 안타까운 현실이었다.

03
반격이 시작되다 :
선조 25~26년 (임진년 11월~계사년 4월)

11월 경기도 독성산성 권율이 4천의 군사를 이끌고 수원 독성산성에 진을 치자 경성의 왜적 진영에 비상이 걸렸다. 권율의 전라도 군은 이치 전투를 승리로 이끈 강군이다. 이런 조선군이 턱밑으로 치고 들어오니 왜적은 후방이 위협받을 뿐만 아니라 보급로를 잃을 우려까지 있었다. 그대로 좌시할 수 있는 상황이 아니었다. 왜장 우희다수가는 경성 주둔 군사 중 2만을 차출하여 공격에 나섰다. 권율은 체찰사 정철에게 응원군을 요청하는 한편 성을 굳게 지키고 움직이지 않았다. 성이 견고하고 험하여 왜적은 직접 공격하기 어려웠다. 그래서 수원, 오산, 용인으로 통하는 길을 차단하여 포위 형세를 취하고 매일 도전하였다. 권율은 철저하게 정면 대결을 피하고 여러 조의 특공조를 편성하여 기습 공격과 매복 작전으로 적을 괴롭혔다. 식수를 차단하려는 적을 야간 기습으로 무력화시키기도 하였고, 높은 곳에서 말에 흰쌀을 끼얹어 멀리서 보면 말을 씻어 주는 것처럼 보이게 하여 물이 많은 것처럼 왜적을 속이기도 하였다 (이곳을 세마대라 한다).

여러 날을 이런 식으로 대치하였다. 왜적들은 성을 점령할 기약도 없이 야전에서 엄동설한의 추위에 떨어야 했다. 이때에 수원부사 조경이 외곽에서 왜적을 괴롭혔다. 또한 정철의 불같은 성화에 힘입어 전라도사 최철견과 변사정, 임희진 등 전라도 관군과 의병이 구원군으로 달려왔다. 왜적으로서는 견디기 어려운 추위에 응원군까지 도착하자 더 이상 견디지 못하고 할 수 없이 철수하여 경성으로 돌아갔다.

이렇게 권율은 독성산성을 지켜 냈고 왜적들은 불안감이 더해졌다.

조경은 그대로 권율의 진영에 합류하였다. 황진이 충청도 조방장으로 갈려간 터에 조경의 합류는 권율에게는 큰 힘이 되었다.

11월 3일 의주 행재소 조정에서는 권율이 독성에 진을 치고 왜적과 대치한 상태에 있는 줄은 모르고(권율이 독성에 진을 쳤다는 장계는 한 달이나 지나 이달 18일에야 조정에 도착하게 된다), '권율로 하여금 경성으로 곧장 향하게 하라' '최원, 김천일, 우성전 등으로 여러 의병을 통솔하고 권율과 합세하여 진군하게 하라'는 등 말이 많았다. 계속 천리나 멀리 떨어진 곳에서 실정에 맞지 않는 탁상공론을 하고 있었다.

더욱 가관인 것은 선조가 행재소가 우선이라며 경상좌병사 박진과 양주목사 고언백을 올라오라고 한 것이다. 남쪽 현지에서 잘 싸우고 있는 장수들을 더 잘 싸우도록 도와주지는 못하고, 불러올려 자신을 호위하게 하려 하니 제정신이 있는 임금인지 의심스러울 정도다. 이런 실정에 실망하는 신하들이 많았고, 경성, 개성, 평양을 싸우지도 않고 버리고 도망해 온 것에 분격해하는 사람들이 많았다. 그래서 임금이 물러나야 한다는 상소도 있었다.

11월 7일 유학 남이순과 송희록이 백성들 뜻을 따라 세자에게 선위하라고 상소하였다. 선조는 기다렸다는 듯이 존호를 삭제하고 세자에게 선위할 것을 명하였다. 윤두수 이하 신하들이 명을 거두라고 아뢰었다. 선조는 병을 핑계하기도 하였다. 연일 정원과 삼사의 신하들이 돌아가며 명을 거두라고 하니 할 수 없이 후일을 기다리겠다고 하며 선조가 물러섰다.

이런 소동의 이면에는 음흉한 음모의 조짐이 있었다. 이홍로는 어가를 따르지 않고 도망하였다가 얼마 전에 의주의 행재소에 나타났는데 온갖 핑계를 대고 그럴듯한 변명을 하였다. 신하들이 삭탈관작을 요청하였으나 선조는 삭직하는 데 그쳤다. 그러나 가만히 있을 이홍로가 아니었다. 행재소 주변에는 뜻을 얻지 못한 부류들이 많이 있었다. 그는 이런 부류들과 작당을 하여 조정 신하들의 실수와 약점들을 모아 폐단을 지적하는 상소를 올렸다. 내용은 교묘하게 선조의 구미에 맞추어 조정의 신하들을 매도하였다. 더 무서운 것은 신하들이 선조를 임금에서 물러나게 하려는 의논을 하고 있다는 것을 은밀하게 지적한 것이었다. 윤두수와 유성룡이 주도하는 정국에서 선조는 외로웠다. 요동으로 가려는 것도 이 두 사람이 결사반대하였다. 선조는 은밀히 제때에 고해 주던 이산해가 그리웠다. 그런데 이홍로가 이산해의 분신같이 바라던 대로 비위를 맞추고 외부의 동태를 은밀하게 알려 주니 그렇게 반가울 수가 없었던 것이다.

이때 윤근수와 구사맹은, 홍여순·유영길·이홍로가 어두운 밤에 서로 모여 재기를 노리는 음모를 하는 것을 알고 쫓아내고자 하는데 김응남·이덕형까지도 같이 쫓아내려 하였다. 그러나 성혼·윤두수·이해수는 만약 부득이하면 그중에 심한 자만 제거할 것이요, 김응남과 이덕형은 죄를 줄 명목이 없다고 하였다. 이런 상황에서 이홍로는 제가 면하지 못할 것을 알고 죽을 각오로 상소한 것이다. 이성중이 공청에 있다가 이홍로의 소를 보고 소리를 높여 "군신 상하가 막다른 국경에 물고기처럼 우글거리게 한 것은 누구 소치인데 도리어 우리들을 가리켜 나랏일 그르친 적이라 한단 말이냐. 소 가운데 언사가 아첨 부리지 않은 것이 없다. 우리가 평소에 나라 녹을 먹고 높은 자리에 앉아 말 한마디 건의하여 여러 음흉한 무리들을 제거하지 못해서 필경 이런 욕을 받는 것이다. 모두 우리들 허물이니 누구를 탓하랴" 하였다.

선조가 세자에게 전위하겠다는 말이 진정이었다고 하더라도 신하들이 극력 반대한 것은 이홍로 같은 자들의 음모에 걸려들지 않으려 했기 때문이었다.

이후로 선조는 틈만 나면 임금 자리를 내놓겠다고 하여 세자와 신하들을 몸살을 앓게 만든다.

평양 이 무렵 평양의 왜장 소서행장은 애가 타고 있었다. 철수할 수도 공격할 수도 없는 처지에서 강화협상에 기대하는 바가 큰데 약속했던 50일이 지나도 심유경은 나타나지 않고 심가왕이라는 부하 한 사람이 나타났으니 믿을 수도 없고 안 믿을 수도 없었다. 일주일을 붙잡아 두었지만 득 될 것도 없었다. 이날 심유경을 빨리 오도록 재촉하기 위해 심가왕을 내보내면서 소서행장은 큰소리를 쳤다.

'듣건대 조선에서 수만의 군사를 내고 심유격도 수십만의 병마를 거느리고 나온다 하는데, 강화를 하려면 하고 싸울 것이면 싸우자. 대동문에서 보통문까지 가득 진을 치고 있는 군사가 모두 새로 증원된 군사다' 하였다. 겉으로 큰소리는 쳤지만 답답한 속마음을 드러낸 것이었다. 평양성을 나온 심가왕은 심유경이 있는 요동으로 말을 몰았다.

‖ 명나라 구원군이 나오다 ‖

11월 10일 의주 행재소 명나라의 행보도 빨라졌다. 동지 정문빈이 와서 접견했는데 7만의 군사가 산해관을 출발했으며 이여송과 송응창이 이미 나왔다고 하였다. 다만 걱정되는 것은 양추라고 하였다. 사실 이때 명나라 구원군 최고책임자인 경략 송응창은 요양성에 도착해 있었다. 그는 도착 즉시 조선국왕에게 격문을 발송하였다.

11월 15일 경략 송응창의 격문이 조정에 도착하였다.

'왕께서는 지금 와신상담하시고 사대부들과 더불어 남은 군사를 수습하여 용기를 분발시켜 회복을 도모하십시오. 저 평양 등 제도에 어찌 충의로운 사람이 의병을 일으켜 부지런히 내응하지 않겠습니까. 남모르게 계획을 세우고 침착하게 처리하여 양초를 비축하여 잃은 지역의 수복을 꾀하여야 합니다. 그 형세를 잘 보아서 요해처를 굳게 지키고 있다가 천병이 이를 날을 기다려 군사를 한곳에 합치고 왕의 음부를 장사들에게 주어 차례로 진격시켜 피비린내를 깨끗하게 없애어 함께 위대한 공적을 이루고 폐하의 신령을 드러내고 기자의 옛 땅을 보전하기를 바랍니다' 하였다.

와신상담. 옛 중국 춘추 전국 시대, 월나라의 왕 구천이 오나라의 왕 부차에게 정복당하여 당했던 수모를 갚기 위해, 10년 동안을 쓸개를 씹고 섶에서 자면서 군사를 길러 기어이 복수를 했다는 데서 유래한 말이다. 와신상담은 조선의 왕 선조가 해야 할 일이고, 조선의 신하들이 해야 할 일이고, 조선의 백성들도 당연히 해야 할 일이었다. 이것을 조선의 왕도 알고 있고, 신하들도 알고 있고, 백성들도 알고 있었다. 그러나 눈으로 읽을 줄은 알고 입으로 말할 줄은 알지만 실제로 행하는 것은 기대하기가 어려웠다. 먼저 앞장서서 쓸개를 씹고 섶에서 자야 할 임금 선조는 그런 면에서는 너무도 나약한 사람이었다.

이빈을 대신하여 이일을 순변사로 삼았다. 도원수 김명원이 반대하였으나 듣지 않았다. 싸움에 임해 장수를 바꾸는 것은 옛사람도 경계한 일이라고 알면서도 바꿨다. 그야말로 아는 것도 시행할 줄을 모르면 무지한 것과 다름이 없다. 최소한 도원수의 의견은 존중해야 했다. 총체적으로 군사 일에 이렇게 무지했다.

11월 17일 의주 행재소 심유경이 느긋하게 의주에 도착하였다. 심유경이 나온다 하니 조정에서는, 명나라에서는 군사는 보내지 않고 강화협상만 하고 왜적을 치지 않을 것이라며 걱정이 앞서고 있었다. 선조가 바로 심유경을 접견하였다.

선조가 "병부의 공문을 보니 '강화할 뜻이 있다' 하였으므로 매우 민박합니다. 우리가 적과는 만세를 두고도 꼭 갚아야 할 원수입니다. 전일에 50일 동안의 약속을 굳게 지키면서 중국군이 오기를 기다렸는데, 지금 도리어 강화를 허락할 뜻이 있으니, 당당한 중국 조정으로서 어찌 소추와 강화를 할 수 있단 말입니까?" 하였다.

유격이 "제가 처음 50일을 한정으로 한 것은 왜적을 위해서가 아니었습니다. 단지 길이 질어서 진군할 수가 없었기 때문에 무논이 다 마르고 추수가 끝나기를 기다려 거사하려 했기 때문입니다. 지금 우선 강화를 허락하여 적들로 하여금 귀국의 남녀와 대신 및 두 왕자를 다 돌려주게 한 다음에 서서히 대병이 이르기를 기다려 일거에 탕평하려는 것입니다" 하였다.

선조가 "그렇다면 송야는 지금 어느 지방에 이르렀으며 군사가 출동할 시기는 정확히 언제이며 병마는 얼마나 됩니까?" 하니,

유격이 "대군은 모두 7만 명인데 지방의 원근이 있어 오는 데도 지속이 있습니다. 그렇기 때문에 먼저 나오는 자는 1만 2천 명입니다" 하였다.

선조가 "중국군을 이미 기다리지 못하게 되었으니 우리나라는 멸망한 것과 같습니다. 우리나라 병마로 한번 승부를 결정하고자 하는데 남방에 있는 적은 추위를 잘 견뎌내지 못하여 이미 용기가 꺾였습니다. 이 기회를 놓치고 따뜻한 봄이 이르면 우리나라 백성들 모두가 섬멸될 뿐만이

아니라 반드시 요동까지 침범할 염려가 있습니다" 하니,

유격이 "귀국의 군마로 적을 섬멸하면 매우 다행스럽고 좋은 일입니다. 다만 내가 보기에 귀국의 장사들은 대오가 분명하지 못하고 호령이 엄숙하지 못합니다. 꼴을 베던 사람을 몰아서 억지로 군사를 삼았으니 그런 무리들이 어찌 내달리고 무찌를 수 있겠습니까. 반드시 중국 군사가 이르기를 기다려서 거사해야 옳습니다. 나도 국왕께서 파월해 계신 것을 보니 눈물이 절로 나옵니다. 귀국이 한편으로는 예의의 나라요, 한편으로는 중국의 번방이므로 마땅히 있는 힘을 다해 주선해서 계책으로 왜노를 속이겠습니다. 지난 여름에도 단기로 적진에 들어가 약속을 정하고 왔는데 어느 겨를에 일신의 생사를 생각하겠습니까. 나도 관직이 높지 않은 것은 아니고 또 편안히 사실에 누워 있을 수 있는데도 왕래함을 번거롭게 생각하지 않는 것은 오직 귀국을 위해서입니다. 또 석야께서도 귀국을 위하여 잠을 편안히 자지 못하고 밥도 제대로 먹지 못하고 있는데, 나도 석야의 그런 마음을 나의 마음으로 삼기 때문에 마음을 다해 노력하는 것입니다" 하였다. 심유경의 이 말은 맞는 말이고 마음에 와닿는 말이었다. 이틀을 쉬고 심유경은 평양을 향해 출발하였다.

다음 날 경략 송응창이 요양성에 있다는 것을 확실하게 알게 된 선조는 약간의 신하들을 거느리고 직접 강을 건너가 친히 경략을 만나 청병하겠다고 하였다. 그러나 신하들은 청병을 핑계로 요동으로 건너가고자 하는 것이라고 의심하여 결사반대하였다.

11월 24일 의주 행재소 이순신이 선조의 탄일을 잊지 않고 보낸 하전이 도착했다. 권율도 권준도 보냈다.

전 전라감사 이광은 다시 중죄를 받을 처지에 이르렀는데 윤두수가 이광은 그래도 전주성을 보존한 공이 있다고 적극 변호하였다. 선조가

그 뜻을 따라 죽음은 면하고 귀양을 보내도록 하였다. 그런데 김수는 체직되어 올라와 더 좋은 직위인 한성판윤이 되었다.

다음 날 선조가 김수를 인견하고 여러 가지 궁금한 것을 물었다. "적병은 얼마나 되는가?" "양호의 병력으로 적을 대항할 수 있겠는가?" "호남에는 웅거할 만한 험한 곳이 없는가?" "대체 적의 정황은 어떠한가?" "박진은 잘 싸우고 있는가?" "영남의 의병들은 각기 그들 읍만 지킬 뿐인가?" "중국 군사가 적을 대항할 수 있겠는가?" "김천일을 불러 해서의 적을 치게 하는 것이 어떤가? 쉬운 데부터 먼저 공격하는 것이 또한 병법이다" "강화를 거쳐 호서·호남으로 가는 것이 어떻겠는가?" "정인홍은 친히 진에 나가 용병하고 있지 않던가?" 등이었다.

답답한 사람이 답답한 사람을 붙들고 답답한 심정을 토로한 것이다. 김수의 답변 중에서 사실에 가까운 것은, 적병은 20만 명이 될 것 같다고 한 것이었다. 박진은 스스로 싸운 적은 없고 권응수를 시켜 싸우게 했다 하고 정인홍은 스스로 싸우지는 못하지만 나라를 위해 죽을 생각을 하고 있고, 김면은 기강이 있어 조금 낫다고 하였다. 그런데 뜻밖에 곽재우에 대해서 아주 좋게 말하였다.

"신이 그 사람을 만나 보지는 못했지만 대체로 그 사람됨이 보통은 아닙니다. 어려서 무예를 닦고 《장감》을 읽어서 문자를 터득해 일찍이 정시에서 장원을 했습니다. 의병을 남보다 제일 먼저 일으켜 4월 20일 사이에 기병하였는데 처음 기병할 때 사람들이 의심했었지만 신은 의심하지 않았습니다. 그는 적을 사로잡으면 참혹하지 않고 심장을 구워 먹습니다. 의령·삼가가 온전한 것은 곽재우의 공입니다" 하였다.

김수는 인간적으로는 나쁜 사람은 아니었고 머리도 비상하여 선조의 신임을 두텁게 받아 왔었다. 그래서 이런 상황에서도 판윤에서 더 나아가 삼도 순찰사로 임명하기까지 하였다. 그러나 이광, 윤선각을 살려 둔 것도 못마땅한데 형평에도 어긋나고 사리에 맞지 않는 것을 그냥 보고 있을 신하들이 아니었다. 사헌부가 들고 일어나 삭탈관작을 강력하게 요청하여 김수는 당분간 직에서 물러날 수밖에 없었다.

지난번 이홍로에 이어 이번에는 유영길이 대신들을 공격하였다. 체찰사 정철은 충청도의 기생이 있는 고을에서 날마다 술에 취해 기무를 잊고 있고, 좌상 윤두수는 재주와 역량이 국가 회복을 담당할 만한 사람이 못 되고, 그 마음이 지공무사하지 못하여 매일 처리하는 것이 모두 무실로 돌아가고 천시를 잃어 차마 말하지 못할 일이 있게 하였다고 하였다. 유영길은 본래 이양의 심복으로서 처음에 윤두수 등에게 배척당했다. 그의 친족 세력이 성한 덕에 상당한 자리를 차지할 수는 있었으나 삼사의 장관 지위는 얻지 못했다. 그래서 언제나 정철·윤두수 등 여러 사람을 미워했는데, 이때에 이르러 상하가 틈이 있는 것을 엿보고 이렇게 들춰내 공격한 것이다. 이런 전시상황에 어처구니없는 일이었다. 양사가 유영길이 대신들을 모함했다고 탄핵하여 처벌하기를 청했으나 선조는 윤허하지 않았다. 이홍로, 유영길의 뒤에는 홍여순이 있었다. 이들은 정철을 빌미로 하여 공격하는 단서를 잡고자 하고 선조도 이에 호응하고 있었다. 단지 지금은 이들을 중용할 수 있는 때가 아니었다. 양사가 며칠을 두고 이 세 사람을 탄핵하였고 결국 선조는 마지못해 따랐다. 이들은 삭직되어 당분간 표면에 나타나지 않게 되었다.

11월 26일 평양성 심유경이 소서행장과 다시 만났다. 심유경은 평양성에 들어가기 전에 '강화를 하는 것이 상책이고 적을 토벌하는 것은 안 된다'고 큰소리로 주장했는데 이것은 중국 군사가 나오는 것을 적이 모르게 하고 안심시키기 위해 일부러 이렇게 한 것이다. 심유경이 병부의 첩으로 왜장을 타일렀다.

'너희 나라가 진실로 조공을 통하려고 한다면 어찌 꼭 조선의 길을 빌어야만 하겠는가. 조정에서 의논하도록 조칙이 내렸는데 특별한 이유가 없는 한 반드시 조사해서 옛날 길로 개시하도록 하되 한결같이 지난번의 규정대로 하기로 결정하자고 복청하였다. 그리고 먼저 제장을 봉하여 일본 국왕을 삼고, 제승을 봉하여 일본 국사로 삼을지도 모르겠는데 너희들의 성의 여하에 달려 있다 하겠다. 차자가 이르거든 제장이 노략질한 조선 왕의 자녀와 평양·왕경 지방을 모두 조선에 돌려주고 군사를 파하여 소굴로 돌아가 공손히 조정의 명령을 듣도록 하라. 그렇게 하면 본부에서도 수륙의 각 군사로 하여금 전투를 하지 못하게 할 것이며 또 조선에 경계시켜 너희들이 돌아가는 길을 범하지 못하게 하겠다. 지금이야말로 천재일우의 좋은 기회로서 본부 또한 일본을 위하고 조선을 위하지 않는 아름다운 뜻에서 발로된 것이니, 신중히 헤아리도록 하라' 하였다.

소서행장은 봉공을 허락하면 평양성은 명군에게 내어 주고 대동강 이남으로 물러나겠다고 하였다. 이것을 허락받기 위해 다시 50일을 기약하였다.

심유경은 가지고 간 모자를 왜군 졸병들에게 나누어 주며 몰래 군사의 수를 알아보았다. 심유경은 다시 50일이라는 시간을 벌었으므로 만족해하였고, 소서행장은 잘하면 대동강 이남을 차지할 수 있다는 말도 안 되는 희망을 가졌다.

이 무렵 평양과 의주 사이의 지방에는 왜적의 첩자 노릇을 하는 자가 많이 있었다. 유성룡이 안주에서 수상한 행동을 하는 김순량 등을 붙잡았는데 심문 결과 무려 40여 명이 첩자로 활동하고 있다는 것을 알았다. 즉시 이들에 대한 명단이 작성되고 토벌이 시행되었다. 붙잡아 죽이기도 하고 일부는 도망쳤지만 첩자 노릇을 하는 자들은 사라졌다. 그래서 왜적들은 명나라 구원군이 오는 것을 전혀 알 수가 없었다. 다행스러운 일이었다.

의주 행재소 선조는 불안하고 조급한 마음을 누를 길이 없었다. 그래서 또 한응인을 경략에게 보내 군사를 재촉하고 왜적을 섬멸해 주기를 청하도록 하였다.

11월 27일 요동도사 장삼외가 와서 병마가 곧 출동할 것인데 양추가 걱정이라 하였다.

11월 30일 드디어 기다리던 명나라의 대병이 26일 출발했다는 소식이 왔다. 그렇게 반가울 수가 없었을 것이다. 도착할 날짜를 헤아려 명산대천에 제사 지내라고 전교하였다.

그러나 식량이 문제였다. 북쪽에서는 명나라 구원군을 먹일 양식 준비가 큰 문제였고 남쪽에서는 경상도 지역의 식량이 떨어져 가고 있었다. 오로지 기댈 것은 전라도의 식량이었는데, 전라도에서도 수차례 근왕군으로 북상하는 군대에 식량을 제공하였고, 지금도 권율, 최원, 김천일 등 서울 인근에 진출한 군대의 식량을 대기에 뼈골이 빠질 지경이었다. 그래도 기댈 데는 전라도뿐이었다. 이때 경상우감사 김성일은 전라도에 식량을 요청하고 있었으나 조달되지 않아 애가 타고 있었다.

이달의 다른 일들을 살펴보면,
신성군이 이달 5일 졸하였다 선조의 상심이 컸을 것이다.
대간이 황해감사 유영경의 죄를 논하고 체임시키기를 청하였다. 유영경은 이정암과 뜻이 맞지 않아 저지하고 동요시킨 양상이 있었으므로 대론이 탄핵하여 체임하도록 한 것이다. 그러나 윤두수가 유영경을 두둔하며 아뢰기를 '근래에 의병이 사방에서 일어나 관군을 데리고 가므로 유영경이 그들의 소행에 분격하여 문자로 표현했으니, 그가 훼방한 일이 있었다면 필시 이 때문일 것입니다. 우선 전직을 그대로 두고 뒷날 공을 세우도록 하소서' 하니, 따랐다.

전라 좌의병장 임계영이 거창으로부터 합천 해인사로 진을 옮겨서 영남 의병장 정인홍과 협력하여 성주의 적을 쳤다. 전라 우의병장 최경회는 그대로 거창에 머물러 김면과 같이 개령의 적을 상대하였다. 합천군수 김면을 본도 우병사로 승진시켜 임명하고, 의병장 최경회를 포상하여 통정대부에 가자하였다.

평안도 묘향산의 휴정이 중 1천여 명을 모집하고 유정으로 부장을 삼아 양식과 병기 등을 마련하고 행동에 들어갔다.

경기도 진사 원연이 군사를 일으켜 적을 토벌하다가 용인 금령의 적에게 크게 패했다. 원연은 원균의 아우이다.

충청도에서 이산겸이 조헌의 남은 군사를 수합하여 일어나 양식과 무기를 준비하여 적과 싸웠다. 이산겸은 토정 이지함의 서자인데 의기가 있는 사람이었다.

충청도의 노 재상 심수경이 의병을 일으켜 조대곤으로 부장을 삼고, 건의로서 장표를 삼았다. 조대곤은 경상우병사로 있다가 면직되고, 김수를 따라 행재소로 가다가 충청도에 이르렀는데 심수경이 만류하여 부장으로 삼았다. 그 뒤에 선조가 심수경을 8도 의병 도대장을 삼고 인과 어도를 주었다.

조정에서 심수경으로 하여금 모든 의병을 통속케 한 것은 다음과 같은 이유에서다.

'의병들은 초야에서 충의심에 의해 일어난 자들이 있고, 관직에 있는 자가 숨었다가 면죄용으로 무리를 모아 의병이라 하는 자들과 소모관으로 내려와 군사를 모아 의병이라 하는 자들이 있었다. 전라도 경상도의 의병들은 대부분 초야에서 충의심에 일어나, 근왕하거나 지역을 방어하는 데 구심점이 있었고 통솔이 잘 되었다. 그러나 충청, 경기도의 의병은 무분별하게 난립하여 시간이 갈수록 문제점만 부각되었다. 겨우 백여 명의 인원으로 대병인 것처럼 군호도 만들고 요란을 떠는 의병부대가 백여 개가 넘었다. 이들은 대적을 보면 흩어지고 하찮은 적을 만나면 싸우는 체하여, 패하면 그만이고 조금이라도 이기면 과장하여 큰 상을 요구하였다. 그래도 싸운 자들은 다행이다. 대부분 약속은 지키지 않고, 민가를 약탈하기도 하고, 관을 협박하여 물건을 갈취하고, 관의 물건을 도둑질하는 등 마음대로 하고 거의 놀고먹으며 행패나 부렸다.'

그러나 심수경과 조대곤은 늙고 병들어 제대로 통솔할 수가 없었다.

이런 사람도 있었다. '유사 이종은 본래 용력과 의기로 일컬어져 조정에서는 체찰사에게 그가 군사를 일으키도록 힘써 권면하게 하였다. 그러나 이종이 응하지 않고 그의 노모와 처자를 영평의 산속에 깊이 숨긴 채 매번 양식이 떨어지면 칼을 가지고 산에서 내려와 뒤떨어진 적을 죽여 몇 개의 수급을 얻고 나서 의병진에 팔았는데, 의병장은 으레 군량 다섯 말로 수급 한 개와 바꾸어 바치는 데 충당하였다. 이종은 이것으로 생활방편을 삼으면서 끝내 산에서 나오지 않았다. 그러나 불행하게도 얼마 안 되어 병으로 죽었다.'

전쟁이 소강상태가 되니 자연히 여러 폐단이 노출되었는데 폐단이 아닌 것이 없을 정도였다. 도망한 수령이 의병이 성공하면 고개를 내밀고 모여 있는 군사를 빼앗아 자신을 호위하도록 하기도 하고 의병이 취한 수급을 자기 차지로 하여 의병과의 갈등도 심했다. 죽은 우리나라 사람의 목을 베어 왜적의 목이라고 속이고 상을 구하기도 하고, 심한 자는 노약자를 죽여 왜의 수급이라고 속여 상을 받기도 하였다. 정병에 장정이 누락된 자가 많았고 건장한 자들은 대부분 관속과 아전들로 빠지고 힘없는 노약자들이나 병사로 뽑혔다. 군량과 군사를 모집하는 사람들은 그 친족들과 친구들을 무수히 몰고 다니며 민폐를 끼치고 모집한 군사를 자신을 호위하는 데 쓰는 등 무소불위의 행세를 하고 있었다. 조그마한 임무라도 맡은 관원은 모두 백성들의 상전이 되어 백성들은 굶어 죽어도 그들은 평시처럼 사치를 일삼았다. 적을 죽이거나, 곡식을 납부하거나 다른 전공이 있는 자에게 상으로 주라고 무수히 발행한 공명첩, 면천첩, 면역첩 등은 담당하는 서리들과 시행하는 관리들의 배만 채워 줄 뿐이었다.

12월 1일 의주 행재소 중국의 구원병이 오는 것이 확실해지자 의주의 조정도 활기가 돌았다. 전 도에 선전관을 보내 중국 군사가 출발했다는 것을 알리고 순찰사 및 제장들에게 때를 맞추어 거사할 준비를 하여 왜적이 하나도 돌아가지 못하게 하라고 하였다. 중국군이 나온다고 해이해지지 말고 죽을힘을 다해 적을 토멸하라고도 하였다.

유성룡을 평안도 도체찰사로 하여 군의 일을 총독하게 하였다.

그리고 기분이 좋은 선조는 전라좌수사 이순신을 정헌대부로 가자하는 교서를 내렸다.

'왕은 이와 같이 이르노라.

흔하지 않은 인재는 흔하지 않은 대우를 받는 법이니 그를 대우함이 특히 융숭하며, 비상한 보답은 비상한 공적을 기다리는 것이니 상을 어찌 아낄까 보냐. 그러므로 이에 표창하고 가상히 여기는 예전을 베풀어 남달리 뛰어난 수고를 갚는 바로다. …… 이에 정헌대부를 주고 전직에 그대로 있게 하노니, 그대가 내게 보답함이 이미 장하매 내가 그대에게 촉망함이 더욱 깊은지라 다시 나의 소원을 알아 힘써 그대 공적을 끝맺을지어다.

바람 불고 서리 찬 국경으로 임금의 수레는 외로운 성에 파천하고, 갑옷 번쩍이고 말발굽 소리 요란한 옛 도성에 선왕의 무덤들은 천리나 떨어졌으매, 돌아가려는 한 가닥 생각이 마치 물이 동으로 흐르듯 하는 차에 다행히 적의 형세가 기울어지매 과연 하늘도 화 내렸던 것을 뉘우친 줄 알겠도다.

쇠 말굽이 요동으로 뻗어 명나라 군사들이 나날이 오고 의병의 깃발을 황해도에 날리자 의사들이 구름같이 모여드니 승산은 손바닥 안에 들었고 쫓기는 적들은 눈에 뻔히 보이는데, 하물며 호남의 큰 도는 실로 우리나라의 중요한 지역이요 인물들이 많이 나는 고장이라, 임금을 받들고 어른을 위하여 죽을 사람이 반드시 많을 것이며 억센 무사로서 활 잘 쏘고 말 잘 타는 이가 어찌 적으랴. …… 복덕성이 우리나라의 방위인 기성 쪽을 지키어 하늘이 복을 내릴 징조를 보이고 태백성이 월궁에 들어 가을빛이 살기 찬 위엄을 돕거니 나라가 다시 일어날 희망이 여기 있고 적을 평정할 기약이 멀지 않도다.

어허! 백리를 가는 이가 구십 리로써 반을 삼는 법이니 그대는 끝까지 변하지 말지어다' 하였다. 멋진 말이고 좋은 글이었다.

임금이시여! 신하는 걱정하지 마시고, 끝까지 변하지 마소서!

12월 2일 한응인이 요양성에 도착하여 경략 송응창의 의견을 들었다.

'다음 날 5천 군사를 먼저 출발시켜 선발은 정주까지 진주하게 할 것이고, 이여송은 4~5일 후에 도착할 것인데 바로 대군을 이끌고 출발할 것이다. 군사 출동의 기일이 이미 정해졌으니 절대 누설하지 말고 다시는 와서 소란 떨지도 말라' 하였다. 이 내용은 7일 한응인이 의주에 돌아와 조정에 전한다.

12월 3일 의주 행재소 윤근수 등이 요동으로 돌아가는 심유경을 만났다.

심유경은 "소서행장이 두 왕자와 포로들의 석방은 자기 관할이 아니므로 조치할 수 없다고 하였고, 병마를 데리고 나왔다는데 어디에 있느냐고 물었고, 평양성은 중국에 양여하고 대동강 이남을 관할하겠다는 주장을 하여 화의가 이루어지지 않았다"고 하였다.

윤근수가 "적이 만약 사로잡힌 왕자와 본국의 강토를 돌려주지 않으면 우리나라는 망한 거와 같으니 군사를 내어 결전하고자 하는데 노야의 분부를 기다려 결정하려고 감히 품한다" 하니,

심유경이 "그대 나라가 그들을 죽이고 싶거든 죽이라. 지난달에 그대 나라 군마가 대동강 변에서 싸워 겨우 3급을 베었는데 그대 나라 사람은 많이 죽어 2백70여 명에 이르렀다. 그대들이 그들을 죽이고 싶으면 마음대로 죽이라" 하면서 말투에 불평하는 빛이 있었다.

다음 날에는 윤두수가 심유경을 만났는데, 심유경은 '하고 싶은 말이 있어도 그대 나라에서 누설할까 싶어 발설할 수가 없다. 말하자면 한 그릇의 밥을 젓가락으로 조금씩 먹으면 삼킬 수가 있지만 만약 한입에 다 삼키면 목구멍이 막혀 삼킬 수가 없는 것과 같다' 하며 너무 조급하게 서두르는 것을 나무라고 협상의 자세한 내용은 알려 주지도 않고 요동으로 떠나갔다. 조정에서는 심유경이 혹시 대동강 이남은 왜적이 차지하게 한다는 약속을 하지 않았는지 의심하지 않을 수 없었다.

12월 8일 제독 이여송이 요양성에 도착하였다.

의주 행재소 이날 의주의 조정에는 진주사로 북경에 갔던 정곤수가 돌아와 복명하였는데, '북경에서는 구원할 필요가 없다고 하는 사람도 있었으나 석상서가 정벌할 뜻을 세웠고, 송 경략이 요동에 있으면서 왜를 정벌하는 일을 전적으로 맡고 있으며, 나오는 군사는 6만을 10만이라 하는데 이달 22일과 정월 3일 사이에 결전할 것이라 하고, 이여송은 이성량의 아들로 천하의 명장이며 영하의 적을 평정하고 대총병이 되었다' 등이었다. 무더운 때에 갔다가 추위를 무릅쓰고 돌아왔다. 정곤수는 황제가 하사한 은 3천냥으로 궁각과 화약을 사 가지고 왔다. 길에서 머물지 않고 서둘러 갔고, 주청하여 성사시킨 공로가 크다고 선조가 가상히 여겨 두고두고 신임을 듬뿍 받았다.

명나라 구원군이 온다 하니 비변사는 의병 곽재우, 최경회, 임계영이 쓸 만하니 근왕하게 하자 하고 선조는 우성전의 군사는 해서로 올라와 적을 잡아라 하였다. 모두 정신 나간 말이었다.

뒤에 강화도에서 이런 명령을 접한 김천일이 서장을 올렸다. '때에 맞추어 도강하여 남병과 합세해 기각을 이루는 것이 상책입니다. 그러나 한 번 강을 건너면 이른바 피로한 군사들이 궤산하고, 유민들이 따르지 않고, 추위에 언 군사들이 얼어 죽고, 전마가 굶주려 죽고, 공장이 물건을 만들지 못할 것이라는 것은 과연 장계에서 진술한 바와 같습니다. 굳이 편안하기를 바란다는 혐의를 피하느라 마침내 일을 그르치는 후회가 있게 되면 역시 실책이 됩니다. 그 진퇴에 따라 이해가 이와 같으니, 이곳에서 억지로 강을 건너게 해서는 안 됩니다. 그리고 경성에서 몰래 내응하는 사람을 받아들이고 동서의 장수를 모아 함께 경성을 쳐야 합니다' 하였다.

그 뒤 경상우도에서도 난리가 났다. 임계영과 최경회는 성주·개령의 적과 여러 번 싸웠으나 크게 이긴 적은 없었다. 비록 소수의 적들을 여러 번 베어 죽인 공은 있으나 병사들의 피해가 너무 많았고 추위와 식량 운반의 고통도 심했다. 전라도로 돌아가지 않은 것을 후회하고 있는데 마침 근왕하라는 명이 있다고 하니 철병할 명분이 생겼다. 그러자 우도의 선비와 백성들이 그들에게 머물러서 살려 달라고 굳이 청하고 조정에 상소도 하였다. '호남과 영남은 입술과 이의 형상과 같습니다. 호남은 회복의 근본입니다. 군사를 철수시켜 왕을 호위케 한다면 이는 호남과 영남을 모두 버리는 것입니다. 호남과 영남을 버리고서는 회복할 수 있을 리가 없습니다. 최경회 임계영의 군사를 늦추어 수복의 기틀을 마련하시기 바랍니다' 하였다.

팔도에는 식량도 문제지만 군사들에게는 쏘아야 할 화살도 떨어지고 있었다. 잘 싸우고 있는 장수를 부르지 말고 이런 조치나 잘 해야 했다.

12월 10일 여수 전라좌수영 다음 전투 준비에 여념이 없는 이순신은 병력 충원에 어려움을 겪고 있었다.

그동안 전라도에서는 이광이 4만이라는 대부대를 이끌고 올라갔었고, 이후 다시 병사 최원, 조방장 이유의와 감사 권율이 정예병을 이끌고 올라갔다. 또 고경명, 김천일, 최경회, 임계영 등이 많은 군사를 일으켜 출전했다. 이렇게 수많은 군사들을 징발하고 병기와 군량을 마련하고 운반하는 데에 도내의 온 힘을 쏟았었다. 그런데 지금도 소모사가 내려와 내륙과 연해안을 구분하지 않고 소집할 군사의 수를 정해 주고 독촉이 매우 심했다. 고을에서는 그 수를 충당하기 어려우니 변방을 지켜야 할 군사들을 빼내어 보내고 있었다. 또한 체찰사의 종사관들이 각 고을을 수색하여 남아 있는 장정들을 색출 징발하고 있었다. 좌수영 관할 각 진포에는 충원되어야 할 군사들이 제대로 오지 않았다. 도망하여 소모사 군에 붙거나 의병진으로 숨어 들어가는 자들도 있었다. 더구나 조정에서는 백성들의 원성을 우려하여 '친척이나 이웃에 대신 징발하는 것을 일체 하지 말라'는 명령도 있었다. 그러고도 조정에서는 '근래에 와서 적을 토멸하는 데는 수군만 한 것이 없으니 전선의 수를 넉넉하게 더 만들도록 하라' 하였다. 이순신은 이런 상태로는 기존 전선의 적정 사수, 격군의 유지도 어렵지만 새로 만드는 전선에 사수와 격군을 충당하는 것은 도저히 가망이 없다고 생각하였다. 그래서 이 문제를 체찰사 정철에게 보고했었다. 그렇지만 그도 뾰족한 방안이 있을 수가 없었다. 그래서 이날 조정에 장계를 올렸다.

'한 척의 전선에 사부와 격군을 아울러서 130여 명의 군사를 충당할 방법이 없어서 더욱 민망하오니 친족에게 대충 징발하는 일들을 사변이 평정될 때까지 전과 같이 시행하되, 조금씩 가려내어 백성들의 원성을 풀어주는 것이 지금으로서는 가장 당면한 급선무이오니 바라옵건대, 조정에서는 다시 헤아려 생각 하시와 우선 친족에게 대충 징발하지 말라 하신 명령을 중지하여 길이 남쪽 변방을 회복하는 기초를 온전히 하시옵소서.

수군으로 방비에 임하는 수가 저같이 매우 적은데, 방비 임무에 결석하여 죄를 지은 무리들이 혹은 소모군에 붙으며 혹은 의병으로 붙어서 소속되는 바, 지금 같이 봄철의 방비가 매우 급한 때에 방비하는 군사를 다른 곳으로 소속을 옮겨서 변방을 충실하게 할 뜻이 없으므로 일체 다른 곳으로 옮기지 말도록 또한 각별히 타이르는 말씀을 내리시옵소서' 하였다.

12월 12일 도사 장삼외가 도착하여 '대병이 전진하니 그대 나라 병마도 힘을 다해야 하며, 분속하여 향도도 해야 하고, 쌀과 콩 8만 석을 강연보에 쌓아 놓았는데 그중 2만 석이 강가에 도착하였으니 수송하라'

하였다.

조급한 선조는 청병을 재촉하러 한응인을 보내 놓고도 마음이 놓이지 않고, 심유경이 강화한다는 내용도 마음에 걸려 기다리지 못하고 또 이산보를 보내 청병을 간청하게 하였다.

12월 13일 요동 명군 진영 심유경은 할 일을 다 했다. 50일씩 두 번이나 시간을 벌어 준 것만으로도 큰일을 한 것이다. 왜적의 숫자도 정확히 파악했고 그들의 실정도 어느 정도 파악했다. 결전을 앞둔 명군에게는 중요한 정보였다. 그러나 이여송과 송응창은 심유경이 마음에 들지 않았다. 왜적들이 한 명도 남지 않고 물러간다 해도 혼을 내 주고 싶은 마음인데, 평양성은 중국에 내어 주고 대동강 이남은 차지하겠다니 어이가 없고 화가 나지 않을 수 없었다. 게다가 심유경은 자기 고향 사람 심복만 거느리고 회담을 했기 때문에 다른 사람들은 회담의 구체적인 내용은 알 수도 없었다. 그래서 송응창과 이여송은 심유경을 심하게 질책했고 심유경은 평양에 다시 들어가 재협상하겠다고 하였다. 그러나 이제는 상황이 달라졌다. 적을 격파하여 공을 세울 때이지 입씨름을 할 때가 아닌 것이다. 심유경이 평양으로 가면 명군이 오고 있다는 것이 탄로 날 것인데 그럴 수는 없었다. 그래서 심유경은 가지 못하게 붙잡아 두고 혹시 심유경의 부하들이 평양으로 갈 것을 걱정하여 그들에 대한 체포령을 내렸다.

이산보가 요양성에 도착하여 제독 이여송과 경략 송응창을 만났다. 조선 구원군 최고책임자와 군 최고사령관인 송응창과 이여송은 이미 전략을 확정했으므로 이번에는 기꺼이 맞이하여 설명해 주었다.

이여송은 '내가 강연대에 도착하여 2일을 머물면서 군사를 점검하고, 강을 건너 국왕과 회의하고는 즉시 진격하여 왜를 정벌하겠다. 대략 25

~26일에 강을 건너고 정월 초순에는 교전할 것이니, 정월 안에는 평양을 수복하고, 왕경 수복은 2월을 벗어나지 않고, 제도 수복은 3월을 벗어나지 않을 것이다. 내가 서쪽 정벌을 하고 온 지가 오래지 않았는데 황상께서 즉시 나를 차출하여 동정하게 하시면서 왜노들을 소탕하여 조선을 수복하라고 분명하게 명지를 내렸으니 이는 나의 책임이므로 다른 일은 관계할 게 없다' 하였다. 그리고 의주에 먼저 도착한 부대들이 남쪽으로 진군하겠다고 하니 생각 끝에 정주로 진군하라 하였다.

송응창은 '16일에 이 제독이 군사를 이끌고 떠날 것이다. 심 유격의 술책을 이미 나는 믿지 않고 일찍 조치하였다. 찬획 유 원외, 원 주사 역시 이 제독과 함께 먼저 떠난다. 배신은 국왕에게 회보하여 예를 갖출 필요도 없고 역시 친히 나와서 기다리지 말게 하라. 다만 미시(米柴)를 준비하여 공급하면 된다. 나 역시 머지않아 출발하여 떠날 것이다. 그러니 국왕에게 아뢰어 회면하지 말게 하고, 연도의 역참과 주현에서도 역시 먹을 것들을 준비해 지공하는 것을 허락하지 않는다. 모든 먹을 것은 우리 스스로가 갖추어 가지고 가니 미시만 지공하는 것이 좋겠다. 만약 내 말대로 하면 내가 기뻐하겠지만 내 말대로 하지 않으면 내가 기뻐하지 않을 것이다. 그대 나라가 다 망하게 되어 어려운 상황인데 어찌 지공을 감당하겠는가. 다만 심가의 부하들을 십분 막아서 평양으로 들어가지 못하게 하는 것이 옳다. 전일에 장 도사가 갈 때에 이미 이런 뜻을 유시하여 패문을 가지고 갔다. 또 그대 나라로 하여금 각처의 통병관 성명 및 병마의 숫자를 적어서 나에게 보고하게 하라. 내가 마땅히 각기 한 장수에게 각 1패씩을 주어 내 절제를 받게 하여 중국 장관과 더불어 한가지로 일을 행하게 하면 우리 중국 군사들이 그대 나라 장졸들을 모욕하지 못할 것이다. 배신으로 하여금 국왕에게 치보하여 장관의 성명과 병마의 숫자를 하루속히 보고하게 하라' 하였다.

구원군이 오는 문제는 당연히 해결되었고, 또한 심유경으로 인하여 강화한다며 싸우지 않을 것에 대한 걱정도 일거에 사라졌다.

의주 행재소 한편 조정에서는 선조가 여러 신하들을 인견하고 의견을 나누고 있었다. 항상 그렇듯이 이날도 한 가지도 통일되는 것이 없고 중구난방이었다. 군사를 모집하는 기초적이고 중요한 문제까지 대책이 없었다. 그중에 우찬성 최황의 말이 가슴을 쳤다.

"상께서는 항상 깊은 궁 안에 계시면서 근심만 하실 뿐 나랏일은 어쩔 수 없다고 버려두었으며, 비변사는 군공을 마련하는 것만 일삼고 있습니다. 이렇게 하면서 회복되기를 바랄 수는 없습니다. 계책을 바치는 자들은 모두 괄군할 것을 말하고 있는데도 한갓 문서만 왕래하고 있을 뿐 실효를 보지 못하고 있으며 낭관을 보내도 역시 실제로 찾아서 모으지 못하였습니다. 평시에도 군적에 대해서는 반드시 엄형 중률을 썼거늘 지금 괄군하는 것이 이 어떤 일인데 소요함을 염려하십니까.

지금은 정예하지도 못하고 수효도 많지 않은데 쇄출할 때 뇌물을 바쳐 모면하기만을 구하니 매우 통탄스럽습니다. 이런 때를 당해서는 소요를 생각할 겨를이 없습니다. 지금의 계책으로는 괄군하는 것보다 나은 것이 없습니다. 중국에서 우리나라의 지공하는 자들은 모두 장정이고 군대에 편입된 자는 다 노약자인 것을 보고 하는 말이 '장정들은 왜 전쟁에 나아가지 않고 중국에 군사를 청하는가?' 하니 이 말이 매우 부끄럽습니다. 신이 중국에 사신으로 가서 보니, 중국 사람들도 달자 3천 명의 침입을 받고는 겁이 나서 후퇴하여 궤멸하였습니다. 어찌 중국 군사만 믿고 왜적을 대항하겠습니까" 하였다. 맞는 말이었고, 부끄럽고 한심한 현실이었다.

선조는 애써 한다는 말이 이런 것이었다. "전일에 존호를 삭제하라고 말한 것이 한두 번이 아니었다. 이른바 존호는 무슨 호인지 모르겠다. '어진 이를 배척하고 간사한 사람을 쓰고, 실성하여 나라를 잃은 전하'라고 한다면 삼가 받아들이겠다. 존호가 그대로 있다면 즉시 삭감하라."

명의 구원군은 예정대로 전진해 오고 있었다. 10일에는 유격 전세정이 강을 건넜고 13일에는 유격 왕필적과 도사 누대유가 강을 건넜다. 14일에는 유격 오유충이 강을 건넜다. 이들은 먼저 건너와 있던 낙상지, 갈봉하 등과 함께 구원군의 선봉으로 안주로 향했다.

12월 16일 제독 이여송이 본대를 거느리고 요양성을 출발하였다. 이여송은 생각하는 바가 있어 심유경을 휘하에 거느렸다.

12월 17일 의주 행재소 신하들을 인견하고 논의를 하였다.

지난달에 순변사 이빈을 이일로 교체하였는데 이번에는 그 교체가 잘못되었다고 후회를 하고 있었다. 선조는 "황해도의 제장들은 왜 싸우지 않는가" 하는 넋두리도 있었고 또 "중국에서 우리나라를 위해 이미 병마를 내고 잇따라 양향을 보내니 전고에 어찌 이런 때가 있었던가" "우리나라가 변방으로서 망하게 되었는데도 절의를 지켜 흔들리지 않았기 때문에 중국에서 귀하게 여기는 것이다" 하였다. 선조다운 말이었다. 이날 이산보의 보고가 있어서 명의 구원군이 오는 일정을 확실하게 알았다.

그리고 송응창의 자문이 왔는데 심유경이 강화협상 때 소서행장이 '평양은 중국에 주지 조선에 주지 않는다' 등의 말이 있었는데, 그것으로 오해가 있을 것을 우려하여 결코 그런 일은 없을 것이며, 왜적 섬멸 후 즉시 돌아갈 것이라고 하였다. 우리를 안심시키고자 하는 내용이었다.

12월 19일 이여송이 요동의 봉황성에 도착하였으므로 심희수를 보내어 접대하게 하였다.

12월 23일 심희수가 돌아와 보고하였다. 군사는 5~6만이고 26일 강을 건널 것이라 하였다. 또 이여송이 '내가 일찍이 8천 명의 군사로 5만 명의 적을 소탕하였으니 이 왜구를 평정하는데 무엇이 어렵겠는가' 하였다고 말하니, 선조는 '이처럼 적을 경시하니 못내 걱정스럽다'고 하였다.

선조는 걱정도 많았다. 군량 운반이 가장 큰 걱정거리였다. 운반해야 할 대포 등 화기도 많았다. 명나라 대군을 맞이한다고 연도의 눈을 모두 쓸어버려 명나라 측에서 썰매를 이용하여 운반하려던 방안은 시행할 수가 없게 되어 안타까웠다. 수레를 이용해야 하나 수레도 부족하고 사람도 부족하고 길도 나쁘고 춥기도 하니 첩첩산중이었다. 처음에 백성들은 중국 구원군이 오고 군량까지 보내오니 모두들 기꺼이 있는 힘을 다해서 군량과 병기들을 운반하였다. 그러나 개인이 이고 지고 나르는 것에는 한계가 있고 날라야 할 양은 끝이 없었다. 갈수록 지치고 피곤하고 춥고 배고프고 너무도 힘들었다. 운반이 이렇게 힘이 드니 차출된 백성들은 도망하거나 숨는 자가 많았다. 제대로 수송이 될 수가 없었다. 임금부터 발 벗고 나선다면 혹 모르겠는데 임금과 신하들은 따뜻한 데 앉아서 말로만 지시하고 걱정만 하고 있으니 모든 일이 잘될 수가 없었다.

‖ 명군 평양을 수복하다 ‖

12월 25일 의주 이여송이 압록강을 건넜다. 선조가 용만관에서 영접하였다.

용만관에 도착하여 대문 밖에서 영접하고 읍한 다음 당에 올라가 재배례를 행하였다.

선조가 황상께서 만복하신가를 묻자, 제독이 답하기를, "만복하십니다. 귀국이 까닭 없이 왜적의 환난을 당한 것을 민망하게 여기고 병마를 크게 내어 구하게 하신 것입니다. 이제 흉적을 섬멸하게 되었으니 국왕께서는 마음을 놓으십시오" 하였다.

선조가 "대인의 교시를 들으니 황은이 망극합니다. 왜노들이 우리나라와 함께 부도를 행하려고 한 것을 과인이 의로써 물리쳤다가 마침내 흉봉을 입게 되어 한쪽 구석에 와 지내고 있습니다. 이제 황상의 은혜를 입어 대장에게 대병을 이끌고 오게 하여 바로 천토를 가하시니, 우리나라의 군신은 곧 소생하게 되었습니다" 하였다.

제독이 "평양의 백성들이 비록 적중에 있기는 하지만 어찌 임금을 그리워하는 마음이 없겠습니까. 만약 적과 함께 죽으면 참으로 슬픈 일이니 국왕께서는 먼저 통유하여 그들로 하여금 나오도록 하십시오" 하였다.

명나라 구원군은 모두 4만 3천5백 명이었는데 총 책임자는 경략 송응창이었다. 참모 격인 찬획 군무로는 원외랑 유황상과 주사 원황이 있었다.

군사령관은 제독 이여송이고 그 밑에 군을 좌협 중협 우협의 삼대로 나누었다.

좌협대장은 부총병 양원이고 그 밑에 왕유익 왕유정 이여매 이여오 양소선 사대수 손수렴 이영 갈봉하 등의 장수가 있었다.

중협대장은 총병 이여백이고 그 밑에 임자강 이방춘 고책 전세정 척금 주홍모 방시휘 고승 왕동 등의 장수가 있었다.

우협대장은 부총병 장세작인데 그 밑에 조승훈 오유충 왕필적 조지목 장응충 낙상지 진방철 곡수 양심 등의 장수가 있었다.

명군은 크게 보아 남병과 북병으로 나뉘는데 남병은 보병이고 북병은 대부분 기병이었다. 보병인 남병보다는 기병인 북병이 훨씬 많았다. 남병 장수는 낙상지, 오유충, 척금, 왕필적 등이었다.

보병은 대부분 선봉으로 이미 남쪽으로 떠났고 지금 도착한 것은 3만이 넘는 기병이었다. 대단한 위용이었다. 이들을 바라보는 선조의 가슴은 환희에 벅찼을 것이다. 일말의 걱정은 있었지만 이제 명군이 왜적을 물리치고 평양과 경성을 회복하리라는 것을 그 어느 누구도 의심하는 사람은 없었다.

이때에 비변사가 파악한 우리 군의 실상은 다음과 같았다.

'경기도 강화부에 주차한 전라도 절도사 최원의 군사 4천 명, 경기도 순찰사 권징의 군사 4백 명, 창의사 김천일의 군사 3천 명, 의병장 우성전의 군사 2천 명, 수원부에 주차한 전라도 순찰사 권율의 군사 4천 명, 이상은 왕경의 서쪽에 있으며 경성과의 거리는 1일 정이다. 양주에 주차한 방어사 고언백의 군사 2천 명, 양근군에 주차한 의병장 이일의 군사 6백 명, 이상은 왕경 동쪽에 있으며 경성과의 거리는 1일 정이다. 여주에 주차한 경기 순찰사 성영의 군사 3천 명, 안성군에 주차한 조방장 홍계남의 군사 3백 명, 이상은 왕경의 남쪽에 있으며 1일 반 정이다. 충청도 직산현에 주차한 본도 절도사 이옥의 군사 2천8백 명, 평택현 등처의 장관들이 각각 수백 명을 거느리고 있는데 합해서 약 3천여 명, 각처의 의병이 각각 수백 명을 거느리고 있는데 합해서 약 5천여 명이다. 이상은 왕경 남쪽에 있으며 경성과의 거리는 2~3일 정이나 4~5일 정이다.

경상좌도 안동부에 주차한 본도 순찰사 한효순의 군사 1만 명, 울산군에 주차한 본도 절도사 박진의 군사 2만 5천 명, 창녕현에 주차한 의병장 성안의 의병 1천 명, 영산현에 주차한 의병장 신갑의 군사 1천 명,

경상우도 진주에 주차한 본도 순찰사 김성일의 군사 1만 5천 명, 창원부에 주차한 본도 절도사 김시민의 군사 1만 5천 명, 합천군에 주차한 의병장 정인홍의 군사 3천 명, 의령현에 주차한 의병장 곽재우의 군사 2천 명, 거창현에 주차한 의병장 김면의 군사 5천 명, 이상은 왕경의 남쪽에 있으며 경성과의 거리는 7~8일 정이나 12~13일 정이다. 전라도 순천부 앞바다에 주차한 본도 좌수사 이순신의 수군 5천 명, 우수사 이억기의 수군 1만 명 및 각처에 나누어 주둔한 조비군 1만 명, 이상은 왕경 남쪽에 있으며, 경성과의 거리는 8~9일 정이나 13~14일 정이다. 함경도 함흥부에 주차한 본도 절도사 성윤문의 군사 5천 명, 경성부에 주차한 평사 정문부의 군사 5천 명, 안변부에 주차한 별장 김우고의 군사 1백 명, 조방장 김신원의 군사 1백 명, 이상은 경성 북쪽에 있으며 경성과의 거리는 15~16일 정이나 24~25일 정이다. 강원도 인제현에 주차한 본도 순찰사 강신의 군사 2천 명이다. 왕경 동쪽에 있으며 경성과의 거리는 4일 정도다.

평안도 순안현에 주차한 본도 절도사 이일의 군사 4천4백 명 내에 사수 1천2백80명, 법흥사에 주차한 본도 좌방어사 정희현의 군사 2천 명 내에 사수 2백23명·포수 50명, 의병장 이주의 군사 3백 명 내에 사수 70명, 소모관 조호익의 군사 3백 명, 이상은 평양부 동쪽에 있으며 본부와는 1일 정이다. 용강현에 주차한 우방어사 김응서의 군사 7천 명 내에 사수 7백70명, 조방장 이사명의 군사 1천 명 내에 사수 90명, 대동강 하류에 주차한 수군장 김억추의 군사 3백 명 내에 사수 1백20명, 이상은 평양부 서쪽에 있으며 본부와의 거리는 1일 정이나 반일 정이다. 황해도 황주에 주차한 본도 좌방어사 이시언의 군사 1천8백 명, 재령군에 주차한 우방어사 김경로의 군사 3천 명, 연안부에 주차한 본도 순찰사 이정암의 군사 4천 명이다. 이상은 왕경에서 서북쪽, 평양부에서 남쪽에 있으며 왕경과의 거리는 7~8일 정이며 평양성과의 거리는 1~2일 정이나 4~5일 정인데 모두 대동강 남쪽에 잇따라 있다.'

위의 각처 군마는 합계가 17만 2천4백 명으로 대단한 병력이었다. 그러나 지역과 사람들 이름만 맞을 뿐 군사 수는 당초에 크게 부풀려졌거나 거짓 보고한 것들로 대부분 맞지 않았고 확인하기도 어려운 군사 수였다.

12월 28일 제독 이여송이 본대를 이끌고 평양을 향해 출발하였다. 선조가 전별하려 하였으나 제독이 사양하여 이항복 등이 대신하였다.

이여송이 "국왕이 보낸 뜻에 깊이 감사한다. 그리고 내가 평양을 공격하는 날에 비록 적에게 붙어 투항한 자라도 감히 함부로 한 사람도 죽이지 않겠으며, 왕경에서도 역시 그렇게 하겠다. 그대는 국왕에게 아뢰어 알게 하라" 하였다.

이여송이 대군을 이끌고 남하하는 것에 고무된 선조는 왜적을 무찌르는 것은 당연한 일로 생각하고 전군에 선전관을 파견하여 명나라 대장 이여송 제독이 수십만의 군사들로 적을 평정할 것이니 도망하는 적을 무찌르라는 유서를 내렸다. 권율에게는 상경하여 명군과 합세하여 경성을 수복하게 하고, 또 충청도에도 동원령을 내려 경성 수복을 도우라고 하였다. 여수 전라좌수영의 이순신은 이 유서를 다음 달 22일에 받게 된다.

예조판서 윤근수를 경략 접반사로, 부제학 오억령을 부접반사로, 대사헌 이덕형을 제독 접반사로 하였다.

이달의 다른 일들을 살펴보면,

평안도의 의병장 조호익은 몸을 돌보지 않고 평양과 경성을 왕래하는 소서행장의 병사들을 괴롭혔다. 심심치 않은 전과도 올려 선조 이하 사람들을 기쁘게 하고 있었다.

　양주목사 고언백은 계속 유격전을 벌여 적을 괴롭혔다. 정탐을 하여 치고 빠지기를 잘하였다. 항상 병사들보다 앞에서 싸웠으며 활을 잘 쏘아 적중하지 않은 것이 없었다. 강릉과 태릉을 파헤치려는 왜적들을 공격하여 변을 막았다. 이런 공으로 경기 방어사가 되었다.

　김천일은 경성 안의 사람들과 은밀한 접촉을 활발히 하여 서로 내응할 준비를 하고 있었다.

　전라병사 최원은 노쇠하므로 면직하고 선거이로 대신하였다. 최원은 전라도 관군을 이끌고 김천일과 함께 강화도에서 활약했는데 식량 부족과 추위로 인하여 죽을 고생을 하고 있었다. 그런데 이런 상황을 어떻게 도와야 하는지를 생각하는 조정이 아니라, 사간원은 장수 된 자가 미리 조치하지 못했다고 죄주자는 탄핵이나 하고 있었다. 다행스럽게도 비변사가 그동안의 충성스러움과 노고를 인정해 상을 주기로 하였다.

　전라방어사 곽영은 패하기만 하고 공로가 없다고 백의종군하게 하고 이복남으로 대신하였다.

　전라도에서는 또 소모사 변이중이 각 고을에서 징발한 군사 2천을 거느리고 완산을 출발하여 근왕 길에 나섰다.

　체찰사 정철의 격문에 따라 종사관 송영구가 군사를 모집하는데 품관과 교생으로 하여금 각기 한 명씩을 바치게 하고 바치지 못하는 자는 스스로 군대에 가게 하고 도망한 자는 선비들로 충당하여 수령이 직접 전주에 바치게 했는데 정철이 듣고 중단시켰다. 송영구는 겨우 모집한 군사 수백 명을 이끌고 경성으로 향했다. 이들은 다음 해 4월 경성 수복 후 돌아왔다.

　경상우도에서는 김면과 최경회가 개령의 왜적을 공격하기도 하고, 정인홍과 임계영이 성주의 왜적을 공격하여 성과를 올리기도 하고 있었다.

추위로 인한 고통이 심하여 도망하는 자가 많이 생기고 있었다. 배설을 진주목사로 하고 서예원은 다시 김해부사가 되었다.

함경도의 정문부는 길주성을 회복하였다. 왜적 가등청정은 길주성을 지키기 위해 사력을 다했는데 정문부가 이끄는 의병은 적이 공격하면 후퇴하고 적이 물러서면 공격하여 진을 뺐다. 왜적은 추위도 견디기 힘들었다. 할 수 없이 가등청정은 주둔군을 함흥으로 철수시켰다.

우참찬 성혼이 당면한 문제에 대한 글을 올렸는데 내용이 통렬하였다. 그러나 후궁을 총애하는 문을 열지 말라는 등 궁내를 거론하여, 선조가 겉으로는 받아들였지만 이로 인하여 더욱 눈 밖에 나게 되었을 뿐이다.

경기순찰사 성영이 현지의 여러 가지 폐단을 보고하였다.

'의졸을 통솔하고 군사를 모집하는 사람이 혹 자신을 호위하기 위해 군사를 데리고 있기도 하고 또 서로 통섭되지 않고 지휘에 복종하지 않는 자가 있다 하였는데 이것이 오늘날 큰 폐단입니다. 이른바 수재와 봉사하는 관원들이 자봉하는 물자를 평시처럼 써서 사치를 누리고 양호의 제장들이 공사를 인연하여 사리를 경영하며 그 종족과 친구들이 주군에 가득하고 자봉하는 음식을 민가에서 마련한다는 것은 매우 놀랍습니다. 마땅히 도체찰사 및 순찰사에게 하유해 즉시 적발하여 중죄로 다스리게 하여야 합니다. 또 사명을 띤 신하의 대열이 끊임없이 이어져 절제가 분분하고 수령이 아침에 임명되었다가 저녁에 체직되며 군민은 여기서 빼앗아 저기에 주며 정령이 여러 곳에서 나와 백성들이 따를 바를 모른다고 한 것은 실로 목견한 폐단입니다. 긴요하지 않은 사명의 관직은 짐작하여 줄여야 합니다' 하였다.

이때 식량을 모으기에 전력을 기울였는데 경기·황해도의 조도어사(調度御史) 특별 규정은 다음과 같았다.

본관의 수령으로 힘을 합쳐 곡식을 모으고 운반한 것이 1백 석 이상인 자는 가자하고, 3백 석 이상인 자는 승서하고, 5백 석 이상인 자는 초서하고, 7백 석 이상인 자는 2계를 뛰어 승서한다. 자궁된 자에게는 1백 석 이상은 대가하고, 3백 석 이상은 2자급을 대가하고, 5백 석 이상은 아들이나 사위 가운데서 참하직을 제수한다.

유향소와 전직 인원 및 믿을 만한 모든 품관들에게 힘을 다해 곡식을 모으고 운반하는 것을 담당하게 하여 1백 석 이상인 경우 전함이 있는 자는 2자급을 더하고 향소 이하는 6품 영직을 주며, 5백 석 이상인 자로 전함이 있는 자는 복직시키고 향소 이하는 4품 영직을 주고, 7백 석 이상인 자로 전함이 있는 자는 승서하고 향소 이하는 참하 실직을 제수한다.

서얼·향리·공사천 등에게 힘을 다해 곡식을 모으고 운반하는 것을 담당하게 하여 1백 석 이상인 자는 5년을 기한으로, 3백 석 이상은 10년을 기한으로 면역 완호한다. 5백 석 이상인 경우 서얼은 허통하고, 향리 및 유역인은 자신을 면역하고 공사천은 종량한다.

호령의 봉행을 태만히 하는 자는 타도와 본도를 막론하고 통정인 자는 계문하여 치죄하고, 통훈 이하는 스스로 처단한다.

향소의 감관·색리 등 곡식을 모으고 운반을 담당한 모든 자들로서 태만한 자는 타도와 본도를 막론하고 논죄하여 죄가 무거운 자는 형신한다.

선조 26년 (1593 계사년) 해가 바뀌어 임진년이 가고 전쟁 2년째 계사년이 되었다. 명의 대군은 평양을 향해 힘찬 진군을 계속하고 있었다.

1월 1일 의주 행재소 의주의 조정에서는 새해 벽두부터 군량과 화기의 운반이 제대로 되지 않는다는 명나라의 불평이 이어져 비상이 걸렸다. 선조가 화가 났다. '아무쪼록 어떻게 해서든 헤아려 조처하라. 본 고을의 남정은 빠짐없이 뽑아내어 수송하게 하고, 본도의 사찰에 남아 있는 중도 남김없이 뽑아 그들로 하여금 수송하도록 하라' 하였다.

1월 3일 명군 진영 제독 이여송이 안주에 도착하였다. 안주에 주둔하고 있던 체찰사 유성룡이 이여송을 찾아 인사를 나누었다. 유성룡이 보기에 이여송은 키가 크고 품위가 있는 장부다운 사람이었다. 유성룡이 평양성 지도를 꺼내 자세한 설명과 조언을 하였다. 이여송은 지도에 표기까지 해 가며 주의 깊게 경청하였다. 그리고 "왜적들은 다만 조총을 믿고 있을 뿐입니다. 우리는 대포를 사용하는데 5~6리를 지나가 맞으니 왜적들이 어떻게 당해 내겠습니까?" 하고 유성룡을 안심시켰다.

이여송이 심유경을 데리고 왔는데 왜적에게 유인책을 쓰고자 한 것이었다. 봉공을 허락하여 화의가 성립되어서 심유경이 나왔다고 왜장을 속이고, 성 밖으로 마중 나오도록 유인하여 사로잡을 생각이었다. 이런 사명을 띠고 심유경과 사대수가 먼저 순안으로 떠났다.

이여송을 만나 본 유성룡은 평양성을 탈환하고 왜적이 도망할 것을 예견하여 황해도 방어사 이시언과 김경로에게 비밀 지령을 내렸다. '길가에 복병을 설치하고 왜적들이 도주할 때 그 뒤를 짓밟아라. 왜적들은 굶주리고 피곤하여 싸움할 마음도 없을 것이니 다 잡아서 묶을 수 있을 것이다.'

의주 행재소 선조는 찬획 군무 유황상을 접견하여 듣기 좋은 말을 듣고 있었다. '전하는 훌륭하신 분이니 하늘이 틀림없이 후복으로 도울 것입니다. 모습이 청아하고 후덕하시니 수복하는 업적을 세울 수 있을 것입니다' 하였다.

왕세자는 영변으로 돌아와 있었다.

1월 4일 명군 진영 이여송의 대군은 숙천에 집결하였다. 한편 순안에서는 심유경과 사대수가 조선인 김자귀를 평양성에 들여보내며 '화의가 성립되어 심유격이 여기 왔다'고 외치게 하였다. 심유경의 친서도 소지하였다. 명군이 오는 줄은 까맣게 모른 채 심유경의 소식만 고대하고 있던 소서행장에게는 좋은 소식이었다. 얼마나 좋았는지 현소는 즉흥시를 짓기까지 하였다. 즉시 부장 평후관으로 하여금 명나라인 통역 장대선과 부하 21인을 이끌고 순안으로 가 심유경 일행을 영접하라 하였다. 소서행장 자신은 다음 날 영접하러 나오겠다고 하였다.

그 후 순안에 도착한 왜인들을 밤중에 가두려고 하였는데 왜적들도 눈치가 빨라 화의가 아니라 명의 대군이 온 것을 알았다. 그래서 탈출하려고 난투극이 벌어졌다. 17명은 죽이고 왜장과 장대선 등 3인은 체포하였는데 3명은 기어이 탈출하였다. 이여송은 하루 종일 순안에서 좋은 소식이 오기를 기다렸다. 저녁 무렵 왜인들을 잡았다는 보고를 듣고 순안으로 달려가며 대군은 뒤따르도록 하였다. 유성룡은 이여송이 서둘러 간 이유를 알 수 없어 의아해하였다. 순안에 도착한 이여송은 3명을 놓쳤다는 소식에 김이 빠졌다. 소서행장을 밖으로 유인하여 쳐부수려던 작전은 물 건너간 것이다.

다음 날 5일 전군의 진격을 독려하여 평양성 전방 10리쯤에 진을 치고 야영에 들어갔다. 명군은 신속하게 움직였다. 이여송은 조선군도 모두 평양성 아래로 집결하라는 영을 내렸다. 평양성의 왜적들은 순안에서 도망한 3명의 병졸이 도착한 오후부터 평양성 방어 준비에 분주하였다.

의주 행재소 조정에서 선조는 대신들을 인견하여, 과연 평양성을 뺏을 수 있을까 등의 공연한 걱정으로 시간을 보내고 있었다.

권율의 장계에 '의병은 이미 활용할 수 없고 양호도 계속해서 원조하지 못한다'고 하였다. 이에 선조가 "양호는 한갓 그 지경만 지킬 것이 아니라 더러는 군사를 조발하여 권율의 성세를 도와야 한다. 비록 곧바로 경성을 공격할 수 없다고 하더라도 해서에 와서 주둔한다면 평양성의 적은 뒤를 돌아다보아야 하는 근심이 있을 것이다. 관가의 곡식을 먹으면서 쭈그리고 앉아 스스로 의병이라고 한다면 누군들 하지 못하겠는가" 하였다.

그리고 또 묻기를 "지금 왜노와는 싸울 때마다 반드시 패배하는 것은 무엇 때문인가?" 하니 윤두수는 왜노는 훈련된 군사이고 우리는 기율이 없다고 하고, 윤근수는 평시에 군사를 양성하지 않고 있다가 위급함이 있으면 저자의 백성들을 몰아다 싸우게 하니 어떻게 적을 막을 수 있겠냐고 하였다.

[2차 평양성전투]

1월 6일 평양성전투가 시작되었다. 이 전투상황을 실록의 기록으로 보면,

'6일 새벽에 제독이 군사를 진격시켜 평양성 밑에 닿게 하고 여러 장수를 나누어 본성을 에워싸고 백기에다가, "조선 군민으로서 자진하여 기 아래로 투항하는 자는 죽이지 않겠다"고 써서 세워 놓았다. 왜적이 1천여 명의 군사를 내어 성의 북쪽에 있는 모란봉에 웅거하여 청백기를 세우고 함성을 지르며 포를 쏘았다. 또 군사 약 5천여 명을 나누어 북성에서부터 보통문까지 성 위에 줄을 지어 서서 앞에는 녹각 책자를 박았으며 방패로 가리고 칼을 번뜩였다. 그 가운데 대두아가 강한 군사 수백여 명을 거느리고서 대장기를 세우고 나팔을 불며 북을 울리면서 성 위를 순시하고 여러 적을 지휘하였다. 제독이 일지병을 내어 모란봉을 경유하여 올라가 쳐다보며 공격하는 것처럼 하도록 하자 적이 높은 지세를

이용하여 아래로 조총을 쏘므로 군사들이 물러났다. 적이 성을 나와서 추격하므로 명나라 군사가 쇠방패 수십 개를 버리고 가자 적이 그것을 다투어 가지므로 명나라 군사가 되돌아서서 공격하니 적이 성으로 들어갔다. 포시에 제독이 징을 울려 군사를 거두어 군영으로 돌아왔다. 이날 밤에 적 수백여 명이 재갈을 물고 몰래 나와 우영을 습격하였는데, 명나라 군사가 일시에 기를 거두고 등불을 끄며 거마목 아래에서 일제히 화전을 발사하니, 밝은 빛이 낮과 같았으므로 적이 도망하여 성으로 일제히 되돌아갔다.

1월 7일 사시 끝 무렵에 삼영이 함께 출동하여 보통문에 이르러 성을 공격한 다음 짐짓 물러나는 척하니 적이 문을 열고 나와서 추격하므로, 명나라 군사가 되돌아서서 싸워 30여 급을 베고 문 입구까지 추격하였다가 되돌아왔다.

1월 8일 이른 아침에 제독이 향을 피우고 좋은 날을 점쳐서 가린 다음 삼군이 식사하기를 마치자, 삼영의 장수와 함께 각 해당 군사들을 나누어 통솔하여 성 밖 서북쪽을 포위하였다. 유격 장군 오유충과 부총병 사대수는 모란봉을 공격하고, 중군 양원과 우협도독 장세작은 칠성문을 공격하고, 좌협도독 이여백과 참장 이방춘은 보통문을 공격하고, 부총병 조승훈과 유격 낙상지는 본국의 병사 이일, 방어사 김응서 등과 함구문을 공격하였다. 여러 군사가 비늘처럼 늘어서서 점차로 진격하였는데, 빙판길을 바라보니 말발굽에 날리는 얼음 조각과 잡다한 티끌이 흰 안개처럼 공중에 가득하였으며, 해가 떠올라 투구와 갑옷에 내리비치자 은빛이 찬란하고 만상이 현란하게 빛나 매우 장관이었다. 적도 성가퀴 위에서 오색의 깃발을 많이 펼치고 긴 창과 큰 칼을 묶어 날을 가지런하게 하여 밖으로 향하게 하여 항거하며 지킬 계획을 하였다. 제독이 친병 1백여 기를 거느리고 성 아래로 바싹 진격하여 장사들을 지휘하였다. 조금 있다가 대포 1호를 발사하자 각 진에서 잇따라 일제히 발사하니 소리가 우레와 같아 산악이 흔들리는 듯하였으며, 어지럽게 화전을 발사하자 연기와 화염이 수십 리에 가득하여 지척을 분간할 수 없었으며, 단지 고함 소리만 포 소리에 섞여 들리는 것이 수많은 벌이 윙윙대는 것 같았다. 잠시 후에 서풍이 갑자기 일어 포연을 거두어 곧바로 성안으로 몰려갔는데 세찬 바람에 불길이 몹시 거세었다. 먼저 밀덕 토굴에 불이 붙으니 붉은 화염이 하늘에 뻗치고 부근으로 번져 모두 태웠으며 성 위의 적의 깃발도 잠깐 사이에 바람에 쓰러졌다. 제독이 여러 군사들을 고무시켜 성에 다가가자 적이 성가퀴 안에 엎드려 있다가 어지럽게 연환을 쏘며, 끓는 물을 붓고 큰 돌을 굴리며 저항하였다. 많은 군사들이 조금 퇴각하자 제독이 손수 겁을 먹고 퇴각하는 자 중 한 사람의 목을 베어 진 앞에서 돌려 가며 보인 다음 제독이 앞장서서 진격하면서, '먼저 성에 오르는 자는 은 5천 냥을 상으로 주겠다'고 소리쳤다. 오유충은 탄환을 맞아 가슴을 다쳤는데도 전투를 더욱 힘써 독려하였으며, 낙상지는 함구문 쪽의 성을 따라 긴 창을 가지고 마패를 짊어지고 몸을 솟구쳐 성가퀴에 오르는데 적이 던진 큰 돌을 발에 맞아 다쳤지만 그것을 무릅쓰고 곧바로 올라갔다. 여러 군사들이 북을 치고 함성을 지르며 그를 따르니, 적이 감히 저항하지 못하였다. 절강의 군사가 먼저 올라가 적의 깃발을 뽑아 버리고, 명나라 군사의 기를 세웠다. 제독이 좌협대장 장세작 등과 칠성문을 공격하였으나 적이 문루에 웅거하였으므로 쉽게 공격하여 빼앗지 못하자 대포를 쏘며 공격하도록 명하였다. 포 2지를 문루에 충돌시켜 부수자 무너져 모두 타 버리니 제독이 군사를 정돈하여 들어갔다. 여러 군사들이 승세를 틈타 앞다투어 진격하니 기병과 보병이 구름같이 모여 사방으로 쳐 죽였다. 적들이 형세가 위축되어 달아나 여러 막사로 들어가자 명나라 군사들이 차례로 태워 모두 죽이니 냄새가 십여 리까지 났다.

적장 행장이 도망하여 연광정 토굴로 들어갔는데 제독이 땔감을 운반하도록 하여 사방에 쌓아 두게 명하고 장차 불로 공격할 계획을 하였으나 칠성문과 보통문 등 여러 굴의 적이 굳게 지키므로 쉽게 함락시킬 수 없었다. 그러자 제독이 여러 군사를 모아 쳐다보며 공격하였는데 적은 안에서 탄환을 쏘니 맞아 죽은 명나라 군사의 시체가 서로 잇따랐고 제독이 탄 말도 탄환에 맞았다. 여러 장수들이 제독에게 조금 후퇴하여 군사들을 휴식시키기를 청하였다. 신시에 제독이 적의 굴을 함락시키기 어렵고 많은 군사들이 주리고 피곤하다고 하여 군사를 물려 병영으로 돌아왔다.

장대선을 시켜 소서행장에게 유시하기를, "우리 병력으로 한번 거사하여 충분히 섬멸시킬 수 있지만 차마 인명을 모두 죽일 수 없어 우선 물러나 너희들의 살길을 열어주니, 속히 여러 장수들을 거느리고 원문에 나와서 나의 분부를 듣도록 하라. 그렇게 하면 용서하여 줄 뿐만 아니라 후한 상을 주겠다" 하였다.

행장이 회보하기를, "우리들이 퇴군하고자 하니 후면을 차단하지 말기 바란다" 하므로, 제독이 허락하였다. 그날 저녁에 통사로 하여금 평안병사 이일에게 분부하여 중화 일로의 우리나라 복병을 철수하게 하였다. 밤중에 행장·현소·의지·조신 등이 남은 적을 거느리고 얼음을 타고 대동강을 건너 탈출하였다. 중화와 황주 일로에 연이어 주둔하여 있던 적들이 평양의 포성을 듣고 먼저 철수하였다.

의승장 사명당 유정이 이끄는 승군은 모란봉 전투에 참여하였고 방어사 정희현은 함구문 옆 정양문을 공격하는 데 참여하였다.

이렇게 평양성은 회복되었다. 이 전투에서 명군은 1천2백85급의 수급을 취했으며 빼앗은 말이 2천9백85필이고 사로잡혔던 조선인 남녀 1천2백25명을 구출하였다. 그러나 명나라 군사의 사상자도 3천 명 가까이 되었다. 울부짖고 피를 흘리는 자가 길에 잇따랐다.

그동안 의주의 조정에서는 6일에는 병부주사 원황이 소가 없어 포거를 운반하지 못하고 있다며 화를 내고, 유황상은 말하기를 "조선에서 항상 '왜노들이 무도하여 명나라를 침범하려고 하므로 의리에 의거 배척하고 거절하였다가 화를 돋우어 먼저 흉악한 침범을 받았다'고 하는데 그 말은 부당하니 경계시켜 그런 말을 하지 않도록 하는 것이 좋겠다" 하며 노골적으로 반감을 표기하여 선조를 난감하게 하였다. 경략 송응창이 요양성을 출발하였으니 곧 봉황성에 도착할 것이라는 보고도 있었다.

1월 9일 제독 이여송이 군사들을 거느리고 평양성에 입성하였다. 먼저 죽은 장졸들을 제사 지내고 통곡하였으며 고아와 과부들을 위로하였다.

의주 행재소 조정에도 이날 정오에 승전 소식이 전해졌다. 전날 오전 한참 교전 중에 전투를 지켜보던 유성룡 등이 승리를 예감하고 급히 소식을 전한 것이다. 세상에 이렇게 기쁜 일은 없었을 것이다. 선조는 승리했다는 소식을 가지고 온 사람에게 은냥을 지급하고 여기에 있는 중국 장수와 관리들에게는 대신과 승지를 보내 문안하게 하고 또 이 제독에게도 치사하고 문안하라 하였다. 대신 이하 신하들이 평양의 승리 소식에 진달할 바를 모르겠다고 하니, 경들의 수고와 황제의 은혜가 끝이 없어 유시할 바를 모르겠다 하였다. 그리고 선조는 탁월한 전략가답게 전교하기를,

'평양의 적이 이미 소탕되었으니 귀로를 정돈하고 수군은 수전으로

습격할 것을 양남의 수사에게 선전관을 보내어 즉시 하유하라' 하였다.

사간원에서는 경성에서 부산까지의 군량을 걱정하고 또 함경도의 왜적이 재를 넘어올 것도 걱정하였다. 그래도 모두들 이제 싸워서 이기는 것은 당연한 일이고 왜적을 바다 밖으로 쫓아내는 것은 시간문제일 뿐이라고 생각하였다.

다음 날 이 제독이 빠른 파발을 보내 '평양의 왜적을 이미 모두 물리쳤으니 국왕은 안심하기 바란다'고 전했다. 선조는 정주로 진주하는 일을 미리 날을 가려 준비하라고 하였다. 이제는 경성으로 돌아갈 준비를 해야 하는 것이다.

그리고 선조는 제독 이여송이 평양의 적을 무찔렀고 차례차례 토벌할 것이니 해군을 정비하여 돌아가는 적을 해전으로 모조리 무찌르라는 유시를 내렸다. 선전관 안세걸이 가지고 남쪽으로 향했다. 이순신은 이 유시를 25일 받게 된다.

평양의 승리 소식은 빠르게 전국으로 퍼지고 조선 백성들은 오랜만에 안도의 한숨을 쉬었다. "아! 이제는 살았구나!"

1월 11일 평양성 이여송은 생포한 왜적 중 장수급 사람을 문초하였다. 함경도의 적정도 물었다. 특별한 답은 없었다. 기자묘에 제사를 지내려 하는데 평양의 촌민들이 떡을 만들어 명나라 군사들을 대접하였고, 이여송은 대동문에 나아가 부로들을 초대하여 눈물을 머금고 위로하고, "우리가 분명히 곧장 경성으로 향하여 왜노들을 모두 죽일 것이니 그대들은 안심하고 정착하라" 하였다. 백성들은 머리를 조아리며 축수하였다.

의주 행재소 선조는 걱정이 많은 임금이다. 평양이 수복되었다 해도 북도의 가등청정이 걱정거리였고 사로잡힌 왕자들도 걱정이었다. 비변사에 대책을 세우라고 했지만 뾰족한 대책이 있을 수 없었다.

또 이르기를, "지금 이렇게 적을 토벌하고 수복할 수 있었던 것은 오로지 명나라 군사 때문이며, 명나라 군사가 나오게 된 것은 정곤수가 진주한 데서 말미암은 것이다. 정곤수는 이다음에 후한 상을 내릴 것이니 우선은 숭정대부로 가자하라" 하였다.

경기감사 이정형이 군량이 부족하다고 장계하였는데, 호조에서 아뢰기를, '경기도는 탕진된 나머지 공사가 모두 고갈되어 허다한 열읍이 이미 텅 빈 땅이 되었으며 굶어 죽은 사람이 널려 있지만 진구할 길이 없습니다. 그런데 명나라 군사가 많이 나온다면 대접할 양식이 부족하여 틀림없이 일을 그르치는 데 이를 것이니, 강화에서 가까운 호서·호남의 쌀과 콩을 이전하여 명나라 군사를 지공하려 합니다' 하였다. 선조는 더하여 경기의 의병은 양식만 허비하고 한 가지 일도 성취하지 못했으니 양식을 수송하게 하라 하였다.

이원익이 황주목사의 보고에 판관과 방어사가 도망하는 적을 추격하여 무찔렀다고 하였다. 도망가는 왜적의 후미에 낙오된 자들을 죽였는데 판관 정엽은 90여 급을, 방어사 이시언은 60여 급을 베었다.

체찰사 정철은 조정에서 자신을 못마땅하게 생각하고 또 이홍로 유영길 등의 모함이 있는 것을 알고 계속 사직을 요청하고 있었다. 마침 평양성의 승리로 명나라에 사은해야 할 필요성이 있어 정철을 체찰사에서 체직하여 사은사로 하고, 김수를 부사로, 장운익을 서장관으로 임명하였다.

평양 이여송은 왜적의 퇴로를 열어 주고 이일에게도 분부하여 중화 일로의 우리나라 복병을 철수하게 했었다. 이에 이일, 김응서, 박명현 등이 모두 크게 분격해하였다. 그런데 이제는 이일 휘하의 조선군이 밤중에 파수를 잘못하여 왜적이 모두 도망갔다고 조선군 책임으로 돌리고 이일을 비난하였다. '이일은 장수의 재목이 못되니 이빈으로 대신하기를 원한다'는 말도 있었다. 이 보고를 접한 조정에서는 서둘러 이빈을 평안병사로 하고 이일은 지중추부사로 하였다.

1월 12일 의주 행재소 다음 날 머리가 너무 좋아 걱정이 많은 선조가 빈청에 전교하였다. "적의 우두머리 수길의 흉악한 계책은 헤아리기 어렵고 왜적의 성질은 날래고 사나우니 혹시라도 여러 도의 적을 모아서 다시 명나라 군사에게 항거할까 두렵다. 만약 한곳에 모인다면 그 수효가 10만을 넘을 것인데, 명나라 군사는 4만이 못 되니 아마도 뜻밖의 염려가 없지 않을 듯하다. 지금 만약 수만의 정병을 더 조발하여 대군의 뒤를 계속 지원한다면 이것은 실책이 아니겠으나, 양식이 염려되는데 조처할 방도를 모르겠다. 조처하는 방도에 대하여 본사는 이미 파죽의 형세를 이루었다고만 말하지 말고 적절하게 조치하라. 혹 명나라 장수와도 의논하여 처리하라" 하였다.

비변사에서는, 명나라 군사가 곧장 공격하여 승승장구하고 있으니 지금이 바로 의병들이 힘을 다해야 할 때라고 하며, 명나라 군사가 이르는 곳의 각처 의병 중에 세력을 합하고 용맹을 떨쳐 적을 쳐서 참살하는 자는 공을 상등으로 삼고, 군사를 일으켜 힘을 합하거나 양식을 운반하여 명나라 군대를 지공하면서 끊어지지 않게 하는 자는 차등으로 삼는데, 관망만 하면서 진격하지 않거나 주장의 영을 따르지 않는 자는 한결같이 도적의 무리로 논하겠다고 하였다.

다음 날 이 제독이 패문을 보냈는데 생각지도 못한 격한 내용이었다.
'삼가 황명을 받들어 그대의 소방이 왜적에게 함락당하여 군신이 파천하고 인민이 피난하는 것을 염려해서 특별히 대장에게 명하여 각 진의 관병을 거느리고 멀리 바다와 산을 넘어 위태로움을 구제하려고 하였다. 그런데 12월 25일 강을 건넌 이후로 조선국의 수신인 유성룡·윤두수 등을 자세히 살펴보니, 와신상담하여 왜적을 섬멸해 수치로 씻을 생각은 않고 사가에서 편히 지내며 마음대로 술을 마시고 스스로 즐긴다. 이것은 명나라 조정을 업신여기는 것일 뿐만 아니라 또한 스스로 국왕을 속이는 것이니 심히 패란하고 명교를 모멸함이 심하다. …… 조선국의 대소 신료들은 수신에게 전달하여 알려서 빨리 본부에 나와 진격하여 섬멸하는 시기에 대한 명을 따르고 식량과 말먹이를 헤아려서 처리하도록 하라. 만약 다시 태만하게 하면 탄핵하여 정법을 행하고 무거운 쪽으로 징계를 보일 것이며 결단코 그대로 두지는 않을 것이다' 하였다.

평양성을 회복한 이여송은 자신감이 충만했는데 도성으로 진격하려면 우선 군량이 준비되어야 했다. 그런데 조선의 관리들은 무능하고 나태하여 일을 잘 처리하지 못하고 믿을 수가 없다는 것이 중론이었다. 그래서 작심하고 강한 어조의 패문을 작성하여 보낸 것이었다.

이에 더하여 선조는 안주로 진주하라는 말이 있었다는 보고도 있었다. 크게 자존심이 상한 선조는 비장의 카드를 내보였다. 바로 동궁에게 선위할 것이니 어보를 받고 안주로 나아가 일을 보라는 것이었다. 신하들이 계속 반대하였다.

다음 날 윤두수가 선조를 알현하여 제독의 패문에 거론되었으니 해명하러 가야 한다는 것을 말하고, 이 제독이 화를 내는 것은 "생각하건대, 양식과 꼴이 준비되지 못하고 적의 우두머리가 탈출하였기 때문에 이 노여움을 산 것입니다. '술을 실컷 마시며 스스로 즐긴다'는 등의 말이 있는데, 책임이 대신에게 있으니 그 허물을 돌리는 것이 당연합니다" 하였다. 그리고 이어 "큰 난리를 겪은 뒤에 스스로 노력하신다면 위태로움을 도리어 편안하게 할 수 있을 것입니다. 지금은 아무리 물러나려 하셔도 물러날 수 없을 것입니다" 하였다. 선조는 일단 선위의 뜻을 거두었다. 그리고 18일에 정주로 진주할 것이라고 하였다.

이원익의 장계가 왔는데 이 제독이 생포한 왜적을 심문한 것을 알리고, 제독의 말이 총탄에 맞아 죽었는데 국왕에게 알려 한 필을 빌리고자 한다 하였고, 조선군 3천을 중국군 복장을 갖추어 합류시키라는 지시가 있었다고 하였다.

평양성 명군의 선봉은 이미 남쪽으로 진군을 시작하였다. 유성룡은 북쪽의 가등청정이 걱정되었다. 중국군을 반으로 나누어 북쪽으로도 보내자고 하고 싶으나 그쪽으로는 군량을 조치할 방법이 없었다.

이 제독이 유성룡에게 말하기를 "대군이 전진하려 하는데 앞길에 군량과 마초가 없다고 합니다. 의정께서는 대신으로서 마땅히 나랏일을 생각하여야 하오니, 수고로움을 꺼리지 마시고 급히 가서 군량을 준비하는데 소홀하고 잘못됨이 없도록 하십시오" 하였다.

유성룡은 바로 작별하고 나섰다. 샛길로 빨리 달려 황주에 이르러 황해감사 유영경에게 공문을 보내어 군량을 운반하게 하고 이원익에게도 공문을 보내 김응서의 진중에서 군사를 뽑아 평양에서 곡식을 운반하도록 하였다. 군량 때문에 애를 태웠는데 유영경이 함께 모아 두려다 미처 모으지 못하고 산골에 분산하여 보관된 곡식이 있었으므로 백성들을 독려하여 수송하였다. 백성들도 구원군을 위한 일이라고 솔선하여 나선 사람들이 많아 연도에서는 다행히 급한 조치는 할 수가 있었다.

다음 날 저녁 무렵 윤두수가 평양에 도착하였다. 윤두수는 이일을 군법을 시행하여 참할 것처럼 하고 이 제독에게 알렸다. 제독도 양심이 있어서 죽이지 못하도록 말렸다. 이일 문제는 이렇게 해결되고, 이빈은 3천의 군사를 이끌고 제독의 본대와 합류하게 되었다.

‖ 명군 벽제에서 왜적에게 혼쭐나다 ‖

1월 17일 의주 행재소 선조는 의주를 떠나기에 앞서 대소의 부로들을 모아 위로하는 전교를 내리고 고신과 면역첩 면천첩을 나누어 주었다.

경기감사 이정형이 치계하여, 포천과 금화의 적이 서로 연락하며 사방으로 나가 죽이고 약탈하였고, 개성의 적은 임진강 하류 덕진단에 목책과 참호를 설치했다 하였다.

다음 날 선조가 의주를 출발하였다. 약 7개월을 의주에 머물렀다. 의주의 백성들이 길을 가득히 메워 호곡하면서 다만 목사 황진과 판관 권탁을 20년간 유임시켜 본주를 소복시켜 주기를 원하니, 상이 여를 멈추고 위로하며 타일렀다. 돌아가는 길은 올 때보다는 여유가 있었을 것이다. 그래도 선조는 내키지 않았는데 명나라 경략이나 제독의 질책이 무서워서 할 수 없이 떠난 것이다. 그래서 돌아가는 길도 머나먼 길이었다. 이날은 양책관에서 잤다.

제독 이여송의 본대가 평양을 출발하였다.

1월 19일 임반 행재소 대가가 양책을 출발하여 저녁에 임반에 머물렀다. 세자는 박천에 있었다.

도승지 유근으로 하여금 부로들을 위로하게 하였다. 사신을 지공하고 명나라 장수를 접대하며 양식을 수송하느라 몸을 아끼지 않고 노고하였으므로, 공부와 요역을 줄여 준다고 하였다. 또 부상당한 명나라 장수와 군사들도 잘 돌보아 주라고 하였다. 그리고 철산·산천·곽산에 이르러서도 이와 같이 하였으며, 길에서 중국 사람으로 병들어 돌아오는 자를 만나면 언제나 말을 머물게 하여 위문하고 시체를 싣고 돌아오는 자에게는 은냥을 지급하여 장례비로 쓰게 하였다.

다음 날 대가가 정주에 도착하였다. 세자가 먼저 도착하여 영접하였다. 헤어진 지 7개월 6일이 7년도 더 넘은 것 같은 감격의 부자 상봉이었다.

황해감사 유영경은 날랜 군사 1천여 명을 데리고 자신을 호위하는 것으로 상책을 삼고 있었다. 적을 추격하지도 않고 도망만 다니고 꼴과 식량도 전혀 조치를 하지 않아 대병을 전진할 수 없게 한다는 비판이 있었다. 이에 사간원이 파직을 요청하였다. 선조는 파직시키는 것이 적당한지 비변사에 물으라 했고, 비변사는 지금은 명나라 군사 일이 급하니 적합한 시기가 아니라며 뒤로 미루었다.

접대도감이 유원외가 접대가 소홀하다고 화를 냈다고 하였다. 선조가 길에서 만나 위로하였다. 유원외가 말하기를, "명나라 군사가 전진하려는데, 꼴과 식량을 미처 공급하지 못하고 화포도 제때 수송하지 못했으니 국왕께서는 거듭 경계하시기 바랍니다" 하였다.

이날 명나라 군사의 선봉이 개성에 이르렀다. 왜적은 주민을 죽이고 집들을 불사르고 이미 도주하였다.

1월 21일 정주 행재소 선조가, "오늘날의 일은 단지 명나라 군사의 식량을 공급하는 데 달려 있다. 내가 필마로 모모 신하를 인솔하고 명나라 군사의 후미에서 책응하며 식량 운반을 독려하고 싶지만 이곳에도 명나라 조정의 장관을 접대해야 할 일이 있다. 세자로 하여금 안주에 전진하도록 하여 한편으로는 명나라 군사에게 책응하고 한편으로는 식량 운반을 독려하게 하는 일을 의계하도록 하라" 하였다. 신하들이 반대하였다.

김천일이 도성과 내응하며 공격을 위해 대기하고 있다고 보고하였다.

유영경이, 11일에 명나라 선봉이 황주를 지났고, 좌방어사 이시언은 9일에 도망하는 적을 추격하여 1백8명을 베어 죽였다고 보고하였다.

유성룡이, 김경로가 말을 듣지 않고 물러나 패주하는 적을 섬멸할 기회를 놓쳤다 하며 처단하여 군정을 엄숙히 하라고 하였다.

"재령 등 처의 경우는 본디 수령이 있어 그 지역을 스스로 수호할 수 있는데, 경로는 적병을 두려워하고 꺼려서 연고를 칭탁하고 되돌아갔습니다. 그날 적병은 밤이 새도록 도망하여 기력이 모조리 떨어져 사기를 잃고 항거할 수가 없었습니다. 그런데 이시언은 겨우 뒷부분만 공격할 수 있었고 감히 막아서 끊지는 못했습니다. 만약 경로가 그곳에 조금 머물렀다가 그와 힘을 합하여 앞뒤로 협공하였다면, 평양의 적은 응당 한 명의 기병도 돌아가지 못하여 조금이나마 신인의 아픔을 달랠 수 있었을 것입니다. 조정에서 급속하게 율에 의거하여 처단하셔서 군정을 엄숙하게 하소서" 하였다.

유성룡이 전에 왜적이 패주할 때 복병하여 치라고 비밀 지령을 내렸을 때, 김경로는 이시언과 같이 있었지만 딴 일을 핑계 대며 명을 듣고자 하지 않았다. 유성룡이 군관까지 파견하여 강하게 독촉하니 마지못해 중화에 이르렀었다. 그런데 이때 감사 유영경이 자신을 호위하기 위해서 부르자 싸우는 것이 두렵고 불안하던 차에 핑계가 생겼으므로 해주 쪽으로 군사를 이끌고 가버렸다. 그래서 평양성을 나온 왜적들은 밤을 새워 도망쳐 갈 수 있었다. 왜적들은 엄동설한 깜깜한 밤중에 도망 그 자체만으로도 처절한 사투였다. 거기다 굶주리고 지치고 발은 부르터 절룩거리고 길은 험하고 앞은 보이지 않아 헤매는 등 전혀 싸울 수 있는 군대가 아니었다. 중간 지역의 왜적들은 행장이 포위되어 전사했을 것이라는 헛보고에 먼저 철수해 버려서 행장은 사실 절체절명의 위기에 처해 있었다. 이때 우리 군사들이 제대로 공격만 했더라면 혹 소서행장은 살아남았을지 몰라도 그의 군대는 완전히 궤멸될 수도 있었다. 그러면 전쟁의 양상도 크게 달라졌을 것이다. 유성룡은 이것이 가슴 아팠고 분통이 터졌다. 그래서 김경로를 처단하라고 강경하게 요구하였고 두고두고 유영경을 원망하게 되었던 것이다.

조정에서는 선전관을 보내어 김경로의 목을 베려 하였지만 제독 이여송이 백의종군시켜 공을 세워 그 죄를 벗도록 하는 것이 좋겠다고 하여 죽음을 면했다.

여수 전라좌수영 다음 전투 준비에 박차를 가하고 있는 여수 이순신 진영에 선전관 채진이 도착하여 임금의 명령을 받든 우부승지의 서장을 전했다. '명나라 대장 이 제독이 수십만의 정예 군사를 거느리고 방금 왜적을 소탕하려 하는데 평양, 황해도 및 서울이 차례로 수복될 것이다. 대병이 진격하여 마구 무찌르면 남은 왜적들이 도망쳐 돌아갈 것이므로 적의 돌아갈 길을 질러 막아 섬멸하지 않으면 안 될 것이니, 그대는 수군을 거느리고 기회를 따라 요긴한 길목을 막아 협력하여 무찔러 죽이도록 하라'는 것이었다.

이순신은 즉시 관할 군포에 출전할 준비를 서두르라는 지령을 내렸다.

경성 이북의 왜적들이 함경도의 가등청정만 빼고 모두 경성에 집결하였다. 약 5만이었다.

1월 23일 정주 행재소 전교하여 '각처의 의병을 빠짐없이 동원하여 군량을 수송하여 명나라 군사를 지공하게 하라. 영을 어기는 자와 장수는 군령에 의거하여 시행하라' 하였다.

체찰사 유성룡의 장계에 '명나라 장수의 선봉이 이미 칠참에 도착했는데, 황해도 각 고을의 곡식은 아직도 일제히 이르지 않았다'고 하였다.

이에 호조가 군량을 공급하는 방안을 아뢨다. "대군은 길에 있는데 앞길의 양식은 멀리 갈수록 군색하기만 하니 여러 가지로 생각해 보아도 접대하며 공급할 계책이 없습니다. 그러니 우선 대가 호위군 80명과 동궁 행차 시위군으로 말이 있는 자 80명과 보졸 1백30명, 호남의 의병으로 말이 있는 자 40여 명과 보졸 30여 명, 그리고 영변의 호위군도 5~6백 명에 밑돌지 않을 것이니, 별장을 정하여 호송하도록 해서 순안 고을에 저축된 곡식을 받아서 가게 하소서. 평안도와 황해도 등지의 수령은 모두 관아에서 기르는 말이 있으니 각기 2필씩을 낸다면 말의 수효가 틀림없이 1백 마리가 넘을 것이니, 명나라 군사가 있는 곳이 멀지 않은 곳은 그 고을에서 저축한 곡식을 수송하여 가도록 하고, 조금 먼 곳은 앞쪽에 가까운 고을의 저축한 곡식을 받아서 수송하여 가도록 하소서. 평안도의 평양·순안 등의 고을과 황해도의 각 고을은 멀고 가까운 것을 분별하지 말고 그 쇠잔하고 풍성한 대로 배당하고, 또 난리를 겪지 않았는가를 관찰하여 등수를 나누어, 말 7백 필과 인정 6백 명으로 그 고을에 저축된 곡식을 명나라 장수가 있는 곳에다 수송한다면 공급할 방도가 있을 듯합니다" 하였다.

명나라 장수 황응양·오종도·유준언을 접견하였다. 경략 송응창이 평양의 승전 소식을 듣고서 면사첩을 가지고 가서 서울 안의 왜노에게 붙었던 백성들을 불러내려고 보낸 일행이다. 황응양은 섬라국에서 일본을 정벌할 10만의 군사를 이미 징발하였다고 하고 또 제독은 요동인이라서 흑백을 분별하지 못하고 살육하는 것만 즐겁게 여기기 때문에 직접 면사첩 1만여 통을 가지고 전적으로 백성들을 살리기 위해서 왔다 하였다.

개성 명군 진영 제독 이여송의 본대가 개성에 도착하였다. 제독이 여러 장수를 불러 경계하기를 '조선이 적에게 피폐 당하였으니 그대들은 술과 밥을 요구하며 폐단을 일으키지 말라. 조선은 예의의 나라이며 명나라를 공경히 섬겨 백성들이 도시락과 음료수를 가지고서 천자의 군사를 환영하니, 그대들은 모름지기 기이한 계교를 내어 왜적을 소탕하여 평정하고 백성들이 편안하게 모여서 살도록 하는 것이 가할 것이다. 그대들이 간혹 남의 부인을 범하는데도 조선의 통사가 우리 법이 엄격함을 알고 또 명나라 조정의 장관을 위하여 감히 나를 대하여 말을 하지는 않지만, 그대들은 그것을 경계하라. 그런 사실이 없다면 더욱 힘을 쓰고 그런 사실이 있다면 고치도록 하라. 나는 두 번 말하지 않는다' 하고, 인해서 조승훈에게 이르기를, '그대가 즉시 술을 바치지 않았다는 이유로 한 고을의 수령에게 매질을 하였으니, 명나라 조정의 장관으로서 어찌 이런 일이 있을 수 있는가' 하고, 또 갈봉하에게 이르기를 '그대가 앞서 의주에 있을 적에 날마다 술 마시는 것으로 일을 삼았는데 이것이 어찌 장관의 도리이겠는가. 이후로는 이와 같이 하지 말도록 하라' 하니, 승훈과 봉하가 모두 머리를 조아리며 물러갔다. 제독의 이 말은 아주 훌륭했다. 이때까지는 이 제독은 이렇게 승자의 여유를 부리고 있었다.

유성룡, 이덕형, 경기감사 권징, 경기수사 이빈 등은 대군이 임진강을 건널 부교를 설치하기 위해 노력하고 있었다. 칡넝쿨로 새끼를 꼬아 밧줄을 만들어 부교를 설치하였다. 조금이라도 명군을 도와야겠다는 백성들의 힘이 컸다. 칡넝쿨 부교가 조금은 도움이 되었지만 금방 약해져 뒤에 대군은 얕은 여울을 건너 도강하였다.

김천일은 경성의 지세와 도로의 형세 및 적의 대소 진영의 위치 등을 그리게 하여 준비해 두었다. 이때에 막하의 참모 임전을 시켜 이것을 이여송의 군전에 바치게 하였다. 이여송이 보고 감탄하고 칭찬하였다.

1월 24일 정주 행재소 윤두수가 평양의 정비 상황을 전했는데, '당초 낙상지는 성에서 던지는 돌에 부상을 당하였고, 오유충은 철환에 맞아 모두 뒤떨어져 있는데 거느리던 군마는 다른 장수에게 넘겨주어 보냈으며, 고책·양심 두 유격은 3천의 군마를 거느리고 제독의 명령으로 지금 한창 성자를 보수하느라 하루도 한가한 틈이 없습니다. 심지어 성문도 모두 한창 개조하고 있으니 그들이 우리나라를 염려하는 뜻이 지극합니다. 오유충은 철환을 가슴에 바로 맞아 병세가 위급한데 누워서 신을 보고 역시 공로가 큰데 수공에 기록하지 않았다고 마음속에 불만을 품고 있었습니다. 이 때문에 병세가 더욱 긴박해졌으며, 즉시 가인으로 하여금 쪽지에다 글을 써서 신에게 보였는데, 그 말에도 유감과 한스러워하는 뜻이 많았습니다' 하였다.

경략 송응창이 도성 수복을 위해 군민을 고무하라고 하며 "왕국의 군신들은 마땅히 와신상담하며 속히 도모해야 할 것입니다" 하였다. 조정에서는 각처의 군병들에게 전령을 보내 도성 수복을 위해 집결하라는 명을 내렸다.

경성 왜 진영 이날 경성에서는 왜적에 의한 천인공노할 일대 살육이 벌어지고 있었다. 소서행장이 평양에서 패주한 것을 분하게 여긴 데다 도성 안의 사람들이 밖의 사람들 혹은 명나라 군사와 내통한다는 것을 핑계로 사람들을 죽이기 시작하였다. 오직 여자들만은 죽이지 않았으므로 여장을 하고 죽음을 면한 자들이 있었다. 남아 있던 관청 건물과 민가들도 거의 다 태워 버렸다. 도성 안은 완전히 폐허가 되었다. 어쨌든 왜적들은 이미 경성에서 철수하려고 마음먹은 것이었다.

1월 25일 정주 행재소 이제는 심심하면 선위한다고 소동을 벌이고 있다. 이날도 모든 정사를 동궁에게 품하여 처리하라고 하였다. 병세는 더욱 고질이 되고, 정신은 더욱 어지러우며, 눈이 어둡기는 더욱 심하고, 나른하고 피곤하여 누우면 일어나지 못해, 마치 하루를 못 넘길 것 같아 버티고 부지할 기력이 조금도 없다 하였다. 할 일도 많은데 세자와 신하들만 피곤할 뿐이다.

비변사가 유성룡으로 하여금 명군의 접대를 감독하게 하자고 청하니 허락하였다.

이제 평양성도 회복하고 명군이 다시 진군을 시작하니 선조는 이제는 살았다는 생각이 들었을 것이다. 그렇다면 백성들을 살리기 위한 좋은 방편을 마련해야 할 것인데, 반대로 선조의 비겁하고 비열한 행태가 나타난다. 비망기를 내렸다.

"당초 도망한 장수를 난리 통에 일일이 율대로 조치하기에는 형세가 어려워, 유사가 어쩔 수 없이 구차하게 처리하여 그 시행한 법이 백의종군에 불과하였다. 이제 나라가 처음으로 회복되었으니 먼저 군율을 바로 잡지 않을 수 없다. 박홍·신익 그리고 기타 패배한 장수 및 도망한 수령으로 더욱 심한 자는 즉시 전형을 시행하고 그다음은 뒤따라 처리할 뜻을 비변사에 묻도록 하라" 하였다.

살리기 좋아하는 왕의 말은 아니었다. 군법을 시행하고자 했으면 그때에 즉시 시행할 것이지 이제 와서 옛날 일을 거론하는 것은 왕 다운 일이 아닌 것이다. 비변사가 확실한 답변을 하였다. "조정에서는 이미 백의종군하도록 허락하여 뒷날의 성과를 책하였습니다. 그런데 그 뒤에 적을 베고 사로잡은 공이 없지 않은데, 지금에 와서 시행한다면 왕정에 어긋남이 있습니다."

이때에 명나라 사람 풍중영이 수하 30명을 거느리고 나타나 함경도의 왜적을 물러나게 하겠다고 하며 조선인 향도할 사람을 요구하였다. 크게 기대는 할 수 없었지만 반가운 말 중의 하나였다.

개성 명군 진영 이날 명군의 선봉 사대수와 조승훈이 이끄는 3천여 명의 군사는 임진강을 건너 파주에 진격하였다. 경기 방어사 고언백이 수백 명의 군사를 이끌고 이들과 합류하였다.

다음 날 사대수와 조승훈의 명군과 고언백의 조선군은 벽제관까지 진출하였다. 제독 이여송은 본대를 이끌고 임진강을 건너 파주에 진주하였다.

여수 전라좌수영 이날 또 선전관 안세걸이 도착하였다. 평양성에서 승리했다는 소식을 듣자 선조가 바로 선전관을 전국에 보낸 것이다.

'명나라 장수 제독 이여송이 50명의 장수와 수십만의 정예부대를 거느리고 곧장 평양을 공격하여 이달 초 8일에 적의 소굴을 탕복하고 왜장을 사로잡아 목을 베어 우레처럼 소리치며 바람같이 달려 마치 그 형세가 대를 쪼갬과도 같이 장차 차례차례로 진토하여 수레바퀴 하나도 돌아가지 못하도록 기약하는 바이니, 그대는 수군을 정비하여 힘을 가다듬어 기회를 기다려서 그들의 귀로를 막아 해전으로 죄다 죽여버리고 나라의 치욕을 크게 씻도록 하라' 하였다.

이순신은 관할 진포에 전선을 좌수영으로 집결시키라는 명령을 내렸다. 그리고 조정에 3통의 장계를 올렸다.

첫 번째는 석류황을 100근쯤을 내려보내 달라는 요청이었다. 그동안의 출전에 소모량이 많았고 또 주변 순찰사, 방어사, 소모관, 의병장과 심지어는 경상도에서도 요청해 그동안 보유했던 화약을 거의 소진하였다. 화약을 만드는 데 있어서 염초는 구어 낼 수가 있었지만 유황만은 구할 수가 없었던 것이다.

두 번째는 영남과 호남의 접경지역 요충지 등에 의승군을 복병으로 파수시키는 일을 보고한 것이다. '순천에 사는 중 삼혜를 시호 별도장, 흥양에 사는 중 의능을 유격 별도장, 광양에 사는 중 성휘를 우돌격장,

광주에 사는 중 신해를 좌돌격장, 곡성에 사는 중 지원을 양병 용격장으로 모두 차정하고, 달리 더 소집할 무렵에 또 구례에 사는 진사 방처인, 광양에 사는 한량 강희열, 순천에 사는 보인 성응지 등이 분개하여 탄식하면서 의기를 분발하여 고을 사람들을 규합하여 각각 의병을 일으켰으므로 방처인을 도탄으로, 강휘열과 중 성휘 등을 두치로, 중 신해를 석주로, 중 지원을 운봉 팔량치로 보내어 요충지를 파수하여 관군과 협력하여 사변에 대비하도록 전령하고, 의병장 성응지와 승장 삼혜 의능 등에게는 전선을 나누어 주어 수선해서 나누어 타고 함께 바다로 나가도록 명령하였습니다' 하였다.

세 번째는 영남의 피난민들이 굶어 죽을 염려가 있으니 돌산도에 들어가 농사를 짓고 살게 하였음을 보고한 것이었다.

[벽제전투]

1월 27일 이날 명군과 왜적 사이에 중요한 전투가 있었다.

이여송은 파주에서 신중을 기하면서 전진하지 않고 앞 선봉의 보고를 기다리고 있었다. 벽제에 진을 쳤던 사대수와 조승훈 그리고 고언백은 적정을 탐지하면서 전진을 계속하였는데 경성 서쪽 여석현에서 적을 만나 접전하여 1백여 급을 베었다. 이여송이 그 보고를 받고 크게 기뻐하며 친병인 기병 1천여 명과 더불어 달려가면서 대군을 계속 출동시키도록 명하였다. 이여송은 달리다가 노상에서 말이 거꾸러지면서 떨어져 다쳤다. 불길한 조짐이었으나 개의치 않았다.

왜적은 고바야카와가 이끄는 부대였다. 본대의 군사 대부분을 고개 뒤에 매복시키고는 단지 수백 명만 고개를 지키게 하여 약세를 보였다. 제독이 즉각 군사를 지휘하여 전진시키니, 적이 고개에서 내려왔다. 1차 교전에서는 적이 약간 물러났는데 유인 작전이었다. 명군의 수가 그리

많지 않은 것을 알게 된 적들은 좌우로 은밀히 전진시키고 일시에 삼면에서 공격을 감행하였다. 왜적들은 거의 1만여 명이나 되었고 죽음을 불사하는 무서운 공격이었다. 명나라 군사는 단검에 기마병뿐이었고 화기가 없었으며, 길이 험하고 진흙이 쌓였으므로 제대로 말을 달리지도 못하였다. 이에 적이 긴 칼을 휘두르며 좌우에서 돌격해 들어오니 그 예봉을 대적할 수가 없었다. 제독은 급히 후속 대군의 진격을 서두르게 하는 전령을 보내고, 자신도 휘하 장수들과 함께 달리면서 활을 쏘며 싸울 수밖에 없었다. 적들이 제독을 향하여 돌진하는 것을 친위병들이 육탄으로 방어하여 위기를 모면하였다. 제독의 휘하 이유승 및 용사 80여 명이 죽음을 당하였다. 제독이 사대수에게 후위를 맡게 하고 겨우 길을 뚫고 빠져나갔다. 적이 추격하여 해음령에 이르러 명의 대군이 오는 것을 보고 추격을 멈추고 돌아갔다. 명군의 사상자가 수백 명이나 되었다. 적을 제대로 알지 못한 결과였다.

죽다 살아난 이여송은 혼이 빠져나간 상태였다. 자기 눈으로 확인한 왜적은 대단한 강군이었다. 조총만이 장기인 것으로 알았는데 왜적의 검술은 당해 낼 수 있는 것이 아니었다. 같이 맞붙어 싸워 이길 수 있다는 자신이 없었다.

제독이 저녁에 파주로 돌아와서 이유승의 사위인 왕심대 등을 불러서 위로하고 말하기를, "좋은 남아였는데 나를 위해 죽었다" 하고 슬퍼하며 오랫동안 통곡하였다.

정주 행재소 이날 벽제전투에 대해서는 꿈에도 모르는 조정에서는 영의정 이하가, 임시로 대리하라는 명을 거두도록 연이어 세 번이나 청하니, 선조가 답하였다. '마음 병과 눈병 그리고 머리 병과 다릿병이 반복해서 몸에 얽혀 반신이 온전하지 못하고 온몸이 모두 아파 방에 드러누워 땅속으로 들어가기만 기다린다' 하였다. 실로 한심한 임금이었다.
　전라도의 쌀 2만 5천 석과 콩 1만 석, 충청도의 쌀·콩 각각 1만 석을 곧바로 배로 운반하도록 하여 대가가 머물고 있는 곳에 와서 정박하게 하자 하였다.

1월 28일 파주 명군 진영 제독이 동파로 물러가 주둔하려 하자, 유성룡·유홍·김명원 이빈 등이 처소로 찾아가 보기를 청하고 말하였다. "승부는 병가의 상사이니, 마땅히 형세를 보아서 다시 전진해야 하는데, 어찌 가벼이 움직이십니까?"
　제독이 답하였다. "어제 우리 군대가 불리했던 것은 없습니다. 다만 비가 와서 이곳이 진흙탕이 되었으므로 군사를 주둔시키기가 불편하기 때문에 동파로 돌아가 군사를 휴식시킨 뒤 다시 진군하려고 할 뿐입니다" 하였다.
　제독 이여송은 의기가 아주 저상해 있었다. 유성룡 등에게 중국 조정에 보내는 상주문 초고를 보여 주었는데 '적병으로 서울에 있는 자가 20여만 명이니 적은 많고 우리는 적어서 대적할 수 없습니다' '신은 병이 심하오니 청컨대 다른 사람으로 그 소임을 대신하게 하옵소서' 하였다. 유성룡이 깜짝 놀라서 그래서는 안 된다고 하였지만 핑계만 댔다. 총병 장세작이 퇴병하기를 강력히 주장했는데 유성룡 일행에게 물러가지 않는다고 화를 내며 순변사 이빈을 발로 차기까지 하였다. 결국 이여송은 동파로 물러가서 진을 쳤다.

정주 행재소 선조의 머리는 역시 비상했다. 평양을 수복하였으니 대신이나 중신이 들어가 복구를 해야 하는데 왜적이 요새로 만들어 놓은 부분은 훼손하지 말라고 하였다. 또 적의 장기는 오직 화포에 있는 것으로 우리 군사들이 만나기만 하면 번번이 놀라서 무너져 버린 것이 단지 여기에 있었던 것이니, 지금 마땅히 도사 장삼외나 이 제독 앞으로 자문을 보내어 염초를 제련하는 법과 총을 만들고 탄환을 발사하는 제도를 익히도록 하고, 한편으로는 영을 내려 그 제도를 잘 익히는 자는 당상관으로 승진시키라고 하였다. 그리고 '이 뜻을 지난날에 좌상에게 면대하여 유시하였지만 거행하는 것을 보지 못하였다. 대개 요즈음의 풍습을 보면 그렇게 변고를 겪었으면서도 혁사 봉공하려는 뜻이 조금도 없다' 하였다.

아주 좋은 말이고 지적이었다. 그러나 자신이 직접 평양으로 가서 진두지휘해야 할 일을 남의 일인 것처럼 말로만 하고 있으니 되는 일이 있을 수 없었다.

1월 29일 동파 명군 진영 왜적이 길가의 논밭은 물론 산까지 불을 질러 모두 태워 버렸으므로 말 먹일 풀을 구할 수가 없었다. 말들이 굶주린 데다가 전염병까지 돌아서 며칠 동안에 쓰러져 죽은 말이 거의 만여 필이나 되었다. 연일 비도 내렸다. 이래저래 피곤한 이 제독이 개성으로 물러가 주둔하려 하므로 유성룡 등이 힘껏 반대하였으나 듣지 않았다. 사대수만을 뒤에 남겨 유성룡과 함께 임진강을 지키게 하고 개성으로 철수하였다. 경성을 코앞에 두고 유성룡, 김명원, 이덕형 등은 애가 닳았다.

정주 행재소 아직도 벽제의 전투는 모르고 있었다. 영의정 최흥원 등이 계속 아뢰자 왜적이 물러가면 선위하기로 약속하였다. 세자가 땅에 엎드려 울면서 조석으로 음식을 폐하였으므로 이렇게 하였다.

선조가 아파서 임금 노릇 못하겠다고 하더니 힘을 내서 전교하였다. 명나라 군사가 승승장구할 것이 당연하니 저절로 힘이 나서 큰소리가 나왔다.

'우리나라의 관병과 의병이 지난날에는 두려워 움츠리고서 적을 토벌하지 못했어도 오히려 핑계 댈 거리가 있었다. 그러나 명나라 군사가 승승장구하여 적을 격파할 때에 한 사람도 차단하는 자가 없었으니 사람이 있다고 말할 수 있겠는가. 심지어 우성전의 경우는 와서 해서의 적을 공격하라는 명을 두 번이나 받고도 물러나 핑계만 대고 오지 않았으니 이와 같이 하고서도 나라를 위한다고 할 수 있겠는가. 그리고 오늘날에 가장 시급한 것은 우리 군사가 명나라 군사와 협공하는 것이다. 명나라 군사가 서쪽에서부터 진격하면 우리 군사는 남쪽에서부터 요격하여 후미를 공격하거나 저격하거나 한 연후에야 성공하기를 바랄 수 있을 것이다. 급히 선전관을 보내어 여러 진의 장수들에게 전령하여 각자가 분발하여 적을 공격해서 큰 공을 세우기에 힘쓰도록 하라. 그리고 양호로 하여금 지역 내의 날랜 군사를 모두 징발하여 적을 섬멸하는 데 협력하게 하고 한곳에 머물지 말도록 하라. 삼도의 수사는 수군을 모두 거느리고 해상에서 요격하여 모두 섬멸하도록 하라. 다시 전투를 독려하도록 보내지 않을 수 없으니 비변사에 말하라' 하였다.

벽제전투의 결과를 모르고 헛소리를 한 것이다. 그래도 효과가 전혀 없지는 않을 것이다. 이 전교의 유서를 각도의 제장들과 남쪽의 수사들에게 전하기 위해 선전관들이 급파되었다. 이순신에게는 이춘영이 2월 17일 한산도에서 전달하게 된다.

명나라 군사가 경성 수복을 당연히 쉽게 할 줄로 알았다.

도성을 안무할 대신으로 유성룡을 정했다. 유홍도 하게 하자 하였다. 또 송 경략을 의주로 가서 맞이하는 일을 의논하라고 예조에 전교하였다

선조는 "농사일이 이미 닥쳤는데 지금 조처하지 않으면 농사일의 시기를 놓칠 뿐만 아니라, 생존한 백성들이 모두 아사하여 나라의 근본이 먼저 시들 것이다. 그런데도 널리 구제할 계책이 없으니 생각이 여기에

이르면 참으로 한심스럽다. 진휼하며 구제하고 갈며 씨 뿌리는 등의 일을 가지고 상세하게 모두 강구하여 따로 사목을 만들어 팔도에 보내 급속히 거행하도록 하라" 하였다.

이에 호조가 회계하기를, "전라도의 미두 각 6천 석, 겉벼 6천 석, 보리 4천 석을 경상도의 하동 등 지역에다 배로 운반하게 하고, 충청도의 미두 각 3백 석과 겉벼와 보리 각 2백 석을 편의에 따라 강원도 지역에 배로 운반하게 하여, 각도의 감사로 하여금 저축된 곡식이 있고 없음에 따라 파종과 진휼 두 가지를 알맞게 하도록 해야 합니다" 하였다.

1월 30일 동파 유성룡은 이제 날마다 개성에 있는 이여송에게 사람을 보내 다시 진병할 것을 청하는 것이 일과가 되었다. 이여송은 '날씨가 개고 길이 마르면 마땅히 진격할 것이다' 하였다. 그러나 실제로는 진격할 의사가 전혀 없었다.

정주 행재소 선조도 전교하는 것이 일과가 되었다. "평양의 백성 중에 죽은 자가 얼마인가? 죽은 자들은 거두어다 묻고 표지를 세워 해골이 드러나 뒹구는 근심이 없게 하라. 그리고 절의를 지키다가 죽은 사람은 모름지기 급히 방문하여 포장하라. 또 적의 시체는 쌓아 경관을 만들라. 착한 사람은 진실로 당연히 포상해야 하고 악한 자는 주벌하여 권면하고 징계하지 않을 수 없다. 그중에서 더욱 심하게 적에게 아첨하여 향도했거나 혹은 군기를 누설시킨 자를 비밀리에 상세하게 탐문하여 사실이 밝혀지는 대로 구속하고 계문한 다음 조처하라."

사간원이 동궁을 해주로 가게 하자고 청하니, 선조가 '동궁이 해주로 가는 일은 아뢴 대로 하라. 나는 경솔히 나아가기가 곤란하니 서서히 관찰하면서 조처하겠다' 하였다. 선조는 자기를 앞으로 나가라고 하지 않으니 듣던 중 반가운 말이었다. 그러나 뒤에 영의정이 강하게 반대하여 그만두게 하였다.

경성 주변 권율은 서울 수복을 도우라는 명을 듣고 준비하는 중에 평양의 승전 소식을 듣고 서둘러 서울 인근으로 올라왔다. 전라도 군 4천 중 2천은 병사 선거이가 거느리고 금천에서 적을 지키도록 하고, 자신은 부장 조경, 승장 처영과 함께 강을 건너 행주에 진을 쳤다. 처음에는 무악재 부근에 진을 치려 하였으나 적과 너무 가깝다고 부장 조경 등이 반대하여 행주로 결정하고 진을 구축하고 있었다.

충청감사 허욱도 군사를 이끌고 상경하여 양천 부근에 진을 쳤고, 부산해전 승리 후 충청수사로 임명된 정걸도 전선을 이끌고 올라와 한강에 진입하였다. 고언백과 이시언은 해유령에 있고 도원수 김명원은 임진강에 있었다.

경상도에서는 왜군이 철수할 조짐이 보인다고 하였다. 개령의 적들은 성주로 합쳐서 식량을 지니고 있고 창원의 적들은 김해로 물건들을 옮기고 있었다. 평양의 왜적들이 섬멸되었기 때문에 겁이 나 돌아가려는 것으로 짐작하였다. 경성의 적들이 평양 소식에 놀라 달아났다는 터무니없는 소식을 전하는 자도 있었다.

정문부가 처음에 의병 대장이라 자칭하고 순찰사 윤탁연에게 관문을 보냈는데, 윤탁연이 그의 공을 꺼려 하여 '평사는 일개 막관이니 마땅히 감사의 절제를 받아야 하고 서로 대등하게 대해서는 부당하다' 하고 꾸짖었다. 그러나 정문부는 따르지 않았다. 이 때문에 정문부가 전후로 세운 전공을 윤탁연이 모두 사실과 반대로 조정에 보고하였으며, 정문부의 부하가 수급을 가지고 관남을 지나면 그가 모두 빼앗아 자기 군사에게 주었다. 그리고 정문부의 행동이 불궤하다고 조정에 아뢰었다. 이에 정문부가 바로 군사를 해산시키려 하였으나 군졸들이 모두 흩어지지 않고 그의 곁에 있었으며, 혹은 사잇길로 달려가서 행재소에 보고하니, 조정에서는 의심을 하면서 둘을 무마시켰다.

윤탁연이 또 정문부를 발호한 자라고 보고했으나 행조에서는 또한 따지지 않았다. 그러다가 이때에 와서 사신을 보내 그 실상을 조사하게 하였는데, 윤탁연은 사신에게 후한 뇌물을 주어 스스로 변명하였다. 또한 사대부의 가속으로서 관남에 있는 자들에게 곡식을 흩어 주어 구제하니 사람마다 칭찬하였으며, 조정에서 차출하여 북쪽에 들여보낸 자들이 모두 추위에 떨고 있는 상황에서 또 그들에게 모두 옷과 장비를 주었으므로, 그들이 조정에 돌아와서는 모두가 윤탁연을 옹호하고 정문부의 공은 분명하게 말하지 않았다. 이에 남북의 군민들로서 분개하지 않는 자가 없었다. 조정에서는 단안을 내려 전공을 정현룡에게 돌려 그를 본도의 병사에 올려 제수하고, 정문부는 단지 반민을 주참한 공으로써 당상관에 올려 길주 부사에 제수하였다. 북쪽 사람들은 정문부가 재조해 준 공덕을 추앙하며 병사가 되기를 모두 원하였으나 정문부는 강개한 성품에 교제가 적었으므로 끝내 크게 쓰이지 못하였다.

2월 1일 정주 행재소 사간원이 삼현으로 진주하고 형편을 보아가며 더 전진하자고 아뢰니 선조의 답변이, "내가 여기를 떠나면 중조 사람들의 접대와 군량 운반이나 책응 등의 일에 더욱 힘을 쓸 수 없을 것이니 우선 사세를 살피며 조처하는 것이 무방하다" 하였다. 어지간히 가기 싫은 모양이었다.

그런데 이때 참담한 보고가 있었다. 명나라 호부주사 애유신이 군량을 관리했는데 제때에 군량이 계속 조달되지 않는다는 이유로 관량관인 지중추부사 김응남, 호조참판 민여경, 의주목사 황진을 붙잡아 곤장을 때렸다는 것이었다. 명나라 하급관리가 조선의 대신들을 곤장을 친 것이니 기가 막힌 일이었다. 그러나 더 기가 막힌 것은 선조는 항의할 생각조차 하지 않고 어쩔 수 없는 일로 넘긴 것이다. 이러니 명의 하급관리들이 우리나라를 우습게 볼 수밖에 없었다.

호조에서 군량 운반 대책으로, 의주로부터 중화에 이르기까지의 일로 각 참에 적당한 관원 한 사람씩을 뽑아 보내 그 고을 수령과 함께 숨고 누락된 장정 및 우마를 징발하고, 남정이 부족할 경우에는 또 여인을 징발하여 각 참에 열 지어 세우고 군량이 도착하는 대로 말에 싣고 머리에 이고 하여 즉시즉시 교대로 운송해야 한다 하였다. 군량의 운반은 어쩔 수 없이 해야 할 일이지만, 허약한 백성들에게는 정말 힘든 일이었다.

여수 전라좌수영 비가 내리는 중에도 좌수사 이순신의 소집 명령을 받은 관할 진포의 전선들이 모여들고 있었다. 이날은 발포, 여도, 순천의 전선들이 도착하였다.

2월 2일 정주 행재소 선조가 비변사에 전교하였다. '첫째는 군사훈련이다. 우리나라는 군대가 없는 나라이다. 각도의 입방하는 군졸을 군대라고 할 수 있겠는가. 이들로써 강한 왜적을 대적하니 이는 마치 모기가 솔개를 상대하는 격이다. 중국 장수가 순안의 군사를 보고 웃지 않은 이가 없었다고 한다. 지금 깊이 생각하고 강구하여 따로 제도를 세워야 한다. 둘째는 왜적 방비이다. 왜적은 표독스럽고 풍신수길은 흉특, 교활하다. 지금은 비록 중국 군대가 승승장구해도 만약 여러 도의 적이 모두 영남에 모이고 수길이 또 군사를 더 파견하여 항거할 계책을 세운다면 승부를 알 수가 없다. 지금 사람들이 이미 파죽의 형세를 이루었다고 하면서 밝은 낯빛으로 기뻐하며 여기에 대해서는 다시 걱정할 것이 없다고 하는데 나의 생각에는 불가하다고 여긴다. 설사 왜적이 중국 군대에게 눌려 무기를 거두고 모두 도망간다 하더라도 반드시 오래지 않아 다시 올 것이다. 방비하는 계책을 서둘러 미리 조처하여 탄탄히 준비하여 적이 오는 것을 대비하지 않을 수 없다. 이상 두 조목은 바로 지금 급급히 강구하여 일각도 늦추어서는 안 되는 일인데 한 마디도 여기에 대해 언급하는 사람을 보지 못하였다. 내가 비록 병이 있으나 오늘의 사태를 보고 다시 병화를 입을까 두려워하여 입을 다물고 있을 수가 없어서 말하는 것이다' 하였다.

훌륭한 말씀이고 당연한 말이었다. 그렇지만 항상 말은 좋지만 실행이 문제였다. 사관도 왕이 직접 떨치고 일어나 앞장서서 나서지 않고 말로만 하는 것을 애석해하였다.

다음 날 선조가 매우 화가 나 있었다. 또 군량 수송이 안 된다는 원망이 있었던 모양이었다. 의주에 있을 때부터 적을 토벌하는 일을 논하면서, 오직 군량 한 가지 문제만을 계속 말하면서 입술이 부르틀 지경이었는데도 이와 같으니 통탄스러움을 금치 못하겠다 하였다. 좌상과 호조 판서에게 전적으로 책임 지워 그들로 하여금 검찰하게 하라 하고, 비변사도 더욱 힘을 다하여 조처하라 하였다.

여수 전라좌수영 관할 진포의 장수들이 전선을 이끌고 모두 모였는데 보성군수만은 아직 도착하지 않고 있었다.

이때 이순신은 한산도에 임시 진영을 설치하여 일부 전선을 옮겨 놓고 주변을 감시하며 본 진영 설치 준비를 하고 있었다. 그쪽에서 보고가 있었는데, 귀화인 김호걸과 나장 김수남이 격군 80여 명이 도망했다고 말했지만 실제로는 이들이 뇌물을 받고 붙잡지 않았다는 내용이었다. 그래서 비밀리에 군관 이봉수와 정사립을 파견하였고, 수색하여 70여 명을 붙잡아 왔다. 격군들은 배에 분산하여 태웠고, 김호걸과 김수남은 그 날로 처형했다.

밤에 강풍이 불어 배들이 서로 부딪치지 않도록 하기 위해 애를 먹었다.

2월 4일 정주 행재소 대신들을 인견하여, 북쪽(함경도)의 적이 평양을 침범하러 올 것을 걱정하고, 군량과 그 운반을 걱정하고, 이일로 하여금 북적을 토벌토록 하자 하였다. 남쪽으로 전진하는 것에 대해 선조는 매우 주저하고 두려워했는데 이제 그럴듯한 이유를 또 찾았다.

"송시랑을 경들은 어떤 사람이라고 생각하는가? 바로 중국의 원수이다. 이러한 때를 당해 내가 산천을 집으로 삼고 있으니, 어찌 국왕으로 자처하여 가까운 곳에 있으면서 만나보지도 않고 곧장 스스로 전진할 수 있겠는가. 전진해야 한다는 의논을 나는 이해하지 못하겠다" "북적이 도망가지도 않았는데 전진을 어찌하는가? 북적을 뒤에 두고 전진하게 하는 것은 그 본의를 알지 못하겠다"고 하였다. 한심한 임금에게 정말 좋은 이유였다.

다음 날 비로소 조정에서는 벽제전투가 있었다는 것과 명군이 패해 임진강으로 후퇴한 것을 알게 되었다. 남병 천호 오유산이 지나가면서 전해 주었다. 그리고 뒤이어 이덕형의 장계가 도착하였다. 선조에게는 왜적은 강하고 명군은 믿을 수 없어 불안해하던 것이 사실이 되어 온 것이었다.

사간원은 명군이 성공하지 못한 것은 마초와 군량을 계속 공급하지 못했기 때문이라며 호조판서 이성중을 탄핵하였다. 비변사에서는 김응서가 군량 운반의 명을 어겼다며 삭탈하고 결장하라 하였다. 다른 조치는 할 능력이 없었다.

권응수를 경상좌병사로 하고 박진을 동지중추부사로 기어이 불러올렸다.

경상우도 성주에 모였던 왜적들이 남은 식량을 불태우고 개령으로 철수하였다. 성주목사 제말이 소속 군사를 이끌고 입성하였다. 아군 측에서는 왜적들이 명나라 군사가 무서워 도망치는 것으로 생각하였다. 김성일도, 김면도, 정인홍도, 곽재우도 모두 잠시나마 한시름 놓게 되었다.

고을 백성들은 명나라 군대를 맞을 일을 의논하고 통문을 돌려 유사를 정했다. 그리고 큰 고을은 술 50동이 소 3마리, 작은 고을은 술 50동이와 소 2마리를 내기로 결정하였다.

여수 전라좌수영 이날 이순신은 경칩 맞이 독재를 지냈다. 보성군수 김득광이 새벽같이 도착했는데 기일을 어긴 죄로 문초하니 명나라 군사를 접대할 차사원으로 뽑혀 해남까지 불려갔었다는 것이었다. 이순신의 군령이 매우 엄격한 것을 잘 아는 김득광은 밤을 새워 육지로 달려왔다. 합당한 이유였지만 그래도 기일 어긴 죄를 그냥 덮을 수는 없으므로 대장(代將), 도훈도 및 아전들은 처벌했다. 비는 계속 내리다가 늦게야 개었다.

2월 6일 정주 행재소 함경도의 가등청정은 서울로 무사히 철수할 것에 전전긍긍하고 있는데 이것을 알지 못하는 선조는 가등청정이 평양을 공격하여 배후를 치는 것을 엄청 걱정하고 있었다.

"북적은 사람의 배후에 있는 것 같아서 때맞추어 소탕하지 않으면 안 되는데 비변사는 오직 물러갈 날짜만 기다리니, 조치하여 책응하는 것이 충분하지 못한 것 같다. 송 경략에게 급급히 형세와 사유를 갖추어 개진하고, 청병해서 북도로 들어가 공격하거나 혹은 적을 차단하거나 하는 것이 가하다. 여러 번 전교했는데도 오직 범연하게 여기고 염두에 두지 않고서 도리어 뒤따라 파견된 이 제독의 후원군을 차정해서 보낼 계획인 모양인데, 무릇 군사들의 진퇴는 주장의 명령에 따르는 것이다. 이번에 나오는 군대가 비변사의 명령을 듣고서 제 스스로 북쪽으로 들어가겠는가? 마땅히 다시 살펴서 속히 조처해야 한다" 하였다.

정희현, 박명현, 조호익이 군사를 이끌고 이 적을 막기 위해 갔는데도 송 경략에게 추가로 청병까지 하라고 하니 그렇지 않아도 싸우기도 싫고 물러나고 싶은 이여송이 이 소식을 들으면 얼마나 좋아할까. 좋은 핑곗거리로 여기고 밤을 새워 평양으로 철수해버릴 것이다. 머리 좋은 전략가 선조가 이 생각은 못 했던 것 같다. 실제로 이런 일이 일어나는 데는 채 며칠도 걸리지 않았다. 실로 한심한 일이었다.

여수 전라좌수영 이날 새벽 2시경에 기상나팔을 불어 준비하고 동틀 무렵에 이순신 함대는 경상도로 출전하였다. 제5차 출전이다. 이제는 쳐들어오는 적이 아니라 도망가는 적을 잡으러 가는 것이다. 도중에 수색할 일도 없으니 빠르고 힘차게 나아갔다. 그러나 정오부터 역풍이 불어 늦게야 사량에 이르러 밤을 보냈다.

‖ 조선군 행주대첩으로 빛나다 ‖

2월 7일 개성 명군 진영 이날 개성에서는 비참한 상황이 벌어지고 있었다. 명나라 장수들이 군량이 다 떨어졌다는 것을 핑계 삼아 제독 이여송에게 군사를 돌리자고 하였다. 화가 난 이여송은 유성룡과 호조판서 이성중, 경기좌감사 이정형을 불러 뜰 아래 꿇어앉히고 큰 소리로 꾸짖으며 군법으로 다스리려 하였다. 유성룡은 사과를 하면서도 나랏일이 이 지경에 이른 것을 생각하니 자신도 모르게 눈물이 주르르 흘렸다. 그러자 이여송이 민망하게 여기면서 다시 여러 장수들에게 성을 내며 말하기를, "너희들이 지난날 나를 따라서 서하를 칠 때에는 여러 날을 먹지 못하였어도 감히 돌아가겠다고 말하지 않고 싸워, 마침내 큰 공을 세웠는데, 지금 조선이 우연히 며칠 군량을 지급하지 못하였다고 어찌 감히 군사를 돌리겠다고 말하느냐? 너희들이 어디 가려면 가봐라. 나는 적을 멸망시키지 않고는 돌아가지 않겠다. 오직 말가죽으로 시체를 싸 가지고 가려 할 따름이다" 하니, 여러 장수들이 머리를 조아리며 사과하였다.

문밖으로 나온 유성룡은 군량을 제때에 공급하지 못한 죄로 개성경력 심예겸을 곤장으로 다스렸다. 다행히 전라도 군량을 실은 배 수십 척이 강화도에서 오고 황해도에서는 마초가 왔으므로 당면 문제는 해결되었다. 저녁에 이여송이 유성룡을 불러 위로하였다. 그렇지만 이것은 조선 최고의 대신이 비참하게 수모를 당한 사건이었다.

정주 행재소 비변사가 군량과 마초가 제대로 운송되지 않아 중국군이 회군할 가능성이 있다고 하며 절박한 심정으로 삼현 근처로 전진하여 직접 독려할 것을 청하니, 선조는 나를 재촉할 것 없이 외부에서 할 모든 일만 더욱 힘쓰라 하였다.

비변사가 중국에서 온 군량이 중화와 황주 사이에서 적체되어 있고 의주에는 산처럼 쌓였는데도 운반하지 못하니 배를 이용하여 운반하여야 한다 하였다.

선조가 정원에 이르기를, '비변사에서 나에게 전진하라고 권하고, 대간도 이미 논계하였다. 동궁은 전일 배행하던 재신을 거느리고 전진하여 책응해야 한다. 이 뜻을 비변사에 말하라' 하였다.

선조 자신은 갈 생각이 없고 세자가 나서서 하라는 것이다. 세자와 신하들이 몇 날 며칠을 만류하느라 고생이 심하게 되는 한심한 말이었다. 특히 세자는 이런 말이 나오면 식음을 전폐하고 대죄를 해야 하는 까닭에 몸이 말할 수 없이 쇠약해질 수밖에 없었다.

사헌부가 비변사가 건성으로 일을 한다고 탄핵하고, 강계 소속의 13개 보에는 토병 및 내금위 겸사복이 많고, 산척은 수도 많고 전쟁에 쓰기에 가장 적합한데도 수령들이 비호하여 동원하지 않는다고 하였다. 강계, 희천, 위원 등지에 들어가 경작하는 백성들 또한 산골짜기에 두루 깔렸다고 하였다. 평양이나 개성부의 장사치로서 우마를 가지고 고을로 들어간 자가 수백 명은 된다고 하였다. 이들을 찾아내어 군량을 운반하게 하고 곡식도 모집하자고 하였다.

남해안 이순신 함대 함대는 새벽에 출발하여 한산도를 지나 견내량에 이르렀다. 이번에는 원균이 먼저 와 있었다. 이날이 약속한 날이었던 모양이다. 이억기의 전라우수영 함대는 아직 도착하지 않고 있었다.

2월 8일 정주 행재소 선조는 의주로 송 경략을 만나러 가는 총병 양원을 만났다. 그는 "군중에 한 단의 풀도 없어 폐사하는 전마가 하루에 8천여가 되며 군량 역시 부족하고 염장이 없어 인마가 모두 피로합니다. 귀국은 문재와 충의는 넉넉함이 있으나 용맹한 자가 없습니다" "제가 가는 것은 한두 가지 일만이 아닙니다. 남군이 논공의 불공평함을 원망하기 때문에 경략이 나를 먼저 오도록 부른 것입니다" 하였다. 이 무렵 경략 송응창과 제독 이여송은 군사를 잠시 평양으로 철수시켜 휴식을 취한 후 다시 진격하자는 의견에 공감하고 있었다. 평양성 탈환 논공행상에서 남군의 불만이 크므로 경략이 확인하고자 총병 양원을 불렀다는 것은 표면상의 이유이고, 현재 처한 어려운 상황을 듣고 평양으로의 철군의 불가피성을 확인하려는 것이었다.

이런 사정도 모르고 조정에서는 함경도의 왜적을 방어하는 문제로 중국 병부에 자문을 보냈다. "적이 만약 이 소식을 듣고 허를 틈타 몰려들어 와 대군의 배후를 끊는다면 천병은 깊이 들어가서 앞뒤로 적을 맞게 될 것이니 실로 작은 걱정이 아닙니다. 바라건대 귀부는 이러한 이치를 잘 살피어 각 해당 장수들에게 명령하여 징발된 군사들 중에서 남병 포수 2~3천 명을 덜어 평안도에 머물게 하여 먼저 근본을 튼튼히 하거나 요해처를 지키게 하고 본국 군마와 더불어 적이 있는 곳에 전진, 기미를 보아 소탕하십시오" 하였다. 함경도의 왜적이 평양을 공격한다면 개성의 명군은 포위되고 퇴로가 끊긴다는 것은 삼척동자도 다 아는 것이다. 그런데 머리 좋고 의심 많아 조심스러운 선조가 함경도 왜적의 위험을 강조하면 명군이 평양으로 후퇴할 수도 있다는 것을 생각조차 하지 않은 것은 이상한 일이었다. 아무튼 경략 송응창과 제독 이여송은 평양으로 철군할 것을 굳혔고 조선 조정도 일조를 한 셈이 되었다. 웃지 못할 일은 함경도의 가등청정은 평양성 공격은 꿈도 꾸지 못하고 서울로 철수하는 준비를 서두르고 있으면서 최대의 관심사는 어떻게 무사히 안전하게 돌아가느냐였다. 선조나 이여송이나 가등청정은 모두 분명히 두려워하고 겁을 먹고 있었는데 각자 방향이 다른 자신만의 생각에 빠져 있었던 것이다.

비변사에서는 "군량과 마초를 운반하는 일은 계책이 궁하고 생각이 다하여 다시 조처할 대책이 없습니다. 다만 저번에 무과에 급제한 사람들이 거의 4천 명에 이르는데 이 사람들은 화살 하나를 맞춰 과거에 급제한 자들로서 집에 돌아가 편안히 있습니다. 전쟁터에 종군한 사람들을 제외하고 그 나머지는 모두 군량 20두씩을 순안에서 평양까지 운반, 곧바로 제독의 군문까지 수송하도록 하소서" 하였는데 그중에 쓸 만한 안이었다.

남해안 이순신 함대 아침에 경상우수사 원균이 와서 전라우수사 이억기가 약속을 어기고 오지 않는다고 역정을 내며 먼저 떠나겠다고 소란을 피웠다. 이제 죽을 일은 없다고 판단한 원균은 은혜를 입었다는 생각은 전혀 안중에 없고 오히려 큰소리를 치기 시작하고 있었다. 이순신이 오늘은 틀림없이 도착할 것이라며 말렸고 실제로 정오 무렵 도착하였다. 모두들 기뻐하였고 연합함대는 4시경에 출발하여 밤 8시경에 칠천도에 이르렀다.

2월 9일 정주 행재소 선조는 계속 함경도의 왜적이 걱정이었다. "장차 북쪽의 적을 토벌하려고 하는데 왜적은 성질이 악독하고 왕자들은 그 속에 잡혀 있으니 예측 못 할 근심이 있을까 두렵다. 비변사에 말하여 살펴서 하도록 하라" 하였다.

경상우도 관찰사 김성일의 보고가 있었다. "김해의 적은 거의 다 돌아간 것 같고 창원의 적 역시 오래 머물 의도가 없는 데다 역질이 치성하여 사망자가 잇따르고 혹한으로 움츠려 흉악한 예봉은 조금 꺾였으니 곽재우를 중위장으로 삼아 여러 장수를 거느리고 형세를 보아 거사할 계획입니다" 하였다.

다음 날 사간원이 '권율은 외람되이 중임을 맡고서 조처가 시의를 잃어 전후의 전쟁에서 많은 군사를 잃었을 뿐만 아니라 중국군이 이르기를 기다리지도 않고 곧바로 스스로 도강하여 무악에서 총포를 쏨으로써 흉악한 적들로 하여금 제멋대로 분탕질하여 잔약한 백성들이 모두 어육이 되게 했고 군기를 누설하여 적으로 하여금 미리 항전할 계책을 마련하게 하여 중국군에게 불리하게 했으니 그 그르친 죄가 큽니다. 먼저 파직한 후에 추고하도록 하소서' 하였다. 도원수 김명윤도 추고하라 하였다. 이런 전시 상황에서 사간원은 할 일이 별로 없었다. 그러니 실정과 사리에 맞지 않는 불필요하고 억장이 무너지게 하는 말이나 하여 사기나 저하시키고 있었다. 전시에 사간원은 무용지물이었다.

선조가 권율의 일은 이러한 때에 그와 같이 논하는 것이 가하겠는가 비변사에 물으라 하였다. 비변사는 이런 시기에 병권을 박탈하는 것은 옳은 계책이 아니라고 하였다. 선조와 비변사가 아주 올바른 생각을 한 것이다. 사실 이때 권율은 행주산성에 토성을 쌓는 등 방어 준비를 철저히 하여 왜적의 공격에 대비하였고, 결과적으로 역사에 길이 남을 승전을 기다리고 있었다.

거제도 연합 함대 이순신, 이억기, 원균의 연합함대는 전날은 우천으로 움직이지 못하고 이날 새벽 6시에 출전하여 웅천의 웅포로 나아갔다. 적선들은 포구에 열을 지어 정박하고 있는데 유인하여 싸움을 걸어도 나오지 않았다. 가끔씩 가볍고 빠른 배로 나왔다가 쫓아가면 재빨리 돌아 도망가곤 하였다. 왜적은 포구 양쪽 산기슭에 성을 쌓고 그곳에서 철환을 발사하고 있었다. 우리 전선이 교대로 진격하여 총통과 화살을 난사하여 적에게 피해를 입히기도 하였지만 포구 안으로까지 진격하기는 어려웠다. 적들이 나오지 않는 한 방법이 없었다. 섬멸하지 못함을 통분스럽게 여기며 철수하여 영등포 뒤 소진포에 와 정박하니 밤 10시가 되었다.

이때 이미 웅천성은 요새화되어 있었다. 수길의 명령으로 왜 수군은 대폭 증원되었고 많은 전선을 만들어 웅천 포구 안에 숨겨 두었다. 부산포와 낙동강 하류의 본거지인 김해의 죽도를 지키기 위한 방책이었다.

조선 수군이 부산 쪽으로 진격한다면 앞뒤로 포위 공격하겠다는 전략이었다. 이제 이순신은 가볍게 부산 앞바다로 진출하기가 어렵게 되었다.

2월 11일 정주 행재소 이조참의 심충겸이 "군량 운반을 위해 각 고을의 인력을 남녀, 노약, 사족, 서얼, 천류를 논하지 말고 남김없이 동원하여 일시에 어깨에 메거나 머리로 이어서 차례로 교환하도록 해야 합니다. 지체하는 자가 있으면 군법으로 조처한다면 지금과 같이 늦어지는 일은 없을 것입니다. 민폐를 생각할 수는 없습니다. 지금의 이 일은 옛사람이 이른바 백성을 편안하게 해 주기 위해 백성을 부리면 백성이 원망하지 않는다는 것입니다" 하니, "아뢴 말이 마땅하다. 이에 따라 거행하라" 하였다.

선조는 이 제독에게 함경도 왜적의 동향을 전하고, 왕자와 관원을 석방하라는 격문을 보내 달라고 청했다. 아직도 선조는 함경도의 왜적이 명군의 배후 위협이 되었을 때, 이여송이 어떤 조치를 할 것인가는 생각해 보지도 않았다.

개성 명군 진영 선조의 의도와는 반대로 이여송은 이미 함경도 왜적을 핑계로 평양으로 철군을 시작하고 있었다. 유성룡이 종사관 신경진을 시켜 제독에게 글을 올려 속히 진군하기를 청하였더니, 통사 진효남을 불러 말하기를 "아직 도로가 마르지 않았고 인마가 피곤한데 진군을 재촉함이 가한가?" 하였다. 또 조지현으로 하여금 송시랑의 작은 편지를 내놓게 했는데 '북적이 아직까지 소굴에 머물러 있는데 만약 군대의 후미를 둘러싼다면 형세가 필시 낭패될 것이다. 정예한 병사를 뽑아 개성을 지키고 대장은 평양에 물러나 주둔하면서 만전을 기하라'고 되어 있었다. 또 제독이 "나는 조승훈·이영·사대수·갈봉하로 하여금 기병 3천을 나누어 거느리게 하고 왕필적으로 하여금 남병 2천을 거느리게 하고, 그대 나라 병마와 함께 이 성을 지키게 할 것이다. 또 파발군을 많이 배치하여 순찰과 정탐을 더욱 엄밀히 하겠다. 나는 물러나 평양을 지키고 있으면서 한편으로는 말을 교환하고 군대를 보충하여 진격을 꾀하고 한편으로는 북적을 막아 재를 넘어오지 못하게 하겠다. 이러한 뜻을 배신들에게 말해 주라. 또 여기에 있는 배신들로 하여금 염장을 많이 비축하여 남병을 잘 보살펴서 원망이 생기지 않도록 하라" 하였다. 바라던 진군이 아니라 철군이었다. 이것을 전해 들은 유성룡은 하늘이 무너지는 것 같았고 죽고 싶은 심정이었다.

경략 송응창이 국왕은 평양으로 돌아가 머물면서 왕성의 수복을 도모하라는 자문을 보냈다. "황제가 명하기를 '평양이 이미 수복되었으니 방수를 엄하게 해야 할 것인데 조선 군신은 어찌 이같이 파천해 있는가. 조선 국왕을 깨우쳐 평양에 돌아가 있게 하며 한편으로는 중국 조정이 소방을 애호하는 인덕을 보이고 한편으로는 조선 백성의 근왕의 뜻을 결속시키도록 하라' 하였습니다. 그러니 조선 국왕은 즉시 배신과 군민들을 거느리고 평양으로 되돌아가 머물면서 방수하고 파죽의 형세를 틈타 의병을 격려하여 힘을 합해 진격하여 소탕을 기약하고, 왕성을 수복한 뒤에는 즉시 나아가 서울을 지키도록 하십시오" 하였다. 선조에게는 입맛이 쓴 자문이었다. 그러나 황제의 명이라 해도 듣지 않았다.

영의정 최흥원 등이 삼현으로 전진할 것을 아뢰며, "군문의 소식을 조정에 상달하기 어렵고 한번 호령을 발하면 열흘이 지나야 비로소 통하니, 이렇게 접응하고서 어떻게 성사될 수 있겠습니까. 나라의 존망이 이 일 한 수에 달려 있으니 매우 민망합니다" 하였다. 그래도 윤허하지 않았다.

[행주대첩]

2월 12일 이날 한강 하류 행주산성에서는 중요한 전투가 있었다.

왜적은 평양성 패전 이후 불안에 떨고 있었다. 몇십만이 되는지 모르는 명나라 군사가 왔으니 어떻게 해야 할지를 몰랐던 것이다. 다행히 벽제에서 명나라 예봉은 꺾었지만 대군이 언제 다시 진격해 올지 모른다. 그런데 조선군 또한 경성주변에 모이고 있는데 이제는 코앞의 행주산성까지 진출했다. 턱밑에 비수를 들이댄 형세다. 가만둘 수가 없었다. 그래서 왜적의 어린 어리석은 대장 우희다수가가 마음먹고 3만의 군사를 동원하였다. 간단히 짓밟아 버릴 생각이었다. 그러나 쉽게 마음먹은 대로는 안 될 것이다. 상대는 권율이 이끄는 조선 최고의 강군 전라도 군이 아닌가.

이 대첩을 실록의 기록으로 보자.

'처음에 평양이 회복되자 여러 장수들이 많이 경성으로 모여들었다. 중국군이 개성부에 진주하자 우리나라 장수들은 차례로 전진시켜 함께 기각의 형세를 이루고 있었다. 전라도 순찰사 권율은 그의 군사 4천 명을 반으로 갈라 절도사 선거이로 하여금 거느리고 양천강 언덕에 진을 치게 하고, 자신은 정병 2천3백 명을 거느리고 수원의 독성으로부터 고양군 행주의 성산으로 옮겨 진을 쳤다. 지형에 따라 험하게 만들되 아래쪽에는 긴 가시나무를 쌓고 그 안쪽에는 돌을 쌓아 성을 만들어 그 높이가 한 길이 넘었는데 기한보다 하루 이틀 앞서서 그 공사를 마쳤다. 또 뗏장과 흙을 거듭 쌓아서 토성도 만들었다. 그리고 산 위에 깃발을 많이 세워 의병을 만들고, 그 아래에 돌을 실은 수레를 설치하였다. 이날 새벽에 척후가 계속해서 보고하기를 '적이 좌우익으로 나뉘어 각각 홍기와 백기를 들고 홍제원으로부터 행주를 향해 오고 있다' 하였다. 권율이 즉시 군중에 동요하지 말라는 영을 내리고 대에 올라 바라보니 5리쯤 떨어진 들판에 적의 무리가 가득했다. 선봉 1백여 기가 점점 접근해 오더니 조금 있자 1만여 기병이 들을 뒤덮고 와서 일시에 포위하고 바로 돌격해 왔다. 우리 군사들은 활을 쏘고 돌을 던지며, 크고 작은 승자총통 및 진천뢰·지신포·대중발화 등 각종 화기를 연달아 쏘았는데도 물러가지 않고, 부대를 나누어 번갈아 진격했다. 묘시로부터 유시에 이르도록 세 번 진격하고 세 번 물러갔는데 적의 죽은 자는 수십 명이었고 부상한 자도 백여 명이 되었다. 적이 마른풀에 불을 붙여 바람을 이용, 성을 불태우면 성중에서는 물을 부어 이것을 껐다. 처음에 승군으로 하여금 서북쪽에 있는 자성의 한쪽을 지키게 했는데 이때에 승군이 조금 물러나자 적들이 고함을 치면서 몰려 들어오니 군중이 흉흉하였다. 권율이 칼을 빼어 들고 독전하자 여러 장수들이 죽기로써 힘껏 싸우니 적은 포위를 풀었다. 적이 시체를 네 곳에 모으고 마른 풀을 쌓아 놓고 불을 질렀는데 시체 타는 냄새가 10리까지 뻗쳤다. 아군이 남은 시체를 거두었는데 참획한 것이 1백30여 급이었다.

　적의 숫자는 3만이나 되었다. 적은 기병과 보병이 섞였고 들판을 뒤덮으며 나왔는데 그 숫자를 알 수 없었다. 창이나 칼로 찌르고 돌을 던지기도 하고 화살을 난사했다. 적군이 진격했다 물러났다 하기를 8~9차례나 했다. 그날 묘시부터 신시에 이르도록 싸우느라 화살이 거의 떨어져 가는데 마침 충청수사 정걸이 화살을 운반해와 위급을 구해 주었다. 그곳에는 돌이 많았기 때문에 모든 군사들이 돌을 던져 싸움을 도왔다. 권율이 직접 독전하며 진정시켰기 때문에 군사들은 죽기로 싸웠다. 장수가 먼저 동요했다면 군사들은 모두 물에 빠져 죽었을 것이다. 의병들은 가까이 있으면서도 구원하지 않았다.

　당시 중국군이 왕래하며 순찰하다가 이 전투가 벌어진 것을 알았다. 이튿날 사대수가 편장을 보내 접전 시 상황을 알아보고 예물을 보내 치

하하였다. 그 뒤 송응창도 크게 칭찬하고 상을 내렸고 왕에게는 벼슬을 더하여 고무하라 하였다.'

이것도 사실 기적 같은 승리였다. 이른바 '행주대첩'이다. 이치전투, 독성산성전투 등을 이겨낸 경험 많은 강군이었기에 10배나 많은 왜적을 물리칠 수 있었다. 또한 권율, 조경, 처영 등 장수들이 목숨을 두려워하지 않고 앞장서 독전하였고, 군사들의 분전은 물론이고 보조자, 부녀자들까지도 전투에 기여해 가져온 값진 빛나는 승리였다. 소모사 변이중이 화차 4백 량을 만들어 그중 4십 량을 권율에게 보냈는데 이것도 큰 역할을 하였다 한다.

개성 명군 진영 행주의 전투를 알 턱이 없는 제독 이여송은 대군을 평양으로 철수하기 시작하였다. 유성룡이 종사관 신경진을 보내 제독에게 군사를 물러가게 해서는 안 되는 이유 다섯 가지를 진술하게 하였는데, 그것은 첫째, 선왕의 묘소가 모두 기전에 있어 적의 소굴 속에 빠져 있으니 차마 버리고 갈 수 없고, 둘째, 경기 이남의 유민들이 날마다 왕사를 바라고 있는데, 물러갔다는 소식을 갑자기 들으면 기대할 데가 없어져 서로들 적에게 돌아갈 것이고, 셋째, 우리나라 국토는 한 치라도 쉽게 버릴 수 없는 것이고, 넷째, 우리나라의 장사가 힘은 약하지만 바야흐로 의지하여 함께 전진할 것을 도모하려고 하고 있는데 철수해 후퇴하라는 명령을 한번 들으면 필시 모두가 분하여 흩어질 것이고, 다섯째, 한번 후퇴하여 적이 그 뒤를 따라 붙으면 임진강 이북이라 하더라도 보전할 수 없다는 것이었다.

그러나 제독은 읽어 보고도 아무 말없이 떠나 버렸다.

유성룡은 가슴이 미어졌다. 남쪽의 김성일에게 소식을 전하면서 이때의 죽고 싶었던 심정을 이렇게 토로하였다. '다 되어가던 일이 이토록 틀어지니, 하늘의 뜻이 과연 어떠하기에 또한 이 모양인지 알 수가 없습니다. 통곡하고 울면서 죽고만 싶습니다' 하였다. 땅을 치고 통곡하여도 풀어지지 않을 한이었다.

거제도 연합 함대 전날은 군사들을 쉬게 하였고, 이날 연합함대는 다시 웅천의 웅포로 출전하였다. 전날과 같은 양상이 계속되었다. 공격도 해 보며 적들을 유인했으나 나오지 않으니 쳐부술 수가 없었다. 통분한 마음을 삼키며 철수하여 밤 8시경 칠천도에 도착했는데 그때부터 비가 세차게 내리기 시작하여 밤새도록 그치지 않았다.

2월 13일 정주 행재소 대신들이 양식을 운반하지 못해 중국군이 돌아가지 않을까 우려하고, 평양으로 진주할 것을 말하였으나 양식이 해결되면 하겠다고 하였다.

선조는 재상이나 정신 중에 국사에 진력하는 사람을 직접 보내 민간에 있는 곡식을 찾아내야 한다 하며 문서를 보내기만 해선 안 된다고 하였다. 그리고 군량을 모집하는 관원들이 공명고신을 사사로 주고받는 점도 지적하였다.

성혼이 양곡 모집 운반의 잘못되고 있는 점을 지적하였다.

"요동 대인은 2품의 벼슬이면서도 오히려 몸소 세세한 일을 살피는데 우리나라에서는 미관말직들도 모두들 스스로 높은 체하니 매우 한심합니다. 지금 비록 민간의 곡식을 모은다고 하더라도 부족한 것을 보충하는 데 불과합니다. 중원에서 운송해 온 쌀 13만 석이 의주에 쌓여 있으니 사서인을 막론하고 모두 징발하여 밤낮없이 운반하는 것이 오늘날 최상의 계책입니다. 신이 보니 촌가의 마당에는 곡식이, 마구간에는 우마가 없는 집이 없는데 징발해 낼 때에 수령은 이서에게 맡기고 이서는 뇌물을 받아 농간을 부려 가난한 자만 수고하게 하고 부유한 자는 편안히 있게 합니다. 저번에 애주사가 김응남에게 곤장을 쳤는데 재상이 벌을 받은 것이 비록 불행한 일이기는 하나 신은 남몰래 기뻐했으니, 이것은 다른 관원들이 반드시 여기에 징계되어 진력할 것이기 때문이었습니다. 김응서는 가선대부의 벼슬로서 자기 군사를 모두 해산하고 군량을 운반하지 않았는데도 조정에서는 단지 그의 자급만 빼앗았을 뿐입니다. 상벌이 이와 같으니 어떻게 징계되겠습니까. 모속관이 수령한 고신 역시 거둔 양곡의 수량과 비교하여 고신의 숫자에 미치지 못할 경우에는 또한 벌을 주어야 하는데, 호조가 까마득히 두서를 모르니 매우 해괴합니다" 하였다. 매우 정확한 지적이었다.

선조가 대가가 전진할 수 없는 이유를 말하였는데 첫째는 중국 장수를 접대해야 하고 둘째는 북도의 왜적이 협공할 우려가 있고 셋째는 양곡 운반을 독려해야 하기 때문이라고 하였다. 그리고 '단출하게 신료만 거느리고 단기로 평양이나 제독의 대군 뒤에 나아가 여러 군사들을 호령하고 군량 수송을 독려하고 싶은데 가하겠는가? 그러나 이것이 참으로 온당한지는 모르겠다'고 하였다. 신하들은 그 말이 반가웠다. 그래서 즉시 "이는 바로 신들이 원하는 바입니다. 속히 결행하시기만을 오직 바랄 뿐입니다" 하였다. 이후 중전과 세자는 머물러 두고 선조만 정주를 출발하게 되었다.

이산보가 공명고신 및 면천, 면역을 허락하는 문서를 넉넉히 가지고, 부지런한 자 4~5인을 함께 데리고 가 식량을 모을 것이라고 하였다.

2월 15일 평양으로 철수하는 이여송이 봉산에 도착하였다. 여기서 권율의 행주대첩 소식을 들었다. 처음엔 믿지 않았는데 사대수의 보고가 이르자 거짓이 아님을 알았다. 이여송은 너무 빨리 철수한 것에 대한 후회가 있었다. 조선군은 이기고 있는데 철수하고 있는 자신이 부끄럽기도 하였다. 그러나 이미 지나간 일이었다.

정주 행재소 선조는 이제는 중국군이 철수할 것이 두려웠다.
철수하여 평양에 입성한 중국군은 북적 때문에 왔다고 핑계하였다. 낙참장은 '대군도 평양으로 철수할 것 같다는 말이 있고, 제독이 평양으로 돌아가 예봉을 기르려 한다는 말도 있으니 송시랑에게 간곡히 청하여 제독이 개성에 머물러 있도록 해야 한다'고 하였다. 이런 사항을 이원익이 행재소에 보고한 것이다.
윤근수가 경략 송응창을 만나 보고 보고하였다. 경략은 이 제독의 병마는 속히 평양으로 불러와서 먹이고 보병 1만이 조선 병마와 함께 개성을 방어하게 하라 하였고, 2월 중순 정예병이 도착하면 경성으로 진공할 것이라 하고, 적이 평정되지 않았는데 어찌 군사를 물릴 리가 있겠는가 하고, 왕은 평양이든 정주든 뜻대로 하라고 하였다 한다.

한강 충청수사 정걸이 수군을 이끌고 용산창 아래에 다다라 왜적을 향하여 포를 쏘았는데 강변에 진을 친 왜적이 2만 명이나 되었다.

경상우도 북쪽의 소식이 한참 늦는 남쪽에서는 명나라 군사가 서울의 왜적도 여지없이 쳐부수고 몰아낼 것을 의심하지 않고 있었다. 경상우도에서는 성주, 개령 등에 있던 왜적들이 멀리 철수하는 것이 명나라군이 무서워 도망하려는 것으로 생각되고 의심의 여지가 없어 보였다. 그래서 내려올 명나라 군대를 지원하고 접대하는 일을 의논하고 있었다. 고을마다 문서를 돌려 유사를 정하고, 큰 고을에서는 술 50동이 소 3마리, 작은 고을은 술 50동이와 소 2마리씩을 내기로 하였다. 왕의 교서도 도착하였는데, 한 되, 한 말의 곡식이라도 내어서 명나라 군사를 먹일 수 있도록 하라고 권하는 내용이었다. 그러나 식량은 달랐다. 만분의 일도 도울 수 없는 가난함을 탓하고 속상해하는 백성도 있었다.

함경도 이날 함경도 안변에서는 풍중영과 가등청정 사이에 회담이 있었다. 가등청정은 돌아갈 길이 걱정이던 참이었는데 강화회담을 하자고 하니 그렇게 반가울 수가 없었다. 그러나 속내를 숨기고 큰소리를 쳤다.
"조선은 우리 군사가 빼앗아 얻은 것이고 왕자 역시 우리 군사가 사로잡아 왔다. 강화를 한다면 하겠지만 어찌 왕자를 돌려보내라는 말을 하는가" 하였다.
풍중영은 "우리들은 강화를 위하여 왔으므로 왕자를 돌려보내고 안 돌려보내는 것은 우리와는 상관이 없다"고 답하였다.
가등청정이 "왕자는 벌써 관백에게 상달되었으므로 형편상 사사로이 놓아줄 수 없으니 왕성에 가서 다시 의논하자" 하였다.
왜적들은 바로 경성으로 철수하기 시작하였다.

2월 16일 경기도 파주 권율은 왜적이 다시 쳐들어오면 또다시 방어하기는 어렵다고 판단하고 행주산성에서 철수하여 파주의 산성으로 들어가 진을 쳤다.
체찰사 유성룡은 바쁘게 움직였다. 파주산성에 들어가 순변사 이빈과 전라감사 권율의 군사를 살펴보고, 방어사 고언백, 이시언과 조방장 정희현, 박명현 등은 해유령에 있도록 하고, 이산휘 등의 의병들을 창, 경릉 사이에 복병을 하도록 하였다. 모두 많은 왜적과는 상대하지 말고 적은 왜적을 상대로 유격전을 하도록 하였다. 이래서 경성의 왜적들은 성을 나와서 땔나무와 마초를 구하기가 힘들어졌다. 한편 창의사 김천일, 경기수사 이빈, 충청수사 정걸은 용산까지 한강을 견제하고 있었다. 유성룡은 충청감사 허욱에게 돌아가 왜적의 불시 남하에 대비하여 본도를 지키게 하고, 경기, 충청, 경상도의 관군과 의병들에게 공문을 보내 각기 있는 곳에서 왜적의 길목을 끊도록 하고 양근군수 이여겸에게는 용진을 지키게 하였다.

이것은 체찰사 유성룡이 구심점이 되어 세운 조선군에서 보기 힘든 종합적인 군사전략이었다. 단지 아쉬운 것은 모두 합해도 너무 허약하여 조선군 단독으로는 왜적을 공격할 수가 없는 것이었다. 이런 실정을 잘 아는 유성룡은 명군이 철군한 것을 통탄하지 않을 수 없었다.

유성룡이 왕필적에게 글을 보내기를, "적이 바야흐로 험고한 지대에 웅거하고 있으니, 쉽게 공격할 수 없다. 그러나 만일 대병이 파주에 진주하여 그 후미를 끌어내어 묶어 두고, 별도로 남병 1만 명을 뽑아 강화로부터 한강 남쪽에 진출시킨 뒤 여러 둔을 공격하게 하면, 둔치고 있는 적의 형세가 약화되어 있으므로 쉽게 격파할 수 있을 것이다. 그리고 경성에 있는 적은 돌아갈 길이 차단되고 보면 반드시 용진 쪽으로 향해 달아날 것이니, 뒤따라 쓸어버린다면 일거에 소탕할 수 있을 것이다" 하였다.

왜적의 보급로와 퇴로를 끊는 아주 좋은 전략이었다. 왕필적이 부하를 보내 살펴보고 그 계책을 쓰려고 노력하였으나 제독이 따르지 않아 수포로 돌아갔다. 아쉬운 일이었다.

유성룡은 병란을 짧은 시일 안에 평정하기는 어렵겠다는 생각을 하지 않을 수 없었다.

정주 행재소 호조가 백성들이 바친 군량에 따라 벼슬을 주는 납속 사목을 마련하여 보고하였다.

"향리의 경우, 3석이면 3년간 역을 면제하고 매석마다 1년씩 더하여 15석이 되면 당사자는 역이 면제되고, 30석이면 향리의 역을 면제하여 참하의 영직을 제수하고, 40석이면 그의 자식 두 명까지 역을 면하여 참하의 영직을 제수하고, 45석이면 상당한 군직을 주고, 80석이면 동반의 실직을 제수한다. 사족인 경우, 3석이면 참하의 영직을 주고, 8석이면 6품 영직, 20석이면 동반 9품, 25석이면 동반 8품, 30석이면 동반 7품, 40석이면 동반 6품, 50석이면 동반 5품, 60석이면 동반 종4품, 80석이면 동반 정4품, 90석이면 동반 종3품, 1백 석이면 동반 정3품을 주고 원래 관직이 있는 자는 10석마다 품계를 올리며 자궁인 자는 30석이면 당상관으로 올린다. 서얼인 경우, 5석이면 겸사복·우림위 혹은 서반 군직의 6품을 주고, 15석이면 허통하고, 20석이면 이전에 난 자식까지 허통하고, 30석이면 참하의 영직을 제수하고, 40석이면 6품 영직, 50석이면 5품 영직, 60석이면 동반 9품, 80석이면 동반 8품, 90석이면 동반 7품, 1백 석이면 동반 6품을 제수한다" 하였다.

납속은 군량을 마련하기 위하여 어쩔 수 없이 시행한 것인데 지역마다 사람마다 올리고 내리고 마음대로 하여 중구난방이었다. 그래서 위의 사목을 정하여 3월부터는 확실하게 이에 따라 시행하도록 하였다.

다음 날 대가가 정주를 출발하여 가산에 머물렀다. 출발할 때 백성들에게 효유하였다. '이 뒤에는 마땅히 세공을 덜어 주고 백성을 괴롭히는 모든 일을 다 개혁할 것이다.' 이 말은 잊지 않고 두고 쓰는 말이 되었다.

선조가 이항복과 심충겸을 인견하여, 이 제독이 평양으로 물러난 것을 걱정하고, '비단 우리나라의 일만 어찌할 수 없을 뿐 아니라 중원이 천하의 군사를 동원하였다가 일을 성취하지 못하고 중도에 갑자기 중단하니 아이들 장난과 같을 뿐이다' 하며 자조하고, '도원수는 어찌하여 적중을 정탐하지 않는가' '적의 정세는 자세히 알 수 없을지라도 적의 숫자가 많고 적은지는 알 수 있을 것이다. 이곳에서 지원자를 시켜 가서 정탐하게 해도 불가할 것이 없다' '경성에 왜적 4만이 있다고 하는데 이 말은 믿을 만한가' '이 제독의 일 처리에 부족한 점이 많다' '논공이 공평하지 못하였다' '경성 왜적의 곡식 저장소를 계책을 세워 불태울 수는 없는가' 등등 많은 말이 있었다.

거제도 연합 함대 13일부터 며칠 동안 악천후와 그로 인한 정비로 연합함대는 출전을 하지 못했다. 그동안 이순신은 장수들을 불러 모아 매일 작전회의를 하였다. 개별적으로 찾아오는 장수들도 많았다. 아침부터 술이 취해 헛소리를 하는 우수영 장수들이 있어 속이 상하고 통분해한 날도 있었다. 진중의 술은 필수품 같은 것이었지만 적전 작전 중인데 아침부터 취한 것은 너무한 것이기도 하였다. 바람이 불지 않을 때는 과녁을 걸어 놓고 활쏘기도 하였다. 체찰사였던 정철이 사은사로 북경에 가게 되었으므로 노자로 쓸 목록을 주어 본영에서 조치하도록 하였다. 순찰사 및 부체찰사의 공문들도 왔는데 모두 지난 1월 말의 상황으로 금방 명나라 군대가 서울의 왜적을 물리칠 것 같은 내용들이었다. 그러나 거제 앞바다에 나와 있는 이순신은 지나간 일인지 알 수가 없었다. 그런데 이날 또 선전관 이춘영이 밀지를 가지고 도착하였다.

그 내용은, '이번에 명나라 군사들이 이미 평양을 수복하고 이긴 기세로 휘몰아 가니, 아직 숨이 붙어 있는 흉적들이 서로 뒤이어 도망가고 서울의 적들도 반드시 도망쳐 돌아갈 것이니 그대는 수군들을 죄다 거느리고 합세하여 쳐 무찔러서 한 배도 돌아가지 못하도록 하라' 하였다.

즉시 장계를 작성하여 올렸는데, 오늘 오후 4시에 거제 땅 칠천량 앞바다에서 받았음을 말하고, 아울러 2월 6일 출전하여 지금까지 작전하고 있는데 적이 우리 수군의 위세를 겁내어 나오지 않고 있다고 하였다.

그리고 부산으로 진격하여 도망치는 적을 섬멸하려면 웅천의 적을 수륙으로 협공해야 하므로 경상우도 순찰사 김성일에게 급히 여러 장수들에게 명하여 웅천을 공격하도록 요청하였다는 것 등을 말하였다.

다음 날 선전관도 있고 하니 전투하는 모습을 보여 줄 필요가 있었다. 이른 아침에 출진하여 웅천에 이르렀다. 적의 정세는 여전했다. 사도첨사 김완을 복병장으로 하여 거북선을 포함한 여러 척을 송도에 매복하게 하고 다른 여러 척의 배로 적을 유인하였다. 이날은 왜적도 10여 척이 쫓아 나왔다. 경상도 복병선 5척이 날쌔게 공격을 시작하고 바로 매복했던 전선들이 나타나 적선을 둘러싸고 공격을 하였다. 적선이 빠르게 움직이기 때문에 총통으로 맞추지는 못하고 주로 화살 공격을 퍼부었다. 많은 사상자를 내고 왜선은 포구 안으로 도주했고 이언량이 지휘하는 거북선 등이 계속 쫓아가며 공격하여 왜장을 쏘아 죽이기도 하였다. 그러나 포구 안 끝까지는 추격할 수 없어 적선을 포획하거나 불사르지는 못했다. 오후 늦게 원포에서 물을 긷고 거제의 영등포 아래 사화랑으로 돌아와 진을 치고 밤을 보냈다.

이날 선조는 가평관을 떠나 안주에 도착하였다. 경상좌감사 한효순의 장계에 왜적이 부산 등지에 성을 쌓고 있다고 하였다.

이여송의 본대는 서울로 진격이 아니라 거꾸로 평양성으로 들어가고 있었다.

2월 19일 안주 행재소 소 잡는 일을 금지시키고 모든 지공에 소고기를 쓰지 못하게 하라 하였다.

윤두수가 며칠 전에 이 제독을 만난 일을 보고하였다. '제독은 계속 길이 진흙탕이고 군량과 마초가 부족하고, 함경도의 적이 서로를 넘보는 것을 막아야 한다 하였습니다. 근일 전라도 군사들이 전승했다는 말도 있었습니다. 제독의 뜻을 보니 개성을 출발한 뒤 각 참에 쌓인 군량을 보고는 갑자기 회군한 것을 크게 후회하는 것 같았습니다' 하였다.

이덕형을 인견하니 그간 이 제독의 일을 아뢰었다.

"행주의 승전보가 이르렀기에 제독에게 드리니 여러 장수들이 모두들 조선인들은 속임수가 있어 이 말은 믿을 수가 없다고 하다가 사대수의 첩보를 보고서야 비로소 기뻐하는 기색을 보이면서 즉시 정병 3천을 선발, 가서 임진을 방어하게 했습니다. 제독이 용천·안성 등지에 군량과 마초가 많이 쌓인 것을 보고는 '만약 개성에서도 이와 같았다면 여러 군사들이 어찌 굶주림을 호소하며 물러가기를 청했을 리가 있겠는가' 하였습니다. 군중의 일을 남병들이 매양 송시랑에게 비밀히 통지하기 때문에 제독이 역관에게 말하기를 '송야는 조정의 명을 받고도 즉시 도강하여 책응하지도 않고, 조정에서 보낸 전마 1천 필을 빼앗아 두고, 군공의 주본 또한 막고서 방해하니 통분하다'고 했습니다" 하였다.

유성룡의 보고도 있었는데 이것 역시 행주의 승전에 관한 것이었다.

‖ 경성이 수복되다 ‖

2월 20일 숙천 행재소 선조는 숙천부에 있었다. 접반사 지중추부사 이덕형, 평안도 감사 이원익, 좌승지 홍진을 인견하였다.

선조가 "뜻밖에 제독이 탄핵을 받아 우리나라가 불행하게 되었다. 일이 이렇게 되었으니 어떻게 할 것인가?" 하니,

이덕형이 "천하의 대장으로서 이미 중임을 맡는데 중원에서 어찌 경솔히 논할 리가 있겠으며, 제독 역시 천하의 중임을 맡는데 어찌 중도에 버리고 갈 리가 있겠습니까? 대개 남병과 북병의 대립 문제가 가장

염려스러우니, 남쪽 사람들은 군세를 많이 부리고 북쪽 사람들은 형세가 외롭기 때문에 이렇게 된 것인데, 이후로는 다시 다른 일은 없을 것입니다. 다만 제독에게는 마땅히 적의 형세가 잔약하니 반드시 큰 공을 이룰 것이라는 뜻을 간절히 말해야 합니다. 또 송시랑에게는 자문을 보내 군사를 청함이 마땅합니다" 하였다.

이원익이 "제독은 반드시 시랑에게 청하라 할 것입니다. 또 성중의 여러 장수들인 낙상지·오유충 등은 매양 신에게 '모름지기 진격하는 일과 백성들에게 농사철을 잃지 않도록 하는 일로 급히 송시랑에게 자문을 보내야 한다'고 했습니다. 만일 적의 형세가 여러 날을 끌어서 외지에 있는 적이 경성으로 와서 합세한다면 대사는 틀려지게 됩니다. 또 얼음이 녹아 물길이 통하게 되면 양호 또한 염려가 됩니다. 만약 한강을 건너 일대를 한계로 삼는다면 어찌할 방도가 없습니다" 하였다.

선조가 "그 말이 옳다. 저들 왜적이 매양 도망간다고들 하나 양호로 내려가서 난을 꾸미려는 것은 아닌가? 왜적은 성질은 포악하고 간사해서 믿을 수가 없다. 어찌 한번 패했다고 허둥지둥 스스로 물러가겠는가?" 하니,

이원익이 여러 가지 상황을 말하였다. "북군이 참획한 것을 남군은 반드시 조선인의 머리를 참획했다고 지목합니다. 원주사가 제독에게 '노야께서는 어찌하여 이 같은 일을 하는가?'(평양을 탈환했을 때 조선 사람 1만 명을 수장시켰다는 유언이 있었는데 그 말을 언급한 것이다) 하니, 제독이 노하여 '가증할 노화상이 어디서 그런 말을 들었는가?' 하면서 팔을 걷어붙이고 크게 꾸짖으니, 원황이 '이것은 바로 공론이다'고 했습니다. 그 뒤에 원황이 잘못 들었음을 사과하니, 북쪽 장수 역시 머리를 조아려 사죄했다고 합니다." "소신이 김명원과 같이 앉아 있을 때 신들의 갓과 소매를 가리키고 웃으면서 '이렇게 하고서 왜적을 제압할 수 있

겠는가?' 하였습니다." "이후로는 군사들을 먹이기가 매우 어려울 것입니다. 양남에는 곡식이 있는지 없는지 모르겠으나 개성·평안 일로는 물력이 탕갈되어 지공 또한 어려워 어떻게 조처할 방도가 없습니다. 만일 양호에서 조운한 곡식을 개성과 평양에 쌓아 두고 사용한 뒤에 삼현의 곡식을 황해도 등지에 운반케 한다면 거의 보충해 쓸 수 있을 것입니다. 13일 동안에 1만 8천 석의 양식이 소비되었는데 평양에 현재 있는 곡식은 수천 석뿐이니 이것은 4~5일 양식에 불과합니다. 의주의 곡식을 근근이 운반한다 해도 어찌 용도에 넉넉하겠습니까. 양호의 군량을 준비하는 일과 보병을 더 청하는 일은 늦출 수 없습니다" 하였다.

선조는 "제독이 군사를 철수하여 물러난 것은 그 본의가 요동을 지키는 데 있고 우리나라는 구하지 않으려는 게 아닌가? 중국 조정의 의도를 알 수가 없다. 이는 우리나라의 근심일 뿐만 아니라 중원의 근심으로도 작은 일이 아니다" 하고 생각지 못한 걱정을 하였다.

이덕형이 "군사를 10년 동안 가르치게 되면 천하를 횡행할 수 있습니다. 익히게 한다면 무슨 일인들 못 하겠습니까?" 하였다.

거제도 연합 함대 전날은 바람 때문에 출전하지 못했다. 새벽에 출전하여 왜적과 교전을 시작했는데 갑자기 세찬 바람이 불기 시작하여 배들이 서로 부딪치고 통제하기가 어려워졌다. 즉시 호각을 불어 초요기를 세워 전투를 중지시키고 철수하게 하였다. 몇 척의 배들이 서로 부딪쳐 약간의 손상을 입은 외에는 모두들 무사히 송진포로 돌아와 밤을 보냈다. 왜적들이 응전을 하지 않으니 전투가 전투답지 못하고 놀이하는 것 같아 별로 두려움이 없이 여유가 있었다. 거제도 숲에는 사슴 떼가 많았다. 순천부사가 사슴몰이를 하여 한 마리를 보내왔다.

경성 왜 진영 행주에서 패퇴한 경성의 왜적들은 진퇴양난에 빠졌다. 조선군은 전면전을 피한 채 곳곳의 험한 곳에 진을 치고 포위한 형세를 취하고 있었다. 이제는 조선군도 만만치 않아 섣불리 공격할 수도 없었다. 비록 벽제에서 명군의 선봉을 패퇴시켰지만 몇십만이 되는지 알 수도 없고 언제 공격을 해 올지도 모르는 상황이었다. 서울의 식량은 한정 없이 오래 버틸 수 있는 것도 아니다. 조선에 건너온 병력도 개전 10개월이 지나는 동안에 전투에 죽고 추위에 얼어 죽고 병들어 죽어 그 3분의 1이 없어졌다. 일본 본토에서 병력 보충도 어렵지만 부산을 거쳐 서울까지 보급품의 운반은 지극히 어려운 상황이었다. 잘못하면 앉아서 포로가 될 수도 있는 형편이었다. 왜장들이 모여 회의를 해 보나 별다른 묘책이 있을 수가 없다. 부산 쪽으로 후퇴하는 길밖에 없었다. 그런데 무조건 후퇴는 죽음의 길이 될 수도 있다. 그러니 강화협상이 필요했다. 이 일을 할 사람은 소서행장뿐이었다. 소서행장은 어쩔 수 없이 심유경과 접촉하는 방법을 찾아야 했다. 먼저 임진강 쪽에 주둔하고 있는 사대수 진영에 강화를 요구하는 편지를 전하는 작전을 시도하기로 하였다.

다음 날 임진강 사대수 진영에 날랜 왜적 2명이 나타나 편지를 던지고 사라졌다. 이러기를 여러 번 하였다. 소서행장은 만약을 대비하여 여러 조를 편성하여 편지를 전하게 했던 것이다. 사대수가 편지들을 살펴보니 모두 같은 내용으로 봉공을 청하는 강화협상을 하자는 것이었다. 사대수는 지체하지 않고 이 편지들을 평양의 제독 이여송에게 올려 보냈다.

2월 22일 거제도 연합 함대 전날은 비바람이 불어 출전하지 못했다. 그동안 이순신은 김성일에게 웅천의 적을 치도록 재차 요청했었는데 김성일의 답은 '명나라 군사를 접대하는 일이 번거롭고 또 본도에 남아서 방비할 군사도 없으므로 첨지 곽재우를 시켜 먼저 창원의 적을 무찌른

다음에 웅천으로 진격한다' 하였다. 그러나 육지에서 적을 바다로 쫓아낼 가망은 없었다.

새벽같이 출전하여 웅천에 도착한 연합함대 이순신과 이억기는 다른 방도를 취했다. 전라 좌, 우도와 경상우도에서 그중 빠른 전선 5척씩을 내어 번갈아 적진으로 돌격하면서 지자, 현자총통을 발사하게 하고 서쪽 제포에는 삼혜와 의능이 이끄는 승군과 성응지가 이끄는 의병을 상륙시키고 동쪽 안골포에는 우도의 군사들을 상륙시켜 수륙으로 공격하게 한 것이다. 이 수륙작전은 비교적 성공적이어서 적에게 다른 때보다 더 큰 피해를 입혔다.

왜적이 버리고 도망친 배에서 포로로 잡혔던 웅천 수군 1명과 양갓집 딸 5명을 구했는데, 문초하니 '근일의 접전으로 왜인은 화살과 철환에 맞은 중상자가 얼마인지 모르겠으며, 죽은 자도 역시 많았는데, 차례로 불태워 버렸습니다. 왜의 대장이라 불리는 자도 역시 전사하였고, 1월 말일쯤부터는 허다한 소굴에 전염병이 크게 번져 죽는 자가 연달았습니다' 하였다.

그러나 불상사도 있었다. 전투를 하는데 피해가 없을 수는 없는 것이다. 공을 세우려고 마음이 급해 명령을 제대로 듣지 않고 돌진해 들어간 발포 2호선과 가리포 2호선이 서로 부딪치고 얕은 곳에 걸려 나오지 못했다. 충격으로 방패들이 흩어졌는데 적이 조총을 쏘며 습격에 오자 적의 사격을 피해 한쪽으로 우르르 쏠리게 되었다. 그러자 배가 중심을 잃고 전복되어 피해가 컸다. 쓰러진 배의 병사들은 그래도 열심히 싸웠다. 용기를 자랑하는 적장을 긴 창으로 찔러 죽이기도 하였다. 싸우다 죽고 물에 빠져 죽은 자들도 많았고 헤엄쳐 육지로 올라간 자들도 있었다. 진도의 지휘선도 포위되어 위태로웠으나 우후가 들어가 구출하였다. 경상우도의 장수들은 구출할 위치에 있었으나 모른 체하고 나왔으므로 이순신이 매우 통분해했고 원균을 힐책하기도 하였다. 적을 섬멸하지 못한 서운한 마음을 삭이며 송진포로 돌아왔다.

이때 왜적의 진영에는 제만춘이라는 자가 잡혀 있었다. 원균의 군관이었는데 지난 10월에 정찰 중 포로가 되었었다. 왜적들은 제만춘을 이번 전투에서 사로잡은 조선군 장수인데 하인 8백 명을 거느리는 높은 벼슬아치라고 문서를 꾸며 일본의 풍신수길에게 실어 보냈다. 풍신수길이 처음에는 죽이려 하였으나 글을 안다는 말에 죽이지 않고 부하 장수에게 주어 살아남았다. 제만춘은 다음 해에 기어이 탈출하여 돌아오게 된다.

숙천 행재소 서성이 평양 중국군의 피폐한 상황을 말하는데, 말 먹이가 가장 큰 문제였다. 한응인이 이여송에게 북적이 이미 도망하였으니 속히 진군해야 한다 하니, 이여송은 대군은 오래지 않아 진군할 것이니 오로지 마초와 군량을 급히 마련하라 하였다.

비변사에서는 도체찰사 유성룡에게 하유하여 백방으로 재촉, 군량과 마초 및 염장과 찬물을 일제히 완비한 뒤에 그 결과를 바로 치계하게 하여 시기에 임박하여 그르치는 폐단이 없도록 하자고 하였다.

사간원은 중국의 마초 운반은 중단하고 황해도 군현의 들풀을 베어 공급하게 하고, 군량의 수송에 전념토록 하기 위해 일로의 관리 영접은 일체 중지하도록 하자고 하였다.

권율이 보낸 행주 군공 계본을 내리면서 우대하여 마련하라 하였다.

2월 24일 거제도 연합 함대 전날은 전투의 피로를 씻기 위해 출전하지 않았는데 최천보가 양화로부터 와서 명나라 군사들의 소식을 자세하게 전했다. 그리고 이억기, 원균과 여러 장수들이 찾아와 함께 의견을 나누었는데, 이순신은 원균의 말과 행동에 벌써부터 진저리를 치고 있었다. 이순신은 일기에 '원수사는 그 됨됨이가 흉악하고 음험하기 짝이 없다'고 적었다.

아침에 출전하여 영등포 앞바다에 이르니 비가 세차게 내리기 시작했다. 작전을 할 수가 없었다. 배를 돌려 칠천량으로 돌아와 정박하였다.

평양 명군 진영 평양에서 이여송은 사대수가 보낸 왜적의 편지를 보았다. 싸울 수도 없고 돌아갈 수도 없는 진퇴양난에 처해있던 이여송에게는 구원의 메시지였다. 어떻게 하면 빠져나갈 수 있을까를 고민하고 있는데 적이 오히려 살려 달라고 애걸하고 있는 것이다. 즉시 의주에 있는 경략 송응창에게 이 사실을 알리고 만나서 상의하자는 파발을 보내고 의주로의 비밀 행차를 서둘렀다. 송응창도 고민에 빠져 있기는 마찬가지였다. 이여송에게 나가서 싸우라고 하면 '병력이 턱도 없이 부족하다. 군량 병기 등 보급이 제대로 안 된다'고 거꾸로 보채고, 북경 조정은 하세월로 말만 많고 무력하니 중간에서 답답할 수밖에 없었다. 그도 봉공만을 바라는 왜적의 강화협상 요청은 쌍수를 들고 환영할 일이지 반대할 이유가 없었다.

2월 25일 영유 행재소 선조가 숙천에서 영유로 향하면서 부사 윤안성에게 요역의 감면과 군량 수송 등을 강조하였다.

유성룡의 보고에, 15일에 충청수사 정걸이 수군을 이끌고 용산창 아래에 다다라 왜적을 향하여 포를 쏘았는데 강변에 진을 친 왜적이 2만명이나 되었다 하고, 권율은 파주로 옮겨 이빈, 고언백과 성원하고, 허욱과 선거이는 물러나 수원 독성을 지킨다 하고, 적병이 남하하면 걱정이어서 충청감사에게 요충지를 지키라 하였고, 이 제독은 봉산에 있는데 후회하는 빛이 있고 군사를 돌려 남쪽으로 향하려 한다. 왜적들이 합세하기 전에 대군을 전진시키면 큰 공을 이룰 수 있을 것이다. 그러니 중신을 보내어 지성으로 간청하여 대사를 이루게 하자고 하였다.

사간원이 사람들이 모두 국가에서 신의를 잃고서 장차 어떻게 인심을 복종시킬 수 있겠는가 한다며, 사목에 따라 속량할 자는 속량하게 하자고 청했다.

창의사 김천일이 장계하여 난을 만나 굶주린 백성들이 도로에 엎어져 있는 정상을 자세히 진달했는데 보기에 참혹하다고 하였다.

2월 27일 선조가 "권율이 접전할 때에 여러 진이 있었는데, 구원할 수 있는 지역에 있으면서 달려와 구원하지 않은 자는 죄를 다스리라" 하였다.

비변사가 "여기에서는 지형과 사세가 어떠한지를 알지 못하는데 일률적으로 죄를 논하는 것은 온당치 않은 듯합니다. 이 뜻을 도체찰사 및 도원수에게 하유하여 함께 의논하고 자세히 조사해서 군문에 잡아다 결장하게 하소서" 하였다.

평양에서 돌아온 윤두수를 인견하였다. 선조는 제독을 한 번도 보지 못한 것 또 제독이 경략을 만나러 가는 행차를 몰랐던 것을 자책하고, 중국군 문관과 무관의 불화를 말하고, 우리나라는 정탐은 못 하고 한갓 헛소문만 퍼뜨리고, 적의 정세를 비록 쉽게 헤아릴 수 없다고 하더라도 적중에 잠입하여 양곡을 불태우는 등의 일은 혹 쉽게 할 수 있을 것인데 전연 하지 못하니 실로 통탄스럽다 하고, 북도의 순찰사와 평사가 서로 사이가 좋지 못한 것 같다 하였다. 윤두수는 정문부의 공이 매우 크다고 하였다.

의주 명 수뇌부 이 무렵 이여송이 의주에 도착하여 경략 송응창을 만나 대책을 논의하고 있었다. 두 사람은 이때만큼은 그렇게 화기애애할 수가 없었다. 강화협상을 할 것에 서로 동의하고 대표로는 다시 심유경을 내세우기로 하였다. 급하게 요양성에 있던 심유경을 오게 하였다. 이번에는 심유경을 지켜보기 위해 경략은 사용재를, 제독은 주홍모를 합세하도록 하였다.

조정에서는 이런 사실은 전혀 알 수 없었고, 무슨 말들이 있었는지를 몰라 답답하고 갑갑해하고 있었다.

경성 왜 진영 한편 서울에서는 왜장들이 모여 최종적으로 부산으로 철수한다는 결론을 내렸다. 그러나 그냥 무조건 철수는 죽음의 길이므로 강화회담을 하여 최대한 큰소리를 치며 안전하게 내려가야 한다고 재다짐하였다. 강화를 주관하는 자는 당연히 소서행장으로 확인 결정하였다. 소서행장은 심유경과 접촉하기 위해 편지는 이미 전달했지만 명의 회답이 없고 사정을 알 수가 없어 속이 타고 있었다.

2월 28일 거제도 연합 함대 며칠 동안 날씨가 좋지 않아 출전을 못하다가 이날 새벽 출발하여 웅천 앞바다를 지나 가덕도를 지나는데 왜적들은 두려워 움직일 기미가 없었다. 계속 김해 쪽으로 향했는데 수상한 움직임이 있다는 보고가 있어서 인근 작은 섬을 둘러싸고 수색하였다. 그런데 어이없게도 경상우수사의 군관과 가덕첨사의 정찰선 2척의 배가 들락날락한 것이었다. 그들을 묶어서 원균에게 보냈는데 오히려 크게 화를 냈다. 이에 이순신은 원균의 의도는 고기잡이하는 사람들의 머리를 베어 오려는 데 있었다고 확신하였다. 한심한 일이었다. 배를 돌려 영등포 아래 사화랑으로 돌아와 정박하고 밤을 보냈다.

이날 막내아들 염(면)이 진중에 도착했는데 이순신은 매우 기뻐하였다. 세 아들 중 자신을 가장 많이 닮았고 막내이니 특히 예뻐하지 않을 수 없었다.

영유 행재소 사헌부가 "행주에서 승첩한 뒤에 도성에 육박하기는 시간문제였는데, 각 진의 여러 군대는 이때에 단 일보라도 함부로 물러나서는 안 되었습니다. 그런데 권율이 진을 옮긴 것은 이미 온당하지 못한 일이거니와, 전라병사 선거이는 물러나 수원에 주둔하고 충청도 순찰사 허욱 역시 도체찰사 유성룡의 지휘로 군사를 이끌고 귀환했습니다. 중국군이 만약 이 소식을 듣는다면 필시 의심을 더할 것이고 비록 군사를 전진시킨다 하더라도 계속하여 성원할 수 없을 것입니다" 하였다. 전시에 사헌부니 사간원이니 하는 부서는 정말 쓸모가 없다. 모르면 가만히나 있으면 속이나 상하지는 않을 것이다. 자신들은 주 업무인 탄핵할 건수를 찾았다고 생각했겠으나 실은 현지에서 고생하는 장수들의 사기를 떨어뜨리는 한심한 행위를 하고 있는 것이다.

왜적을 죽이고 공을 세웠다는 보고에도 문제가 많았다.

비변사에 하교하여 '무릇 군공은 사살과 사중을 논하는데 사살과 사중을 가지고 본다면 왜적은 이미 멸하였을 것이다. 사살이나 사중을 어떻게 정확하게 알아 공을 논했는가' 하니,

비변사가, 수급을 참한 것 중에 부실한 것이 많다는 여론이 자자한데 분별하여 가리기가 어렵고 쏘아 죽인 것은 더욱 근거할 것이 없으며, 직접 본 것도 아닐 터인데 마치 세어 본 것처럼 하니 더욱 근사하지 않다. 한 예로 평양 군공의 장계에 도강하여 접전한 적이 3백여 명이라고 했는데 각 진에서 사살한 숫자는 6천2백 명이나 되니 그 거짓됨이 이것으로 알 수 있다. 이후부터는 정확하게 하도록 하겠다고 하였다.

순변사 이빈의 첩정에, 전쟁에 나가기를 꺼려서 정병으로서 도망한 자가 1천1백79명이고 새로 급제한 자로서 도망한 자가 3백49명이나 된다 하였다.

이에 비변사가, 이 사람들은 모두 군율을 범하였으니 주저 없이 참해야 마땅하지만 현재로서는 군량 운반이 한창 급하니 이들을 시켜 운반토록 해서 속죄하게 하는 것도 무방하다고 하였다.

선조가 "변이 발생한 이후 장사들이 군율을 그르쳤을 뿐만 아니라 비변사도 기율을 그르쳤다. 이러한 무리들은 베어 죽이는 것이 가하다. 등과한 사람들에 대해서도 과방을 삭제하지 않고 어찌 이같이 대수롭지 않게 처리하는가?" 하니,

답하기를 "목하 군량과 마초를 운반하는 일이 매우 급하기 때문에 이들을 군량 운반에 쓰려는 것입니다" 하였다.

이날 윤근수가 경성으로 진격하기를 청하며 경략에게 자문을 올렸다.

2월 29일 비변사가 불필요한 관원, 근왕의병, 하인들을 줄일 것을 말하자, 선조는 오는 자를 거절할 수는 없으니, 비록 날마다 모여들더라도 해사가 사사로운 정을 따르지 않고 용관, 잡직을 차임하지 않는다면 허비하는 폐단은 저절로 없어질 것이라고 하였다.

경성 왜 진영 이날 가등청정의 부대가 경성으로 들어왔다. 이 부대도 몰골이 말이 아니었다. 군사도 절반 가까이로 줄어 있었다. 붙잡혀 있는 임해군, 순화군 및 그 일행도 함께 왔다.

거제도 연합 함대 이순신은 바람을 피해 함대를 칠천량으로 옮겼다.

2월 30일 영유 행재소 대가가 머무는 곳에는 백성들은 많은 은택을 기대한다. 그래서 더욱 은택을 내려야 하는데 각 아문의 소관들이 이 뜻을 명심하지 않고 관속의 태만한 죄를 다스리려고 걸핏하면 형장을 사용하니 원망하는 사람들이 많았다. 이에 비변사가 "병조와 호조의 낭관, 접대 도감의 낭청, 의금부 낭청 등을 적발하여 추고하고, 이후부터는 죄를 범한 아랫사람은 형조에 공문을 보내 법에 따라 죄를 다스리게 하소서" 하였다.

선전관을 급히 도원수 진중에 보내 적의 형세, 숫자와 마초, 군량의 도착량을 알아오라 하였다.

중외의 군병에게 조총을 배워 익히게 하고 과거에서도 조총에 대한 기술이 있는 자를 뽑도록 하였다.

황진을 충청병사로 하였다.

이달의 다른 일들은,

요동 도사가 배로 운반해 온 군량이 관서에 이르렀다. 명군의 군량은 해결되었다. 그러나 운반 과정에 많은 사람들이 큰 고초를 겪었다. 그래도 양식 곁에 있어서 최소한 굶어 죽지는 않았다. 다른 곳은 문제가 심각했다.

경기도는 백성들이 크게 굶주려서 죽은 시체가 길에 가득하였다. 사대수가 길에서 어린애가 기어가서 이미 죽은 어미의 젖을 먹는 것을 보고 유성룡에게 말하기를, "왜적은 아직 물러가지 않았는데 인민의 사망이 이와 같으니 장차 어찌할까요" 하고, 탄식하기를, "하늘도 근심하고 땅도 슬퍼할 것이다" 하였다.

유성룡이 주변의 장수들 순변사 이빈, 창의사 김천일, 추의장 우성전, 전라감사 권율 등에게 양식을 보내주도록 통문하였지만 그들도 양식이 없기는 마찬가지였다. 유성룡은 눈물을 흘리며 남방의 의병장 안민학이 실어 보낸 의곡 수천 석을 가지고 진휼하기를 주청하였고, 제독도 불쌍히 여기고 스스로 군인 먹일 군량을 나누어서 구제해 주었으나 백분에 1, 2에도 미칠 수 없었다. 개성의 3문 밖에 가득 모여서 얻어먹었는데, 제독이 떠난 뒤에는 모두 굶어 죽었다. 유성룡은 보고하기를 '백성의 목숨은 길바닥에 고인 물속의 붕어와 같이 하루하루 죽음만을 기다립니다. 구제하자니 곡식이 없고, 그대로 두자니 차마 볼 수 없습니다' 하였다.

대부분이 피폐된 경상도의 식량 사정도 심각하였다. 경상우감사 김성일은 여러 차례 전라도에 공문을 보내 급히 식량을 변통해줄 것을 요구하였으나 전라도사 최철견이 듣지 않고 있었다. 이에 수하 이노를 유성룡에게 급히 보내 이 절박한 사정을 호소하였다. 유성룡이 체찰부사 김찬을 시켜 직접 달려가 남원 등지의 창고에서 1만 석을 옮겨 경상도를 구원하게 하였다.

공무를 빙자하여 민간에 폐만 끼치는 자들도 많았다. 변란이 발생한 뒤에 많은 사람들이 소모관이라 칭하고 여러 사람을 거느리고 고을을 드나들며 촌민들을 침해하였다. 이래저래 불쌍한 백성들만 죽어났다.

그중 남다른 소모사가 있었는데 바로 화차를 만들어 권율에게 보냈던 변이중이다. 그는 양호에서 군사 2천을 모집하여 거느리고, 또 고전을 상고하여 고안한 우거와 화차들을 가지고 올라왔다. 일종의 기계화부대였다. 그러나 죽산에서 적을 만나 패했다. 학익진으로 적진에 맞섰는데, 세력이 우세한 적들이 재빠르게 공격하니 아군은 준비한 특수 기계들을 제대로 써볼 시간을 갖지도 못했다. 접근한 적의 칼을 당하지 못해 아군이 패해 흩어졌다. 적이 또 불을 던져 우거를 태우니 우거 위의 군사들이 많이 죽었으며, 변이중은 겨우 죽음을 면하였다. 변이중의 기계화부대가 실패한 것은 기동력이 너무 없었기 때문이었다. 그 막강한 화력을 잘 이용할 수 있었으면 좋았을 텐데 아쉬웠다.

　이지함의 서자 이산겸이 충청도 의병장이 되어 이달에 개성부에 왔다가 왕필적·오유충을 만났는데, 왕필적이 유성룡에게 서간을 보내 산겸을 크게 칭찬하기를 '어떻게 이처럼 간담이 충성스럽고 의리 있는 사람을 배양해 냈는가?' 하였고, 유성룡도 만났는데 이산겸은 극력 강화의 불가함을 말하였다.

3월 1일 영유 행재소 선조는 영유에 있고 왕세자는 정주에 있었다.
　군량을 운반하는 일이 급하기 때문에 황해도에서는 교생들까지 모두 함께 운송에 참여하게 하였다. 비변사가 평안도는 곽산에서 의주에 이르기까지 인력이 더욱 고갈되었으니 연로의 각 고을 및 근방 고을의 교생과 품관들로 하여금 군량을 운반하게 하자 하였다.

3월 3일 선조는 숙천으로 거둥하였다. 남쪽이 아니라 북쪽으로 갔다. 이 제독을 만나기 위해서였다.

3월 4일 이덕형을 인견하고 대화가 있었다. '군량이 다하여 지탱할 수 없다' '중국군이 돌아가려 한다' '경략이 강화하려 한다' '명군이 군량 방출시 방만하여 군량 핑계로 돌아갈 생각을 한다' 등을 말하고, 또 강화한다면 적이 군사를 이끌고 물러가겠는가 하였다. 송시랑도 아들들을 위하여 수급을 원한다는 말도 있었고, 남병 낙상지, 오유충은 싸우길 원하는 것 같다고 하였다.
　이덕형은 선조에게 아랫사람에게 맡기는 일이 없이 친히 일을 집행해야 한다는 말을 하였고, 선조는 우리는 강화할 수 없다는 것을 말해야 한다고 하였다.

조정에서 중국이 강화하려고 한다는 말을 듣고 대신과 대각을 모이게 하여 강화하는 것이 옳은지 그른지의 가부를 물었다.

좌우가 다 아뢰기를 계략으로 제어하여 전쟁할 시기를 늦춰 강화해 두는 것은 사리에 해로울 것이 없다고 하였다. 그러나 윤두수와 이항복 등은 절대로 강화해서는 안 된다고 하였다.

동부승지 이호민도 아뢰기를, "만대의 원수를 하루아침에 강화를 허락해 준다면 전하께서 무슨 면목으로 성종과 중종을 종묘에서 배알하시리까?" 하였다.

선조가 큰 목소리로 이르기를, "시종 적에게 굴복하지 않는 자는 나와 이호민 한 사람뿐이로다" 하였다.

유성룡이 경성과 경기 지역의 처참한 상황을 보고하였다.

'왜적의 변란이 있은 두어 달이 지나자 성안의 백성이 차츰차츰 성안에 들어간 자가 많았는데 적이 평양에서 패배하여 도망친 뒤로 앙심을 품고 독을 부려 정월 24일 밤 동시에 성안에서 분탕질하여 이루 셀 수 없이 많은 백성들이 도살되었습니다. 창칼을 요행히 도망쳐 중흥과 소천 등지에 흩어져 숨어 있는 자들도 많은데 굶주림과 헐벗음마저 겹쳐 죽는 자가 서로 쌓이니 참혹함을 차마 볼 수 없습니다. 신의 군관 곽호가 강화로 구출해 진구한 것이 남녀 노약 아울러 9백여 명이고 이빈의 군관 우림위 성남이 전후로 구출해 낸 것이 2천여 명이며 그 밖의 여러 진영에서 구출해 내는 것도 끊이지 않는데 혹 기진하여 쓰러져 죽은 자도 많습니다. 그런데 경기 수백 리 안에는 다시 남은 비축이 없으니 민생이 마치 길바닥의 고인 물에 모인 물고기 같아서 날을 새우며 죽기만을 기다립니다. 구제를 하자니 곡식이 없고 구제하지 않자니 차마 못할 일입니다. 각 고을에서 실어 온 황정조 2천여 석이 배 위에 있는데 이를 말먹이 콩 대신으로 주고자 하였으나 명장이 받으려 하지 않고 가버려서 달리 쓸 곳이 없습니다. 때문에 신이 눈앞의 참혹한 광경을 차마 보지 못하여 형편에 따라 1천 석을 덜어 내어 파주, 개성부, 장단, 적성, 마전, 고양, 삭녕, 풍덕, 등지의 굶주린 백성 및 경성 유민으로서 온 자들을 골고루 진구하였습니다' 하였다. 실로 참혹한 상황이었다.

3월 5일 숙천 행재소 윤두수를 인견하였다. 오가는 대화 중에 선조는 '변란이 시작될 때라면 모르지만 지금은 수많은 싸움을 치렀는데도 잘 싸우는 자가 한 사람도 없으니 참으로 마음 아픈 노릇이다' 하였고, 강화에 대한 이야기도 있었다. 윤두수는 아뢰기를, "우리나라에서 한다면 안 되겠지만 명장이 한다면 잘못은 명장에게 있습니다. 우리에게 무슨 상관이 있겠습니까. 사리로 말한다면 결단코 강화할 수 없습니다. 그러나 백성을 보호하고 싸움을 쉬게 하는 데 있어서는 강화만 한 것이 없습니다" 하였다.

경성 왜 진영 소서행장은 명나라 측의 소식을 기다리다 못해 강화에서 용산까지 순시하는 조선 수군을 통해 다시 편지를 보냈다. 강화도에서 수군과 합세해 있던 김천일이 이 편지를 보고 체찰사 유성룡에게 전했다. 유성룡은 평양의 이여송을 개성으로 내려오게 할 수단이 될 수도 있겠다고 생각하여 사대수에게 알렸다. 사대수는 이 편지도 급히 이여송에게 보냈는데, 유성룡에게 전에 비슷한 왜적의 편지를 받아 보냈던 사실은 숨기고 말하지 않았다. 이미 중국 측에서는 강화협상을 추진하기 위해 심유경이 오고 있었는데 유성룡이 알 수는 없었다.

3월 6일 거제도 연합 함대 비가 계속되므로 며칠 동안 출전할 수가 없었다. 그동안 이순신은 명나라 군사가 서울을 수복했는지 소식을 몰라 답답했는데, 함경도의 왜적이 설한령을 넘어 평양을 공격한다는 말에 속아 이여송이 평양으로 철군했다는 소식을 듣게 되어 분하고 속이 상했다. 또 소비포 권관 이영남과 사량만호 이여념이 와서 직속 상관인 원균의 비리와 못된 행동을 하소연하며 분개하니 한탄하지 않을 수 없었다.

이날 새벽에 출전하여 웅천에 이르니 왜적들이 놀라서 황급히 육지에 올라 산허리에 진을 쳤다. 총통과 화살을 비 오듯이 쏘아 대고 특히 비격진천뢰를 많이 발사하여 적에게 많은 피해를 입혔다. 왜적들은 터지고 부서지고 죽는 자들이 속출하여 시체를 끌고 도망치느라고 아우성이었다. 사천여인 한 사람을 구했다. 상륙은 할 수 없어 적의 머리를 베지는 못했다. 이번 출전의 마지막 공격이었으므로 번갈아 실컷 두드리고 칠천량으로 돌아왔다.

숙천 행재소 사관은 선조에 대하여, '온 나라의 힘을 기울여 중국의 장관을 받드는가 하면 그 휘하의 편장 비장에게까지도 몸을 굽히고 정성을 다하여 그의 뜻을 따르지 않는 것이 없었다. 하지만 상을 속이는 일에 있어서는 가차 없이 배척하여 용납하지 않았으니, 아, 훌륭하다' 하고 논했다.

그러나 명나라 장수 접대가 너무 지나쳐서 명나라 하급 장수들까지 왕을 우습게 보게 되었다. 그래서 명나라 병사들의 횡포가 더 심해 백성들이 더 심한 고통을 받았다. 훌륭한 점은 하나도 없었다고 생각된다.

3월 7일 숙천 행재소 선조가 숙령관에서 이 제독을 만났다. 이 제독은 '수병이 오늘내일 사이에 대마도로 추격, 섬멸하게 될 것이니 적은 군색해지면 강화를 빌 것입니다. 이번 걸음에 나의 군병 3만여 명에 후속 군병이 또 5만이 올 것이고 군량도 14만 석이 벌써 운반되어 왔으니 이번에는 반드시 적추를 다 섬멸할 수 있을 것입니다' 하였고, 선조는 '우리나라의 신민이 왜적에 대해서는 만세를 두고라도 반드시 갚아야 할 원수이므로 죽기를 다할 뿐 강화하지 않을 것이오' 하였다. 제독은 경략에게 이 뜻을 간곡히 말하라 하고, 후속 군사가 오면 마땅히 진격할 것이라 하였다. 또 제독이 행주 승첩을 포상하라 하고, 선조는 계첩을 올려 진격해야 하는 이유를 상세하게 간곡하게 말하였다. 백관이 진격하라는 뜻으로 제독에게 정문을 올리니 제독은 경략에 대한 불평을 말하고 적은 섬멸하겠다 하면서도 여러 가지 많은 변명을 하였다.

경성 왜 진영 강화를 책임진 소서행장이 명나라 측의 연락을 받지 못하고 시간만 가자 가등청정도 나섰다. 그는 임해군의 편지를 미끼로 조선 수군에게 연락을 취했다. 화평을 논의하기 위해 사람을 보내라는 것이었다. 김천일은 이 사실도 유성룡에게 알리는 한편 적의 진위를 확인할 필요를 느꼈다. 군관 이신충이 자청하여 왜진에 들어가 정세를 파악하겠다고 하여서 그를 들여보냈다.

3월 8일 거제도 연합 함대 외적들이 알지 못하게 전날 초저녁에 칠천량을 출발하여 밤을 새워 한산도로 돌아왔다.

숙천 행재소 선조가 왜적을 이간시킬 첩문을 지어 성안에 고의로 떨어뜨려 적들이 볼 수 있게 하라고 하였다.
　심희수가 이 제독을 배송하고 진병하는 일을 청한 뒤 보고하였는데, 제독이 한 말뜻을 살피면 강화를 주장하는 듯하며, 비록 다시 진병하더라도 먼저 강화하려는 계획을 시행하여 본 뒤에야 진병하려는 것 같다고 하였다.

비변사가, 경략이 오늘날의 일은 은과 동을 많이 제련하여 양식과 자산을 마련하는 데 있다 하였으니, 기술을 익혀 평안도와 황해도의 은산지를 제련하여 국가의 용도에 대게 하자 하였다.

3월 9일 명나라 군사 1만을 동원하여 한강 남쪽으로 돌아 내려가 왜적의 오르내리는 길을 차단하면 경성의 왜적은 포위되고 따라서 쳐부술 수가 있다는 것은 지난 2월 유성룡이 생각하여 중국 장수 왕필적에게 제안하고 조정에 장계하였던 것인데 이제 도착한 모양이다. 비변사가 아뢰기를 "도체찰사 유성룡의 장계를 보니, 적을 토벌하는 형세를 의논한 것이 극히 소상하고, 또 모두 형편에 잘 맞습니다. 이런 계획을 다 시행할 것 같으면 흉적들은 격파할 것도 못 됩니다. 적의 후미를 돌아 나가 불의의 틈을 타서 한강 남쪽의 적을 곧바로 공격하는 것 역시 병가의 묘책입니다. 그러나 명장이 들어줄지의 여부는 모를 일인데 경략이 근일 여기에 도착한다고 하니 간곡히 진술하여 보는 것도 괜찮을 듯합니다" 하였다. 아주 좋은 작전이었지만 이여송이 허락하지 않고 바로 뒤에 강화의 논의가 있었으므로 시행되지 않았다.

3월 10일 숙천 행재소 정동지 등을 접견하였다. 선조는 강화의 부당함을 역설하고, 정동지는 강화로써 달래고 군병으로 치는 것이 안 될 것은 없다고 하였다.

사헌부가 군량의 운반이 지체되고 있는 문제를 아뢨다. 전적으로 지방관에게 책임을 지워서 민호나 전결에 따라 인력을 뽑아 분배하고 기한을 정하여 운반을 독려하되, 그날그날 운반하는 대수를 정해 주고 때때로 근만을 조사하여 권려와 징계의 뜻을 보이면 잘할 수 있을 것이라고 하였다.

한강 김천일의 군관 이신충이 서울의 왜진에 들어가 왜장 가등청정도 보고 왕자들과 그 일행들을 만나 본 후 나름대로 정세도 파악하고 돌아와서 왜적이 강화할 뜻이 있음을 전했다. 그러나 이신충은 그 역할이 이것으로 끝나게 되었다. 심유경의 밀사가 도착하여 소서행장이 힘을 찾았고 가등청정은 상대적으로 힘이 빠졌기 때문이다.

이날 유성룡은 심유경의 밀사가 사대수 진영을 통하여 경성으로 들어간 것과 그동안 사대수가 중간 역할을 비밀리에 하면서 자신에게는 알려 주지 않은 것을 알았다. 사대수 진영에 있던 조선인 통사가 슬쩍 알려 주어 비로소 알게 된 것이다. 이것은 강화협상이 상당히 진척되어 가고 있음을 말하는 것이었다. 놀란 유성룡은 이 사실을 바로 조정에 보고를 올리고 조정에서는 15일에 알게 된다.

경성 왜 진영 왜적들이 가만히만 있을 리가 만무했다. 이날 1만여 명의 대대적인 약탈 군단을 편성하여 양주, 포천 일대를 휩쓸고 가평, 춘천까지 이르렀다. 대부분 사람들은 미리 도망치고 식량 등은 남은 것이 거의 없었으니 약탈자들이 먹을 만한 식량이 없었다. 곳곳에서 관군과 의병 승병들의 습격을 받아 피해도 입으니 얻고자 한 식량은 얻지 못하고 며칠간 부수고 불을 지르는 등 만행만을 저지르고 서울로 돌아갔다.

한산도 연합함대 연합함대는 사량으로 철수하였다. 왜적들이 나오지 않아 쳐부술 수가 없으므로 불로 공격하기 위해 화선을 만들 계획이었다.

3월 11일 숙천 행재소 진병을 요청하는 자문을 작성하였다.
그 대략은, "이제 강화를 허락하여 백성을 쉬도록 하려고 하시는데 우리나라에서 아무리 진달하여 간청하고 싶어도 말씀드릴 면목이 없습니다. 다만 우리나라의 구구한 정세는 굳이 걱정할 것이 못 되나, 중국의 이해로 말한다면 시기로 보아 불가한 듯합니다. 예로부터 중국이 오랑캐에게는 반드시 승리할 수 있는 기세를 보이고 나서야 강화를 말할 수 있었지, 그렇지 않으면 강화하려 해도 이루어지지 않았고 비록 강화해도 오래가지 못하였습니다.

이번에 저들이 속이는 말을 믿고 사신이 오가며 강화한다면, 거만스런 적들은 중국이 강화를 요구하는 것이 저희들을 가련히 여겨서가 아니라 저희들을 두려워하여서라고 여길는지 어찌 알겠습니까.

지금의 계획으로는 일찍감치 진병하여 서울을 소탕하여 적으로 하여금 달아날 방법이 없어 애걸하고 나서야 죽임을 면하게 해주는 것이 상책이고, 성 아래로 진격하되 우리나라의 여러 진영 병사와 여러 길로 나와 힘을 합해 진격하여 위세를 크게 보이는 한편, 적을 대통 속에 갇힌 것처럼 포위하여 반드시 승리할 형세가 천병에게 있게 하여서 저들이 당랑으로서는 수레바퀴를 막을 수 없다는 것을 스스로 알게 한 뒤에 귀로를 빌도록 하는 것이 그다음 계책입니다.

우리나라의 군사가 비록 심하게 지쳐 있기는 하지만 사방 원군에 있는 수가 만여 명에 밑돌지 않으니, 합세하여 진격한다면 저 소추가 어찌 감히 다시 신병에 범접할 수 있겠습니까" 하였다.

선조가 읽어 보고 매우 좋다고 하였다. 그리고 "적에게는 남은 군량이 있는가? 그들이 쌓아 둔 것을 불태워 버리는 것도 좋은 계책일 것이다. 비록 천인일지라도 이 일을 제대로 해낸다면 마땅히 당상의 관직으로 상을 주리라" 하였다.

한편 강화협상을 하려는 심유경 일행은 평양을 출발하여 경성의 왜 진영으로 향하고 있었다.

3월 13일 영유 행재소 선조는 숙천에서 영유로 돌아와 머물렀다.

정곤수가 평양에서 돌아와 중국군 장수들의 상황을 보고하였다. 낙상지는 진격하지 않는 것을 몹시 분격해하는 것 같고 어제 심의겸이 강화할 일 때문에 왕경의 적 진영으로 갔으니 4~5일이 지나면 소식이 있을 것이라 하였다. 장세작은 제독 형제와 가장 친했는데 그가 종용하는 것은 오직 퇴병 한 가지 일이었다 하고, 제독 형제는 두려워하고 겁내고 있는 데다 또 장세작에게 동요가 되어서 더욱 진병할 생각이 없었다고 하였다.

경상우도 이날 경상우병사 김면이 병으로 졸하였다. 경상우도 사람들이 매우 슬퍼하였다.

사관은 '김면은 일개 서생으로서 분연히 군사를 일으켜 끝내 장군의 임무를 맡아 마음을 다해 왜적을 토벌하다가 병으로 죽으니 군중에 있는 사람들이 모두 애석해하였다'고 적었다.

그 지역 의병은 김준민이 관장하게 되었다. 김준민은 며칠 뒤 왜적이 철수한 김천에 입성하여 주둔하였다.

3월 14일 영유 행재소 김수의 장계를 가지고 선조가 정원에 전교하였다. "이 사람의 처사는 극히 잘못되었다. 전번에 김우옹이 《동국통감》을 보이고자 하더니, 이번에는 김수가 또 이러는구나. 이 책의 끝부분에 우리 태조의 말이 있는 듯하고 또 숨겨야 할 말이 있으니, 보여서는 안 된다는 뜻을 김수에게 효유하라" 하였다. 가능한 우리 역사책은 안 보여 주려고 하였다.

다음 날 윤두수가 경략을 만나고 돌아왔는데, 자문의 내용에 대해서 지적을 많이 당했다고 하였다. 선조는 "천신만고하여 청병한 것은 원수를 갚기 위해서인데, 이제 강화하려는 의논이 있으니 복수하기는 틀렸구나" 하였다.

왜적이 왕자의 편지를 보낸 것과 심유격의 사람이 벌써 성안에 들어갔음을 보고하는 유성룡의 서계가 이날 도착하였다. 이에 선조가 유성룡에게 하유하기를 "내가 평소에 큰 기대를 건 사람이 경이다. 일찍이 왜노의 염려스러운 낌새와 대비할 계책을 가지고 여러 차례 경에게 유지를 내렸는데도 경은 걱정하지 않고 오히려 오활하다고 하여 나랏일이 이 지경이 되었으니, 이 또한 하늘의 운수 때문이리라. 이제 경은 곤외의 무거운 임무를 맡은 만큼 적을 토벌하여 원수를 갚는 일은 경의 책임이자 내가 밤낮으로 이를 가는 일이다. 그런데 요사이 강화의 말이 나돌고 있다니, 이 무슨 이치인가. 어찌 차마 입으로 뱉고 귀로 들을 말인가. 경이 만약 이 말에 현혹된다면 이미 앞서 그르치고 나서 뒤에 또 그르치는 것이니, 무슨 면목으로 이 세상에 서 있겠는가. 무릇 강화를 말하는 자는 바로 간인의 행위이니 반드시 먼저 베어 효수하고 나서 계문하라" 하였다.

이 유서를 받은 유성룡은 마음이 천근만근이었을 것이다. 전쟁의 책임을 자신에게 돌리고 강화의 책임까지도 자신에게 돌리고 있으니 기가 막히지 않을 수가 없었을 것이다.

경성 왜 진영 이날 심유경이 임진강에서 배를 타기 전에 도원수 김명원을 만났다. 김명원과는 마음이 맞았는지 서로 잘 통했다. 김명원이 걱정이 되어, "왜적들이 평양에서 속임을 당한 것을 분하게 여겨 반드시 좋지 않은 생각을 가졌을 것인데, 어찌 다시 적진으로 들어갈 수 있겠습니까?" 하니 심유경이 답하기를, "적들이 스스로 빨리 물러가지 않았던 까닭으로 패하였는데 나에게 무슨 상관이 있단 말이오" 하였다. 이후 심유경은 강화도 달곶을 돌아 용산에 도착하여 경성으로 들어가 소서행장과 만났다.

　심유경이 큰소리치기를, "상국이 장차 40만 대군을 몰아 앞뒤에서 차단하여 너희들을 치려 한다. 너희가 지금 조선의 왕자와 배신을 돌려보내고 군사를 거두어 남쪽으로 떠나간다면 봉사를 성립시킬 수 있고 두 나라가 무시할 것이니, 어찌 온편한 일이 아니겠는가" 하였는데, 행장 등은 오히려 유경을 머물러 두고 경성을 고수하며, 봉공의 일을 원만하게 처리한 뒤에 물러가려고 하였다. 그러자 대장 우희다수가 및 봉행 삼성·장성·길계·융경 등이 붙잡아 두는 것은 불가하다고 하였다.

　다음 날 심유경과 소서행장은 본격적인 강화 회담을 하였다. 서로에게 절박한 일이었으므로 어려울 것이 없었다. 내용은, 부산으로 철수할 것이니 도중에 공격하지 않아야 한다, 왕자들 일행은 서울 철수와 동시에 돌려보낸다, 그리고 봉공을 허락하고 이를 위해 사신을 파견한다는 것이었다. 왜적은 안전하게 부산으로 철수할 수 있어 안도의 한숨을 쉬었고, 명나라 측은 싸우지 않고 도성을 회복하고 항복을 받아 내는 것이나 다름없으니 사실 믿기지 않는 꿈만 같은 일이었다.

　경략 송응창의 확인을 받아 4월 8일까지 돌아오기로 하고 심유경 일행은 경성을 나와 평양으로 향했다.

　영유 행재소 각 고을에 일이 많아서 사람이 모자라므로 수행하는 사령들을 데리고 가지 말도록 할 것을 여러 차례 논계하였다. 그러나 지금도 본관 각 아문에서 정하여 보낸 공문을 보면 많은 자는 무려 십여 인이고 적은 자도 5~6인에 밑돌지 않았다. 농사일이 한창 급한 시기에 시골 농민을 충원하기까지 하여 농사를 해치는 것은 전혀 고려하지 않았다. 이에 사헌부가 수행원을 많이 데리고 다니는 병조, 호조 및 정원의 낭청을 추고하라 청했다.

조그마한 임무만 맡아도 높은 직위와 큰 권한을 가진 것처럼 많은 사람들을 거느리고 다니면서 접대와 향응을 요구하고 행패를 부리는 등 백성들을 괴롭히고 들볶았다. 또 증산, 함종 두 고을의 수령이 거느린 아전이 자그마치 3백50명에 이른다고 하였다. 그에 따른 폐단은 이루 말할 수 없었을 것이다. 정말 힘든 나라였다.

평양 익성군 홍성민이 평양의 이 제독에게 자문을 올리러 갔는데 이 날 송 경략에게서 제독에게 편지가 왔다. 바로 제독이 탄핵을 받은 내용이었다. 제독이 방안에서 측근 장수들과 함께 눈물을 흘리고 패문을 꺼내 보이면서 '내일 의주로 돌아가겠다' 하였다. 홍성민과 한응인, 이원익 등이 너무 놀랍고 두려워서 극구 말렸다. 다행히 제독이 패문을 도로 거두고 떠날 것을 정지하였다. 이어서 모두를 마루 위에 오르게 하고서 탄핵받게 된 사유를 피력하는데 개탄하는 뜻이 언사와 안색에 드러났다.

탄핵의 내용은 이과 급사 양정란이 상소한 것인데, '평양의 승첩에서 왜노가 우리에게 유인되어 목을 벤 것이 1천여 명이었는데 반은 조선 사람이고, 불에 타고 물에 빠진 자가 1만여 명이었는데 모두 조선 사람이었다. 또 벽제의 싸움에서 군사와 말이 과반이나 죽었는데도 겨우 십분의 일로 보고하였으니 이는 다 경략과 서로 공모한 것이다' 하였다.

사건의 발단은 이여송이 자초한 것이었다. 평양성 탈환 후 논공하는데 자신의 심복인 북군의 공을 더 크게 보고하였으므로 남군 장수들의 불만이 컸다. 그래서 이여송을 모함하는 말이 많아졌다. 심지어는 '북군이 취한 수급은 모두 조선 사람이다'는 말까지 있었다. 이것들이 더 왜곡되고 부풀려져 중국 조정에 알려졌고 이런 탄핵이 있게 된 것이었다. 이여송은 명문 출신이고 실력으로 총사령관이 된 인물이다. 이런 사람이 납득할 수 없는 잔인한 인간답지 못한 행위를 할 리는 만무하였다.

이 제독이 직접 해명하고 사의를 표했다. 중국 조정에서는 포정 한취선과 순안 주유한 등으로 하여금 직접 평양에 가서 진위를 조사하게 하고, 또 본국도 사실에 의거하여 아뢰게 하였는데 본국에서도 변명을 하였다. 탄핵 내용이 너무나도 터무니없어 별문제는 되지 않았다.

이 제독이 봉산에 있으면서 애주사가 군량이 떨어졌다는 이유로 배신 세 사람에게 곤장을 때렸다는 말을 듣고는 역관 등에게 이르기를 '문관이 일의 대체를 몰라 강가에 도착하자마자 이러한 거조를 했으니 이는 실로 조종의 수치이다. 내가 명을 받고 이곳에 와서 모든 생살의 권한이 내 손안에 있는데도 일찍이 작은 죄로 한 사람의 조선인도 죽인 일이 없다. 주사는 어떤 사람이기에 감히 이렇게 하였는가? 내가 나올 때에 백부께 하직을 고하고 중문 밖에 나서니, 백부가 나를 부르시고 당부하기를, 「고려는 곧 선조께서 출생하신 곳이다. 너는 이 사실을 명심하여 절대로 해치는 일이 없도록 하라」 하셨으므로 나는 이 말씀을 마음에 간직하여 잊지 못한다' 하였다.

홍성민이 특히 진병을 청하니, 답하기를 '내가 계속 군사를 내어 동쪽으로 갈 것이다. 내 아우 여백은 내일 당장 떠날 것이고 나는 유정의 군병이 강을 건너기를 기다려 곧 가서 왜적을 소탕하고 조선을 회복시킨 뒤에야 바야흐로 돌아갈 것이다' 하였다.

영유 행재소 이 제독이 3~4일 안으로 진병한다고 하니 선조가 기쁨을 감추지 못했다. '우리나라 군사들도 모두 중국의 옷을 입히라고 하는데 의복을 어떻게 마련해야겠는가. 제독이 우리 군사가 많을수록 좋다고 하니 각처의 관병과 의병을 중국군에 연합시키도록 도원수에게 알려 일제히 소집하게 하라' 하였다.

3월 19일 황제의 성지에 군사 4~5만이 반년 먹을 용도를 마련할 것이며, 새로 조련한 정예병을 독촉할 것이라 하였다.

3월 20일 김명원과 이빈 대신에 권율을 도원수로, 조호익을 순찰사로 삼는 일을 논의하라고 하니 비변사가 싸움에 임하여 장수를 바꾸는 것은 예로부터 경계하던 것이라 하여 보류하였다.

찬획 유황상과 원황이 우리 조정에 자문을 보냈다. 강화를 반대하는 자문을 보내니 화가 나서 보내온 자문이었다. '마음 편하게 높이 누워서 마치 사람을 사서 싸움을 시켜 놓고 이긴 자의 주먹이 더 빠르지 않은 것을 괴이쩍어하듯이 경솔히 자문을 띄워 진격을 재촉하고 있다 하고, 또 그대들은 단지 종이를 자르고 붓을 놀리는 짓만 하여 한갓 천병의 마음만 상하게 하고 있다 하고, 자기네 군병은 꺾일까 염려하여 출전시키지 않고 중국의 군사를 앞세우고자 한다' 하였다. 중국 측에서 보면 틀린 말은 아니었다.

3월 21일 대신들을 인견하였다. 군량 운반의 어려움을 말하고, 전주부윤 최입이 문장이 훌륭하니 불러들이자 하고, 선조가 승문원의 관원은 무슨 일을 하는가 하며 승문원의 태만함을 말하는데 이항복이 말 그대로 승문원의 할 일을 순진하게 답해 모두 웃기도 하였다. 왜적이 호남을 침범할 것을 걱정하나 여전히 별다른 대책이 없었다. 이정암을 전주부윤으로 하자는 것이 전부였다.

3월 22일 영유 행재소 명나라 병부에서 권율에게 상을 내리고 왕은 작록을 더해 주어 권장하라 하였다.

경성 왜 진영 왜적들의 큰 병력은 나왔다가 곧 물러가곤 하였다. 이날도 벽제를 거쳐 혜음령까지 이르렀고 창릉, 경릉 등의 주산을 불태우고 물러갔다. 의병장 이산휘 등이 대적하지 못하고 물러났다. 그렇지만 소수의 왜적들은 우리 군사를 보기만 하면 도망하고 10리 밖에서는 제멋대로 풀도 베지 못했다.

남해안 연합함대 복병선이 정탐하러 내려오는 왜선을 붙잡아 왜적 2명을 사로잡아 왔다. 그들을 본영의 진무 공태원이 심문했는데 말이 간사스럽고 믿기지 않아 목을 베었다. 이순신과 이억기는 고민이 많았다. 왜적은 나오지 않아 쳐부술 수 없고 왜적을 쫓아내며 내려온다던 명나라 군사는 소식이 없다. 부상자도 있지만 전염병도 돌고 있었다. 병기와 배도 정비가 필요했다. 가장 중요한 것은 농사였다. 수군은 거의 전부가 농민들이어서 농사를 지어야 앞으로 살아갈 수 있다. 농사철을 놓치면 정말 큰일이다. 더구나 호남은 나라를 먹여 살리고 있지 않은가.

화전용 화선을 만들기 위해 재목들을 실어 오기도 했지만 그 작전은 자신이 없었다. 그래서 고심 끝에 화전은 포기하고 복병선을 계속 내보내기로 하고 며칠 더 사태의 추이를 지켜본 뒤 명나라 군사가 내려오지 않으면 각자 본영으로 철수하기로 하였다.

3월 23일 영유 행재소 순안에서 화의가 이루어졌다는 보고를 받자 선조는 분을 누를 수가 없었다. 이 제독을 만나기 위해 평양으로 출발하였다.

다음 날 선조가 평양에 도착하여 이 제독을 만났다. 제독이 '왜적이 조공 길을 막아 왔다며 조공을 허락한다면 후퇴시킬 것이라' 하였다. 그러나 국왕이 만약 반드시 진격하여 토벌하고자 한다면 진격하겠소' 하니, 선조가 '적을 토벌하지 않으면 하늘과 땅 사이에 설 수가 없거니와 이원수를 갚을 수 있다면 비록 내일 죽더라도 후회가 없겠소' 하였다. 제독이 '국왕께서 조종을 위하는 뜻은 벌써 알았소' 하니, 선조가 '이 적이 남의 종사를 인멸하고 선대의 무덤을 파헤쳤으니 만약 이 원수를 갚는다면 만 번 죽은들 무슨 후회가 있겠소' 하였다. 제독은 강화의 일을 경략의 생각이라고 핑계하였다.

경기좌감사 성영이 심유경을 강에서 만났는데, 심유경이 말하기를, 4월 8일까지 군사를 거두어 가기로 하였으니 강구를 차단하지 말라 하였다. 한강 남쪽 경기 지역은 아직도 왜적의 분탕질이 극심하였다.

총병 양원을 접견하니 말하기를 '월왕 구천은 10년을 두고 백성을 기르고 10년을 두고 교훈시켜서 오를 멸할 수 있었습니다. 어떻게 하루아침에 갑자기 원수를 갚을 수 있겠습니까. 왜적이 여러 차례 서신을 보내어 조공 바칠 것을 청하였으니 송 경략이 반드시 황상께 주달하였을 것입니다' 하였다.

부산원에서 이원익을 인견하였다. 강화하는 일은 제독이 이미 결정하였다 하고, 8일에 서로 약조한 대로 적이 남김없이 다 돌아가겠는가 걱정도 하고. 제독의 군중에서 강화가 이루어진다는 소식에 환호 소리가 우레와 같았다 하였다.

장도사가 한응인에게 자신은 군량 운반에 진력하였으나 애주사가 경략에게 모함을 하였고, 우리나라 관원들은 업무에 소홀하여 되는 일이 없다 하였다. '내가 일찍이 의주에서 너희 나라 관원을 차출하여 2백 냥 및 청람포 등을 싸가지고 해변에 가서 소금을 사오라고 하였는데 감감무소식이었기 때문에 전날 임세록을 영유에 보내어 국왕에게 이 내용을 개진하게 하였다. 그런데도 여태 한 포도 도착된 것이 없으니 이것은 무엇 때문인가' 하였다.

관리들은 나라에 충성하는 성의가 없고 맡은 일에 힘쓰지도 않았다.

군량 운반만 보더라도 많이 지체되어 조달이 제대로 이루어지지 않고, 또한 주고받는 데 증빙하는 서류도 없어서 수량도 확인되지 않았다. 도사의 불평, 불만이 비록 지대하였지만, 길거리에서 왔다 갔다 하고 있는 우리 임금의 명령도 잘 시행되지 않았다.

3월 25일 영유 행재소 선조는 평양을 떠나 다시 영유현으로 돌아왔다. 윤두수와 유홍을 인견하고 강화를 막는 길은 의주로 행행하여 경략을 만나는 것뿐이라고 하였다. 그러면서 '사관이 여기에 있으니 그도 어찌 듣지 못하였겠는가. 내가 정주에 있을 적에 경략을 가서 만나는 일은 경들이 나가서 의논하라' 하였다. 그리고 또 '예조판서는 송 경략에게서 만약 강화의 의논이 있다는 것을 들었으면 마땅히 원수를 갚고 적을 토벌해야 된다는 의리로써 쟁변해야 되는데 한마디도 이에 언급하지 않았으니 매우 온당치 못하다. 지금부터는 강화의 의논을 듣거든 그 잘못을 극력 개진하여 적을 치고 원수를 갚지 않을 수 없다는 의리로써 논변하도록 하라. 그리고 중국이 관백을 봉하여 왕을 삼으려 한다고 들었는데 이는 역적을 포장하는 일이니 세상에 어찌 이럴 수 있겠는가. 마땅히 사력을 다하여 논변해야 할 것이다. 우리나라 백성은 곧 중국의 적자인데 왜적이 극도로 흉악하여 하루아침에 섬멸되었으니 부모가 되어 어찌 적자를 섬멸한 적을 토벌하지 않을 수 있겠는가 하는 뜻으로 윤근수에게 속히 하유하라' 하였다.

명의 강화 추진을 반대하는 선조의 모습은 실성한 사람처럼 되어가고 있었다. 앞으로 신하들만 괴로울 것이다.

의주 심유경은 의주에 도착하여 경략 송응창에게 강화협상 내용을 직접 보고하였다. 송응창은 협상 내용을 일본이 항복하는 것으로 간주하고 만족해하며 일을 지시하였다. 심유경에게는 4월 8일에 서울로 다시 들어가 왜적을 철군시키도록 하고, 사용재를 참장으로 하여 정사로, 서일관을 유격으로 하여 부사로 임명하여 사신으로 일본에 들어가 풍신수길의 항서를 받도록 하였다. 그러나 이들은 왜적의 안전한 철수를 위한 볼모에 지나지 않았다.

3월 26일 숙천 행재소 선조가 숙천으로 애주사를 만나러 떠났다. 한 나라의 임금이 일개 주사를 만나러 일부러 가다니 한심한 일이었다. 다음 날 숙령관에서 애주사를 만났다. 선조가 이 사람은 거세고 또 오만한 듯하다고 하였다.

사관은 '복수할 뜻은 독실하나 토벌할 힘은 미약하여 오가며 호소하느라 도로에서 방황한 지 벌써 해를 넘겼다. 아 슬프다' 하고 한탄하였다.

비변사가 함경도의 군병을 징발하는 것은 어렵다고 아뢰자, "선발하지 않을 수 없다. 존망이 매여 있는데 어찌 그 폐단을 따지겠는가" 하였다.

승장 유정에게 선교종 판사를 제수하고 적을 참한 중에게도 선과를 제수하라 하였다.

조정에서 도성에 들여보내 알리라고 내려보낸 방문이 있었는데 유성룡은 심유격이 지금 도성 안에 있으니 이 글이 적중에 전해지면 청정 같은 자가 심유격에게 내보이며 그가 행장과 사사로이 약조한 것을 나무랄 것이니 그렇게 되면 명장이 크게 성을 낼 것이어서 난처한 일이 있을 듯하고, 또 이 방문은 큰 글씨로 써서 도장을 찍은 것이기 때문에 적이 이간하는 것이라고 의심하여 깊이 믿지 않을 뿐만 아니라 도리어 일을 실패시킬까 염려되므로 아직 발송하지 않고 형세를 보아 가며 처치하겠다고 하였다.

이에 대해 선조는 "유성룡의 사람됨은 내가 자세히 아는데 적을 헤아려 승리로 이끌어 가는 것은 그의 장기가 아니다. 요사이 하는 것을 보니 자신이 한 나라의 곤수가 되어 강화한다는 말을 듣고 한 번도 적을 치고 원수를 갚자는데 언급하거나 명장 앞에서 머리를 부수며 쟁변하는 일은 전혀 없고 강화의 말을 당연하게 여기는 것 같았으며 임무를 받은 뒤로 한 번도 기이한 계책을 세워 적을 격파한 적이 없으니 아마도 끝내는 일을 실패시킬 듯하다. 나의 생각에는 권율·고언백·조호익 등 몇몇 사람에게 위임하여 족할 듯하다. 싸움에 임하여 장수를 바꾸는 일의 염려스러움은 말하지 않아도 벌써 알고 있다" 하며, 유성룡에 대한 불만을 강하게 토로하였다.

비변사가 유성룡을 교체하면 불안과 실망이 전날보다 더 심할 것이라 하여 그대로 지나갔다. "체찰사 유성룡은 대신으로서 막중한 임무를 받아 비록 특별한 공을 세운 것은 없지만 큰 실책도 없었습니다. 그가 강화의 의논에 쟁변하지 않은 것은 반드시 창졸간에 일어난 것이어서 그랬을 것이니 어찌 다른 뜻이 있겠습니까. 이 일로 대신의 병권을 가볍게 체직한다는 것은 미안할 듯합니다. 더구나 서울과 경기의 백성들은 날마다 관군이 구제해 주기를 바라고 있는데, 이제 불의에 체직한다면 불안과 실망이 전날보다 더 심할 것입니다. 신들의 어리석은 생각에는 다만 글을 내려서 성룡을 크게 책망하여 스스로 제 잘못을 알게 하는 것이 괜찮겠습니다" 하였다.

무엇을 잘못했다는 것인가. 신하들에게 머리를 부수며 쟁변할 것을 말한 것은 너무했다. 신하들은 그럴 만한 일이 있으면 말하지 않아도 그렇게 할 사람이 있다. 다만 임금 자신도 버금가게 행동을 해야 신하들이 목숨을 내놓고 할 수 있는 것이다. 남의 탓만 하고, 신하들의 의견은 듣지 않고, 현실을 무시하는 고집으로 나라를 걱정하는 신하들만 괴롭고 피곤하게 하니 될 일이 아니었다.

3월 28일 안주 행재소 선조는 송 경략을 만나기 위해 숙천을 떠나 거꾸로 올라가 안주에 머물렀다.

이때 송 경략이 강화의 의논을 주장하면서 우리나라의 변장에게 왜적을 함부로 죽이지 말라고 경계시켰는데, 권율이 여러 차례 남은 적을 쳐죽였다는 보고가 있었으므로 경략이 노하여 패문을 내려 금하게 하였다. 선조는 지략으로 간첩을 써서라도 그의 계획을 실패시켜야 한다 하며, 우리나라 어느 진영을 거짓으로 투항시켜 적으로 하여금 망설이고 결정하지 못하게 하여 송시랑의 노여움을 부추기는 것이 좋은 계책이라는 안을 냈다. 안 낸 것보다도 못한 멍청한 안을 낼 정도로 선조의 강화에 대한 생각은 심하게 정도를 벗어나 있었다.

다음 날 선조가 안주를 출발하여 청천강을 건너가던 중도에서 통판 왕군영을 만났다. 이 사람은 지위는 낮지만 경략의 심복이었다. 선조가 조용히 얘기할 것을 청하자 갈 길이 급하다고 하면서 안주로 갈 것을 청했다. 선조 일행은 다시 청천강을 건너 안주로 돌아왔다. 왕군영은 경략의 생각은 강화 쪽으로 기울었다고 하고 선조는 계속 진격할 것을 말하나 서로 말이 빗겨 나고 반복될 뿐이었다. 괜히 청천강을 두 번이나 더 건너는 헛수고를 했을 뿐이다.

선조가 전교하기를 '오늘의 기상을 살펴보니 명조만 강화하자고 할 뿐만 아니라 우리나라 뭇 신하도 실은 강화하고 싶어 하면서 다만 감히 드러내어 말하지 못할 뿐이다. 유성룡이나 김명원 및 비변사가 아뢴 말 같은 데서 충분히 알 수 있는데 한심함을 견디지 못하겠다. 적에게 강화를 요구하지 않는 자는 오직 나와 이호민의 문사뿐이다. 나는 곧 죽을 사람이니 적을 토벌하더라도 즉시 물러날 것이고 강화하더라도 즉시 물러날 것이다. 말 위에 실려 있는 몸이 어느 곳에 가 머무를지도 모르는데 이 적을 토벌하지 않고 산들 무엇 하겠는가. 명장의 말을 들어보면 우리나라 일은 끝난 것이다. 다시 어찌할 방도가 없으니 이제 경략 앞에 달려가 한 번 울고서 물러나 땅속으로 들어가면 족하겠다' 하였다.

힘을 길러 복수하겠다는 생각은 없었다. 왜적이 먼저 강화하자 하고 또 싸워서 이길 능력이 없으므로 강화하려는데 제반 상황은 고려하지 않고 무조건 강화를 반대만 하니 명나라 사람들이 미친 왕이라고 대놓고 말하지 않은 것이 다행이었다.

이달의 다른 일들은,

사헌부가 군공에 대한 논상의 어려움을 말하였다. "납속이 비록 관군과 의병이 차이는 있지만 양식을 보급하여 적을 토벌하게 하는 것은 마찬가지요, 군공이 비록 참급과 사살의 차이는 있지만 적개심에서 적을 소탕한 공로는 마찬가지입니다. 그러므로 당초에는 다 논상을 하였던 것인데, 지금은 행여 기만과 허위의 폐단이 있을까 염려하여 의병에게 납속한 자 및 사살한 자에게는 논상하지 않고 있습니다. 조정의 명령이 앞뒤가 달라서 백성에게 믿음이 없을 뿐만 아니라 재산을 다 내어놓고 목숨을 바쳐 가며 조그마한 공을 희망하던 자들이 모두 맥이 풀려 원망이 비등하니 앞으로 무슨 급한 일이 있다 하여도 믿을 데가 다시없습니다. 관계되는 바가 가볍지 않으니 당초의 논상에 의하여 한결같이 시행하소서" 하였다. 이에 납속과 군공 등의 일은 비변사로 하여금 의논하여 보고하라 하였다.

비변사에서는 관원을 별도로 차정하여 인부와 가축을 거두어 모으려고 혈안이 되어 있었다. 민가에 뛰어들어 노약자까지 묶어가고 있었다. 도망치지 못하고 붙잡히는 자는 지나치게 고통받고, 잘 도망쳐 피한 자는 끝내 면하게 되었다. 그러다 보니 사람이 없는 집은 재물을 훔쳐 가서 개, 닭조차 남아나지 못하고, 심지어 새로 일구어 놓은 밭을 보면 밭

주인을 찾아 밭 가는 소를 내놓으라고 하는 등 백성들을 농사도 못 짓게 하였다. 보다 못해 사헌부가 해사로 하여금 거두는 일을 속히 중지하라고 청했다.

김귀영을 희천으로 귀양 보내도록 명하였다. 김귀영은 적에게 포로로 잡혀 있었는데, 적이 강화하자는 서신을 써서 귀영에게 주어 보냈다. 대간이, 귀영은 적에게 잡혔는데도 죽지 않고 도리어 적의 서신을 가지고 왔다는 것으로 죄안을 삼아 국문하기를 청했다. 선조가 차마 형벌을 가하지 못하고 같이 온 첩의 자식을 형추하게 했는데, 자복하지 않자 이에 귀영을 귀양 보냈다.

4월 1일 가산 행재소 선조는 안주를 출발하였다. 미시에 대가가 가산에 이르렀다.

경략 문병차 의주에 갔던 승지 홍진이 돌아와 보고하는데,

경략의 말은, '왜적이 조공하기를 2~3차에 걸쳐 애절하게 청해왔으므로 이를 허락하였다. 4월 8일 자기 나라로 돌아가기로 하였다. 지금 우리 병사 중에 먼저 파견된 자들은 지치고 숫자도 적으며 뒤에 징발된 자들은 멀리 떨어져 있으니 진격하려고 해도 형편이 그렇게 할 수가 없다. 벽제관에서 패전한 이후로 우리 장수들은 싸울 의욕이 없고, 제독 이여송이 전일 온 것은 오로지 철군하여 돌아가고자 함이었는데, 그를 심하게 꾸짖고 독려해서 돌아가게 하였다. 그러나 혹시라도 불리하게 되면 그 잘못을 책임져야 하므로 그에게 억지로 싸우게 할 수가 없다. 또 25일에 심유경에게 책사 5명을 데리고 왜군들을 인솔하여 일본에 가서 관백의 항서를 받아 가지고 오라 하였다' 등이었다. 솔직한 말이었다.

경략을 만나고 다시 서울로 가는 심유경이 민가에 머물고 있었다. 선조가 심희수와 심충겸을 보내 만나게 했는데,

심유경이 말하기를, '중국은 오랑캐들에 대해서 넓은 도량을 보여줄 뿐이어서, 적이 오늘 황성을 포위하였더라도 내일 물러가면 몰아낼 따름이고 다시 그들과 대결해서 복수한 일이 없었다. 그러니 어찌 귀국을 위해서 복수할 수가 있겠는가. 귀국이 복수하고자 한다면 누가 감히 막겠는가. 지금 저 왜적들이 왕자들을 풀어 보내 주고 다시 강토를 침략하지 않아 백성들로 하여금 농사를 짓고 잘살 수 있게 한다면, 이 또한 좋은 일이 아닌가. 저 왜적이 매우 간교하지만 지금 진공하겠다는 것은 사세의 급박함에서 나온 것이니, 그래도 믿을 만하다'고 하였다. 또 웃으면서 '평양 이동의 지역을 수복한 공은 제독에게 있고 평양 이서 지역을 보존한 공은 나에게도 있다' 하였다.

심충겸이 복수하는 것이 마땅함을 재삼 말하니

심유경이 '그들을 속여 성을 나간 뒤에 마땅히 도모할 것이다' 하고, 이어 소리를 낮추어 '그대 나라와 문답하는 말이 모두 적중으로 들어가게 되니 내가 여기서 명백하게 말할 수 없다' 하였다.

다음 날 선조는 가산을 출발하여 정주에 도착하였다.

윤근수의 보고에, '경략이 어제 사용재, 서일관에게 명하면서 그들에게 각각 참장, 유격의 관명을 임시로 주어 왜노를 따라 바로 일본에 가게 하였다. 또 심사현 이하 다섯 관원을 파견하여 서울로 보냈고, 제독이 또 심유경과 주홍모를 서울에 파견하여 왜적에게 물러가도록 타이르게 하였는데 적이 물러간다면 파견한 관원들을 시켜 왜적들을 압송하여 관백이 있는 곳으로 데리고 가서 관백의 항서를 받아오되, 중국에서 파견한 장수와 같은 수의 왜장을 서울에 머무르게 하여 인질로 삼아 송대빈으로 하여금 지키게 한다' 하였다.

왜적의 이번 강화 목적은 단지 부산으로의 안전한 철수와 그럴듯한 명분을 얻는 것뿐이었는데 중국 측은 왜적이 아주 항복하는 것으로 간주하고 완전히 꿈속에서 놀고 있었다. 사용재와 서일관을 일본으로 보내는 사신으로 임명까지 하였다.

조정에서 중국군의 식량 조달에 급급하여 재신과 사명을 많이 파견, 각도에 나아가서 감독하게 하였다. 당초 이들을 파견한 것은 부득이한 조처에서 나온 것이었다. 그러나 명을 받은 자들이 책임 수행하는 것을 빙자하여, 종사·군관을 나누어 보내기도 하고 또 하인들을 많이 데리고 다녔다. 그러면서 괄속관이라 하기도 하고 모납관이라 칭하기도 하면서 마을을 출입하여 요란스럽게 위세를 부렸다. 그리하여 민간의 얼마 안 되는 곡식 종자와 항아리에 담긴 적은 식량까지도 모두 긁어 가므로 원근이 소요스러운 것은 물론 닭이나 개 같은 짐승들까지도 잡아갔다. 그래서 심지어는 관원이 오는 것을 멀리서 보고는 자기 집에 불을 지르는 자까지 있었다. 백성들의 원망과 고통이 적이 침입했을 때보다도 더 심했다.

이에 사헌부가 아뢰기를 "백성들이 떠돌고 굶어 죽은 시체가 쌓이는 것이 여기에서 연유하지 않았다고 기필할 수 없습니다. 황해·강원·경기도에 각각 사신 1원씩을 머물게 해서 전적으로 이 일을 관장하게 하고 나머지 대소사명은 모두 파하여 돌아오게 하소서" 하니, 따랐다.

이덕형의 장계에도 '검찰 종사관이라 일컫는 자가 무려 수십 명이나 되는데 이들이 호수를 헤아려 세금을 강제로 부과하므로 백성들 중에는 그들이 오는 것을 보고서 스스로 자기 집에 불을 지르는 자까지 있다' 하였다.

4월 3일 임반관 행재소 선조는 정주를 출발하였다. 계속 의주를 향하여 임반관에 도착하였는데 영의정 최흥원이 의주에서 와 아뢰었다.

"신이 의주에 도착해서 자세히 듣건대, 요사이 송 경략이 진병하자는 우리의 요청을 듣기 싫어해서 심지어는 말하기 미안한 말까지 했다고 합니다. 신이 지난번에 장 기고를 보고 진병을 청하는 자문을 바칠 뜻을 고하였더니, 기고가 '송 경략이 벌써 일정한 주견을 가지고 있으니 이 자문을 바친다면 노야가 반드시 성낼 것이고 성내게 되면 반드시 난처한 일이 있게 될 것이다. 나는 노야의 마음을 잘 알고 있다. 그러므로 이와 같이 말하는 것이니 이처럼 무익한 일을 굳이 할 것이 없다' 하였습니다. 신은 뜻밖의 일이 생기게 될까 염려하여 감히 억지로 바치지 못하고 먼저 사례하자는 자문을 바치니, 경략이 신에게 들어와 만나기를 허락하였습니다."

송 경략이 영의정 최흥원에게 한 말들은 보면,

'행장이 물러가면 굳이 죽이지 않을 것이고 청정이 대항하면 진병하여 섬멸할 것이다. 내가 어찌 깊은 생각 없이 왜적의 말을 믿을 만하다고 여겼겠는가' '우리 조정에서는 대부분 이제 속국에 원정하여 이미 태반을 수복하였으며 군사는 지치고 재물이 다 떨어져서 오래 머무를 수가 없으니 철병하여 돌아와야 한다고 한다. 그러나 나는 이 일을 완수하여 조선을 안복시키고자 한다' '나는 제본을 올려 병사와 양식을 요청하여 조선의 회복을 도모하였으니, 이 갖가지 계획들이 어찌 그대 나라를 위한 계책이 아니겠는가. 만약 나의 공명만을 위하고 조선의 일은 관계하지 않았다면 군대를 이끌고 나왔다가 즉시 돌아간들 무슨 어려움이 있었겠는가. 왜적들의 간사함은 그대가 이미 잘 알고 있다. 그러나 10만이나 되는 왜적들을 모두 죽일 수 있겠는가? 저들이 금년에 패주한다 할지라도 다시 오지 않겠는가? 저들이 20만의 병력을 추가해서 다시 조선을 침입한다면 조선에서는 무슨 병마로 저들을 막아 내겠는가? 천병이 매번 와서 구원해 줄 수 있겠는가? 구원해 주고 싶더라도 미칠 수 없을 것이다. 나는 눈앞의 만족을 도모하지 않고 전란이 계속되어 병화가 맺어지는 것을 풀고자 할 뿐이다' 등이었다.

또 경략은 세자가 연소하여 학문을 하기에 알맞으니, 모름지기 주공과 공자의 글을 많이 읽게 해서 후일 나라를 다스릴 계책에 대비해야 한다고도 하였다.

사용재·서일관이 성내에 이르렀는데, 상이 우부승지 이호민을 보내어 문안하게 하였다. 이들은 급조 사신으로, 가는 것에 비장한 각오가 있었다. 사신이라기보다는 볼모임을 짐작했을 것이다.

'우리에겐 죽음이 있을 뿐이다. 우리 두 사람은 동갑으로 함께 37세이고 나의 어머니와 사용재의 어머니도 동갑이다. 우리들은 자식이 없는데, 살아서 돌아오면 천운이고 죽게 되면 다시는 노모를 뵙지 못할 것이다.'

여수 전라좌수영 사량에서 며칠을 기다렸으나 명나라 군사들이 서울의 왜적을 쫓아내고 내려온다는 소식은 없었다. 그래서 우수사 이억기와는 다음을 약속하고 진을 파하고 각기 본영으로 출발했다. 이날 이순신은 함대를 이끌고 좌수영으로 귀환했다. 군사들을 교대로 휴가를 보내 농사를 짓게 하는 것이 중요하고, 부상당하고 병든 병사들을 치료도 해야 하고, 병기도 손질하고 화약과 화살도 보충하고, 배도 수리해야 하는 등 할 일이 많았다. 이번 출전은 두 달이나 걸렸다. 사량과 한산도에 중간 기지를 마련하고 군량과 병기를 비축하였기에 가능한 일이었다. 이번 출전에서는 왜적에게 피해를 많이 입히기는 하였으나, 왜적도 경험이 쌓여 요새를 만들고 웅크리고 싸움에 응하지 않아, 전년도처럼 시원하게 적을 섬멸하고 통쾌한 기분으로 돌아올 수는 없었다.

4월 4일 선조는 거련관에 도착하였다. 윤근수가 의주에서 오자 인견

하였다

윤근수가 송 경략의 편지를 올렸는데 무척 화가 난 내용이었다.

"조선의 군신이 고집스럽게 나의 말을 듣지 않으니 한탄할 노릇이다. 조선 국왕이 서쪽으로 온다고 하는데 설령 오더라도 나는 그를 만나지 않을 것이다. 그가 오는 것은 아마도 나의 일을 지연시키고 그릇되게 만드는 것은 물론, 나의 마음을 어지럽히려는 의도일 것이다. 이미 윤판서를 보내어 오는 것을 막게 하였는데 국왕이 내 말을 들을지 모르겠다. 오랑캐들을 이해시키기 어려움이 이와 같다" 하였다.

선조가 "사람이 안타까우면 반드시 음성에 나타나고 분주한 법이다. 어찌 저들이 싫어한다고 해서 마땅히 해야 할 일을 하지 않을 수 있겠는가? 그가 굳이 나를 만나지 않으려고 하는 것은 무슨 이유인가? 우리나라가 불행하게도 이와 같은 사람을 만났으니, 이것은 인력으로 어떻게 할 도리가 없구나. 내가 돌아가는 것은 어렵지 않으나 여기까지 왔다가 곧바로 돌아가면 성의가 없는 것 같으니 의주로 가서 형세를 보아 가며 하는 것이 어떻겠는가?

설령 외국이라 하더라도, 중국은 부모와 같고 우리나라와 일본은 똑같이 외국으로 자식과 같은 것이다. 부모와 자식 간의 관계로 말한다면 우리나라는 효자이고 일본은 적자이니, 부모가 자식에 대해서 자애롭게 한다 하지만 그렇다고 어찌 적자를 효자와 똑같이 사랑하는 이치가 있겠는가. 내가 이 때문에 저 사람은 학식이 밝지 못해서 더불어 이야기할 만한 자가 못 된다고 여기는 것이다. 우리나라에 온 자들 중에 볼만한 자가 없는데 오유충만이 조금 칭찬할 만한 자이다. 나는 그가 우리나라 일에 힘쓴다고 해서 그를 칭찬하는 것이 아니다. 낙상지와 동양정도 그 다음가는 인물이다" 하였다.

윤근수가 송 경략이 조선의 좋은 말을 구하고 싶어 하니 내구마를 보내주자고 하였다. 답하기를, 국가의 대사는 잘못 조처하면서 먼저 좋은 말을 달라고 하니 어떻게 먼 지방의 인심을 감복시킬 수 있겠는가. 그 말은 이미 제독에게 주었다고 말해 그의 욕심을 꺾고 대신 다른 말을 주도록 하라고 하였다.

4월 5일 선조는 계속 경략에 대해 불만이었다. "보내온 자문을 보건대, 자기 스스로는 심원한 모려여서 조금도 부족함이 없는 계책이라 하였으나 모두가 의리에 위배되고 왜적을 두려워하는 말들 뿐이었다. 심지어 정공이 육단하고 항복한 것을 권도에 통달한 것이라고 하였으니 이런 사람과 어떻게 의리를 논할 수 있겠는가. 이여송과 양원 두 장수는 무인이지만 적을 토벌하려는 우리의 간절한 정성을 아름답게 여긴 것은 물론 너그러이 용납하여 가긍하게 여기지 않은 적이 없었다. 그런데 송시랑의 행동은 도리어 무인만도 못하니 중국 조정이 이 사람을 원수로 임명한 것이 애석하다. 몇 마디 말로 사례만 할 것이요, 그와 더불어 변론하지 말라" 하였다.

4월 6일 운흥관 행재소 거련관을 출발하여 운흥관에 도착하였다. 의주에서 구성이 달려와 송 경략의 글을 전했다.

'국왕은 돌아가도록 하십시오. 또 당신네 나라 자문 중에 장수가 밖에 있으면 국왕의 명령도 받지 않는 경우도 있다 하였는데 당신네 나라가 어찌하여 나를 번거롭히는가. 조선 국왕이 복수할 수 없음을 한하고 있는데 당신네 나라의 입장에서 보면 의당 이러한 마음이 있을 것이다. 그러나 당초에 무비를 하지 않아서 삼경이 함락된 것이다. 당신네 나라가 다시 나아가 싸우려고 한다면 마땅히 당신네 병마로 싸워야만 한다. 그리하여 승리한다면 내가 응당 제본을 올려 크게 포상을 베풀게 할 것이다. 그러나 이기지 못할 경우에는 그 장수와 주장한 사람을 모두 군율에 의거 처단하겠다. 다시 국왕에게 치계하여 속히 돌아가게 하라. 내일 저녁때에 내가 출발하여 동쪽으로 갈 것이니 노상에서 서로 만나는 것도 불편하다. 일이 끝난 뒤에 서로 만나게 될 것이니 지금 나를 만날 필요가 없다. 한편으로 이미 이 제독에게 전진하되 상황을 보아 싸우거나 그치라고 했으니 배신은 돌아가서 모름지기 이 뜻을 국왕에게 아뢰라' 하였다.

선조는 이 글을 보고 돌아가기로 결심하였다. 명철한 선조가 이런 말을 듣게 되리라고 생각을 하지 못했을까? 판단력이 흐려진 것인가? 신하들에게 보이기 위해 의도적으로 하는 행동인가? 하여튼 먼 걸음을 와서 듣지 않아도 될 말을 듣는 모욕만 당했다.

임금이 지나가니 철산의 백성들도 선천의 백성들도 노상에서 엎드려 호소가 이어졌다. 고통받는 상황을 이해는 하지만 모두 들어줄 수는 없었다. '의논해서 처리하겠다'고 할 뿐이었다.

평안감사 이원익이 보고하였는데, 강화에 의한 왜적의 철군에 관해서 심유경이 말한 내용이었다.

"심유격은 왜인을 호송하고 부산에 도착할 것입니다. 사용재는 참장이라 칭하고 서일관은 유격이라 칭하여 일본에 보낸 다음 거기서 그대로 왜인을 데리고 영파부를 거쳐 입공하게 한다고 합니다. 그리고 왕자와 포로로 있는 재신은 심유격이 그곳에 도착한 뒤에 곧 내보내 주겠다고 합니다. 그러나 가등청정이 자기의 공을 믿고 물러가려 하지 않을 경우에는 진병하여 그를 죽일 것이라고 합니다. 대체적으로 이미 강화가 결정되어 나아가 싸울 뜻이 전혀 없습니다. 결국 불공대천의 흉적이 온전히 돌아갈 수 있게 되었으니 매우 통탄스럽습니다."

여수 전라좌수영 이순신은 조정에 이번 출전의 경과와 결과를 상세하게 보고하는 장계를 올렸다. 이날 두통의 장계를 더 작성하여 함께 올렸는데 하나는 이번 출전에서 부주의로 전선 1척을 전복시켜 사망자가 많이 발생한 것에 대한 책임으로 죄를 청하는 것이었고, 다른 하나는 수군에 소속된 고을의 수령들을 해전에만 소속시켜 주도록 청하는 것이었다. 이번에도 흥양현감 배흥립은 순찰사가 육전으로 데려가고, 녹도만호 송여종은 군량 운반책임으로 불려갔다. 보성군수 김득광은 두치의 복병장으로 갔다가 왔다. 모두 전년에 맹활약한 수군의 장수들인데 이렇게 차출하니 전력에 큰 차질이 아닐 수 없었다. 그리고 수령들은 명령이 이곳저곳에서 분분하니 어떻게 대처해야 할지를 모르고 분주하기만 하였다. 더 큰 문제는 핑계대고 명령을 시행하지 않아 적을 무찌르는 일에 차질을 가져올 수 있는 것이었다. 이것은 그냥 넘길 수 있는 사안은 아니었다. 조정에서도 이순신의 주장이 틀리지 않았으므로 대부분 받아들였다.

4월 7일 가산 행재소 선조는 운흥관을 출발하여 가산군에 도착하였다. 도사 장삼외가 동으로부터 온 이후 운흥관에서 처음 만났다. 도사가 말하기를, "평행장이 조공할 것을 애걸하였습니다. 그러나 제독께서는 '은혜와 위엄을 함께 행해야 되는데 청정은 흉패하니 죽이지 않을 수 없다' 하였습니다. 개성에 대군이 1개월 먹을 양곡이 있고, 평양에도 양선 1백 10여 척이 있으니 걱정할 것이 없습니다" 하였다.

다음 날 선조는 가산을 출발하여 박천에 도착하였다. 송 경략이 왜적이 철수한다고 하니 평양으로 진주하고자 하여 내려오고 있었다. 선조가 이것을 알았지만 기분이 상한 상태라 피하려고 하였다. 양사가 피하는 것은 정당하지 못하며 관계되는 바도 중요하니 머물러 기다리자고 하였다. 선조는 마지못해 따랐다.

개성 명군 진영 이여송의 본대가 다시 개성에 도착하였다. 유성룡이 제독에게 정문을 보내 '화호하는 것이 좋은 계획이 아니고, 적을 치는 것만 같지 못할 것입니다' 하고 극진하게 말했는데, 이여송이 답하기를, '내 마음에도 그런 생각이 듭니다' 하였다. 그러나 그것은 대꾸하기 싫어서 한 빈말이었다.

여수 전라좌수영 이순신은 이날 한 통의 장계를 올렸다. 광양현감 어영담의 유임을 청하는 장계였다. 1월 말에 어영담이 이순신의 예하 장수로 출전한 중에 독운어사 임발영이 현의 창고를 점검하여 장부 외의 곡식이 있는 것을 확인하고 현감이 사사로이 쓰려고 모은 것으로 조정에 보고하여 파면시켜 버렸다. 그 곡식은 구황용 또는 응급 시에 쓰는 용도로 용인된 것인데 그대로 보고한 어사나 그렇다고 출전 중인 장수를 파면시킨 조정이나 한심한 자들이었다. 어영담은 나름의 선정을 한 사람이고 이순신 예하 좌수영 장수로는 빠질 수 없는 사람이었다. 광양현의 백성 126인이 연명으로 무고함과 고을을 잘 다스렸음을 탄원했고, 이순신은 그들의 이야기와 어영담이 공이 크고 수전에 없어서는 안 될 장수임을 강조하여 유임을 요청하였다. 인사문제는 잘못하면 왕의 권한을 범하는 것으로 간주될 수도 있는 민감한 사안으로 함부로 요청할 수 있는 일이 아니다. 이순신은 위험을 무릅쓰고 요청하였고 다행히 조정에서는 받아들였다.

4월 9일 박천 행재소 평양을 수복한 뒤에 사은 주문을 이조판서 한준이 가지고 2월 10일에 출발하였었다. 요동에 도착했을 때에 경략이 '사은사가 북경에 간다고 하는데 어찌하여 나에게 말하지 않는가? 속히 돌아와서 문서를 나에게 보이라' 하였다. 한준이 가지고 가던 주문의 초고를 경략에게 보이니, 경략이 '이 주초는 무방하니 배신은 가도 된다' 하므로, 한준은 곧 요동에서 북경을 향해 갔다. 그 후 이조참판 홍인상이 개성을 수복한 것에 대한 사은과 청병을 하는 이유 등의 일을 적은 주문를 가지고 3월 4일 의주를 출발하였다. 그런데 이번에는 청병을 하는 글이 문제가 되었다. 경략이 극력 저지하면서 '병마가 계속해서 나오니 더 청할 수 없다. 여기 나온 장관들이 사리를 들어 변석하였는데 우리들에게도 미안한 혐의가 있으니 절대로 할 수 없다. 사신은 빨리 되돌아가라' 하였다. 그러므로 홍인상이 자유롭게 행동할 수 없어서 일찍이 이러한 뜻을 알려 온 것이었다.

이렇게 송 경략은 조선이 중국에 보고하는 것을 통제하고 있었다. 왜적이 철수하겠다고 했으니 더 이상의 병력은 필요 없다고 이미 본국에 알렸는데 조선이 병력을 더 요청한다고 하니 막지 않을 수 없었던 것이다.

개성 왜적의 철수 여부를 확실하게 확인하는 것도 중요한 일이다. 이 제독은 심유경은 먼저 도성으로 들어가 왜적을 만나 확인하라 하고, 사용재와 서일관 일행은 개성에서 머무르며 기다리게 하였다.

4월 10일 안주 행재소 상이 박천을 출발하여 안주에 도착하였다.

병조판서 이항복이 임반관에서 국왕이 옆 고을에서 기다리며 감히 만나기를 청하지 못하고 계시다는 뜻을 말하니, 경략이 통사와 왕통판을 불러 만나고 싶지 않다는 뜻을 강력히 표하였는데 말은 매우 완곡하게 하였다. 또 '말을 전할 때에 만일 사실과 다르게 전달되어 국왕의 마음을 불안하게 한다면 어찌 매우 미안하지 않겠는가. 나는 절대로 다른 뜻이 없으니 나의 뜻을 국왕에게 잘 전달해서 거가로 하여금 속히 거처해야 할 곳으로 돌아가게 해서 군무를 대처하게 하는 것이 옳을 것이다' 하였다.
경상좌병사 박진이 행재소에 도착하였다.

여수 전라좌수영 이순신은 이날 또 한 통의 장계를 올려 보냈다. 일족에게 징발하지 말라는 명령을 취소해 주기를 거듭 청하는 장계였다. 독운어사 임발영이 또 문제였다. 그렇지 않아도 어쩔 수 없는 경우에만 하고 있는데 임발영이 예외 없이 분부대로만 시행하도록 하니 각 고을에서는 거기에만 의거하여 보고할 뿐 방비할 군사를 보낼 뜻이 없었다. 더구나 고을의 군관과 아전들은 이를 핑계로 속이고 숨기는 등 교묘하게 기피할 꾀만 부려 산사람을 죽였다고까지 하였다. 군령은 서지 않고, 군사의 수는 줄어들고, 성문을 지킬 군사조차 부족하니 누가 적을 공격하고 누가 나라를 지킬 것인가. 이순신은 이 점을 강조하고 다음과 같이 글을 마무리하였다.

'일에는 경중이 있고 시기에는 완급이 있사오니 한 때의 폐단 때문에 길이 후회할 일을 할 수는 없사오니 이것은 이미 지난날 경험한 일입니다. 호남 한쪽이 오늘까지 온전한 것은 전혀 수군의 대세에 힘입은 것일 뿐 아니라 나라를 회복할 시기도 또한 이때에 있사오니 친족이나 이웃에게 대충 징발하는 폐단을 중지하는 것은 사변을 평정한 뒤에도 늦지 않을 것이므로 죽음을 무릅쓰고 망령되이 아뢰오니 조정에서 전후 장계를 참작하시어 적도 막고 백성도 보전하는 일에 두 가지 다 편의토록 하시옵소서' 하였다. 어쨌든 힘든 일 중의 하나였다.

4월 11일 영유 행재소 선조는 안주를 출발하여 영유현에 도착하였다.

경성 왜 진영 심유경이 달곶을 출발하여 도성으로 들어갔다. 왜적의 철수 의사를 확인한 심유경은 이를 바로 개성의 이여송에게 알려 사신 일행이 빨리 들어오도록 하였다.

개성 명군 진영 이여송이 유격 주홍모를 왜적의 진영에 들어가게 하였는데 도체찰사 유성룡이 도원수 김명원과 함께 파주의 권율의 진중에 있다가 만났다. 주홍모는 이들을 기패에 참배하게 하였다. 그러나 유성룡이, "이것은 곧 왜적의 진영으로 들어갈 기패인데, 내가 무엇 때문에 여기에 참배한단 말이오. 또 송시랑이 왜적을 죽이지 말라는 패문도 있으니 더욱 할 수가 없습니다" 하였다. 주홍모가 여러 번 강요하였으나 유성룡은 듣지 않고 동파로 돌아갔다.

주홍모는 이것을 이여송에게 알렸고 이여송은 기패는 황제의 명령인데 절을 하지 않았다고 군법으로 처리하겠다고 불같이 화를 냈다. 제독 접반사 이덕형이 이 상황을 유성룡에게 알렸다. 다음 날 유성룡은 김명원과 함께 제독에게 사과하러 갔다. 제독이 바로 만나 주지 않아 한동안 비를 맞고 기다려야 하는 수모를 당했다.

유성룡과 김명원은 이를 조정에 보고하였다. 송 경략이 만든 패문은 다음과 같았다.

'왜인들이 이제 이미 조공할 것을 애걸하였으니 양초를 노략질하거나 인민을 죽여서는 안 된다. 어기는 자는 전례에 비추어 용서하지 않고 죽일 것이다.

일본이 이제 이미 조공을 애걸하였으니 우리의 관병은 오로지 본부의 처분에 따라 행동하라. 만일 군공을 탐하여 뒤떨어져 있는 적을 살륙하는 자가 있으면 참형에 처할 것이다.

조선국의 관병과 왜적은 불공대천의 원수이다. 하지만 저들이 이미 조공할 것을 애걸하였으니, 본부의 의처를 기다리라. 만일 보복하여 사건

을 야기시키는 자가 있으면 참형에 처할 것이다.'

4월 12일 영유 행재소 박진을 경성에 주둔하게 하고 별시 무과를 시행하여 군사와 군량을 주라 하였다.

승장 유정의 군사들이 정예로워서 왜적을 참획하는 공을 여러 번 세웠으니 당상관으로 하라 하였다.

이항복이 부총병 유정을 만난 일을 보고하였다. 중국 장수 부총병 유정은 5천 병력을 이끌고 최근에 국내에 들어왔다. 이항복이 왜적이 강화를 한다면서도 노략질을 계속하는 상황을 언급하여 왜적의 속임수가 많음을 말하였다. 부총병 유정은 진격하려고 해도 경략과 제독이 있으니 어쩔 수 없다고 하였다.

다음 날 제주목사 이경록이 군사 2백 명을 뽑아 힘을 합쳐 적을 토벌하고자 청했다. 그 충심은 가상하다고 하였다.

경기좌감사 성영이 왜적이 선릉과 정릉을 파헤쳤다고 치계하였다.

놀란 선조가, "이 서장을 보니, 몹시 망극하다. 속히 해조로 하여금 의논하여 조처하게 하라" 하였다. 삼경에 선조가 궐문 안에서 거애하였다.

정원에 분부하기를, "천하에 어떻게 이와 같은 변고가 있단 말인가. 송시랑과 이 제독이 있는 곳에 속히 관원을 보내 이러한 뜻을 말하고 복수할 것을 청하는 일을 속히 의논하여 아뢰라" 하였다.

행궁의 뜰에 자리를 만들고 상복을 입고 나아가 백관을 거느리고 세 번 절한 뒤에 슬피 곡하고 또 네 번 절하였다. 모든 관리들은 흰옷과 검정 갓·검정 띠의 차림으로 공무를 보게 하고 임금은 흰옷을 입고 흰 갓을 썼다.

개성 이날 유성룡은 또 어처구니없는 참담한 일을 겪었다. 이 제독의 동정을 살피고 동파로 돌아가는 중이었는데 명나라 사람 셋이 말을 타고 달려왔다. 그리고 체찰사 유성룡을 물어 확인하더니 무조건 유성룡의 말을 몰아 개성으로 달려가는 것이었다. 수행하던 사람들이 따라오지 못할 정도로 달려서 한참을 왔는데 성안에서 한 기병이 나와 뭐라고 말하자 데려가던 사람이 유성룡에게 그냥 돌아가도 좋다고 하였다. 유성룡은 멍하니 무슨 까닭인지도 모른 채 돌아서야 했다. 다음 날 이덕형이 그 연유를 알려왔는데, 이여송의 가정이 '유성룡이 강화를 하지 않으려고 임진강의 배들을 모두 없애 버려, 강화를 위한 사자들이 왜적의 진영으로 드나들지 못하고 있습니다'고 말하여 이여송이 성이나 유성룡을 잡아오게 하였다. 그런데 얼마 후 임진강을 건너온 자가 있어서 그 말이 거짓임을 알고 서둘러 유성룡을 돌아가게 한 것이었다.

이 무렵 이여송은 강화에 대해서 신경이 날카롭고 초조해하고 있었다. 조선의 왕이 강화를 극력 반대하고 있으니 유성룡을 위시한 그 신하들도 틈만 있으면 강화를 반대하고 나선다. 이러다 조선군이 훼방하여 강화가 물 건너가면 큰일이었다. 이러니 자연히 신경이 예민할 수밖에 없었다. 며칠 후 이여송은 또 유격 척금과 전세정을 유성룡에게 보내 의중을 탐색하고 '적을 속여 도성을 나가게 한 연후에 진격하여 섬멸하겠다'고 하며 달래기도 하였다. 유성룡으로서는 어떻게 할 수가 없었.

4월 15일 영유 행재소 영의정 최흥원, 예조참의 이관, 오산군 이현 등을 보내어 선릉과 정릉을 살펴 조사하게 하였다.

경기 각 고을은 전란 속에 있는 데다가 기근까지 계속되어 노약자들은 굶어 죽고 젊은이들은 모여서 도적이 되었다. 수령들은 근래 중국군 지공 때문에 잡물까지 거두어들이는데 그 종류가 매우 많으며 독촉이 불같았다. 난리를 겪은 백성들이 다시 집에 돌아와서 숨겨 두었던 물건을 파내려 하면 관리들이 뒤쫓아와서 모두 빼앗아 가니, 백성들은 이리저리 빌어먹으며 돌아다니다가 끝내는 도적이 될 수밖에 없었다. 창의사 김천일이 장계로 알린 내용이었다.

이뿐만이 아니었다. 각 고을에서 수령이 출정을 하게 되면 관청을 비게 할 수 없다는 핑계로 다시 가관을 뽑는데, 가관들은 모두 피난 와 붙어사는 자들로서 민폐를 많이 끼쳤다. 처자식을 많이 데리고 와서 본관에서 지공하게 하고 요구하는 것도 많았다. 대부분 감사나 권력자의 친척이나 아는 자들인데 전시에 붙어먹고 사는 방법도 참 여러 가지였다. 불쌍한 것은 힘없는 백성들뿐이었다.

경상좌도 경주판관 박의장이 군사 3백으로 왜적을 격파하였다. 파잠에서 왜적과 마주쳤는데 진격하여 격파하였다. 15리를 추격하여 31명의 수급과 말 1백23필을 빼앗았다.

곽재우를 성주목사 이종인을 김해부사 서예원을 진주목사로 하였다.

경성 왜 진영 사용재, 서일관 등 사신 일행이 배로 경성에 도착하였다. 소서행장은 안심하고 마지막 철수 준비를 서두르게 하였다. 심유경이 왕자 일행의 석방을 요구하자 소서행장은 조선군의 공격이 우려되어 지금 석방할 수는 없고 완전히 안전하게 철수한 다음에 석방하겠다고 하였다. 우선 군사를 철수시키는 것이 급하므로 심유경은 이것을 보고만 하고 넘어갔다.

4월 16일 영유 행재소 왜적이 선릉과 정릉 두 능을 범한 사실을 송경략에게 자문을 보내어 보고하였다. "뜻밖에 참혹한 재앙이 생겨 분묘가 완전히 파헤쳐져 체백을 놀라게 하니, 온 나라가 황황하여 애통한 심정을 차마 말할 수 없습니다. 고금 천하 어디에 이와 같은 흉적이 있겠으며, 또 어디에 이와 같은 원수가 있겠습니까. 한목숨이 붙어 있는 순간까지는 이 도적을 잊을 수 없으니, 이 원수를 기어이 갚아야만 할 것입니다. 만일 이 도적을 잊고 이 원수를 갚지 못한다면 천리가 없어지고 인기가 무너지게 되어 장차 다시는 인간의 대열에 끼지 못하고 말 것은 물론, 중국에서도 우리나라를 인정해 주지 않을 것입니다. 더구나 근래 적정을 자세히 살펴보니, 저들이 공교한 말로 간절히 애걸하고 있으나 저들의 속임수는 헤아릴 수가 없으니 끝내 순종할 리가 없습니다. 저들의 끝없는 흉악함은 반드시 그대로 끝나지만은 않을 것이니, 우리나라의 원통하고 안타까운 심정이 어떻겠습니까" 하였다.

경성 왜 진영 이날부터 왜적들은 서울에서 철수를 시작하였다.

4월 17일 영유 행재소 경상좌감사 한효순이 보고한 바에 의하면 부산과 동래 사이에 많은 숫자의 적선이 정박하고 있어 군대를 증가하는 형세가 현저하다고 하였다. 이를 접반사 이덕형이 보고하였다. 이에 비변사에서는 강원도와 경기의 모든 관군과 의병을 특별히 정돈하여 협력해서 적을 요격하도록 하고, 양남의 수사에게 명하여 수군을 정돈하여 오는 적선들을 쳐부숨으로써 적으로 하여금 마음대로 상륙할 수 없게 하자고 하였다. 선전관이 밀지를 가지고 남쪽으로 내려갔다.

다음 날 선조가 정원에 분부하였다. "왜적이 금년 봄에 병력을 증파하는 일에 대해 누구인들 염려하지 않겠는가. 지난번에 유성룡의 장계를 보건대 '이순신이 식량을 운반하는 왜선을 포획하였고 박의장도 새 옷을 만들어 가지고 오는 왜적을 사로잡았다' 하였으니, 그들이 병력을 증파하는 실상은 이미 의심할 것이 없다. 그리고 무수한 왜선이 도착하여 정박하고 있다는 말이 있으니 비변사에 일러서 다시 조처를 강구하게 하라" 하였다.

이것도 단편적이거나 불확실한 정보에 꿈속에서 허우적대는 조정의 행태를 보여 주는 것이었다.

선조는 영유현을 출발하여 숙천부에 도착하였다.

4월 19일 경성에 주둔했던 왜적의 마지막 부대가 서울을 떠났다. 사용재와 서일관이 중국 사신으로 합류하였는데 왜적에게는 안전한 철수를 위한 볼모였다. 청정은 두 왕자 및 재신을 데리고 갔는데 역시 볼모였고, 심유경은 처음부터 행장을 따라갔다. 우희다수가 등이 대군을 철수하여 한강을 건넜는데, 군량미 2만 석을 남겨 두어 제독의 차관인 심사현에게 인계하였다. 이로써 서울은 수복되었다. 왜적이 점령한 후 1년 만이었다.

숙천 행재소 부총병 유정이 5천 군사를 이끌고 숙천관에 도착하였다. 선조가 관에 나아가 접견하니, 부총병은 병위를 성대히 진열해 놓고 군대를 좌우로 나누어 북을 치고 나팔을 불며 맞이하였다. 유부총은 사람됨이 민첩하고 용감하였으며 예모가 단아하고 병사를 통솔함에 법도가 있어 다른 장수들과 같지 않았다. 군사들 중에 민가에서 한 다발의 꼴이라도 빼앗아 온 자가 있으면 즉시 귀를 꿰어 군중에 돌려 보였다. 그리하여 전군이 두려워하고 조심하여 감히 어지럽히거나 민폐를 끼치지 못하였다. 젊은 부총병 유정은 이렇게 군기가 서 있었다.

이여송은 경성의 왜적이 모두 물러갔다는 보고를 받고 경성에 입성하기 위해 동파의 사대수 진영에 도착하였다. 유성룡이 찾아가서 만나려 하였으나, "체찰사는 나에게 불쾌한 생각을 갖고 있을 터인데 또 찾아서 문안합니까?" 하면서 만나 주지 않았다.

4월 20일 경성 제독 이여송이 경성에 들어왔다. 체찰사 유성룡, 유흥 등이 뒤따라 들어왔다.

'적이 물러간 그 이튿날 제독이 먼저 소공주의 집(남별궁)에 들어가서 여장을 풀었는데, 유성룡 등은 따라 들어가 종묘의 터에서 통곡하였다. 성중의 유민들은 백에 한둘도 남아 있지 않았는데, 생존자도 굶주리고 지친 나머지 안색이 귀신과 같았으며, 사람과 말이 즐비하게 죽어 썩는 냄새가 성안에 가득하였으므로 사람들이 코를 막고 다녀야 했다. 성 안팎에는 백골이 무더기로 쌓여 있고 공사간의 집들은 하나같이 비어 있었으며 오직 불탄 기왓장뿐이었다.' 이것이 수복된 서울 경성의 모습이었다.

영유 행재소 선조가 숙천부에서 영유현으로 돌아왔다. 박진에게 유총병을 만나라 하고 묻는 말에는 좋은 말로 답하라고 하였다.

4월 21일 경성 유성룡이 이 제독을 만나, "왜적의 군사가 막 물러갔으나 여기서 떠나갔다 해도 반드시 멀리 가지는 않았을 것이니, 원컨대 군사를 일으켜 급히 추격하도록 합시다" 하였다. 제독은 한강을 건널 배가 없음을 핑계하였다. 유성룡은 이미 경기우감사 성영과 경기수사 이빈에게 한강에 배를 모아 준비해 두라고 하였었다. 80여 척이 준비된 것을 확인하고 제독에게 알렸다. 이여송의 명으로 이여백이 1만 군사를 이끌고 한강으로 나와 도하를 시작했는데 절반쯤 했을 때 이여백이 갑자기 병이 났다고 하며 치료한다고 도성으로 들어가 버렸다. 이러자 도하했던 군사들도 모두 돌아와 성으로 들어가 버렸다. 이 제독이 왜적을 추격할 의사가 없으면서 하는 체만 하고 속인 것이 뻔했다. 유성룡은 분통이 터졌지만 어떻게 할 수가 없었다.

유성룡이 장계를 올렸다. "어제 제독이 동파로부터 입성하였고 신은 저녁나절에 뒤이어 성중에 들어가니, 왜적은 모두 이미 물러갔습니다. 그러나 중국 장수가 뒤를 따르면서 호위하였으므로 제군이 감히 추격할 수 없었습니다. 모화관에는 백골이 쌓여 있었고 성중에는 인마가 죽어 있는데 죽은 자가 그 수효를 헤아릴 수 없이 많았습니다. 그리고 악취가 길에 가득해서 사람이 근접할 수 없었으며 인가도 4~5분의 1만 남아 있을 뿐입니다." 이 장계는 일주일 뒤에 행재소에 전해져 선조가 보게 된다.

영유 행재소 포정 한취선이 도착하자, 상은 홍문관 교리 이수광을 시켜 문안하게 하고 겸하여 그가 온 뜻을 탐지하게 하였다.

이수광이 회계하기를, "포정이 온 것은 순안 어사가 그로 하여금 평양·개성 등지로 가서 지난번 접전할 당시의 전말과 목을 벤 수급의 허실을 조사하여 보고하도록 하였기 때문에 노정을 재촉해서 온 것이라 합니다" 하였다. 평양성 탈환전과 벽제전투를 조사하러 온 것이다. 이에 우리나라에서 해명하는 일로 한 포정에게 자문을 보냈는데,

'자문에서 말한, 불에 태우고 물에 빠뜨려 잘못 죽였다는 말은 근거 없는 헛소문에 불과한 것으로 매우 사리에 맞지 않는 말입니다. 적을 사로잡고 수급을 벤 것은 분명하게 조사해 올린 것이니, 실제의 수효보다 과장해서 보고했다는 것에 대해서는 당직이 변변치 못하나 어찌 차마 스스로 속여 배반하는 죄에 빠질 리가 있겠습니까. 당직의 형인 이현이 관백에게 항복했다는 조항은 더욱 허위 날조된 것으로 한편으로는 놀랍고 한편으로는 괴이하게 여겨집니다. 이러한 무망한 일은 반드시 성조의 통

찰하심을 받게 될 것이고 천지신명이 실로 살펴보실 것이니 장황하게 변론할 것이 없습니다' 하였다.

이것으로 제독 이여송 탄핵 문제는 해결되었다.

박진이 부총병 유정의 처소에서 돌아와 아뢰었다.

"총병과 중군이 '서울의 왜적은 지난 4월 18일에 모두 나갔고 이 제독이 이미 입성하였다'고 하였습니다."

이 보고로 조정에서는 서울이 수복되었음을 알게 되었다.

4월 22일 경성 이 제독은 조선군이 남하하여 왜적을 쫓는 것도 철저하게 금지하였다. 이도 저도 할 수 없이 수족이 묶인 유성룡은 이것을 조정에 알리는 장계를 작성하였다.

'밤 삼경에 야불수 2인이 전라감사 권율을 압송하여 제독이 있는 곳에 이르러서는 함부로 강을 건너간 뜻을 따져 물었습니다. 또 순변사 이빈과 방어사 고언백 등이 급히 보고한 바에 의하면 중국군이 강변에 늘어서서 군사를 진격하지 못하도록 하고 이빈의 중위 선봉장인 변양준을 목에 칼을 씌워 끌고 갔기 때문에 상처가 심해 피까지 토했다고 했으며 이빈 역시 강가에 억류시켜 떠나가지 못하게 했다고 합니다. 또 고언백의 군대는 21일 진격하여 도중에 있었는데 사총병의 하인 20여 명이 길 앞에 줄지어 서서 전진하지 못하게 하고 고언백을 불러 성을 내며 힐책하니, 고언백이 부득이 군사를 정돈하고 대기하겠다는 것으로 핑계하였으나 사장군은 전혀 듣지 않고 억류시킨 채 놓아주지 않았다고 합니다.'

그리고 유성룡은 온몸에 힘이 빠져나가는 것을 느꼈다. 몸져누웠다. 다음 날부터 일어나지를 못했다. 열이 나고 오한이 들고 온몸이 아프지 않은 곳이 없었다. 그동안 너무 지친 만큼, 그동안 분통이 터진 만큼, 오랫동안 앓아누워 일어나지를 못했다.

4월 23일 영유 행재소 비변사가 아뢰기를 "경성이 수복되었다는 보고는 정확하지는 않으나 오늘내일 안으로 분명한 소식이 있을 것입니다. 재신을 보내어 치사하는 것을 잠시라도 늦춰서는 안 됩니다. 또 한성판윤 유근은 서울을 수리할 임무를 띠고 미리 갔었는데 이제 사은부사에 임명되어 명을 받고 돌아오고 있으니, 후임자를 빨리 뽑아 보내소서. 제독에게 치사하는 일은 좌승지나 우승지 중에 한 관원을 미리 보내어 그대로 머무르면서 임무를 수행하게 함이 어떻겠습니까?" 하니

선조가 이르기를, "아뢴 대로 하라. 그러나 왜적이 스스로 물러가는데도 중국군은 공격하지 않고 그대로 호송하여 보내 주었으니 서울이 수복된 것을 굳이 치사할 것 없다" 하였다.

4월 24일 대신들이 선조가 전날 치사할 것이 없다고 한 것에 대하여 말하였다.

"어제 성상의 비답을 받드니 '치사할 것 없다'고 하교하였습니다. 제독이 천자의 명을 받고서도 왜구를 초멸하여 하나라도 돌아가지 못하게 하지 못하고, 황제의 위엄을 굽혀 강화를 도모해서 그대로 호송하여 보내어 우리나라로 하여금 끝내 종사의 영원한 원수를 갚지 못하게 하였으니, 혈기가 있는 자들은 원통하여 죽고 싶어 하고 있습니다. 그러나 생각해 보건대, 다시 나라를 되찾아 삼경을 수복한 것은 오로지 황제의 은덕입니다. 강화를 허락하고 보내 준 것이 군사를 동원하여 시원하게 적을 섬멸한 것만은 못하나, 구도의 성지와 종사의 옛터를 다시 볼 수 있게 된 것은 실로 천자의 힘 때문이니, 어찌 치사하지 않을 수 있겠습니까. 더구나 제독이 회군할 때 접대하며 잔치를 베푸는 자리에서 치사한 말이

모두 감사하다는 뜻이었는데 지금 치사하지 않는다면 끝내 핑계 댈 것이 없어서 저들의 노여움만을 살 뿐입니다. 우리나라가 해야 할 도리는 끝내 지성으로 대접해야만 하는 것뿐입니다. 대체에 관계된 것이므로 다시 아뢰지 않을 수 없습니다" 하였다.

대신들은 또 대가가 돌아갈 기약이 있게 되었고 종묘와 사직 및 원릉이 의탁할 데가 있게 되었으니 신자의 정에 있어서 치하하는 일을 조금도 늦출 수가 없다고 하였다. 평양과 개성을 수복했을 때의 예에 따라 하례하는 의식을 거행하여 신민들을 기쁘게 하자고 하였다. 선조는 위로할 만한 일이지 하례할 만한 일이 못 된다고 하였다. 대신들은 평양을 수복한 뒤에 이미 하례하는 의식을 거행했는데 이제 서울이 수복되었을 때에만 유독 행하지 않는다면 사체로 보아도 온당하지 못하다고 하니, 선조가 마지못해 따랐다.

4월 25일 대신이 빨리 전진할 준비를 할 것을 아뢰었다. 산릉에 변고도 즉시 전진하여 모든 일을 준비해야만 한다 하였다. 송시랑의 회자를 기다려서 개성으로 전진하시든지 서울로 전진하시든지 해야 하며 이제독은 개성 등지에서 접견하시는 것이 좋다고 하였다. 답하기를 떠난다 하더라도 어떻게 용이하게 바로 갈 수 있겠는가 하였다.

그리고 지시하기를 "경략이 전일 '왜적들이 왕자를 돌려보내지 않으면 곧바로 진병하여 초살할 것이다' 하였다. 그러므로 '우리나라가 그것을 간절히 바라고 있다. 지금 적이 왕자를 돌려보내지 않고 있으니, 전일 분부한 대로 진토하기 바란다'고 청한다면 그 뜻은 같으나 문장의 내용은 공손하니, 이렇게 글을 만들라" 하였다. 신하들만 힘들게 하는 말이었다.

4월 26일 정탁이 유원외를 문안하고 선조에게 접견하기를 청했다. 유원외를 송 경략의 측근이라고 생각하여 선조가 보기 싫어한 때문이었다. 좌의정 윤두수도 아뢰기를, "신이 삼가 생각하건대, 원외가 이번 행차가 만약 독전과 관계된다면 우리가 현재 창을 베고 와신상담하는 가운데 있으니, 성상께서 가서 만나 보셔야만 합니다" 하였다.

4월 28일 윤두수, 정탁, 성혼 등이 정릉을 옛 능으로 안장하는 것이 합당하다고 하였다. 유홍, 정철도 동의하였다.
  사은사를 보내는 일을 예조에 이르라고 하였다.

4월 29일 경상우도 뜻밖에 감사 김성일이 졸하였다. 이때 백성은 굶주리고 전염병까지 크게 유행하였다. 김성일은 직접 나아가 진구하고 밤낮으로 백성들을 병에서 구하느라 수고하다가 자신도 전염되어 죽었다. 지역의 군사와 백성들이 마치 친척의 상을 당한 것처럼 슬퍼하였다.
  '평소 군정에 대한 일은 알지 못했으나 지성으로 군중을 효유하고 관군과 의병 등 모든 군사를 잘 조화시켰는데, 한 지역을 1년 넘게 보전시킬 수 있었던 것은 모두 그가 훌륭하게 통솔한 덕분이었다. 그는 임종 시에도 개인적인 일은 언급하지 않았다. 그 아들 김혁이 옆방에 있으면서 함께 걸린 염병으로 위독하였으나 한 번도 그에 대해 묻지 않고 오직 국사를 가지고 종사자들에게 권면하였으므로 사람들이 그의 의열에 감동하였다.'
  그의 죽음은 정말로 슬픈 일이다. 그가 없었으면 김면도, 정인홍도, 곽재우도 없었을 것이다. 그가 아니었으면 경상우도는 버티기 어려웠을 것이며 따라서 전라도도 지키기 어려웠을 것이다. 그의 역할이 더욱더 크게 요구될 터인데 전염병에 속수무책으로 생을 마감했으니 나라를 위해서는 너무도 안타까운 일이었다.

경성 앓고 있는 유성룡에게 명나라 장수 낙상지가 병문안을 왔다. 하루 종일 차분하게 이야기를 하여 군대 훈련시키는 일이며 왜적을 방비하는 일이며 나라를 지키는 비결까지도 자세하게 일러주었다. 이에 유성룡은 서울에 있는 사람 70여 명을 모아서 군관 두 사람을 시켜 통솔하게 하고 두 부대로 나누어 낙공의 휘하에 보내 강남 지방의 기예인 조총·낭선·장창·검술을 배우기를 청하였다. 낙공이 자기 진영에 있는 남방 장교 10인을 시켜 나누어 가르치게 하고, 또한 간혹 공이 친히 병사들 가운데에 가서 칼춤과 창 쓰는 법을 몸소 가르치기를 매우 부지런히 하였다. 유성룡은 이 일을 행재소에 장계로 올렸다. 이는 훈련도감 설치의 시작이었다.

이달의 다른 일로는,
황제가 산동의 군량 10만 석을 내려 주어 배로 운송하여 군량을 보충하게 하였다. 이때 바닷길을 통행하지 않은 지 이미 2백 년이나 되었으므로 무관 오정방을 여순의 어구에 보내어 인도해 왔다.

사간원이 삼년상을 행하는 자가 없다며 기복을 허용하지 말 것을 청했다. '삼년상으로 말하면 천하 고금에 공통적으로 행해져 온 것이니, 난리를 핑계하여 인기를 없앰으로써 대란의 조짐을 만들어서는 안 됩니다. 지금 전쟁하는 때를 당하여 국가의 큰일에 관계되는 재신과 전쟁터에서 싸움을 하고 있는 무사에 있어서는 응당 변통해서 우선 국가의 급무를 하게 해야 할 것입니다. 그러나 대단치 않은 서관 말직이나 내지에 있는 수령들까지도 모두 기복시켜 잉임되어 있는데 한 사람도 부모의 삼년상을 행하는 자가 없으니, 이것은 큰 예가 모두 무너져 윤기가 완전히 없어진 것입니다. 이 어찌 작은 일이겠습니까. 심한 경우에는 조정의 명령을 기다리지도 않고 태연히 공무를 집행하면서 술과 고기를 마음대로 먹어 평인과 조금도 다름이 없으니, 이런 짓을 차마 한다면 무슨 짓인들 차마 하지 못하겠습니까. 재신과 무사 이외에는 일체 기복을 허용하지 말고, 응당 기복을 해야 할 자들도 양사로 하여금 서경하게 한 뒤에 공무를 행하게 하소서' 하였다.

죽고 난 후에 삼년상이 무슨 소용이며 제사가 무슨 필요가 있겠는가. 전시에도 이런 말을 해야 되는가?

안집사 김늑이 보고하기를, "경상도에서 토적들이 일어나 수십 명씩 무리를 지어 대낮에도 재물을 빼앗고 인명을 살상하는 등 못하는 짓이 없는데 처음 일어났을 적에 소탕하지 않으면 뒤에 도모할 대책이 없게 됩니다. 그리고 본도의 기근이 날로 심해지고 질역이 끊이지 않아 쓰러져 있는 시체들이 즐비하여, 그 참혹한 정상을 차마 말할 수 없을 정도입니다. 그리고 모든 곡식의 종자 역시 전부 떨어져 전라도에서 수송해 올 곡식만을 날마다 기다리고 있는데 아직도 소식이 없습니다. 조정에서는 전라도의 감사와 병사에게 이문하여 그들로 하여금 본도의 관곡을 급히 운반하여 경상도의 굶주린 백성들을 구제하게 하소서" 하였다.

반격이 시작되었다. 명나라 구원군이 왔다. 군사령관인 제독 이여송의 불같은 공격으로 평양성이 수복되었다. 이여송은 평양은 싸워서 탈환했지만 벽제전투에서는 혼이 났다. 그래서 명군은 싸울 수도 물러날 수도 없는 처지가 되었다. 그러나 권율은 행주에서 대승을 거두어 왜적을 불안에 떨게 만들었다. 경성에서 거의 포위된 상태에 처한 왜적은 도망갈 길을 찾아야 했다. 왜적은 안전한 철수를 위해 강화협상이 필요했다. 그래서 왜적이 명군에 강화를 요청했다. 명군과 왜적은 서로 궁한 처지를 탈피하는 계기였으므로 쉽게 강화 논의가 되고 왜적은 안전을 보장받고 부산 지역으로 철수하게 되었다. 명군도 왜적이 싸우지도 않고 물러나 주니 더 이상 좋을 수가 없었다.

왜적을 싸워서 죽이지 않고 강화협상을 하여 온전히 철수하도록 놓아준 것에 선조가 분통을 터뜨렸다. 그렇지만 어쨌든 왜적은 남쪽으로 도망쳤다. 그래서 이렇게 아무런 피도 흘리지 않고 경성이 수복되었다.

그러나 문제는 왜적은 본국으로 완전 철수가 아니고 부산 쪽으로의 후퇴일 뿐인데, 명군 수뇌부는 왜적이 항복한 것으로 간주하는 것이다. 그리하여 길고 긴 엉터리 강화협상의 길에 들어서게 된다.

참고문헌

- **조선왕조실록**
  중종, 인종, 명종, 선조 및 선조수정, 한국고전번역원

- **고전번역서**
  계곡집, 장유, 이상현 역, 1997, 한국고전번역원
  고봉전서, 기대승, 성벽호 등 역, 2007, 한국고전번역원
  고대일록, 정경운, 박병련 등 역, 2009, 남명학연구원
  대동야승, 성현 등, 한국고전번역원
  백사집, 이항복, 임정기 역, 1999, 한국고전번역원
  사계전서, 김장생, 김능하 등 역, 2005, 한국고전번역원
  상촌집, 신흠, 김동주 등 역, 1994, 한국고전번역원
  서애집, 유성룡, 권호기 등 역, 1977, 한국고전번역원
  송자대전, 송시열, 권정안 등 역, 1988, 한국고전번역원
  아계유고, 이산해, 이상하 등 역, 1998, 한국고전번역원
  약포집, 정탁, 이기훈 등 역, 2013, 퇴계학연구소
  연려실기술, 이긍익, 권오돈 등 역, 1967, 한국고전번역원
  오음유고, 윤두수, 권경열 역, 2007, 한국고전번역원
  우계집, 성혼, 성백효 역, 2002, 한국고전번역원
  월사집, 이정귀, 이상하 등 역, 2015, 한국고전번역원
  월정집, 윤근수, 김영봉 등 역, 2014, 동양학연구원
  율곡전서, 이이, 권오돈 등 역, 1968, 한국고전번역원
  퇴계집, 이황, 권오돈 등 역, 1968, 한국고전번역원
  학봉전집, 김성일, 정선용 역, 2001, 한국고전번역원
  회재집, 이언적, 조순희 역, 2015, 한국고전번역원

- 이순신 관련서

(완역) 이충무공 전서(상, 하), 이은상 역, 1989, 성문각
이순신의 일기, 박혜일 외 3, 1998, 서울대학교 출판부
난중일기, 박광순 역, 2003, 하서출판사
난중일기, 노승석 역, 2005, 동아일보사
함경도일기, 강신철 저, 2001, 21세기군사연구소
구국의 명장 이순신(상, 하), 최석남 저, 1992, 교학사
임진왜란 해전사, 이민웅 저, 2004, 청어람미디어
이순신과 임진왜란, 이순신역사연구회, 2005, 비봉출판사
충무공 이순신 전서, 박기봉 편역, 2006 비봉출판사
난중일기 외전, 배상열 저, 2007, 비봉출판사
부활하는 이순신, 황원갑 저, 2005, 이코비즈니스
삼가 적을 무찌를 일로 아뢰나이다, 정광수 저, 1989, 정신세계사
이순신과 히데요시, 윤봉석 역, 1997, 우석
내게는 아직도 배가 열두척이 있습니다, 김종대 저, 2004, 북포스
이순신의 두 얼굴, 김태훈 저, 2004, 도서출판 창해
긴 칼 옆에 차고 수루에 홀로 앉아, 남천우 저, 1992, 수문서관
이순신은 전사하지 않았다, 남천우 저, 2004, 미다스북스
평역 이순신 자서전, 남천우 평역, 2006, 미다스북스
충무공의 생애와 사상, 조성도 저, 1982, 명문당
충무공 이순신, 조성도 저, 1982, 남영문화사
이순신 병법을 논하다, 임원빈 저, 2005, 도서출판 신서원
위인전이 숨기는 이순신 이야기, 김헌식 저, 2004, 평민사
칼의 노래, 김훈 저, 2001, (주)생각의 나무
불멸의 이순신, 김탁환 저, 2004, (주)황금가지
명량 진짜 이야기, 노병천 저, 2014, 바램
이순신과의 동행, 이훈 저, 2014, 푸른역사

- 임진왜란 관련서

  징비록, 유성룡 저, 남윤수 역, 2000, 하서출판사
  유성룡과 임진왜란, 이성무 외 3 엮음, 2008, 태학사
  조선사회와 임진의병 연구, 송정현 저, 1998, 도서출판 학연문화사
  임진왜란과 경상우도의 의병운동, 김강식 저, 2001, 도서출판 혜안
  임진왜란사 연구, 조원래 저, 2005, 아세아문화사
  임진왜란사 연구, 이장희 저, 2007, 아세아문화사
  다시 쓰는 임진대전쟁, 양재숙 저, 1994, 고려원
  7년전쟁, 김성한 저, 2012, 산천재
  역사추적 임진왜란, 윤인식 저, 2013, 북랩
  임진왜란과 도요토미히데요시, 국립진주박물관, 2003, 부키
  교과서가 말하지 않은 임진왜란 이야기, 박희봉 저, 2014, 논형
  해소실기, 김완, 2006(네이버 블로그)

- 인물서 및 기타

  유성룡, 이덕일 저, 2007, ㈜위즈덤하우스
  선조, 이한우 저, 2007, ㈜해냄출판사
  임금 노릇 못해 먹겠다, 기만중 저, 2004, 거송미디어
  율곡 인간과 사상, 이종호 저, 1994, ㈜지식산업사
  율곡 10만 양병론의 진실, 김언수 저, 2011, 도서출판 태봉
  동호문답, 안외순 옮김, 2005, 책세상
  권율, 신봉승 저, 1999, 도서출판 답게
  송강평전, 박영주 저, 2003, 도서출판 고요아침
  조선 최고의 공직자, 최범서 저, 2006, 도서출판 가람기획
  임꺽정, 홍명희, 1985, ㈜사계절출판사
  부산과 대마도의 2천 년 대마도연구센터, 2010, 국학자료원

60간지

갑자	을축	병인	정묘	무진
1504년 1564년 명종 19년	1505년 1565년 명종 20년	1506 1566년 명종 21년	1507년 1567년 선조 즉위년	1508년 1568년 선조 1년

갑술	을해	병자	정축	무인
1514년 1574년 선조 7년	1514년 1575년 선조 8년	1516년 1576년 선조 9년	1517년 1577년 선조 10년	1518년 1578년 선조 11년

갑신	을유	병술	정해	무자
1524년 1584년 선조 17년	1525년 1585년 선조 18년	1526년 1586년 선조 19년	1527년 1587년 선조 20년	1528년 1588년 선조 21년

갑오	을미	병신	정유	무술
1534년 1594년 선조 27년	1535년 1595년 선조 28년	1536년 1596년 선조 29년	1537년 1597년 선조 30년	1538년 1598년 선조 31년

갑진	을사	병오	정미	무신
1544년 인종 즉위년 1604년 선조 37년	1545년 명종 즉위년 1605년 선조 38년	1546년 명종 1년 1606년 선조 39년	1547년 명종 2년 1607년 선조 40년	1548년 명종 3년 1608년 선조 41년

갑인	을묘	병진	정사	무오
1554년 명종 9년 1614년	1555년 명종 10년 1615년	1556년 명종 11년 1616년	1557년 명종 12년 1617년	1558년 명종 13년 1618년

기사	경오	신미	임신	계유
1509년	1510년	1511년	1512년	1513년
1569년	1570년	1571년	1572년	1573년
선조 2년	선조 3년	선조 4년	선조 5년	선조 6년
기묘	경진	신사	임오	계미
1519년	1520년	1521년	1522년	1523년
1579년	1580년	1581년	1582년	1583년
선조 12년	선조 13년	선조 14년	선조 15년	선조 16년
기축	경인	신묘	임진	계사
1529년	1530년	1531년	1532년	1533년
1589년	1590년	1591년	1592년	1593년
선조 22년	선조 23년	선조 24년	선조 25년	선조 26년
기해	경자	신축	임인	계묘
1539년	1540년	1541년	1542년	1543년
1599년	1600년	1601년	1602년	1603년
선조 32년	선조 33년	선조 34년	선조 35년	선조 36년
기유	경술	신해	임자	계축
1495년	1550년	1551년	1552년	1553년
명종 4년	명종 5년	명종 6년	명종 7년	명종 8년
1609년	1610년	1611년	1612년	1613년
기미	경신	신유	임술	계해
1559년	1560년	1561년	1562년	1563년
명종 14년	명종 15년	명종 16년	명종 17년	명종 18년
1619년	1620년	1621년	1622년	1623년

관직 직위표

품계		의정부	돈녕부	의금부	6조
정1품	대광보국	영의정	영사		
	숭록대부	좌우의정			
종1품	숭록대부	좌우찬성	판사	판사	
정2품	정헌대부	좌우참찬	지사	지사	판서
	자헌대부				
종2품	가정대부		동지사	동지사	참판
	가선대부				
정3품	통정대부		도정		참의
	통훈대부		정		참지(병조)
종3품	중직대부		부정		
	중훈대부				
정4품	봉정대부	사인(2)			
	봉열대부				
종4품	조산대부		검정(2)	경력	
	조봉대부				
정5품	통덕랑	검상(1)			정랑(3)
	통선랑				병·형조는(4)
종5품	봉직랑		판관(2)	도사	
	봉훈란				
정6품	승의랑		주부(2)		좌랑(3)
	승훈랑				병·형조는(4)
종6품	선교랑				호조-산학교수(1) -별제(2)
	선무랑				형조-율학교수(1) -별제(2)
정7품	무공랑				
종7품	계공랑		직장(2)		호조: 산사(1)
					형조: 명율(1)
정8품	통사랑	사록(2)			
종8품	승사랑		봉사(2)		호조: 제사(2)
					형조: 심율(2)
정9품	종사랑				호조: 산학훈도(1)
					형조: 율학훈도(1)
종9품	장사랑		참봉(2)		호조: 회사(2)
					형조: 검율(2)

사헌부	사간원	홍문관	승정원	성균관	외관직
		영사(겸)			
		대제학		지사	
대사헌		제학		동지사(2)	관찰사, 부윤, 병마절도사
	대사간	부제학 직제학		대사성	목사, 대도호부사, 수군절도사, 병마절도사
집의	사간	전한		사성(2)	도호부사, 첨절제사, 병마우후
장령(2)		응교(1)		사예(3)	수군우후
		부응교(1)			군수, 병마동첨절제사, 수군만호
지평(2)	헌납(1)	교리(2)		직강(4)	
		부교리(2)			현령, 판관, 도사
감찰(24)	정언(2)	수찬(2)		전적(13)	
		부수찬(2)			현감, 찰방, 병마절제도사, 감목
		박사(1) 봉고(예문관)	주서(2)	박사(3)	
		저작(1)		학점(3)	
		정자(2) 검열		학록(3)	
				학유(3)	훈도, 심약, 검율, 역승